Lerntipps

Karten auswerten

Geschichtskarten behandeln in der Regel ein besonderes Thema und beziehen sich dabei auf eine bestimmte Zeit und einen ausgewählten Raum (z. B. ein Land).
Mögliche Leitfragen:
1. Worüber informiert die Karte? Was zeigt sie nicht?
2. Auf welche Zeit(en) und Region(en) bezieht sie sich? Zeigt sie einen Zustand oder eine Entwicklung?
3. Welche Bedeutung haben die Zeichen der Legende (Zeichenerklärung)?
4. Welche Bodenschätze, Güter o. ä. waren wann wo in welchem Umfang vorhanden?

Wenn du alle Informationen verknüpft und im Zusammenhang betrachtet hast, kannst du das Ergebnis aufschreiben oder vortragen.

Ein Beispiel für die Arbeit mit Karten findest du auf Seite 62.

Kunstwerke betrachten

Bauten
Abbildungen von Bauwerken im Geschichtsbuch zählen wir zu den Bildquellen. Du kannst folgenden Fragen nachgehen:
1. Wer ließ das Gebäude/Bauwerk errichten, wer bezahlte es?
2. Wann war das?
3. Welche Interessen mögen der/die Auftraggeber gehabt haben?
4. Welchem Zweck sollte das Bauwerk dienen?
5. Was kennzeichnet das Bauwerk (Größe, Lage, Form und Stil)?
6. Bildet das Bauwerk mit anderen eine Einheit?
7. Wurde es später verändert? Warum?

Gemälde und Statuen
Kunstwerke wie Gemälde und Statuen bilden die Wirklichkeit nicht ab; sie sind aber auch nicht reine Erfindungen des Künstlers. Die Wahl des Themas und die Art der Darstellung spiegeln das Denken der Zeit ihrer Entstehung. Sie können deshalb geschichtliche Quellen sein. Uns interessieren ihre Themen und Gestaltung sowie die Aussageabsicht des Künstlers.
Antworten auf folgende Fragen sind dazu hilfreich:
1. Welche Informationen gibt uns der Bildtitel?
2. Wie ist das Kunstwerk aufgebaut?
3. Ist das Kunstwerk auffallend groß oder klein?
4. Welche Personen werden dargestellt?
5. Welche Gegenstände sind zu sehen?
6. Wie groß sind sie gemalt?
7. Aus welcher Sicht?
8. Wofür wurden welche Farben oder Materialien verwendet?

Versuche, das Kunstwerk mit Ereignissen seiner Entstehungszeit zu verknüpfen. Überlege, welche Wirkung der Künstler erzielen wollte.
1. Wer war der Künstler?
2. Hatte er einen Auftrag?
3. Aus welchem Anlass entstand das Kunstwerk? Für welchen Zweck?
4. Wo wurde es gezeigt?
5. Berücksichtige deine Kenntnisse aus dem Kunstunterricht oder informiere dich über Kennzeichen der künstlerischen Epoche, aus der das Kunstwerk stammt.

Wie du Bilder zum Sprechen bringen kannst, erfährst du auf den Seiten 49 und 176.
Ein Beispiel für die Arbeit mit Statuen findest du auf Seite 117.

Dieses Logo zeigt dir auf vielen Seiten dieses Buches weitere Lerntipps oder erinnert dich an die Informationen hier auf diesen Vorsatzseiten. Wenn du entsprechend gekennzeichnete Aufgaben bearbeitest, solltest du dich von den Anregungen auf den Vorsatzseiten leiten lassen.

Schaubilder erklären

In einem Schaubild lässt sich übersichtlich darstellen, wie ein Staat oder eine Gesellschaft aufgebaut waren und vieles mehr. Es kann gut Zusammenhänge und Beziehungen zwischen Teilen eines Ganzen darstellen.
Beispiel Verfassung: Sie legt fest, wer regiert, also die Macht im Staat hat, wie der Staat aufgebaut ist, welche Rechte und Pflichten die Bürger haben.
Überlege zunächst, an welcher Stelle des Schaubildes du am besten mit der Beschreibung beginnst. Halte auch danach eine sinnvolle Reihenfolge ein.
Wichtig sind die Beziehungen zwischen den Bestandteilen eines Schaubildes. Beachte die verwendeten Zeichen. Manchmal ist die Form des Schaubildes wichtig für die Deutung.
Prüfe, welche Begriffe du erklären solltest.
Mögliche Arbeitsfragen:

1. Welche Ämter und Einrichtungen werden erwähnt? Wer hat Zugang zu ihnen, wer nicht?
2. Welche Teile der Bevölkerung werden genannt, welche nicht?
3. Wer arbeitet mit wem zusammen? Wobei?
4. Wer hat welche Aufgaben, Rechte oder Pflichten?
5. Wer hat wie viel Macht? Ist jemand von der Macht ausgeschlossen?

Schreibe die Antworten jeweils auf, ordne sie auf einem Stichwortzettel und präge sie dir ein. Trage die Ergebnisse möglichst frei vor.

Siehe auch das Beispiel auf Seite 45.

Internet für Einsteiger

Informationen per Mausklick
Das Internet ist ein weltweites Netz (www: World Wide Web), das Millionen von Computern verbindet. Es enthält Daten aller Art: Texte, Grafiken, Bilder, Filme oder Tonaufnahmen.
Für den Geschichtsunterricht können Informationen aus Wörterbüchern und Nachschlagewerken ebenso wichtig sein wie Mitteilungen von Museen, Universitäten, Bibliotheken und Schulen.
In diesem Buch findest du einige Adressen interessanter Homepages, die dir geschichtliche Informationen bieten.
Die genannten Einrichtungen stellen auf den *Startseiten* ihr Web-Angebot vor. Angegebene *Links* (Querverweise) führen dann zu weiteren *Websites*.
Wenn man sich per Mausklick von einer Seite zur nächsten hangelt, nennt man das „surfen“.

Finden, was man sucht
Fehlt einem die Adresse für eine gewünschte Information, braucht man eine Suchmaschine wie *www.google.de*.
In dieses spezielle Programm tippt man möglichst genaue Stichwörter ein. Sonst brechen zu allgemeine Informationen über einen herein. Ein Suchprogramm durchkämmt nur einen Teil des Internets. Findet es nicht das Gewünschte, können andere Suchmaschinen beauftragt werden.

Downloading mit Lesezeichen
Inhalte einer Website können auf den eigenen Computer kopiert werden.
Das nennt man Herunterladen (*Downloading*). Webadressen, die regelmäßig abgefragt werden sollen, können als Lesezeichen oder Favoriten abgespeichert werden. Sie sind damit leicht wiederzufinden.

Vorsicht ist Pflicht
Da weltweit jeder seine Angebote unkontrolliert ins Internet stellen kann, sind sie stets kritisch zu prüfen, beispielsweise mithilfe neuerer Nachschlagewerke (*Lexika*). Alle Mitteilungen aus dem Internet müssen wie Zitate aus Büchern nachgewiesen werden, damit andere sie auch nachlesen können.
Abgesehen davon: Surfen ist nicht kostenlos! Außerdem: Informationen allein bringen nicht viel. Erst der gekonnte Umgang mit ihnen ermöglicht Erkenntnisse.

Selbst im Internet aktiv
Auch eigene Arbeitsergebnisse können auf einer Website präsentiert werden.
Über *E-Mail* (elektronische Post) kann man auf dem Computer geschriebene Briefe und andere Texte weltweit an bestimmte Empfänger verschicken.
Per Mausklick geht das blitzschnell.

*→**Internettipps** findest du an vielen Stellen des Buches. Beachte, dass sich die Angaben im World Wide Web häufig ändern!*

*→**Tipp:** Weitere Lerntipps findest du hinten im Buch.*

Das waren Zeiten 1

Von den Frühmenschen zur Ständegesellschaft

herausgegeben von
Dieter Brückner
und Harald Focke

C.C.BUCHNER

Das waren Zeiten – Ausgabe Nordrhein-Westfalen

Unterrichtswerk für Geschichte an Gymnasien, Sekundarstufe I

Band 1 für die 5./6. Jahrgangsstufe

Herausgeber: Dieter Brückner und Harald Focke

Bearbeiter: Dieter Brückner, Harald Focke, Peer Frieß, Klaus Gast und Franz Hohmann

Berater: Achim Jaeger, Stephani Overhage und Bruno Reuter

Lektorat: Klaus Dieter Hein-Mooren

Gestaltung: Peter Lowin und Günter Sieling

Dieses Werk folgt der reformierten Rechtschreibung und Zeichensetzung.
Ausnahmen bilden Texte, bei denen künstlerische, philologische und lizenzrechtliche Gründe einer Änderung entgegenstehen.

1. Auflage 3 2 1 2010 2009 2008
Die letzte Zahl bedeutet das Jahr dieses Druckes.
Alle Drucke dieser Auflage sind, weil untereinander unverändert, nebeneinander benutzbar.

www.ccbuchner.de

Einband: Artbox Grafik & Satz GmbH, Bremen
(unter Verwendung des Gemäldes „*Die Akropolis von Athen*“ von Leo von Klenze, 1846)

Herstellung, Grafik und Karten: Artbox Grafik & Satz GmbH, Bremen

Druck- und Bindearbeiten: Pustet, Regensburg

ISBN 978-3-7661-**4791**-2

Inhalt

Von den frühen Menschen zu den ersten Hochkulturen

Antike Lebenswelten: Griechische Poleis und Imperium Romanum

Was die Menschen im Altertum voneinander wussten

Von der Antike zum Mittelalter

Mit diesem Buch erfolgreich lernen

Liebe Schülerinnen und Schüler,

Geschichte? Das ist doch das, was früher war? Ja, so ist es. Eure Großeltern und Eltern haben euch sicher von alten Zeiten erzählt und berichtet, wie es war, als sie jung waren. Und wahrscheinlich habt ihr von den alten Griechen und Römern gehört, von Burgen und Rittern, Schlössern und Königen oder Bauern und Handwerkern. Ihr kennt überraschende Entdeckungen und großartige Erfindungen, die unser Leben ebenso verändert haben wie Kriege und andere Katastrophen. In diesem Buch erfahrt ihr, wie ganz anders das Leben in
anderen Zeiten und Ländern war und wie das entstanden ist, was unsere Welt und unseren Alltag heute prägt. Wir haben es so gestaltet, dass wir euch nur kurz erklären müssen, wie ihr mit ihm arbeiten könnt:

- Zu Beginn jedes großen Kapitels zeigen wir euch mit **Plakaten** großer Ausstellungen, wie lebendig Geschichte heute noch ist, auch wenn sie lange zurückliegt. Mehr dazu auf Seite 216.
- Unter der Überschrift „Geschichte erzählt“ findest du interessante Erzählungen, die dir einen anschaulichen Eindruck von dem Leben in einer bestimmten Epoche oder von einem besonderen Ereignis geben sollen.
- In den von uns verfassten Texten (der Darstellung) fassen wir zusammen, was Wissenschaftler über die Geschichte erforscht haben und berichten über Entwicklungen in früheren Zeiten. Die gelb unterlegten Begriffe, Daten und Namen sind besonders wichtig. Hinzu kommen viele informative Abbildungen, Exkursionsvorschläge sowie Internet- und CD-ROM-Tipps.
- Auf den Seiten „Mit Material arbeiten“ könnt ihr euch ein eigenes Bild über frühere Zeiten machen. Arbeitsvorschläge helfen euch dabei, ihr könnt aber auch selbst Fragen stellen und sie mit den vielfältigen „Materialien“ beantworten.
- Wie ihr dabei am besten vorgeht, erklären euch unsere Lerntipps. Vorn und hinten im Buch geben wir allgemeine Informationen zu wichtigen Arbeitsweisen im Geschichtsunterricht. Auf weiteren Seiten findet ihr Beispiele, mit denen ihr selbstständig die Grundfertigkeiten üben könnt.
- Mit den Projekten machen wir euch interessante Angebote, die manchmal über den Schulstoff hinausgehen.
- Damit ihr nicht den Überblick verliert, findet ihr nach jedem Kapitel Seiten mit der Frage „Was war wichtig?“. Dort könnt ihr die wichtigsten Inhalte, Daten, Begriffe und Namen wiederholen. Vielfältige Fragestellungen und Anregungen runden diese Seiten ab.
- Alle wichtigen *Daten*, *Begriffe* und *Namen* findet ihr darüber hinaus nochmals am Ende des Buches im Anhang erklärt. Das Stichwort- und das Namensregister (*Wo steht was?* und *Wer steht wo?*) helfen euch beim Nachschlagen.
- Die *Lesetipps* am Schluss nennen unterhaltsame, spannende und informative Jugendbücher.

Viel Freude bei der Arbeit mit diesem Buch wünschen die Herausgeber von „Das waren Zeiten“ im Namen aller, die daran mitgearbeitet haben,

Dieter Brückner und Harald Focke.

Wie unsere Zeit vergeht

Wo bleibt die Zeit?

Manchmal scheint die Zeit zu rasen. Bei einem spannenden Film oder einem lustigen Spiel vergeht sie wie im Fluge. Oft haben wir aber auch das Gefühl, dass sie nur zäh verstreicht, zum Beispiel wenn es im Unterricht nicht vorwärts geht oder wenn wir beim Arzt warten müssen. Dabei wissen wir, dass die Zeit immer gleich verläuft. Wir können sie weder anhalten noch beschleunigen. Unser Zeitgefühl aber ist ungenau. Wir erinnern uns oft an Ereignisse, ohne sagen zu können, wann wir sie erlebt haben.

Die Zeit messen

Wenn wir wissen wollen, wie spät es ist oder welchen Tag wir heute haben, sehen wir auf die Uhr und den Kalender. Dabei könnten wir uns an dem Wechsel von Tag und Nacht, am Stand der Sonne, des Mondes oder an anderen regelmäßigen Erscheinungen der Natur wie den Jahreszeiten orientieren.

Das machten die Ägypter schon vor 5 000 Jahren. Sie hatten festgestellt, dass der Nil immer dann Hochwasser brachte, wenn im Osten vor Sonnenaufgang der Stern Sirius hell am Himmel leuchtete. Mit diesem Tag begann für sie das neue Jahr. Die Zeit zwischen den Neujahrstagen teilten sie in drei Jahreszeiten zu vier Monaten von 30 Tagen. Die fehlenden fünf Tage fügten sie hinzu. Damit hatten sie einen Kalender entwickelt. Er war allerdings noch unvollkommen.

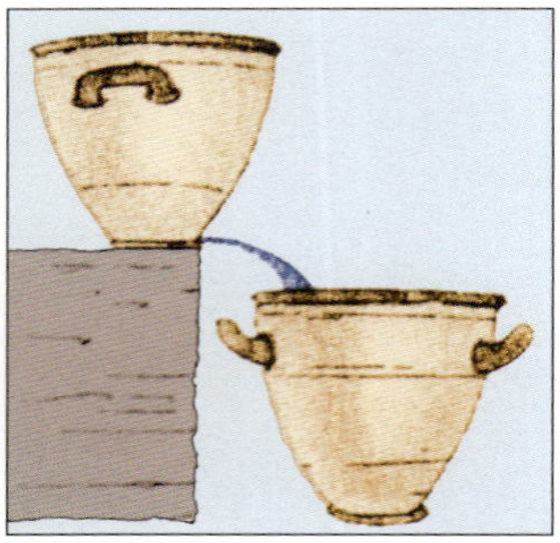

1 Wasseruhr, um 400 v. Chr.
Sie maß die Redezeit vor Gericht. Bei Beginn einer Rede zog man den Stöpsel im Boden des etwa fünf Liter fassenden Behälters. Nach rund sechs Minuten war er leer und die Redezeit vorbei.

Welches Jahr?

Um Jahresangaben machen zu können, brauchen wir einen Ausgangspunkt. Für uns ist das die Geburt Christi. Wir teilen die Jahre in die Zeit vor und nach ihr (v. und n. Chr.) ein. Diese Zeitrechnung setzte sich vor etwa 1400 Jahren in Europa durch. Davor zählte man beispielsweise nach Regierungszeiten von Herrschern. Im heutigen Wirtschaftsleben wird weltweit die bei uns übliche christliche Jahreszählung benutzt. Es gibt aber auch noch andere Zeitrechnungen: Für die Juden beginnt sie mit der Erschaffung der Welt. Nach der Bibel war das 3761 v. Chr. Für die Muslime setzt sie mit unserem Jahr 622 ein. In dem Jahr wurde ihr Prophet Mohammed aus Mekka nach Medina vertrieben.

3 Zimmeruhr.
Solche Uhren standen bei uns bis in die 1960er-Jahre in den Wohnzimmern.

2 Sanduhr, um 1500.
Beschreibe, wie die Sanduhr funktioniert.

4 Kopfzeile einer Zeitung (Ausschnitt).
Bestimme das Land, aus dem die Zeitung kommt. Überlege, warum dort drei verschiedene Daten genannt werden.

Lerntipp

Geschichte ordnen

Epochen
Um größere Zeiträume übersichtlich zusammenzufassen, unterteilen wir sie in Jahrtausende oder Jahrhunderte. Wenn wir vom 19. Jahrhundert sprechen, meinen wir die Jahre von 1801 bis 1900. Außerdem haben wir den Verlauf der Geschichte in große Einheiten gegliedert.
Wir nennen sie *Epochen*. Vor über 300 Jahren machte ein Gelehrter den Vorschlag, die europäische Geschichte in drei große Epochen zu gliedern: in *Altertum*, *Mittelalter* und *Neuzeit*. Diese Einteilung sah die griechische und römische Geschichte zwischen 1000 v. Chr. und 500 n. Chr. als eine Einheit an. Sie ging davon aus, dass mit der Entdeckung Amerikas um 1500 etwas ganz Neues begonnen hatte. Die Zeit zwischen Altertum und Neuzeit wird als Mittelalter bezeichnet.
Diese Dreiteilung der Geschichte wurde durch zwei weitere Epochen ergänzt: die *Vorgeschichte* (auch *Ur- und Frühgeschichte* genannt) und die *Zeitgeschichte*. Die eine umfasst die Zeit bis zu den ersten schriftlichen Zeugnissen um 3000 v. Chr., die andere die jüngste Zeit, von der uns noch „Zeitzeugen" berichten können.

Zeitleisten anlegen
Den Verlauf der Zeit kannst du mit einer Zeitleiste anschaulich darstellen. Trage auf einer Linie die Jahreszahlen ein und ordne den Daten und Jahren Ereignisse oder Bezeichnungen zu. Achte auf den Maßstab: Gleiche Zeiträume brauchen gleiche Abstände. Das ist bei langen Zeiträumen schwierig. Dann hilft oft nur ein anderer Maßstab.
Zeitleisten können auch das Nebeneinander von verschiedenen Ereignissen verdeutlichen. Ein Beispiel dafür ist M2. Dort findest du Angaben über eine Familie und zur Geschichte.

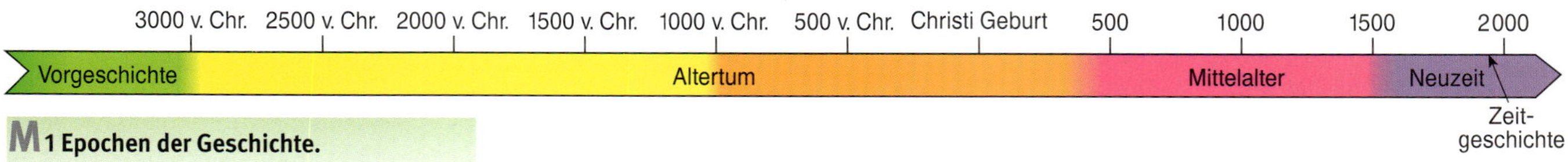

M1 Epochen der Geschichte.
Maßstab: 1,5 cm = 500 Jahre

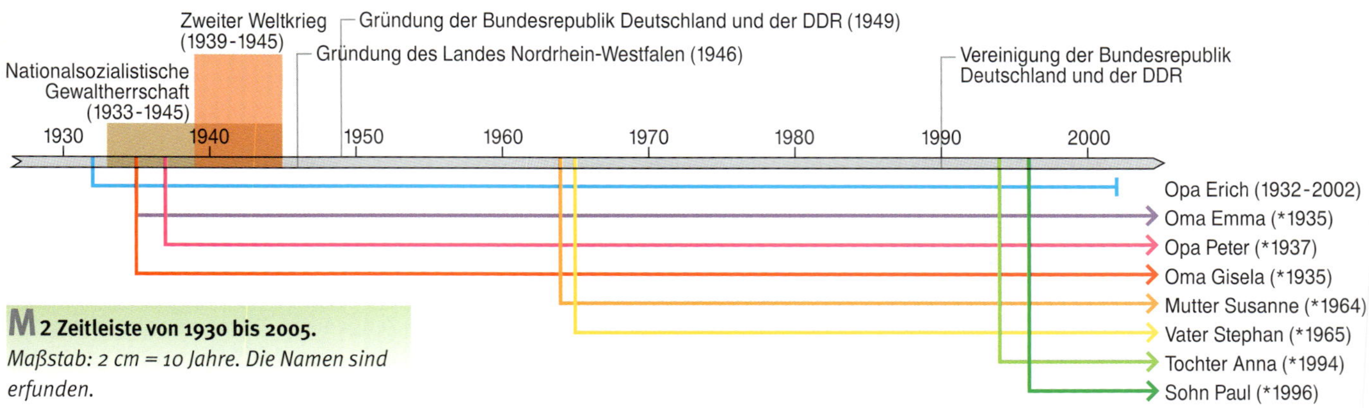

M2 Zeitleiste von 1930 bis 2005.
Maßstab: 2 cm = 10 Jahre. Die Namen sind erfunden.

1. *In welcher Epoche lebst du? In welchem Jahrhundert bist du geboren?*
2. *Ihr könnt vielleicht an eine Wand in eurem Klassenzimmer nach dem Muster von M1 eine 5 Meter lange Zeitleiste für die Zeit von 3000 v. Chr. bis 2000 n. Chr. befestigen (ein Meter für 1000 Jahre). Tragt die Epochen ein, das Gründungsjahr eurer Schule und anderer wichtiger Gebäude eures Schulortes wie Kirche, Rathaus und Bahnhof. Im Laufe des Schuljahres könnt ihr weitere Abbildungen und wichtige Ereignisse berücksichtigen. Vielleicht malt oder bastelt ihr dazu selbst Bilder und Collagen.*
3. *Lege eine Zeitleiste nach dem Muster von M2 an, ändere aber den Maßstab. Trage die Lebensdaten deiner Großeltern, Eltern und Geschwister ein. Füge dazu besondere Daten deiner Familie wie Hochzeits- oder Scheidungsjahr der Eltern, den Wechsel des Wohnortes oder andere dir wichtig erscheinende Daten ein.*

Woher haben wir unser Wissen?

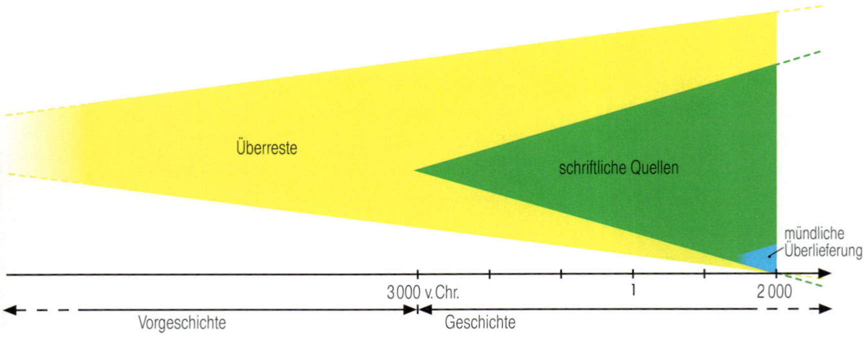

1 Quellen der Geschichte. *Alle Texte, Bilder und Sachgegenstände, aus denen wir Kenntnisse über die Vergangenheit gewinnen können, nennen wir Quellen. Sie sind die Grundlagen für die Geschichtsschreibung.*

Was geht uns Geschichte an?

Wir beschäftigen uns mit Geschichte, wenn wir fragen, wie es früher war, was Menschen in der Vergangenheit getan haben.

Du kennst bestimmt Filme, deren Handlung in Zeiten spielt, die lange zurückliegen: Kolumbus entdeckt Amerika, Cowboys kämpfen gegen Indianer oder die „Titanic" versinkt im Meer. Sicher sind dir in diesen Filmen alte Stadtansichten, Kutschen, Schiffe, Perücken oder Kleider aufgefallen. Ob das Dargestellte richtig wiedergegeben worden ist, kannst du nur feststellen, wenn du viel über die jeweilige Zeit weißt. Dazu musst du in Büchern nachlesen, die von Historikern geschrieben wurden. Das sind Fachleute, die dafür an Universitäten ausgebildet worden sind.

Alles verändert sich

Vergleichen wir Altes mit Neuem, erkennen wir Veränderungen. Während sich die Kleidermode ständig wandelt, bleiben Bräuche und Verhaltensweisen der Menschen lange bestehen. Sie werden von Eltern an ihre Kinder, von Generation zu Generation, weitergegeben. Wir nennen das Tradition.

Wer sich in der Geschichte auskennt, kann vieles in der Gegenwart besser verstehen und erklären.

Quellen zum Anfassen

Fast die gesamte Menschheitsgeschichte lässt sich durch gegenständliche Quellen („Überreste") zurückverfolgen, beispielsweise durch Knochen, Schmuckstücke, Münzen, Werkzeuge, Spielzeug, riesige Bauwerke oder kleine Scherben. Sie alle informieren uns über das Leben in der Vergangenheit.

Bildquellen

Auch Bilder sagen viel über die Zeit aus, in der sie entstanden sind. Zu allen Zeiten malten oder zeichneten Menschen, was sie sahen oder sich vorstellten. Das zeigen die Höhlenmalereien der Frühmenschen, die Wandbilder in den Pyramiden, die alten griechischen Vasen, die römischen Mosaike sowie Gemälde in Kirchen, Schlössern und Museen. Dazu kommen seit 150 Jahren die Fotografien.

Schriftliche Zeugnisse

Die wichtigsten Auskünfte über die Vergangenheit geben uns schriftliche Zeugnisse, die Textquellen – jahrtausendealte Inschriften in Ton und Stein, alte und neuere Zeitungen, Verträge, Tagebücher und Briefe. Die Bedeutung schriftlicher Quellen hat zu der Ansicht geführt, die eigentliche Geschichte der Menschen beginne erst mit der Schrift um etwa 3000 v. Chr.

Mündliche Quellen

Alte Sagen oder Gedichte gehen oft auf mündlich überlieferte Geschichten zurück. Aufgeschrieben wurden sie meist erst später. Noch heute gibt es Völker auf der Welt, die keine Schrift kennen. Ihre Geschichte beruht auf Erinnerungen, die über Generationen weitererzählt werden.

Zu den Zeugnissen der Vergangenheit gehören auch Berichte, die uns Eltern, Großeltern und andere Zeitzeugen von Ereignissen geben.

Erinnerung kann täuschen

Hätten wir allein die Erinnerung als Quelle, würde uns vieles fehlen. Wir behalten nur einen Teil von dem, was wir erlebt haben. Jeder, der sich erinnert, kann sich irren. Wie oft kommt es vor, dass zwei Zeugen den Ablauf eines Unfalls unterschiedlich erzählen. Nicht, weil einer lügt, sondern weil sich beide Zeugen verschiedene Dinge gemerkt haben. Um ein verlässliches Wissen über Vergangenes zu erhalten, benötigen wir daher mehrere Quellen. Mit ihnen können wir unsere Erinnerung vergleichen. Nur so lässt sich das Geschehen zuverlässig erfassen. Ob geschichtliche Zusammenhänge richtig dargestellt sind, stellen wir durch *Sachurteile* fest. Das ist oft gar nicht so einfach, denn unser Wissen über vergangene Ereignisse und Entscheidungen ist begrenzt. Außerdem bewerten wir Vergangenes oft unterschiedlich. Diese *Werturteile* haben nicht nur etwas mit besserem Wissen zu tun, sondern immer auch mit anderen Vorbildern und Vorstellungen, mit dem, was wir für richtig oder falsch, gut oder schlecht halten.

1. *Deine Großeltern und Eltern haben bestimmt etwas aus früheren Zeiten aufbewahrt: Fotos, Briefmarken oder andere Erinnerungsstücke. Fragt nach und berichtet in der Klasse über das Alter und die Bedeutung dieser „Quellen".*
2. *Gestaltet aus Bildern und Gegenständen eine Ausstellung zum Thema: „Woher wir unser Geschichtswissen haben."*

Projekt

Geschichte erleben

Geschichte im Museum erleben

Museen sind Orte der Erinnerung. Sie sammeln Gegenstände und Bilder aus der Vergangenheit, untersuchen sie, bringen sie teilweise in den ursprünglichen Zustand (*restauriert*) und stellen sie aus.
Für die Erforschung unserer Geschichte sind die Heimat-, Kreis- und Stadtmuseen besonders interessant. In ihnen finden wir neben Urkunden, Bildern, Wappen und sonstigen Funden aus der überlieferten Geschichte einer Region oft auch Gegenstände wie Möbel, Werkzeuge und Trachten.
Neben diesen allgemeinen Sammlungen gibt es besondere Museen für Vorgeschichte, Landwirtschaft, Bergbau, Mühlen, Verkehr, Spielsachen, Schule oder Feuerwehr.
Heute finden wir in einigen Museen, vor allem den Freilichtmuseen, nicht nur Ausstellungsstücke (*Exponate*), sondern wir dürfen dort ausprobieren, wie früher Getreide, Garne oder Seile hergestellt wurden, wie unsere Vorfahren getöpfert, geschneidert, gewebt oder gekocht haben. Betreuer helfen uns und halten Materialien und nachgebildete Werkzeuge bereit.

Sieh mal, denk mal – Denkmal

Überall finden wir Teile unserer Geschichte. Besonders auffällig sind Denkmäler. Das sind meist Kunstwerke, die geschaffen und errichtet wurden, um an Herrscher, Dichter, Denker und Erfinder, an Sieger und Opfer zu erinnern.
Denkmäler fordern uns auf, die Erinnerung an bedeutende Menschen oder besondere Ereignisse wach zu halten. Sie sollen ein Bewusstsein für unsere Geschichte entwickeln.
Denkmale können auch Bauwerke wie Hünengräber, Pyramiden, Tempel, Kirchen, Theater, Schlösser, Bauernhäuser oder Fabrikgebäude sein. Auch künstlerische, technische und handwerkliche Arbeiten wie Figuren, Brücken oder Möbel aus vergangenen Zeiten sind Denkmale. Sie geben uns Auskunft über Vorstellungen und Fertigkeiten der Menschen in früheren Zeiten.

M 3 Industriedenkmal Zollverein Schacht XII in Essen.
Foto von Manfred Vollmer, um 2000. Die Aufnahme zeigt das Wahrzeichen der Zeche: das 55 m hohe Fördergerüst. Es entstand 1928-1932. 1986 wurde die Zeche stillgelegt, 15 Jahre später nahm die Organisation der Vereinten Nationen für Erziehung, Wissenschaft und Kultur (engl. United Nations Educational, Scientific and Cultural Organization, UNESCO) sie in die Liste der erhaltenswerten Weltkulturerbestätten auf.

M 1 Steinzeitwerkstatt in Mettmann.
Foto aus dem Neanderthal Museum, 2005.

M 2 Steinzeitwerkstatt in Herne.
Foto aus dem Westfälischen Museum für Archäologie, 2007.

*→**Internet**- und →**Exkursionstipps**:*
Viele interessante außerschulische Lernorte in Nordrhein-Westfalen findest du unter www.learn-line.nrw.de/lernorte/index.jsp?kat1=9

1. *Über welche Lebensbereiche in früherer Zeit würdet ihr euch gerne in einem Museum informieren?*
2. *Erkundigt euch nach Museen in eurem Wohn- und Schulort. Lasst euch sagen und zeigen, was dort ausgestellt wird.*
3. *Legt eine Liste von Denkmälern eures Schul- oder Wohnortes an. Berücksichtigt dabei alle in der Darstellung genannten Arten. Notiert euch, an wen und woran sie erinnern und wann sie errichtet wurden.*

Von den frühen Menschen zu den ersten Hochkulturen

ÄGYPTISCHES MUSEUM

UNIVERSITÄT BONN

ÄGYPTISCHES MUSEUM DER UNIVERSITÄT BONN, REGINA-PACIS-WEG 7, 53113 BONN
DI BIS SO 12 - 18 UHR, FEIERTAGS GESCHLOSSEN, EINGANG NEBEN DEM KOBLENZER TOR

universitätbonn CityMuseen Bonn projekt2508 Kultur- und Tourismusmarketing GmbH

Geschichte erzählt

„Lucy in the Sky ..."

„So müsste es passen", murmelte Don vor sich hin. Er hatte dem angeregten Gespräch der anderen nicht zugehört, sondern auf den Knochen eines Unterarms gestarrt, den er in der Hand hielt. „Das ist wie ein Puzzle", meinte er schließlich und legte den Fund zu den anderen auf den Tisch. Es war der 30. November 1974. Gemeinsam mit amerikanischen und französischen Forschern suchte Don im Nordosten Äthiopiens nach Überresten aus der Vorzeit der Menschen. Im Hintergrund leierte ein Tonband unablässig einen Hit nach dem anderen. Doch niemand hörte zu. Kein Wunder, denn was vor ihnen auf dem wackeligen Campingtisch lag, war viel interessanter. – Nein: Es schien eine Sensation. „Ich kann es noch gar nicht fassen." Tom nahm einen kräftigen Schluck aus der Dose. „Ich hätte das auch nicht gedacht, als wir heute Morgen loszogen", meinte Maurice. „Das Gebiet hier sah zwar ganz vielversprechend aus. Wir konnten brauchbare Funde aus einer frühen Zeit erwarten. Aber der hier übertrifft meine kühnsten Erwartungen. Ein so gut erhaltenes Skelett aus der Vorzeit hat vor uns noch keiner gefunden; rund ein Drittel aller Knochen ist erhalten." – „Lasst uns weitermachen", warf Don ungeduldig ein. „Fassen wir zusammen!" Er blickte auffordernd in die Runde: „Wir haben die Überreste eines weiblichen Lebewesens vor uns, etwa einen Meter groß, dreißig Kilogramm schwer. Der Unterkiefer und die langen Armknochen ähneln denen eines Schimpansen ... ",„Moment mal!", unterbrach Maurice. „Dass wir das bisher noch nicht bemerkt haben! Seht euch das einmal genauer an, das sind doch keine Affenknochen." Auch den anderen fiel es jetzt wie Schuppen von den Augen: „Der Winkel zwischen Becken- und Oberschenkelknochen sieht ganz anders aus als beim Affen. Dieses Wesen muss sich anders fortbewegt haben als ein Schimpanse. Es muss aufrecht gegangen sein wie ein Mensch."

Keiner sprach es aus, aber alle wussten, dass dies kein x-beliebiger Fund war. Diese Knochen eines vermutlich weiblichen Wesens würden sie berühmt machen. Nun gab es endgültig kein Halten mehr. Alle redeten durcheinander und prosteten sich gegenseitig zu. Als es zufällig für einen Augenblick ganz still wurde, hörten sie vom Tonband, das immer noch im Hintergrund lief, die Titelzeile des Beatles-Songs „Lucy in the Sky with Diamonds". In dem Augenblick schlug jemand übermütig vor: „Nennen wir sie doch einfach Lucy!"

Dieter Brückner

Urmenschen in Afrika vor über drei Millionen Jahren.
Zeichnung von John Gurche, 1986.

Wie alt ist der Mensch?

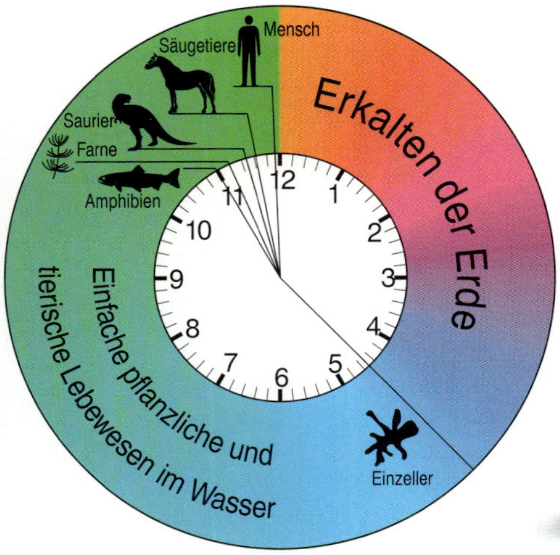

1 Die Erdzeituhr.
Wir setzen das Alter der Erde (5 Milliarden Jahre) mit 12 Stunden gleich. Wie spät war es, als die ersten menschenähnlichen Wesen die Erde bevölkerten?

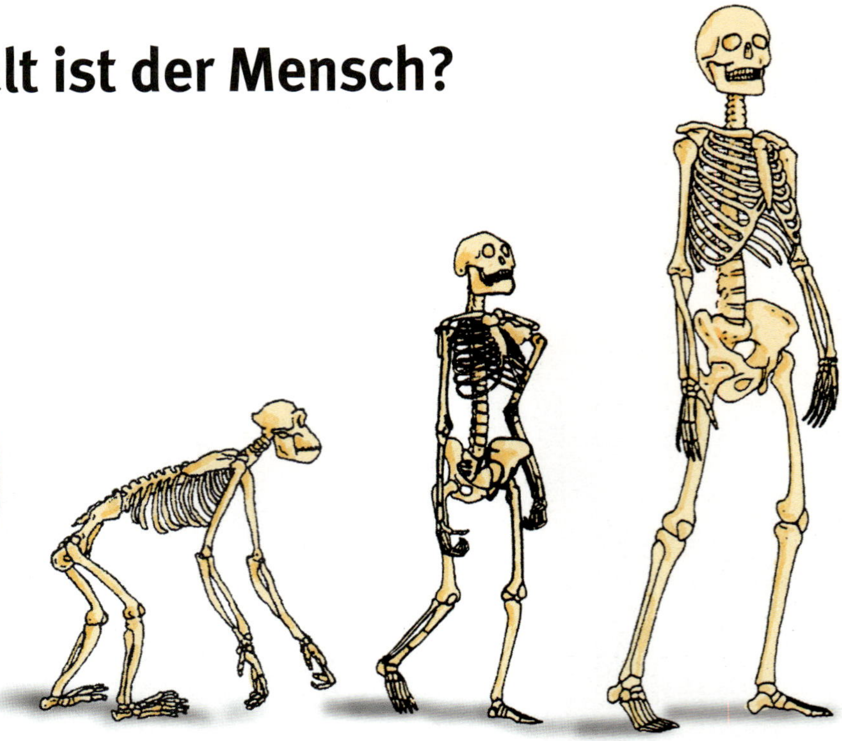

2 Schimpanse, Urmensch und ein Mensch von heute.
Beschreibe die Unterschiede.

Was war am Anfang?

Noch weiß niemand, wie die Erde entstand und das Leben begann. Sicher scheint, dass unser Planet bereits seit etwa fünf Milliarden Jahren die Sonne umkreist. Am Anfang hatte die Erde weder eine feste Oberfläche noch gab es Leben auf ihr. Allmählich trennten sich Gestein und Wasser. In den Meeren entwickelten sich vor drei bis vier Milliarden Jahren erste Lebewesen: Bakterien und Algen. Weitere 2 ½ bis 1 ½ Milliarden Jahre dauerte es, bis die ersten Tiere entstanden. Das zeigen heute Fossilien, versteinerte Reste von Pflanzen und Lebewesen der Urwelt. Vor etwa 400 Millionen Jahren wagten sich die ersten Tiere an Land, im Erdmittelalter vor 230 bis 65 Millionen Jahren beherrschten die Dinosaurier Land und Meer. Als sie ausstarben, gab es bereits viele Säugetiere und Vögel.

Und die ersten Menschen?

Seit etwa 30 Millionen Jahren leben Menschenaffen (*Primaten*) in Afrikas Regenwäldern. Die ältesten Überreste eines aufrecht gehenden menschenähnlichen Lebewesens (*Hominiden*) sind etwa sieben Millionen Jahre alt. Sie wurden 2002 im Tschad (Zentralafrika) gefunden. Auch wenn sicher ist, dass diese Urmenschen von den Menschenaffen abstammen, so wissen wir immer noch nicht genau, wie unser letzter gemeinsamer Vorfahre aussah. Die Entwicklung vom Menschenaffen zum Urmenschen erklären Wissenschaftler mit Veränderungen der Umwelt: Zunehmende Trockenheit hätte die tropischen Regenwälder zurückgedrängt. Immer mehr Tiere lebten daher am Rande der Wälder. Einige Menschenaffen verließen sie, um an Flüssen und Seen ihre Nahrung zu finden. In Graslandschaften mit Büschen und wenigen Bäumen gewöhnten sich unsere frühesten Vorfahren an den aufrechten Gang.

3 Fundorte von Urmenschen in Afrika.

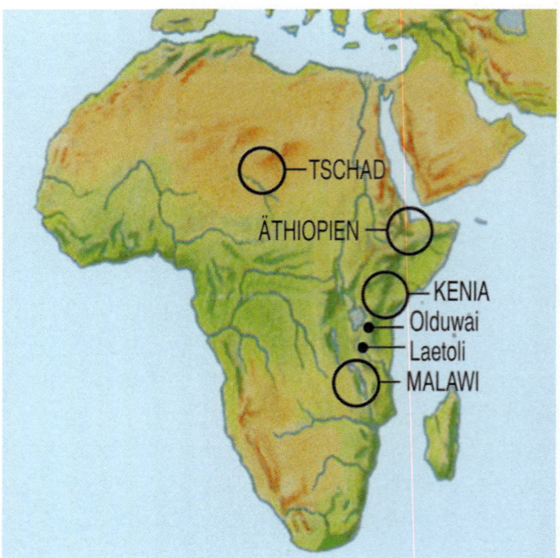

4 Vom Urmenschen zum Frühmenschen.
Plakat aus dem Neanderthal Museum in Mettmann.
Links am Baum ein Urmensch; er lebte vor rund 4 Millionen Jahren.
Neben ihm ein Frühmensch (Homo habilis: „fähiger Mensch"), der vor etwa 2,5 Millionen Jahren entstand.
Bestimme das mögliche Alter und die Fähigkeiten, die die Frau und der Mann auf der rechten Bildseite besaßen. Lies dazu die Darstellung!

Vom Ur- zum Frühmenschen

Die aufrecht gehenden Vormenschen konnten Nahrung und Gefahren schneller und besser erkennen. Außerdem hatten sie die Hände frei. Aus ihnen entwickelten sich allmählich die Frühmenschen. Sie konnten bereits Werkzeuge und Waffen aus Stein herstellen. Die ersten lebten vor etwa 2,5 Millionen Jahren in der Altsteinzeit.

Faustkeile und Feuer

Die Frühmenschen aßen Früchte, Nüsse, Wurzeln und Fleisch. Schnittspuren von Werkzeugen auf Tierknochen zeigen, dass sie Klingen oder Schaber aus Stein benutzten. Wichtigstes Gerät der Steinzeit war der Faustkeil, ein an zwei Seiten geschärfter Stein, der gut in der Hand lag.
Vor 1,5 Millionen Jahren nutzten Frühmenschen in Südafrika das Feuer. Es schützte sie vor Raubtieren, schuf nachts Licht und wärmte bei Kälte. Feuer konnte die Nahrung erhitzen und haltbar machen.

Denken und sprechen

Wer Feuer macht, Werkzeuge anfertigt und wilde Tiere jagt, muss vorausdenken. Die Frühmenschen konnten das, weil ihr Gehirn größer war als das der Urmenschen. Sie konnten sprechen und so Informationen an andere weitergeben. Sicher klang die Sprache der Frühmenschen anders als unsere, da sich Kehlkopf und Zungenfertigkeit erst langsam entwickelten.

Der Frühmensch wandert

Auf der Jagd dehnten die Frühmenschen ihren Lebensbereich aus. Weil sie das Feuer beherrschten und Felle als Kleidung nutzten, waren sie vom Klima unabhängiger als ihre Vorfahren. So konnten sie vor etwa zwei Millionen Jahren in kühlere Gebiete Europas und Südostasiens ziehen. Die ältesten Funde europäischer Frühmenschen fanden Archäologen* 1992/94 in Spanien. Sie sind knapp 1 Million Jahre alt. Bis dahin galt der 1907 in einer Kiesgrube bei Heidelberg entdeckte Unterkiefer als ältestes Zeugnis eines Europäers. Weitere Funde von Frühmenschen stammen aus Thüringen. Sie sind rund 400 000 Jahre alt.

Das Ende der Eiszeiten

Vor etwa einer Million Jahren war Mitteleuropa mit einer dicken Eisschicht bedeckt, die sich vom Nordpol bis an den Rhein erstreckte. Die riesigen Gletscher verschwanden allmählich, als es wärmer wurde. Mehrfach wechselten sich „Kaltzeiten" mit „Warmzeiten" ab. Sie veränderten die Pflanzen- und Tierwelt. Solche Phasen hielten Tausende von Jahren an: Die letzte Eiszeit in Mitteleuropa dauerte etwa von 75000 bis 10000 v. Chr.

***Archäologen**: *Altertumsforscher; zur Arbeit der Archäologen siehe hier Seite 17.*

5 Spitze eines Wurfspeeres.
Alter: etwa 370 000 Jahre;
Material: Fichte;
Gesamtlänge des Speeres: 2,50 m;
Fundort: Schöningen (Kreis Helmstedt/Niedersachsen).

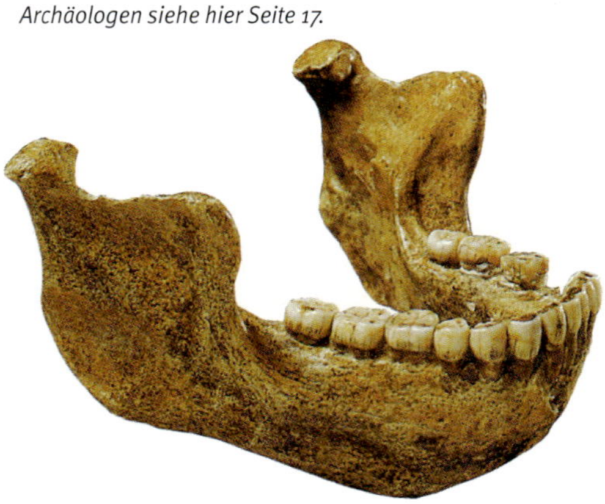

6 Der Unterkiefer von Mauer bei Heidelberg.
Alter: etwa 600 000 Jahre.

M1 Ein Werkzeugmacher.
Zeichnung von John Richards.

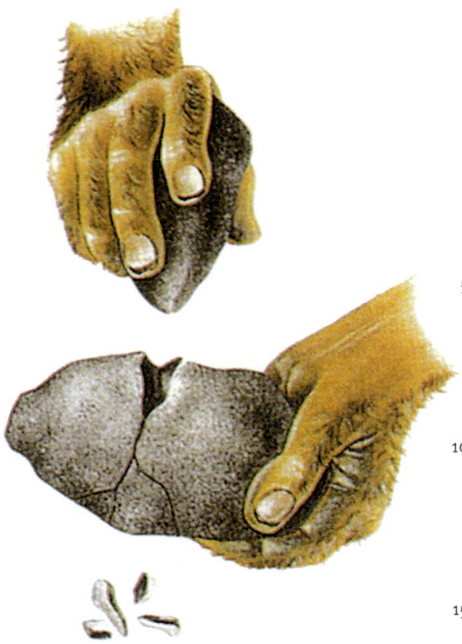

M2 Ein Steingerät entsteht.
Diese Werkzeuge konnten nur aus spaltbarem Gestein wie Quarzit und Feuerstein hergestellt werden.

M3 Leben in der Frühzeit

Der Ur- und Frühgeschichtsforscher Hansjürgen Müller-Beck zeichnet ein Lebensbild der Frühmenschen in Olduwai (Tansania) vor rund zwei Millionen Jahren:

Noch einmal schaut sich die junge Oldowan-Frau um. Ihr Partner verschwindet mit seinem Freund schnellen Schrittes im hohen Steppengras. Seine neue Lanze, die gestern fertig wurde und von der so viel abhängt, trägt er geschultert. Die Frau zieht ihre zweitgeborene Tochter näher an sich heran und stillt sie. Das erste Kind war nur einen Sommer lang am Leben geblieben. Die junge Mutter bricht mit ihren zwei Schwestern und einem etwas älteren Mädchen zum Graben von Knollen auf, die sie in ihren Fellbeuteln zurück zu den Windschirmen unter dem großen Schutzbaum bringen werden, in dem man die Nacht gemeinsam in Baumnestern verbringt. Alle drei wagen sich mit ihren beiden Kindern nicht über die Sichtdistanz zum Lager hinaus. Den jungen Leoparden, der sich plötzlich an das ältere grabende Mädchen heranpirscht, bemerken sie erst, als er zum letzten Sprung ansetzt. Der abwehrende Stoß mit dem Grabstock ist aber zu schwach, sodass es dem Tier gelingt, sich im Arm der Verteidigerin zu verbeißen. Doch das war sein letzter Angriff. Es verendet unter den jetzt rascheren Stößen der sich wehrenden Frauen. Das Graben wird abgebrochen. Sie eilen in das Lager zurück, um die Wunde am Arm zu versorgen und die Blutung zu stillen. Die alte Mutter hat dafür einen Kräutervorrat bereit, der nach einigen Stunden Auflegen wirklich hilft.

Hansjürgen Müller-Beck, Die Steinzeit. Der Weg der Menschen in die Geschichte, München [3]2004, S. 41 f.

M4 Werkzeuge.
Links ein 1,7 Millionen Jahre altes Hackwerkzeug aus Geröllstein, rechts ein 1 Million Jahre alter Faustkeil.

1. *Was könnten die Frauen abends am Lagerfeuer den zurückkehrenden Männern berichtet haben? Erzählt die Geschichte von Hansjürgen Müller-Beck (M3) zu Ende.*
2. *Über die Aufteilung der täglichen Arbeiten zwischen Männern und Frauen in der Frühzeit haben wir keine Quellen. Trotzdem vermuten wir bei den Geschlechtern bestimmte Verhaltensweisen und Aufgaben. Sucht Erklärungen dafür.*

Lerntipp

Mit dem Spaten forschen

Wie kam die Steinzeitaxt nach ...?
Immer wieder melden Zeitungen überraschende Funde. Dann haben aufmerksame Baggerführer in Baugruben vielleicht wertvolle Zeugnisse der Vergangenheit entdeckt oder Wanderer einen besonderen Fund gemacht.
Nach Spuren menschlichen Lebens zu suchen ist Aufgabe der *Archäologen*. Diese Forscher benutzen dazu nicht nur den Spaten. Sie setzen heute vor allem technische Geräte wie Metallsuchgeräte ein, um beispielsweise Münzen unter der Erde zu entdecken. Oder sie werten Luftbilder aus: Wachsen Pflanzen an einer Stelle auffällig anders als in der Umgebung oder lassen sich bestimmte Merkmale auf dem Erdboden erkennen, so kann dies auf menschliches Leben in weit zurückliegender Zeit hinweisen.

Aus der Erde ins Museum
Bereits während einer Grabung werden die Funde gereinigt, beschrieben und datiert. Sind Fundstücke zerbrochen oder nur teilweise erhalten, versuchen die Wissenschaftler, sie zu restaurieren, also in ihrer ursprünglichen Form zusammenzusetzen und fehlende Teile zu ergänzen. Waren die Funde bedeutend, werden sie in Museen gezeigt.

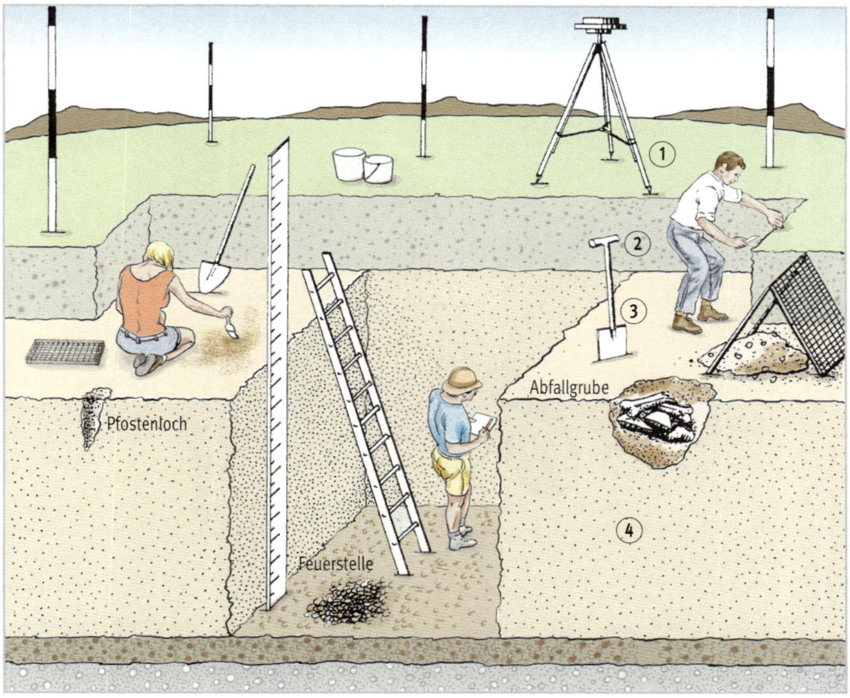

M2 Wie arbeiten Archäologen?
Das Grabungsgelände wird vermessen (1), gekennzeichnet und in Quadrate eingeteilt. Die oberen Erdschichten werden Zentimeter für Zentimeter abgetragen (2), bis erste Funde auftauchen. Die gelockerte Erde wird gesiebt (3), um auch besonders kleine Gegenstände nicht zu übersehen. Gräbt man tiefer, zeigen sich an den Wänden unterschiedliche Farben der Erde, die genau untersucht werden (4). Alle Funde werden mit feinen Werkzeugen wie Spitzkellen, Zahnarzthaken, Pinseln und Kehrblechen vorsichtig freigelegt, fotografiert, in ein Grabungstagebuch und eine Grabungskarte eingetragen sowie zur Auswertung ins Labor gebracht.

Ist die Grabung beendet, gilt es, die einzelnen Funde zu datieren, d.h. ihr Alter festzustellen. Dazu gibt es verschiedene Methoden.
Erste Hinweise auf das Alter der Funde gibt uns die Folge der Schichten im Boden. Im Allgemeinen liegen ältere Funde tiefer im Boden als jüngere. Erdforscher (Geologen) helfen dabei, das Alter der Erd- bzw. Gesteinsschichten zu bestimmen. Biologen können aus aufgefundenen winzigen Blütenstaubkörnern (Pollenkörnern) feststellen, welche Bäume, Sträucher, Gräser und Blumen in der jeweiligen Zeit wuchsen.

M1 Fund und Restauration.
Die Scherben sind etwa 5 000 Jahre alt. Bei der Restaurierung des Gefäßes mussten fehlende Teile ergänzt werden.

1. *Nenne die Hilfsmittel der Archäologen und bestimme ihre Aufgaben (M2).*
2. *Auf der Zeichnung weisen mehrere Funde auf menschliches Leben hin. Nenne sie.*
3. *Bei Bauarbeiten stößt ein Bagger auf einen archäologischen Fund. Die Baufirma will weiter buddeln, doch die Archäologen möchten die Funde mit einer Notgrabung retten.*
   Bereitet ein Rollenspiel vor, in dem sich Bauleiter und Ausgräber gegenüberstehen. Lerntipp
4. *Vielleicht läuft gerade in eurer Umgebung eine Grabung. Erkundigt euch im Rathaus oder beim Amt für Denkmalpflege.*

Neandertaler und andere Menschen

1 **Neandertaler.**
Rekonstruktion aus dem Neanderthal Museum von Elisabeth Daynès, 1996.*

***Rekonstruktion**: *einen ursprünglichen Zustand genau nachbilden oder wiederherstellen*

→Exkursions- und →Internettipp: *Neanderthal Museum in Mettmann (www.neanderthal.de); außerdem zeigen z. B. Museen in Altena, Arnsberg, Bonn, Bottrop, Bünde, Detmold, Dortmund, Essen, Hagen, Herne, Menden, Münster, Paderborn und Schwerte interessante vor- und frühgeschichtliche Funde.*

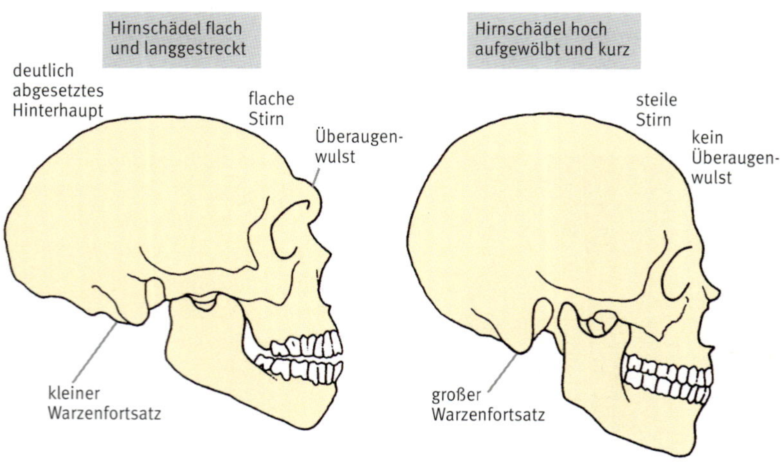

2 **Der Schädel eines Neandertalers (links) und eines modernen Menschen.**

Ein besonderer Fund

Im Jahre 1856 fanden Arbeiter Skelettreste in einem Steinbruch im Neandertal bei Düsseldorf. Erst Jahrzehnte später erkannten Forscher, als sie die Knochen mit älteren Funden verglichen, dass sie etwa 70 000 Jahre alt sind und zu einem frühen Menschentyp gehören. Er erhielt den Namen *Neandertaler**. Inzwischen sind in Europa und im Nahen Osten etwa 300 Überreste von Neandertalern gefunden worden. Die ältesten sind 130 000 Jahre alt.

Primitive Ungeheuer?

Die Neandertaler hatten sich den kalten Lebensbedingungen unseres Kontinents angepasst. Sie erreichten meist nur eine Größe von 1,60 m, wogen aber 75 kg. Selten wurden sie älter als 40 Jahre. Ihr Mund und ihre Zähne waren kräftiger als unsere, sie sprachen gut, verwendeten Steinwerkzeuge und bearbeiteten Knochen, Geweih und Elfenbein.
Wissenschaftler konnten anhand von Knochen nachweisen, dass einige Neandertaler für Alte und Gebrechliche sorgten sowie ihre Toten beisetzten oder verbrannten. In Gräbern fanden sich Werkzeuge, Tierschädel und Blütenpollen.

Die Neandertaler sterben aus

Von den Neandertalern kennen wir keine Überreste, die jünger als 27 000 Jahre sind. Aus späteren Zeiten wurden nur Teile des *Jetztmenschen*** gefunden, der vor etwa 40 000 Jahren aus Afrika nach Europa kam und dessen Körper und Schädel unseren ähneln. Er war fruchtbarer als der Neandertaler, mit dem er einige Jahrtausende nebeneinander lebte, ihm technisch überlegen und intelligenter, und er wurde älter als dieser. Die Jetztmenschen breiteten sich über die ganze Erde aus.

**Wissenschaftler schreiben den Neanderthaler wie im 19. Jh. mit „h".*

***Der lateinische Fachname lautet: homo sapiens sapiens (dt. der einsichtige, verständige Mensch).*

1. *Erzähle, was du wohl erlebt hättest, wenn du den Neandertaler (Abb. 1) in seiner Umwelt einen Tag begleitet hättest.*
2. *Vergleiche die Schädelmerkmale (Abb. 2).*
3. *Überlege, wie wichtig sprechen in einer Gruppe war.*

3 Der Jetztmensch breitet sich aus.
Die Zahlen bedeuten Jahre vor unserer Zeit.

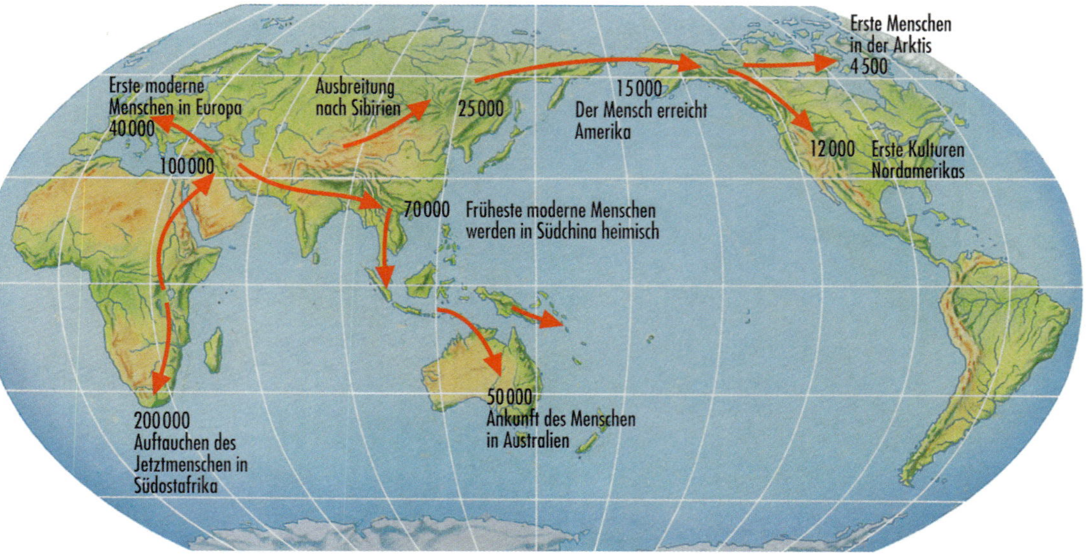

Wie in Sibirien

Die Jetztmenschen kamen in einer eiszeitlichen Umwelt zurecht. Damals hatten wir in Mitteleuropa wohl ein Klima und eine Pflanzen- und Tierwelt wie heute in Sibirien: Nur in geschützten Tälern wuchsen Kiefern, sonst bestimmten Birken und verkrüppelte Büsche die Landschaft. Mammuts und Wollnashörner, vor allem aber Elch-, Rentier- und Wildpferdherden durchstreiften das Land. Neben den Schneehasen und Schneehühnern waren sie die bevorzugte Beute der Menschen, die ihnen Löwen, Wölfe, Bären und Hyänen streitig machten. Fische bereicherten die Speisekarte.

Jagen und sammeln

Um überleben zu können, mussten die Menschen ausgezeichnete Jäger sein. Die Jetztmenschen erfanden Speerschleudern, Harpunen und Angelhaken und vor etwa 12 000 Jahren auch Pfeil und Bogen. Die größten Erfolge erzielten sie, wenn es ihnen gelang, ganze Herden in enge Täler zu treiben. Neben dem Jagen und Fischen sammelten die Jetztmenschen Beeren, Wurzeln, Pilze und Eier.

Wohnen und arbeiten

Die Menschen der Eiszeit folgten ein Leben lang als Nomaden der Nahrung. Im Sommer lebten sie in Zelten an Seen, Flüssen und in Tälern. Im Winter suchten sie Schutz in Höhlen oder unter überhängenden Felsen.
Vor und in den Höhlen und Zelten fanden Forscher Knochen- und Geweihreste der erbeuteten Tiere sowie Abschläge und Klingen aus Stein. Aus Aschenresten erschlossen sie, dass die Menschen auch mit Knochen heizten, da Holz knapp war.
Vermutlich kleideten sich die Menschen während der Eiszeit mit geschlossenen Oberteilen, Hosen, Kapuzen und festen Schuhen aus Leder. Beweise für genähte Kleidung sind Nadeln aus Knochen. Grabfunde zeigen, dass die Kleidung mit Anhängern aus Elfenbein, Tierzähnen und -knochen verziert war.

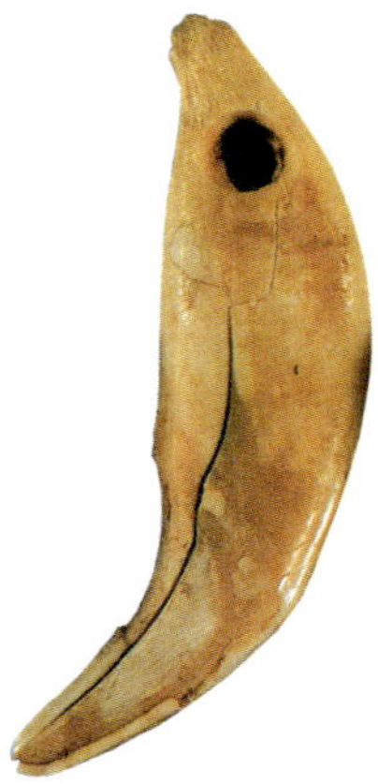

5 Durchlochter Zahn eines Bären.
Länge: 6 cm;
Alter: etwa 15 000 Jahre;
Fundort: Kesslerloch (wie Abb. 4). Teil einer Halskette.
Warum hat man den Zahn wohl getragen?

4 Harpunenspitze.
Material: Knochen;
Länge: 15 cm;
Alter: etwa 12 000 Jahre;
Fundort: Kesslerloch bei Thayngen/Schweiz.

M3 Vogeljagd am Rhein vor 12000 Jahren. *Landschaftsrekonstruktion von Dietrich Evers, 1978. Auf und am Wasser lebten Schwan, Gans und Ente.Der Jäger benutzt für die Vogeljagdeine Speerschleuder.*

M1 Wie die Eiszeitjäger wohnten. *Nachbau eines Zeltes, das vor etwa 15 000 Jahren in Gönnersdorf am Rhein zwischen Bonn und Koblenz stand.*

M2 Was ein Forscher herausfand
Über einen Fund in Gönnersdorf (Kreis Neuwied) schreibt der Forscher Gerhard Bosinski:

Die größeren Bauten (Durchmesser 6-8 m) hatten senkrecht aufgehende Wände und ein von einem Mittelpfosten getragenes kegelförmiges Dach. Die Abdeckung von Wand und Dach bestand wahrscheinlich aus Pferdefellen, im Inneren war eine Feuerstelle. In einer Behausung von Gönnersdorf lag neben der Feuerstelle ein Mammut-Oberschenkel, der ursprünglich aufrecht gestanden hatte und die Stütze einer Grillvorrichtung war. Dicht neben der Feuerstelle war ein Rengeweih so eingegraben, dass die Zacken der Schaufel eine Gabel über dem Feuer bildeten. Zur Beleuchtung dienten Steinlampen, in deren Höhlung sich Fett und ein Docht befanden. Der Docht bestand vermutlich aus einem Wacholderzweig. Platten aus Quarzitstein sind erhitzt worden; vielleicht um darauf Fleisch zu braten.
Im Innenraum der Häuser hat man mehrere kleine Gruben ausfindig gemacht, die vermutlich mit Leder ausgekleidet waren und als Kochgruben dienten, in denen Flüssigkeit durch erhitzte Quarzgerölle* zum Sieden gebracht werden konnte.

http://ss1000eo.fh-koblenz.de/koblenz/remstecken/rhine98/Rheinlan.../naturlandschaft.ht vom 5.5.99 (vereinfacht)

***Quarzgerölle**: *Kieselsteine*

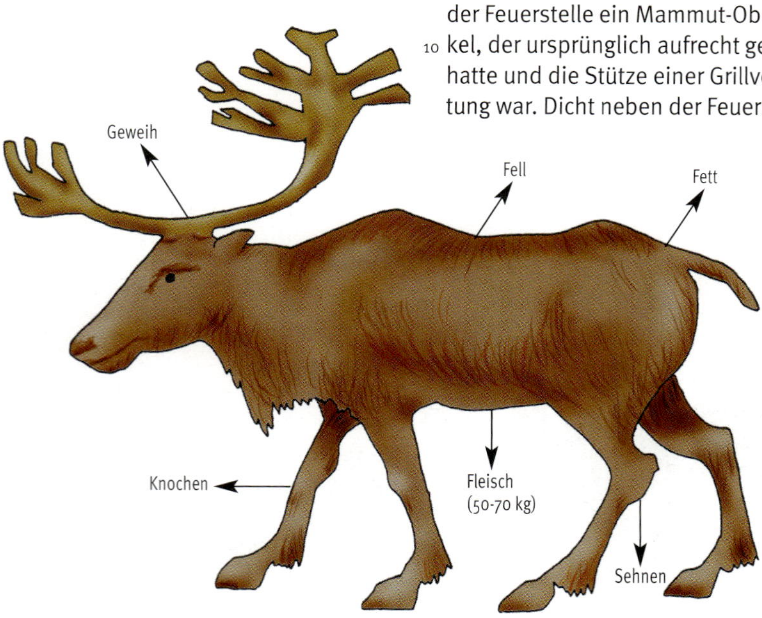

M4 Wie ein Rentier genutzt wurde.

1. *Beschreibe, wie die Eiszeitmenschen wohnten und wovon sie sich ernährten (siehe Lehrbuchtext und M1 bis M4).*
2. *Erstelle eine Tabelle, in die du den Verwendungszweck von Geweih, Fell, Fett, Knochen, Fleisch und Sehnen einträgst (M4). Berücksichtige dabei den Lehrbuchtext sowie M1 und M2.*

Lerntipp

Spielfilm oder „Dokudrama"?

Zutreffende Informationen?

Ob wir Filmen über die Zeit der ersten Menschen, der frühen Hochkulturen, der Antike oder des Mittelalters verlässliche Informationen entnehmen können, hängt von der Machart des Filmes ab. Wir unterscheiden zwischen Spiel- und Dokumentarfilmen. Beide wenden sich an ein breites Publikum.

Spielfilme laufen heute im Kino und im Fernsehen. Im Mittelpunkt stehen wenige Personen, die etwas Besonderes erleben. Oft geraten sie in einen Konflikt, der spannend gestaltet wird. Die Handlung ist aber frei erfunden. Eher nebenbei erfahren wir etwas über die Zeit.

Dokumentarfilme erzählen Geschichte(n) nicht nur interessant, sondern auch möglichst genau. Sie bestehen normalerweise aus Einzelbildern und Filmausschnitten jener Zeit. Wenn keine alten Bildquellen vorliegen, werden Überreste in der Natur oder im Museum gefilmt und Wissenschaftler interviewt. So können neue Forschungsergebnisse einbezogen werden. Die Auswahl der Bilder und Informationen sowie die Erläuterungen, der Kommentar, machen die Qualität dieser Filmgattung aus.

Dokudramen sind eine neue Form der Informationsvermittlung. Sie mischen sachliche Informationen mit spannenden Spielszenen.

M1 Vorbereitungen für die nächste Einstellung.

Szenenfoto aus der ZDF-Produktion „Der Neandertaler – Was wirklich geschah" von 2006.

In unberührten Kalksteinhöhlen eines Naturschutzgebietes nördlich von Prag (Tschechien) haben Menschen von heute Alltagsszenen nachgespielt, die sich vor 42 000 Jahren ereignet haben könnten.

M2 Von der Idee zum Film

Über die Planung des ZDF-Films „Der Neandertaler" heißt es:

Fast zwei Jahre hatte Autorin Ruth Omphallus [...] nachgeforscht, damit Lebensraum, Aussehen, Bewegung und Artikulation der Filmneandertaler dem neuesten Stand der Forschung Rechnung tragen.

Sie war fasziniert von den Geschichten, die unser eiszeitlicher Verwandter erlebt haben musste und die noch niemals verfilmt worden waren. Bisher hatten sich Filmemacher im Wesentlichen dafür interessiert, warum der Neandertaler nach dem Auftauchen des modernen Menschen ausgestorben ist. Neue Forschungsansätze machen es jedoch möglich, eine Biografie des Mannes aus dem Neandertal zu versuchen.

Zitiert nach: Gabriele Uelsberg (Hrsg.), Roots – Wurzeln der Menschheit, Bonn 2006, S. 190 f. (vereinfacht)

Tipps zum Vergleich:

- *2006 strahlte die ARD einen vierteiligen Film über eine „Zeitreise in die Steinzeit" aus.*
  13 Männer, Frauen und Kinder machen sich 2006 auf zu einer außergewöhnlichen Zeitreise ins Jahr 3003 v. Chr., um wie damals zu leben.
- *Lesetipp dazu: Rolf Schlenker und Almut Bick, Steinzeit. Leben wie vor 5 000 Jahren, Stuttgart 2007*
- *Der Film „Lapislazuli im Auge des Bären" kam 2006 in die Kinos. Er handelt von einem Neandertaler, der ein Großstadtmädchen trifft.*

Vor einem Film:

1. *Welche Filmgattung ist angekündigt, ein Spiel- oder Dokumentarfilm oder ein Dokudrama?*
2. *Legt fest, welche Informationen ihr sucht.*

Nach einem Film:

3. *Überlegt, was die Darstellung glaubwürdig machte.*
4. *Nennt die Inhalte, die euer Wissen erweitert haben.*
5. *Schreibt auf, was euch besonders beeindruckt hat. Begründet eure Aussagen.*
6. *Habt ihr etwas vermisst?*
7. *Bestimme die Gattung des Filmes „Der Neandertaler" (M 1 und M 2).*

1 Höhlenbild.
Foto, um 1995.
Über 30 000 Jahre alte Höhlenmalerei in der 1994 entdeckten Grotte Chauvet/Frankreich. Heute sind mehr als 300 Höhlen mit Bildern bekannt, die meisten in Südfrankreich und Nordspanien. Für die Höhlenbilder wurde Ocker (gelb), Rötel (rot), Mangan, Kohle (schwarz) und Kalzit oder Kaolin (weiß) verwendet, die als Pulver aufgetragen wurden. Die meisten Malereien liegen tief in den Höhlen ohne Tageslicht. Nenne dafür Gründe.

Kunst und Zauberei

Geritzt, gemalt, geformt

Erst die Jetztmenschen wollten und konnten Dinge und Gedanken darstellen. Sie malten und ritzten vor etwa 35 000 Jahren Tiere und Menschen auf Höhlenwände, schnitzten Figuren aus Knochen und Elfenbein, schufen sie aus Stein oder formten sie aus Lehm. Diese Höhlenmalereien und Figuren sind die ersten Kunstwerke der Welt.

2 Wildpferd.
Figur aus der Vogelherdhöhle (Schwäbische Alb).
Material: Mammutelfenbein;
Alter: zwischen 35 000 und 30 000 Jahre;
Länge: 4,8 cm;
Höhe: 2,5 cm.

Viele Rätsel

Was mag die Menschen dazu veranlasst haben, sie zu gestalten? Wollten sie die Zukunft beeinflussen, das Jagdglück beschwören oder Ereignisse festhalten? Sollen die Mischwesen mit menschlichen und tierischen Merkmalen Gottheiten darstellen oder Medizinmänner? Rätselhaft sind auch Frauenfiguren aus Kalkstein, Elfenbein oder gebranntem Ton. Sie heben die weiblichen Körperteile hervor. Verehrte man mit ihnen die gebärfähige Frau oder die gesamte fruchtbare Natur?

→***Internettipp:*** *Über die berühmte Höhle von Lascaux in Südfrankreich findest du Informationen unter www.culture.fr./culture/arcnat/lascaux/de*

→***CD-ROM-Tipp:*** *Bilder im Dunkeln – Höhlenkunst der Eiszeit, Stuttgart 2004*

M 1 „Tiertänzer."
Höhlenmalerei aus Frankreich. Die Figur rechts zeigt einen verkleideten Jäger, der ein Instrument spielt. Deute die Haltung seiner Beine.

M 2 Warum ändert sich das Glück?
Einen Eindruck von den Aufgaben der Schamanen und der Bedeutung der Höhlenbilder gibt Erich Ballinger in einem Jugendbuch. Kull muss sich von einem Jäger Folgendes anhören:*

„Ja. – Du weißt, Schamane, unsere Jagd in den Bergen war schlecht. Die letzte gemeinsame Jagd war schlecht. Gerade noch, dass wir mit viel Hunger durch die kalte, weiße Zeit gekommen sind. Und die Jagd davor war auch nicht besser." Tl-Tl beugt sich zum Schamanen hin und flüstert: „Es ist die Halle der Bräuche drinnen im Berg. Etwas stimmt nicht mit ihr und ihren Bildern. Die Bilder haben keine Kraft, keinen Zauber mehr. Die Geister in den Bildern wollen uns nicht mehr helfen. – Schamane, denk' doch an frühere Zeiten. Eine ganze Steinbockherde haben wir zur steilen Felswand getrieben. So viele Tiere sind in die Tiefe gestürzt, dass wir nur einen kleinen Teil des Fleisches essen konnten. Die Beute hätte uns drei kalte, weiße Zeiten hindurch zu essen gegeben. Aber jetzt? – Nur mehr kleine Herden und kein Glück bei der Jagd. Die Halle der Bräuche ist nicht mehr das, was sie einmal war." „Vielleicht", sagt Kull, „sind die Speere der Sim-clan auch nicht mehr das, was sie einmal waren."

Erich Ballinger, Der Höhlenmaler, Würzburg 2002, S. 44

***Schamane**: *Medizinmann, Zauberer, Seher und Heiler; zu seinen Aufgaben gehörte es auch, Feiern durchzuführen und Rat bei wichtigen Entscheidungen zu erteilen.*

M 3 „Löwenmensch."
Figur aus einer Höhle im Lonetal bei Ulm. Material: Mammutelfenbein; Größe: 28 cm; Alter: ca. 32 000 Jahre.

M 4 Flöte aus einer französischen Grotte.
Material: Vogelknochen; Alter: 10 000 bis 15 000 Jahre.

1. *Bestimme mit M 2 eine mögliche Aufgabe der Höhlenbilder.*
2. *Verfasse eine Antwort aus Kulls Sicht (M 2).*
3. *Überlegt, welche Informationen (Quellen) wir benötigten, um die steinzeitliche Kunst (M 1, M 3 und M 4) noch besser verstehen zu können.*

1 Steinallee von Carnac in Frankreich.
Foto, um 1993.
Sie entstand vor etwa 5 000 Jahren.
In Carnac gibt es fast 2 800 unbehauene, senkrechte Steinsäulen (Menhire).

Das Leben wandelt sich

„Hinkelsteine"?
Große Steingruppen in Norddeutschland, Frankreich und England beeindrucken die Menschen bis heute. Lange glaubten sie, Riesen (*Hünen*) oder Teufel hätten sie errichtet. Das zeigen Namen wie „Hünengräber", „Riesenbetten" oder „Teufelssteine". Heute wissen wir, dass unsere Vorfahren diese Gräber, Heiligtümer und Opferstätten vor mehr als 6 000 Jahren errichteten. Sie sind Kennzeichen der Megalithkultur (gr. *megas*: groß; *lithos*: Stein) der Jungsteinzeit (*Neolithikum*).

Zeugen der Veränderung
Die Megalithbauten zeigen, dass Hunderte Menschen über längere Zeit Hand in Hand Steine hoben, brachen, transportierten, aufrichteten oder aufeinandertürmten. Das war nur möglich, weil sie Teil einer Gemeinschaft waren, die während der Bauarbeiten für ihren Lebensunterhalt sorgte. Deshalb beweisen die Bauwerke, dass eine größere Gruppe von Menschen längere Zeit an einem Ort gelebt hat.

2 Wie die großen Steine aufgerichtet wurden.
Rekonstruktionszeichnung. Experimente haben gezeigt, dass etwa 170 Menschen nötig sind, um einen 30 Tonnen schweren Block mit Seilen über hölzerne Rollen zu ziehen.

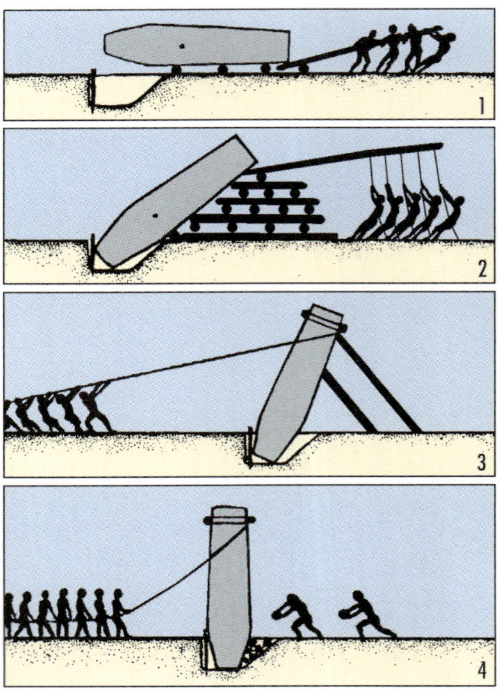

→Internettipp:
Informationen über Großsteingräber in Nordrhein-Westfalen unter http://tw.strahlen.org/praehistorie/nordrhein-westfalen/heiden.html

3 Die „Großen Sloopsteine" bei Wersen.
Foto, um 2000.
Das Grab ist etwa 4 000 Jahre alt, misst etwa 18,5 x 1,8 m und gilt als das größte in Nordrhein-Westfalen.

4 Leben vor etwa 7 000 Jahren im Rheinland.
Rekonstruktionsversuch von Fritz Wendler nach Ausgrabungen in Köln-Lindenthal.
Was erfährst du aus Abb. 4 und 5 über
- *Ernährung und Kleidung,*
- *Baumaterial der Häuser,*
- *Schutzbedürfnis der Bewohner und*
- *Arbeitsteilung zwischen Männern und Frauen?*

Vom Wildbeuter zum Bauern
Mehrere hunderttausend Jahre lebten die Menschen als Jäger und Sammler. Was veranlasste unsere Vorfahren vor etwa 10 000 Jahren, nicht mehr umherzuziehen, sondern sesshaft zu werden, Wälder zu roden, Getreide anzubauen und Vieh zu züchten? Einfach war das neue Leben nicht. Durch Vergleiche mit heutigen Sammler- und Jägervölkern wissen wir, dass diesen meist wenige Stunden pro Tag genügten, um sich genug Nahrung zu beschaffen.
Eine Rolle bei dieser Umwälzung spielte wohl das Klima. Nach dem Ende der letzten Eiszeit war es bei uns so warm wie heute. Große Wälder bedeckten die Erde. In ihnen lebten Rehe, Hirsche und Bären. Da diese Wälder nur schwer zu durchwandern waren, ließen sich immer mehr Menschen dauerhaft an Fluss- und Seeufern nieder. Die Bevölkerung wuchs. Es wurde schwieriger, Lebensmittel für alle zu beschaffen. Jäger und Sammler benötigten etwa einen Quadratkilometer Land, um einen Menschen satt zu machen, Ackerbau und Viehzucht auf derselben Fläche ernähren etwa 20 Personen.

Entwicklungshilfe aus dem Orient
Wir wissen aus Funden, dass die ersten Bauern und Viehzüchter vor etwa 8 000 Jahren aus dem „Fruchtbaren Halbmond“ im Vorderen Orient nach Griechenland zogen.* Kurze Zeit später drangen sie auf der Suche nach fruchtbaren Böden von Südosteuropa entlang der großen Flüsse ins übrige Europa vor. Erste Ackerbauern, Viehzüchter und Töpfer sind in Mitteleuropa vor 7 500 Jahren nachweisbar. Allerdings waren nicht alle Bauern Zuwanderer, denn vermutlich übernahmen einheimische Wildbeuter mit der Zeit die neuen Lebens- und Arbeitsformen.

Ackerbau und Viehzucht
Zahlreiche Neuerungen der Jungsteinzeit entstanden im Vorderen Orient. Dort erkannten die Menschen vor 12 000 Jahren, dass die Körner von Getreide auskeimen, wenn sie in Erdgruben lagern. Von da war es nur ein kleiner Schritt zur Aussaat. Auch erste Viehherden und die Zucht von Haustieren lassen sich in dieser Gegend nachweisen. Wahrscheinlich waren sie die Folge von Jagden, bei denen Jungtiere eingefangen worden waren. Die Menschen haben vermutlich erkannt, dass sich vor allem Ziegen, Schafe, Schweine und Rinder rasch an sie gewöhnten. Einige Tiere erwiesen sich nicht nur als „lebende Fleischreserven“, sondern lieferten auch Wolle und Milch. Aus Jägern wurden Hirten, die mit ihren Herden herumzogen, oder sesshafte Bauern, die Tiere hielten.

*Siehe Abb. 7, Seite 26.

5 Brunnen von Erkelenz-Kückhoven (Rheinland).
Rekonstruktionsversuch (Ausschnitt).
1990 wurde dieser Brunnen gefunden. Aus den Baumringen ließ sich ablesen, dass die für den Brunnenkasten verwendeten Eichen 5090 v. Chr. geschlagen worden waren.

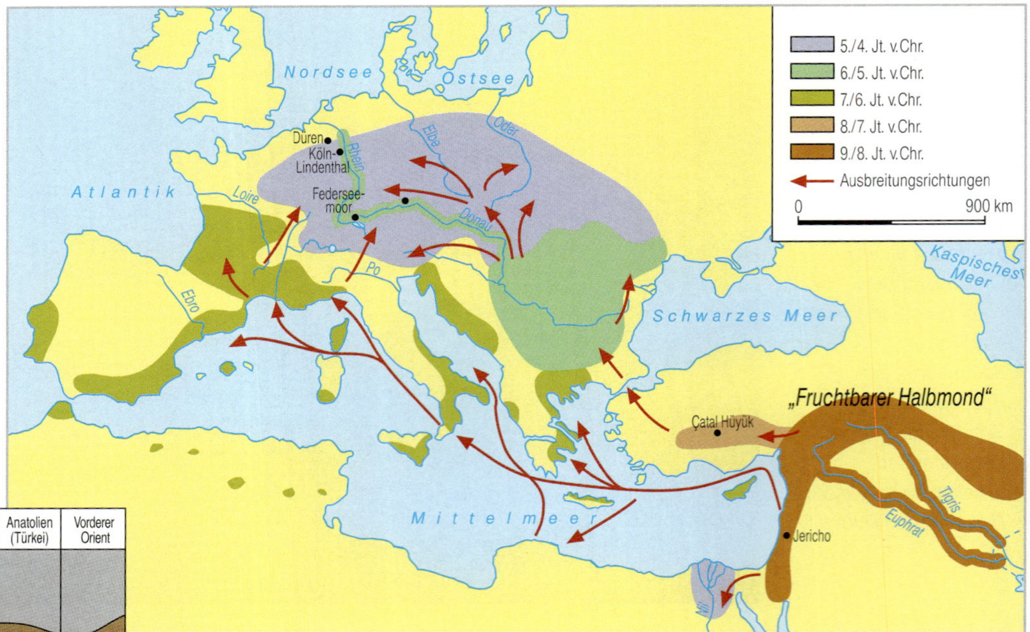

7 Die bäuerliche Wirtschaftsweise breitet sich aus.
Hinweise für die Arbeit mit Karten findest du auf Seite 62.

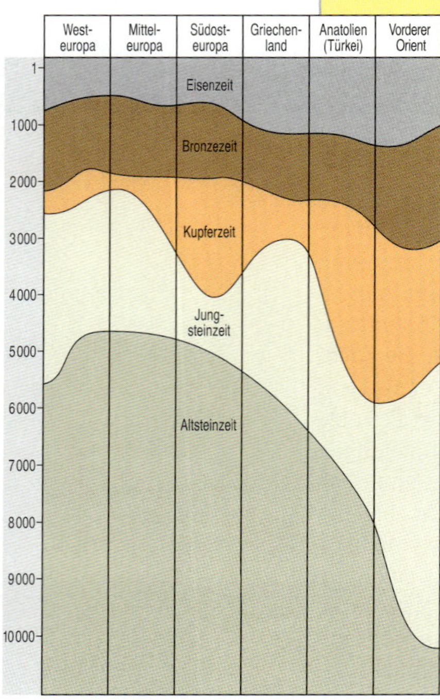

6 Abschnitte der Vorgeschichte.
Die Grafik zeigt dir, dass die Abschnitte der Vorgeschichte (Altsteinzeit, Jungsteinzeit usw.) nicht überall gleichzeitig einsetzten. Erkläre die Aussage mit einem Beispiel.

Neue Werkzeuge

Mit Ackerbau und Viehzucht entstanden neue Geräte: Holzspaten und -pflug, Sicheln mit scharfen Feuersteinklingen für die Ernte, Hacke und Beil mit geschliffenen Steinen für die Holzbearbeitung. Das Korn und andere Vorräte lagerten nicht mehr in Gruben, sondern in Gefäßen aus gebranntem Ton, die auf Töpferscheiben geformt wurden (Keramik). Aus Schafwolle oder Flachsfasern ließen sich Fäden spinnen und mit einfachen Webstühlen Stoffe weben.

Rad und Wagen

Die Erfindung des Rades und rollender Wagen vor etwa 5500 Jahren beschleunigte den Austausch von Waren und Kenntnissen. In Norddeutschland fanden Archäologen in Moorgebieten lange Holzbohlenwege, die vor fast 7000 Jahren angelegt worden waren.

Die Arbeit wird geteilt

Um den Lebensunterhalt zu sichern, musste bald in einer Familie nicht mehr alles selbst hergestellt werden. Es entstand eine Arbeitsteilung. Zu den Bauern kamen Handwerker. Sie stellten Töpferwaren oder Werkzeuge her und deckten ihren Nahrungsbedarf durch Tausch. Denn gewöhnlich wurde mehr hergestellt, als für den Eigenbedarf gebraucht wurde. Zwischen Produzenten und Verbrauchern vermittelten Händler. Sie versorgten die Menschen mit Rohstoffen und Lebensmitteln und handelten mit Fertigwaren.

Im Vorderen Orient begannen die Menschen, sich in stadtähnlichen Siedlungen niederzulassen. Zu den ältesten gehören das vor etwa 9000 Jahren errichtete Jericho im Westjordanland und Çatal Hüyük in Anatolien.

Die erste Revolution

Der Übergang von der Lebensweise der steinzeitlichen Jäger und Sammler zu den sesshaften Ackerbauern und Viehzüchtern wird von Historikern als Neolithische Revolution bezeichnet, d.h. als eine grundlegende Veränderung der gesamten Lebensweise. Die Jungsteinzeit endete, als die Menschen in Mitteleuropa um 1800 v. Chr. immer häufiger Waffen, Werkzeuge und Schmuck aus Bronze, und ab 1000 v. Chr. aus Eisen herstellten. Im Vorderen Orient begannen Bronzezeit und Eisenzeit früher als in Mitteleuropa.

1. *Liste die Neuerungen der Neolithischen Revolution mit den Vorteilen auf, die sie den Menschen bringen. Nutze dazu die Abbildungen auf Seite 25.*
2. *Welcher Vorgang wird auf der Karte dargestellt (Abb. 8)? Wie gelingt es dem Zeichner, den Verlauf des Vorgangs zu zeigen?* Lerntipp
3. *Stellt euch vor, eure Klasse soll als Experiment ein Jahr wie die Menschen in früheren Zeiten leben, entweder als Jäger und Sammler oder als Bauern der Jungsteinzeit. Wofür entscheidet ihr euch?*

M 1 Weizen zum Vergleich.
Von links nach rechts: wilder Weizen – gezüchteter Weizen aus der jüngeren Steinzeit – moderner Weizen.

M4 Die Erfindung des Brotes

Der Historiker Lewis Mumford schreibt:

Der Getreideanbau war von einer ebenso radikalen Neuerung in der Zubereitung von Nahrung begleitet: der Erfindung des Brotes. [...]
Das tägliche Brot brachte eine Sicherheit in der Nahrungsversorgung, wie sie nie zuvor möglich gewesen war. Trotz Ertragsschwankungen infolge von Überschwemmungen oder Dürre sicherte der Getreideanbau dem Menschen die tägliche Nahrung, sofern er ständig und fortlaufend arbeitete, während er des Wildes und des Jagdglücks nie sicher sein konnte. Mit Brot und Öl, Brot und Butter oder Brot und Speck hatte die neolithische Kultur die Basis einer ausgewogenen, kalorienreichen Ernährung, die nur frischer Gartenprodukte bedurfte, um völlig adäquat* zu sein.

Lewis Mumford, Mythos der Maschine. Kultur, Technik und Macht, übers. von Liesl Nürenberger und Arpad Hälbig, Wien 1974, S. 166

***adäquat**: *angemessen*

M 2 Reib- und Mahlstein.
Dieser Fund stammt aus dem Irak und ist zwischen 9 000 und 6 000 Jahre alt.

M 3 Haubenfladen aus der jüngeren Steinzeit.
Nachbildung aus dem Museum der Brotkultur, Ulm.
So könnte das Brotbacken vor 7 000 Jahren abgelaufen sein: Zuerst wurde das Korn aus Emmer (einer Weizenart), Einkorn oder Zwergweizen zu Mehl geschrotet, also zerquetscht. Danach vermengte man es mit Wasser, Sauerteig (einer Art Hefe) und Salz zu einem Teig, der zu einem Fladen geformt und auf einen Backteller gelegt wurde.

M 5 Backofen, etwa 4 500 Jahre alt.
Rekonstruktionszeichnung nach einem Fund aus dem Moordorf Taubried (Federseemoor).

→ ***Internettipp:*** *www.brotmuseum-ulm.de*

1. *Vergleiche die Ähren (M 1).*
2. *Beschreibe die Arbeiten von der Aussaat an, die eine jungsteinzeitliche Familie durchführen musste, bis sie Brot essen konnte (M 2, M 3 und M 5).*
3. *Besorgt euch Getreidekörner und Steine. Mahlt die Körner wie vor 7 000 Jahren und berichtet von den Erfahrungen.*
4. *Nenne die besonderen Vorteile des Brotes für die Ernährung (M 4).*

M6 Ötzi – der „Mann aus dem Eis"

Zwei Wanderer aus Nürnberg entdecken auf einer Bergtour am 19. September 1991 im Eis der Ötztaler Alpen in 3 200 Meter Höhe eine Leiche, die zu einer Sensation wird. Experten untersuchen sie und stellen fest: Bei dem Fund handelt es sich um einen Mann, der zwischen 3350 und 3100 v. Chr. lebte. Walter Leitner vom Institut für Ur- und Frühgeschichte der Universität Innsbruck beschreibt den Fund:

Die Bekleidung

Der Mann im Eis trug Schuhe, Beinkleider, Lendenschurz, Mantel, Umhang und Mütze aus Pelz-, Leder- und Grasmaterial. Bei den Fellen und Häuten sind vornehmlich Rothirsch, Bär, Ziege, Gämse und Rind verarbeitet worden.

Die Ausrüstung

Man kann in erster Linie Waffen und Werkzeuge unterscheiden. Zu den letzteren zählen Feuersteingeräte in Form von Messer, Klinge, Bohrer, eine Knochennadel und ein Geweihdorn.
Das Kupferbeil nimmt eine Sonderstellung ein und wird sowohl als Waffe als auch als Werkzeug gedient haben.
Der 1,82 Meter lange Bogen aus Eibenholz stellt eine besondere Fernwaffe dar. 14 Pfeilschäfte, zwei davon mit Steinspitzen bewehrt, gehören zu dieser Waffe.
Vier längere Geweihspitzen könnten außerdem als Einsätze für eine weitere Fernwaffe, ein Wurfholz, gedient haben.
Zu den Behältnissen zählten ein Köcher, der die Pfeile aufnahm, zwei zylindrische Birkenrindengefäße, ein Gürteltäschchen und eine hölzerne Rückentrage.
Darüber hinaus führte der Mann Zundermasse und Glutstücke aus Kohle zum Feuerentfachen mit sich.

Was trieb den Mann in die Berge?

Häufig wird er als Hirte betrachtet, der seine Schaf- und Ziegenherden auf die Sommerweide führte. In seinen Gewändern fanden sich jedoch eigenartigerweise keine entsprechenden Tierhaare. Seine Pfeil- und Bogen-Ausrüstung spricht für einen Jäger, doch waren diese Waffen nicht einsatzbereit, da sie in unfertigem Zustand waren.
Ganz allgemein dürfte das wertvolle Metallbeil als Beleg für eine höherstehende Person in der damaligen Gesellschaft betrachtet werden.

Zunächst nehmen die Wissenschaftler an, der „Ötzi" sei einfach erfroren, dann entdecken sie eine Pfeilspitze aus Feuerstein in seinem Rücken, später lässt sich auch noch ein Schlag auf den Kopf nachweisen. Die Sensation war perfekt. Ein Mord vor 5 300 Jahren! Nach einem Zeitungsartikel von Kai Michel stellt sich der für Erhaltung des Fundes verantwortliche Mediziner Eduard Egarter Vigl den Tathergang so vor:

Nach einer Schlägerei flieht Ötzi verletzt in die Berge. Schließlich erreicht er Tisenjoch. Erschöpft ruht er sich aus, blickt besorgt zurück, ob ihm jemand folgt. „Da trifft ihn der Pfeil", sagt Egarter. „Entweder fällt der Eismann auf den Fels, oder der Angreifer schlägt ihn nieder." Ötzi verliert das Bewusstsein und stirbt in kürzester Zeit am Blutverlust. „Dann greift der Mörder den rechten Arm des Eismanns, dreht ihn über den linken Arm auf den Bauch, um ihm den Pfeil aus der Schulter zu ziehen." Dabei bricht die Pfeilspitze ab. [...] Warum wurde der Pfeil rausgerissen? „Der hätte den Schützen verraten", sagt Egarter. „Der Mörder wollte seine Spuren verwischen." Vielleicht hatte Ötzi aber auch einen Kumpanen dabei, der ihn retten wollte. Egarter stockt. „Hier fängt die reine Spekulation an."

Walter Leitner, Ötzi – der „Mann aus dem Eis", in: Katie Demakopoulou (Bearb.), Götter und Helden der Bronzezeit. Europa im Zeitalter des Odysseus, Bonn 1999, S. 25 f., und Kai Michel, Sein Größter Fall, in: Die Zeit vom 6. September 2007, S. 42 (vereinfacht)

M7 Der Ötzi.
Rekonstruktion anhand der gefundenen Bekleidungsreste und Ausrüstungsgegenstände. Die 9,4 cm lange Klinge des Beils war mit Baumharz und Lederriemen am Schaft befestigt.

→ **Internettipps:** *Informationen über den „Ötzi" siehe www.archaeologiemuseum.it/f01_de.html und www.uibk.ac.at/forschung/alpine_vorzeit/*

1. *Der „Ötzi" gilt als ein Mann, der zwischen Steinzeit und Metallzeit lebte. Nenne die Befunde, die darauf hinweisen (M 6 und M 7).*
2. *Schreibe zu den Themen „Was trieb den ‚Ötzi' in die Berge?" und „Wer war der Mann aus dem Eis?" eine neue Geschichte.*

Projekt

Steinzeit heute?

Noch heute leben Menschen in einigen entlegenen Gebieten der Erde scheinbar unbeeinflusst von der modernen Welt. Sie laufen fast unbekleidet herum, schlafen in Hütten, jagen mit Pfeil, Bogen oder Speer, sammeln Nahrungsmittel im Wald, benutzen Geräte aus Stein, Holz oder Knochen und entfachen Feuer durch Quirlen von Holz auf Holz. Leben diese Menschen noch in der „Steinzeit“?
Nein. Auch diese „Naturvölker“ mussten immer wieder ihr Umfeld neu gestalten und ihr überliefertes Wissen erweitern. Aber sie haben diese Veränderungen nicht aufgeschrieben. Bis heute halten sie an Werkzeugen aus Stein oder Pfeil und Bogen fest. Sie können nach wie vor in ihrer Umgebung überleben und brauchen keine neue Technik. Ihre Lebensweise passte sich der sich wandelnden Umwelt an, die sie meist planvoll nutzen und pfleglich behandeln – im Gegensatz zu den Menschen der Industriegesellschaft, die die Natur lange Zeit nur ausgebeutet haben.
Heute sind viele „Naturvölker“ bedroht. Ihre Lebensräume werden durch den Abbau von Bodenschätzen, den Straßenbau, die Anlage von Staudämmen, Flugplätzen und vieles andere mehr tief greifend verändert oder zerstört. Der Kontakt zu den Industriegesellschaften bedroht nicht nur ihren Lebensraum, sondern auch ihr geistiges, religiöses und künstlerisches Leben, ihre *Kultur*.

Eine Pygmäenfamilie.

Inuit („Eskimo“) beim Bau eines Iglu.

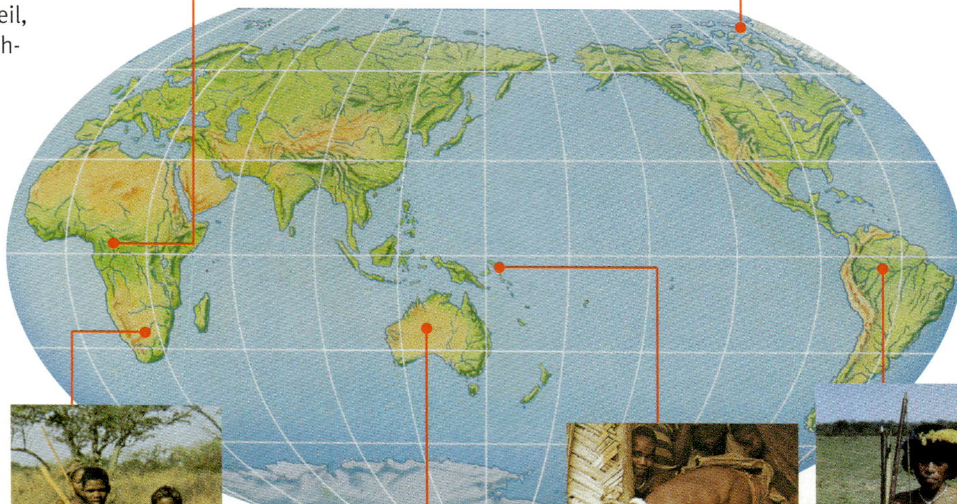

Buschleute in der Kalahari.

Aborigines mit Bumerang.

Ein Papua macht Feuer.

Yanomami mit Pfeil und Bogen.

M1 „Naturvölker“ der Gegenwart.
Eine Auswahl.

1. *Wähle ein in M 1 genanntes Volk aus und stelle fest, in welchem Land es lebt. Suche das Land in einem Atlas und informiere dich über die Lebensbedingungen. Überlege, warum die Menschen dort ihre Lebensweise beibehalten konnten.*
2. *Würde es dich reizen, einmal ein paar Tage in einem „Naturvolk“ zu leben? Was glaubst du, von den Menschen lernen zu können? Was würdest du ihnen beibringen wollen?*
3. *Sucht Informationen über Ernährung, Wohnweise, Glaubensvorstellungen und den Umgang mit der Natur einzelner Naturvölker.*
4. *Informiert euch bei der „Gesellschaft für bedrohte Völker“ (Postfach 2024, 37010 Göttingen [www.gfbv.de]) an einem Beispiel über die Gefahren, denen ein „Naturvolk“ ausgesetzt ist.*

Lerntipp

Das Meisterwerk

Das war ein Tag so ganz nach seinem Wunsch! Zufrieden lehnte sich Hemiunu auf das Polster seiner Sänfte zurück. Jetzt war er wieder in der Hauptstadt Memphis. Hinter ihm strahlte die riesige Pyramide im roten Schimmer des Abendlichts.

In Hemiunus Gedanken zogen die Bilder des Tages noch einmal vorüber. Cheops, der Herrscher Ägyptens, hatte die Baustelle seiner Grabpyramide besucht. Sie sollte dem Pharao nach dem Ende seines irdischen Lebens als ewige Wohnstätte dienen.

Mit eigenen Augen hatte sich der Herrscher davon überzeugt, dass das riesige Werk nach jahrzehntelanger Bauzeit wirklich kurz vor seiner Vollendung stand. Und er, Hemiunu, der oberste Minister des großen Königs, der die Bauarbeiten geleitet hatte, durfte seinem Herrn nun dieses Meisterwerk zeigen.

Unten am Ufer hatte er ständig den Nil aufwärts in Richtung Memphis geschaut und aufgeregt nach der vergoldeten Barke des Sonnengottes Ausschau gehalten. Als dann der König endlich am Begrüßungstempel angelegt hatte, durfte Hemiunu ihn, seine engsten Verwandten und die vielen Priester die große Rampe hinauf zur Pyramide führen. Kein Laut war zu hören, obwohl Tausende von Arbeitern sich zum Empfang des Pharao versammelt hatten. Aus Furcht und Ehrerbietung hatten sie sich, wie es sich gehörte, vor dem König in den staubigen Sand geworfen und es nicht gewagt, die Blicke zu heben, bevor der Sohn des Gottes Re an ihnen vorübergetragen worden war. Oben am Ende des Aufganges geschah, was Hemiunu insgeheim erhofft hatte: Der erhabene König stieg aus der Sänfte und ging um die Pyramide herum, begleitet vom Gebetsgemurmel der Priester und vom Geräusch ihrer Rasseln. Nichts hätte seine Zufriedenheit besser zeigen können als sein würdevolles Schweigen und sein regloses Gesicht. Eine Auszeichnung ohnegleichen war es für Hemiunu, als der Pharao vor der großen Sphinx innehielt und dem obersten Minister für einige Wimpernschläge sein heiliges Antlitz zuwandte. Wie allen Anwesenden war dem Herrscher wohl klargeworden, dass er vor einem großen und vollkommenen Bauwerk stand, wie es noch keines vorher gegeben hatte.

Hemiunu lächelte unwillkürlich bei dieser Erinnerung. Der riesige Aufwand und die unermessliche Anstrengung des ganzen Landes hatten sich gelohnt. Hemiunu konnte mit sich und seinem Meisterwerk wirklich zufrieden sein.

Dieter Brückner

Große Sphinx mit der Pyramide des Cheops in Giza, um 2600 v. Chr.
Foto, um 1990.
**Sphinx*: *Steinbild eines Gottes oder Königs in Löwengestalt; Zeichen der königlichen Macht*

Ägypten – eine frühe Hochkultur

Weltwunder am Nil

Einfach gigantisch! Wer heute nach Ägypten reist, will in jedem Fall die Pyramiden sehen. Die ältesten stehen seit über 4500 Jahren in dem Land am Nil. Über zwanzig Jahre lang konnte ihr Bau dauern. Dazu brauchten die Ägypter kluge Architekten und zahllose Arbeiter. Sie meisterten die gewaltige Aufgabe, weil sie es gelernt hatten, langfristig zu planen und zu organisieren, und weil die Zahl der Arbeitskräfte keine Rolle spielte. Während des jährlichen Nilhochwassers wurden bis zu 10 000 Männer zum Pyramidenbau herangezogen. Tausende Arbeiter brachen in den Steinbrüchen flussaufwärts Millionen Steinblöcke und transportierten sie auf Schiffen an die Baustellen.

Die größte Pyramide ist die des *Cheops*. Sie wurde um das Jahr 2585 v. Chr. fertig. Jede ihrer Seiten ist 230 Meter lang, und ihre Höhe betrug 146,6 Meter. Es dauerte rund 4000 Jahre, bis Menschen ein noch höheres Bauwerk errichteten. Die Kalksteine der Cheops-Pyramide sind bis zu 1 Meter lang, 70 Zentimeter hoch und wiegen fast 2 1/2 Tonnen, etwa so viel wie zwei Autos. Im Bauwerk wurden auch 40 Tonnen schwere Granitblöcke verbaut. Wie die Ägypter die gewaltigen Steinblöcke hoben und zusammenfügten, wissen wir bis heute nicht genau.

Bewundernswert genau

In den Pyramiden sind die Steinblöcke nur grob behauen. Die äußeren Quader passen jedoch fast fugenlos aneinander, obwohl die Handwerker nur Werkzeuge aus Holz, Stein und Bronze hatten. Und auch sonst arbeiteten Baumeister und Arbeiter sehr genau. Die Pyramiden stehen fast waagerecht, ihre Ecken weisen exakt in die vier Himmelsrichtungen; die Höhenunterschiede zwischen den Ecken betragen nur wenige Zentimeter. Was war das für ein Land, in dem so großartige Bauwerke entstanden? Wie lebten die Menschen in ihm? Wie und von wem wurden die alten Ägypter regiert und woran glaubten sie?

1 Pyramidenfeld von Abusir. *Rekonstruktionszeichnung von Ludwig Borchard, um 1900. Die Pyramide ist kein einzelnes Bauwerk, sondern Teil einer Anlage. In Abusir haben um 2450 v. Chr. Könige ihre Grabbezirke angelegt.*

Lerntipp

Wie untersuchen wir ein Bauwerk?

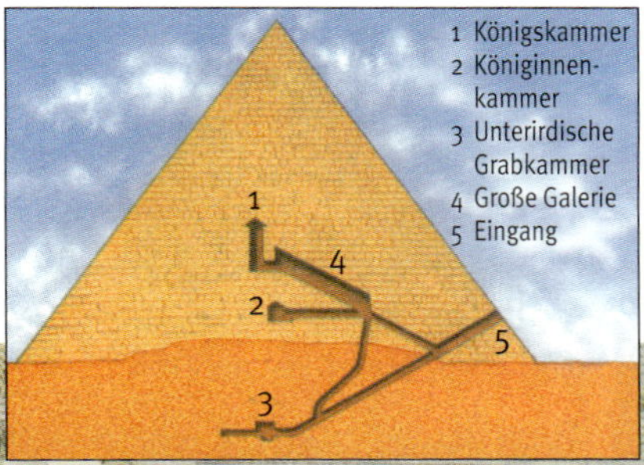

Blick in eine Pyramide. Querschnitt.

M1 Bau der Pyramiden.
Holzstich nach einer Zeichnung von Heinrich Leutemann, um 1880 (Ausschnitt).

Geschichte aus Stein

Die Pyramiden sind die berühmtesten Bauwerke des alten Ägypten. Sie haben Jahrtausende überdauert. Wenn wir uns mit ihnen beschäftigen, erhalten wir Informationen über die Zeit, in der sie entstanden sind. Wir erfahren etwas über diejenigen, die sie errichten ließen, und über die, die sie gebaut haben. Und wir können den Bauwerken Informationen über Architektur und Technik sowie über Glauben und Jenseitsvorstellungen entnehmen.

Wir befragen ein Gebäude

Am besten stellen wir den Pyramiden – beispielhaft für andere Bauwerke – ein paar Fragen:

- Welche Form und Größe, welchen Grund- und Seitenriss haben sie?
- Wann und wo entstanden sie?
- Welchem Zweck dienten sie?
- Wer ließ sie errichten?
- Welche Absicht verfolgte der Bauherr mit dem Bauwerk?
- Wer bezahlte sie?
- Wer baute sie?
- Wie lange dauerte der Bau?
- Welche Werkstoffe wurden verwendet, woher kamen sie?
- Wurden neue Techniken angewendet?
- In welchem Zustand befinden sie sich heute?

→ ***Internettipp:*** *www.weltwunder-online.de/antike/pyramiden.htm*

1. *Betrachte die Abbildungen und lies die Texte auf den Seiten 30 und 32. Beantworte danach die auf dieser Seite aufgeworfenen Fragen. Zu welchen Fragen fehlen dir Informationen? Zeichne eine Pyramide und trage um sie herum deine Ergebnisse in sinnvoller Anordnung ein.*
2. *Erzähle aus der Sicht eines Arbeiters vom Bau einer Pyramide. Beschreibe, wie die Steinblöcke bewegt wurden und welche Hilfsmittel zur Verfügung standen (M1).*

Ein Reich entsteht

1 Ägypten.
Unterlauf des Nils. Mit fast 6 700 km ist der Nil der längste Fluss der Erde. Er entspringt am Äquator, durchquert Steppen und Wüsten, windet sich durch Stromschnellen (Katarakte), fließt träge durch Ägypten und mündet in einem Delta ins Mittelmeer. Stelle fest, woher der Nil sein Wasser bekommt.

Fruchtbarer Schlamm

Nach der letzten Eiszeit wurden die Flusstäler in den regenlosen Gebieten Afrikas allmählich zu großen Oasen, in denen die Hirten- oder Wandervölker Zuflucht suchten. Am Nil fanden sie und ihre Tiere besondere Bedingungen vor: Nach einer langen Regenzeit schwoll der Fluss an seinem Oberlauf alljährlich an und überschwemmte die ausgetrockneten Ufer stellenweise kilometerbreit. Wich das Hochwasser zurück, hinterließ es fruchtbaren Schlamm für Ackerbau und Viehzucht und Lehm für Ziegel.

Leben am Fluss

Der Nil wurde zum wichtigsten Verkehrsweg, zur Lebensader Ägyptens. Fische, Vögel und andere Tiere waren für die Anwohner eine leichte Beute. An den Ufern legten sie Felder und Gärten an. Außerdem bauten sie Flachs an, aus dem sie Stoffe und Seile machten. Auch die Papyrusstaude wuchs am Nil. Aus ihren Stängeln entstanden Schiffsrümpfe und Matratzen. Vor allem entdeckten die Ägypter, wie aus der Pflanze ein ausgezeichnetes Schreibmaterial gewonnen werden konnte: *Papyrus**.

**Über Papyrus erfährst du auf Seite 40 mehr.*

Ein „Geschenk des Nils"?

Der Nil war auch gefährlich. Heftige Überschwemmungen rissen Häuser und Vieh mit sich. Manchmal aber fielen sie zu schwach aus. Dann reichten Wasservorräte und Nilschlamm nicht für eine gute Ernte.
Die Menschen mussten sich auf die natürlichen Lebensbedingungen einstellen. Das fiel ihnen leichter, als sie feststellten, dass die Überschwemmungen regelmäßig kamen. Das spornte die Menschen an. Nach jedem Hochwasser mussten sie die Felder neu vermessen. Gemeinsam säten und ernteten sie, legten Vorräte an, um unterschiedliche Ernten auszugleichen. Mit Dämmen schützten sie sich und ihre Tiere vor dem Wasser. Die Ägypter erfanden auch ein Bewässerungssystem, das der wachsenden Bevölkerung gleichbleibende Ernteerträge sicherte und half, Wüste in Acker zu verwandeln.

2 Nilflut.
Foto, vor 1960. Nach dem Bau der beiden Staudämme bei Assuan (1962 und 1970) gibt es diese Überschwemmungen nicht mehr.

Unter einem Herrscher

Das Zusammenleben im Niltal war anstrengend. Die Menschen mussten den Hochwasserschutz und die Bewässerung planen sowie das Wasser verteilen. Der wachsende Reichtum führte zu Überfällen umherziehender Hirtenvölker. Um sich zu schützen und Rechte und Pflichten zu regeln, schlossen sich die Menschen unter örtlichen Anführern zusammen. Kriege und Vereinbarungen hatten zur Folge, dass es am Ende des 4. Jahrtausends v. Chr. nur noch zwei Herrschaftsgebiete gab: Unterägypten im Nildelta und Oberägypten entlang des Nils.

Vor 3 000 v. Chr. soll der Herrscher Oberägyptens durch einen Krieg das Land zu einem Reich vereinigt haben. Manche Forscher bezweifeln dies und meinen, der Zusammenschluss sei allmählich und friedlich vor sich gegangen.

Die Arbeit wird aufgeteilt

Auf den Äckern am Nil ernteten die Bauern mehr, als sie verbrauchten. Aus den Überschüssen legten sie Vorräte an. Sie konnten Menschen ernähren, die als Handwerker, Künstler, Priester und Schreiber arbeiteten. Die Menschen teilten sich also ihre Arbeit. Die Handwerker spezialisierten sich: Es gab beispielsweise Zimmerleute, Möbeltischler und Schiffbauer. Gebäude und Gebrauchsgegenstände wurden so immer besser und schöner. Die Ägypter lebten dauerhaft unter einem Herrscher zusammen und benutzen zum Austausch von Informationen eine Schrift.*

Löhne, Steuern und Abgaben beglich man in Getreide. Außerdem benutzten die Ägypter Gold, Silber und Kupfer zum Tausch für Waren oder geleistete Dienste. Münzen gab es in Ägypten erst ab dem 4. Jh. v. Chr.

**Zu den Schreibern und zur Schrift lies die Seiten 38 bis 41.*

Was Städte kennzeichnet

Wo die Überschüsse aus der Landwirtschaft gesammelt, gelagert und eingetauscht wurden, entstanden Städte. Sie unterschieden sich von den Dörfern nicht nur durch ihre Größe und die Zahl der Bewohner, sondern auch dadurch, dass

- sie besonders dicht bebaut waren,
- hier Rohstoffe und fertige Waren angeboten und verkauft wurden,
- von ihnen aus das Umland verwaltet wurde,
- sie mit ihren großen Tempelanlagen zu Mittelpunkten des Landes wurden,
- in ihnen mächtige Herrscher und Herrscherinnen sowie einflussreiche Priester und Beamte ihren Wohn- und Amtssitz hatten.

3 Bilder berichten ...
Die 64 cm hohe Schieferplatte mit Reliefbildern im Ägyptischen Museum in Kairo stammt aus der Zeit um 3100 v. Chr. Die Bilder berichten von den Taten König Narmers (dt. Fisch-Meißel; Raubfisch). Oben ist ein Ausschnitt der sogenannten Schauseite zu sehen, unten die komplette Rückseite der Platte.

1. *Sieh dir die Platte mit den Bildern (Abb. 3) an und lies die Erläuterungen dazu. Suche alle Stellen, an denen der Name des Königs steht, und finde heraus, wer außer dem König auf der Schieferplatte abgebildet ist. Ein Hinweis: Die Götter Hathor und Horus sind Mächte, die den König schützen und ihm Kraft geben.* **Lerntipp**
2. *Schreibe zu den Ereignissen auf der Schieferplatte (Abb. 3) eine Erzählung.*

M 1 Wasserschöpfanlage.
Nachzeichnung einer Grabmalerei, um 1240 v. Chr.
Da nach jeder Überschwemmung bald wieder Wassermangel herrschte, legten die Ägypter Deiche und Gräben an, in denen sich das Nilwasser sammeln konnte. In weitverzweigten Kanälen floss es zu den Feldern. Meist reichte es, um die Pflanzen bis zum Beginn der Erntezeit am Leben zu erhalten. Die Schöpfgeräte bewässerten vor allem Gärten. Sie sind erst für die Zeit nach der Mitte des 2. Jahrtausends v. Chr. überliefert.

M 2 Über den Nil

Eine Pyramideninschrift lautet:

Die, die den Nil sehen, zittern, wenn er strömt. Die Felder lachen, und die Ufer sind überflutet. Die Gaben des Gottes steigen herab, das Gesicht des Menschen wird hell, und das Herz der Götter jauchzt.

In einem Lobgesang, der um 2000 v. Chr. entsteht, heißt es:

Sei gegrüßt, Nil, hervorgegangen aus der Erde, gekommen, um Ägypten am Leben zu erhalten! [...] Der Gerste schafft und Emmer entstehen lässt. Wenn er faul ist, verarmt jedermann. [...] Wenn er habgierig ist, ist das Land krank [...]. Wenn er steigt, dann ist das Land in Jubel, dann ist jeder Bauch in Freude. [...]
Er [der Nil] ist in der Unterwelt, aber Himmel und Erde gehorchen ihm. Der Nil ergreift die Macht über die beiden Länder*, füllt die Speicher und [...] gibt den Armen Besitz. Er lässt die Bäume wachsen an jeder Schöpfstelle [...].

Erster Text: Adolf Erman, Die Literatur der Aegypter. Gedichte, Erzählungen und Lehrbücher aus dem 3. und 2. Jahrtausend v. Chr., Leipzig 1923, S. 35 (leicht vereinfacht). Zweiter Text: Jan Assmann (Hrsg.), Ägyptische Hymnen und Gebete, Zürich 1975, S. 500 ff. (stark überarbeitet)

**gemeint sind Ober- und Unterägypten, also das ganze Reich*

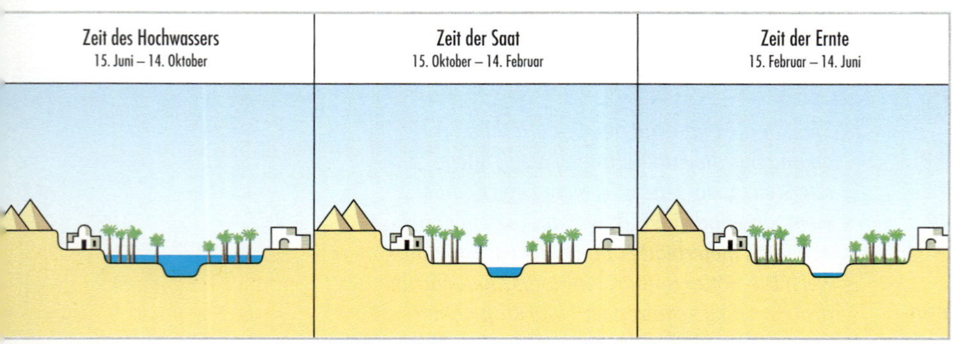

M 3 Die drei Jahreszeiten.

1. *Die Texte in M 2 enthalten Hinweise auf die Jahreszeiten (M 3) und belegen die Bedeutung des Nils für die Ägypter. Erkläre!*
2. *Welche Aufgaben stellt der Nil den Menschen? Was meint die Formulierung „Wenn er faul ist ...“ (M 2)?*
3. *Der Ausdruck, Ägypten sei „ein Geschenk des Nils“, stammt von dem griechischen Geschichtsschreiber Herodot (siehe Seite 132 f.). Hat er Recht? Begründe!*

Der Pharao – ein allmächtiger Herrscher?

Anführer werden Könige
Schon die Hirten- und Wandervölker der vorgeschichtlichen Zeit wurden von Einzelnen angeführt. Vermutlich waren dies Männer, die gut organisieren konnten und fromm waren. Sicher waren darunter auch mutige Krieger. Seit Ende des 4. Jahrtausends v. Chr. konnten einige ihre Macht auf Dauer festigen und an ihre Nachkommen weitergeben. Aus Anführern wurden Könige.
Die Bewohner ihrer Reiche verloren zwar einen Teil ihrer Freiheit, da die Herrscher von ihnen Gefolgschaft, Steuern und Abgaben forderten. Aber die Herrscher sorgten auch für Ordnung und Schutz vor Feinden – nach damaliger Auffassung Zeichen für das Wohlwollen der Götter.

Gott und Mensch
An der Spitze des ägyptischen Reiches stand ein König, auch Pharao („großes Haus") genannt. Wir kennen über 350 Herrscher, darunter vier Herrscherinnen. Der erste König regierte um 3150 v. Chr.; die letzte ägyptische Herrscherin war *Kleopatra VII.*, sie regierte von 50 bis 30 v. Chr.
Nach dem Glauben der Ägypter war der Pharao kein normaler Mensch, sondern ein Abkömmling der Götter. Der Pharao sollte in ihrem Auftrag auf Erden handeln und sich bei ihnen für das Wohlergehen seines Volkes einsetzen. Die Priester verkündeten, Reichtum, Gerechtigkeit und die Ausdehnung des ägyptischen Staates seien dem Pharao zu verdanken.

Die Macht des Pharao
Allein der König entschied über Krieg und Frieden. Ihm gehörte das ganze Land. Alle hatten zu tun, was er wollte. Nur er konnte Gesetze erlassen und hohe Beamte einsetzen. Der Pharao sorgte dafür, dass

- das Land gegen Feinde geschützt wurde,
- die Gesetze eingehalten wurden und im Streitfall Recht gesprochen wurde,
- Abgaben und Steuern gezahlt wurden,
- die Arbeitskräfte bei Großprojekten klare Aufträge erhielten,
- Rohstoffe aus dem Ausland beschafft wurden und
- die Felder nach der Überschwemmung und vor der Ernte neu vermessen wurden.

1 **Tutanchamun.**
Goldsarg, um 1325 v. Chr.
Der 110,4 kg schwere und 1,88 m lange Sarg aus massivem Gold enthielt die Mumie des Königs Tutanchamun, der mit etwa 18 Jahren starb. Der Sarg ist mit gefärbtem Glas und Halbedelsteinen verziert. Tutanchamun trägt einen künstlichen Königsbart und das Kopftuch der Pharaonen. Auf seiner Stirn befinden sich ein Geierkopf und eine aufgerichtete Schlange als Zeichen der Schutzgötter Unter- und Oberägyptens. Der König hält einen Krummstab und einen Wedel (Peitsche). Beide Herrschaftszeichen (Insignien) erinnern uns an die vorgeschichtliche Zeit. Erkläre!*

**Zu den Mumien siehe Seite 47f.*

Die Helfer des Pharao

Die Pharaonen brauchten viele Helfer, um das Reich zu verwalten. An der Spitze standen die Vertrauten des Pharaos, die *Wesire*. Sie stammten oft aus der Herrscherfamilie. Die Wesire teilten mit dem Pharao alle Staatsgeheimnisse, waren oberste Richter und Leiter einer „Regierungsmannschaft". Sie überwachten alle lebenswichtigen Bereiche wie

- Wasserversorgung,
- Staatseinnahmen,
- Vorratshäuser,
- Kriegswesen und den
- Bau von Pyramiden und Tempeln.

Die Anweisungen führten Tausende von Staatsdienern (Beamte) aus. Ein rangniedriger Staatsdiener musste seinem Vorgesetzten gehorchen und ihm regelmäßig berichten. Sie alle gehörten zu den wenigen Ägyptern, die rechnen, schreiben und lesen konnten. Unabhängig von ihrer Aufgabe und Stellung, wurden sie allgemein „Schreiber" genannt.

Nichts darf vergessen werden

Schreiben, Lesen und Rechnen ermöglichten den Beamten,

- alle Ein- und Ausgaben festzuhalten,
- Befehle über weite Entfernungen richtig weiterzugeben und
- andere Beamte zu beaufsichtigen.

2 Schreiber.
Kalksteinfigur, um 2500 v. Chr., Format: 53 cm hoch, 43 cm breit.
Beschreibe Haltung und Gesichtsausdruck.

Schriftzeichen benutzten die Ägypter seit etwa 3000 v. Chr. Die den Menschen und Göttern mitgeteilten Botschaften wurden vielfach in den Wänden von Tempeln und Gräbern eingemeißelt. Die Griechen nannten sie später Hieroglyphen („*Heilige Zeichen*"). Neben den Hieroglyphen hatten die Ägypter auch noch eine einfachere Schrift, die von rechts nach links geschrieben und gelesen wird: das *Hieratische* (*hieratisch* = priesterlich).

Wissen ist Macht

Jeder Schreiber durfte den Ägyptern Befehle seiner Vorgesetzten erteilen. Der Beruf brachte Macht, Ansehen sowie ein sicheres Einkommen und Steuerbefreiungen. Oft wurde er innerhalb einer Familie von Generation zu Generation weitergegeben.

Ausbildung

Die Ausbildung zum Schreiber dauerte zwölf bis fünfzehn Jahre. Grundkenntnisse konnte sich der angehende Schreiber im Privatunterricht bei einem anderen Schreiber aneignen. Besonders Begabte durften eine der Schreiberschulen des Königs oder eines Tempels besuchen.
Kinder von Handwerkern und Bauern lernten von ihren Eltern nur, was sie für ihre Arbeit brauchten. Lesen und Schreiben gehörten meist nicht dazu. Deshalb gingen im alten Ägypten nur wenige Kinder zur Schule.

Tüftler und Entdecker

Das Leben am Nil regte Beamte, Schreiber und Priester an, die Anfänge von Wissenschaft zu entwickeln.
Ein Beispiel: Mit jeder Überschwemmung wischten Wasser und Schlamm alle Feldmarkierungen weg. Wie sollte man sie wiederfinden? Die Ägypter lernten, wie man von einigen festen Punkten aus Grenzen genau vermessen konnte. So entdeckten sie die *Geometrie*.
Wie aber wusste man, wie weit das Jahr fortgeschritten war und wie lange es noch bis zur nächsten Überschwemmung dauerte? Die Priester beobachteten lange den Lauf der Sterne und erkannten, dass die Sonne nach 365 Tagen ihre Bewegung am Himmel wiederholte. Daraus entwickelten sie einen Kalender.*
Einige Priester beschäftigten sich mit Krankheiten und wagten sich an Operationen, sogar am menschlichen Gehirn. Es gab Ärzte für Augen- und Zahnerkrankungen. Mit natürlichen Arzneien konnten zahlreiche Leiden gelindert oder sogar geheilt werden.

*Zum ägyptischen Kalender lies noch einmal Seite 6.

3 **Beamte im Einsatz.**
Grabmalerei, um 1400 v. Chr.
Oben: Das Land wird vermessen.
Mitte: Das Korn wird in Messgefäße geschüttet.

Kennzeichen der Hochkultur

Das Leben der Ägypter unterschied sich stark von den einfachen bäuerlichen Verhältnissen anderer Völker. Denn die Ägypter hatten verschiedene Berufe und Erwerbszweige, lebten teilweise in Städten, nutzten Schrift und Zeitrechung und entwickelten Kunst und Wissen. Das Volk erkannte die Herrschaft eines Pharaos und dessen Verwaltung an. Dies alles gehört zu einer Lebensweise, die wir Hochkultur nennen. Die ägyptische Hochkultur entstand um 3000 v. Chr. und dauerte mehrere Jahrtausende.

1. *Die Malerei zeigt, zu welcher Zeit das Land vermessen wurde. Nenne sie und überlege, warum der Zeitpunkt gewählt wurde.*
2. *Überlege, was das für die Menschen bedeutete, schreiben zu können, und vergleiche mit heute.*
3. *Verfasse den Brief eines Beamten an den Wesir, in dem er sagt, was er im vergangenen Jahr während des Baus einer Pyramide getan hat.*

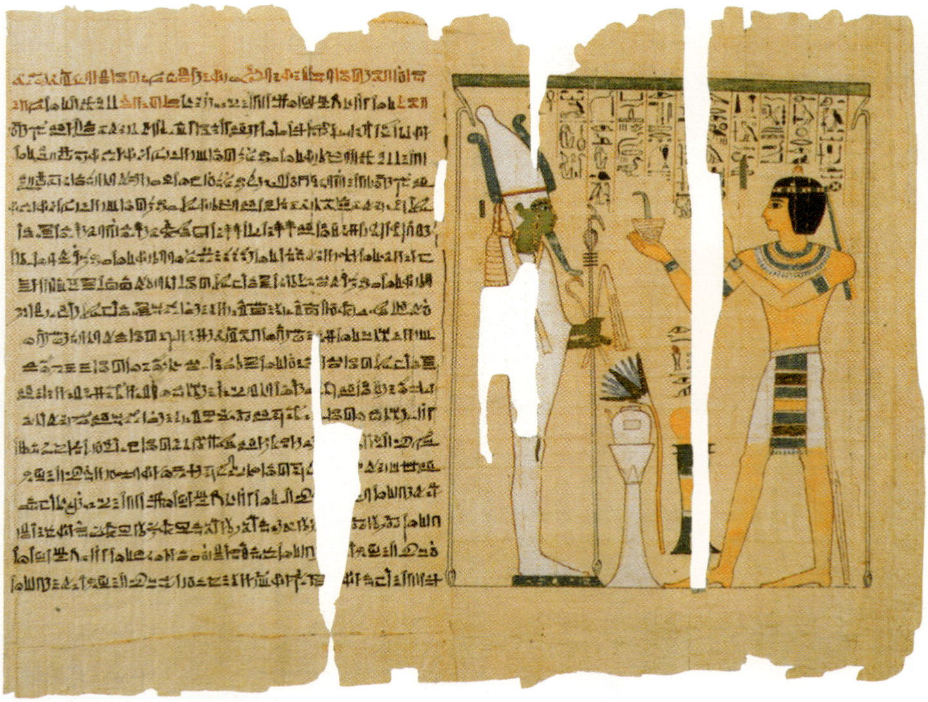

M 1 Wie die alten Ägypter schrieben.
Ein Papyrus mit hieratischer Schrift (links) und Hieroglyphen (rechts), um 1500 v. Chr.

M 2 Ratschläge für Schüler

Der Text stammt aus einer Schrift, die um 2000 v. Chr. verfasst wurde und an Schreibschulen große Verbreitung fand.

Ich lasse dich die Schriften mehr lieben als du deine Mutter liebst. Ich führe dir ihre Schönheit vor Augen [...].
Kaum hat ein Schriftkundiger angefangen heranzuwachsen [...], so wird man ihn grüßen und als Boten senden; er wird nicht zurückkommen, um sich in den Arbeitsschurz zu stecken. [...]
Sieh, es gibt keinen Beruf, in dem einem nicht befohlen wird, außer dem des Beamten; da ist er es, der befiehlt. Wenn du schreiben kannst, wird dir das mehr Nutzen bringen als alle die Berufe, die ich dir dargelegt habe. Nützlich ist schon ein Tag in der Schule; und eine Ewigkeit hält die in ihr geleistete Arbeit vor [...].

Altägyptische Lebensweisheit, eingel. und übertr. von Friedrich W. Freiherr von Bissing, Zürich-München [2]1979, S. 57ff.

M 3 Schreibgerät.
Geschrieben wurde mit Pinseln aus zerkauten Binsen und Tinte. Rote Tinte wurde aus Ocker gewonnen, schwarze aus Ruß.

→ ***Internettipp:*** *Informationen und Beispiele der ägyptischen Schrift findest du unter www.hieroglyphen.de*

→ ***Lesetipp:*** *Rudolf Majonica, Das Geheimnis der Hieroglyphen. Die abenteuerliche Entschlüsselung der ägyptischen Schrift, München 2007*

Aus den Stängeln der Papyrusstauden wurden zuerst dünne Streifen geschnitten. Damit das Mark nicht austrocknete, wässerte man die Streifen.
Auf einer harten Unterlage wurden dann zwei Streifenlagen kreuzweise übereinandergelegt, geklopft und getrocknet.
Schließlich wurde die Oberfläche der Lagen poliert und dann die entstandenen Blätter zu Schriftrollen zusammengeklebt.

M 4 Wie Papyrus hergestellt wird.

→ ***CD-ROM-Tipp:*** *Kuck mal! Das Alte Ägypten. Pyramiden, Pharaonen, Hieroglyphen – Kunst und Geschichte für Kinder, München 2007*

1. *Versetze dich in die Lage eines Schreibschülers und verfasse eine Antwort auf M 2.*
2. *Ist Papyrus Papier? Informiere dich unter www.papierschule.org über die Papierherstellung und vergleiche Papyrus mit Papier.*

Heilige Zeichen

M1 „Ich hab's!"

Ein erfundenes Interview mit Jean François Champollion, dem im Jahr 1822 die Entzifferung der altägyptischen Schrift gelang:

Reporter: Monsieur Champollion, es wird inzwischen überall behauptet, dass Sie die Geheimnisse der altägyptischen Schrift gelüftet haben.

Champollion: Halt, halt! Das geht zu weit! Bis jetzt kann ich lediglich die Namen ägyptischer Könige entziffern.

Reporter: Nun gut. Aber vielleicht können Sie unseren Lesern erklären, wie Sie zu diesem sensationellen Erfolg gekommen sind.

Champollion: Durch Ausdauer, Kombinationsvermögen und Glück.

Reporter: Ist es richtig, dass Sie sich schon als Elfjähriger vorgenommen haben, das Rätsel der Hieroglyphen zu lösen?

Champollion: Ja. Das war vor ziemlich genau 21 Jahren. Damals habe ich eine Abbildung des Steines von Rosette gesehen, der wenige Jahre vorher bei Rosette in Ägypten gefunden worden war. Sie wissen, er enthält drei Texte: einen in griechischer Schrift, zwei in unbekannten ägyptischen Schriften. Ich bin von der Annahme ausgegangen, dass alle drei Texte denselben Inhalt haben, und bemühte mich, die beiden unbekannten Schriften zu entziffern.

Reporter: Das haben schon viele versucht. Wieso waren gerade Sie erfolgreich?

Champollion: Viele Gelehrte meinten, die Hieroglyphen seien eine reine Bilderschrift. Das ist falsch. Ich war schon seit langem überzeugt, dass die einzelnen Zeichen auch Laute darstellen können. Weitergeholfen hat mir meine Vermutung, dass Zeichen, die von einer sogenannten Kartusche umschlossen werden, Königsnamen sind. Und diese Namen mussten ja auch im griechischen Text auf dem Stein von Rosette vorkommen und im Ägyptischen ähnlich klingen wie im uns bekannten Griechischen, sodass …

Reporter: Sodass Sie „nur noch" die Texte miteinander vergleichen mussten, um festzustellen, ob die Zeichenfolge in den Namen ähnlich war.

Champollion: Genauso war es. Wenig später sah ich auf einem Obelisken eine neue Namenskartusche und auf Griechisch den Namen Kleopatra. Ich vermutete, dass die Kartusche ebenfalls diesen Namen enthielt. Und tatsächlich: Ich konnte die Kartusche mithilfe der auf dem Stein von Rosette identifizierten Buchstaben lesen! Heute bin ich in der Lage, ein beinahe lückenloses ägyptisches Alphabet zusammenzustellen.

Reporter: Das Rätsel der Hieroglyphen ist also gelöst!

Champollion: Noch lange nicht. Es bleibt noch viel zu erforschen, bis wir altägyptische Texte lesen können. Die Bedeutung vieler Zeichen ist uns heute noch unklar. Und wir wissen auch noch nichts über die Grammatik dieser Sprache. Vor allem aber werden wir niemals wissen, wie diese Sprache klang, wenn sie gesprochen wurde.

Dieter Brückner

M3 Stein von Rosette, 196 v. Chr.

Höhe 118 cm, Breite 77 cm.
1798 wurde dieser Basaltstein in der im Nildelta gelegenen Stadt Rosette entdeckt. Auf ihm ist ein Text in drei verschiedenen Schriften eingraviert: als Hieroglyphen, in Demotisch (einer Schrift, die im ausgehenden alten Ägypten benutzt wurde) und in Griechisch.
Der Name des Königs Ptolomaios ist oben in Hieroglyphen und unten in Griechisch geschrieben.

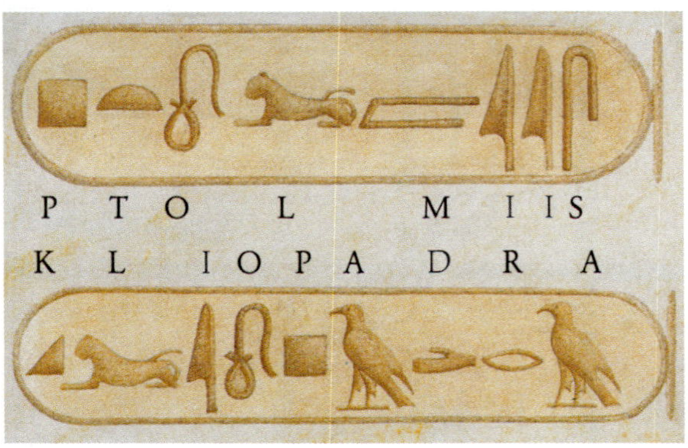

M2 Die „Schlüssel" zur Entzifferung der altägyptischen Schrift.

Lerntipp

1. *Für uns ist die Buchstabenschrift selbstverständlich. Doch auch wir verwenden Bildzeichen. Sammelt Beispiele und sprecht in der Klasse über Vorzüge und Schwächen von Schrifttexten und Bildzeichen.*
2. *Verfasst einen Einkaufszettel mit den Zutaten eures Lieblingsessens, ohne dabei Buchstaben oder Zahlen zu verwenden.*

1 In den königlichen Werkstätten.
Grabmalerei, um 1380 v. Chr. Von oben links nach rechts unten: Ein Goldschmied wiegt Gold ab. Drechsler arbeiten an Djed-Zeichen (Symbole der Dauer). Zwei Juweliere zeigen die fertigen Waren. Welche anderen Handwerker erkennst du?

Das Volk des Pharao

Geschickte Handwerker

Bäcker, Metzger und Bierbrauer sorgten für Lebensmittel. Schreiner, Zimmerleute, Weber, Steinmetze, Schmiede verarbeiteten Holz, Stein, Wolle oder Lehm. Auch Metalle oder Edelsteine, die man erst mühsam gewinnen oder aus fremden Ländern einführen musste, wurden verwendet. Die Ägypter stellten Geräte und Gegenstände zum täglichen Gebrauch wie Töpfe und Kleidungsstücke her, aber auch Luxuswaren wie prächtige Möbel oder wertvollen Schmuck.

Wer kann sich das leisten?

Die meisten Handwerker arbeiteten in den großen Betrieben der königlichen Höfe im Auftrag der Pharaonen, Wesire, Schreiber und Priester. Diese legten Wert auf eine außergewöhnliche Lebensführung und prachtvolle Ausstattung ihrer Häuser und Grabstätten. Ihre Untertanen stellten selbst her, was sie für ihr einfaches Leben brauchten, und gingen sorgfältig damit um. Nur selten konnten sie sich die Dienste von Handwerkern leisten.

2 Goldener Armreif, um 1530 v. Chr.
Das Schmuckstück zeigt die geiergestaltige Göttin Oberägyptens Nechbet. Die Flügel umspannen schützend den Arm; das Zeichen in den Klauen steht für die Ewigkeit.

Die Bauern
Die meisten Ägypter waren Bauern. Während der jährlichen Überschwemmungen mussten sie beim Bau der Pyramiden, Paläste oder Tempel helfen. Nach dem Ende der Flut pflügten sie mit Ochsen den feuchten Schlamm. Bei der Aussaat des Getreides halfen Schafe oder Schweine beim Festtreten der Körner. Esel brachten die Ernte zu den Speichern. In den Gärten wuchsen Feigen, Datteln, Äpfel, Linsen, Zwiebeln und Bohnen. Auch Wein wurde angebaut. Die Ägypter hielten Geflügel und Kleinvieh. In den Sümpfen züchteten sie Wasserbüffel.

Gering geachtet
Das Land, das die Bauern bebauten, gehörte ihnen nicht. Neben dem König besaßen Prinzen, Beamte oder Tempel große Ländereien, die ihnen die Könige überlassen hatten. Die Eigentümer forderten von den Bauern Abgaben. Einen Teil davon mussten sie an den König abliefern. Den Bauern blieb kaum etwas zum Leben. Manche schlossen sich Räuberbanden an oder zogen in die Stadt, um dort Arbeit zu suchen. Oft endeten sie als Bettler.

4 Familiengruppe. *Grabbeigabe, um 2500 v. Chr.*

Wie lebten Frauen?
In den ägyptischen Quellen begegnen uns Frauen häufig als Weberinnen, Spinnerinnen, Tänzerinnen und Musikantinnen, beim Bierbrauen und Brotbacken im Haus. Selten finden sich Hinweise auf Schreiber- oder Priesterinnen. Am meisten wissen wir von den Frauen, die auf den Königsthron kamen oder Gattinnen von Pharaonen wurden. Die Ägypterinnen waren den Männern in vieler Hinsicht rechtlich gleichgestellt. Sie konnten Verträge abschließen, vor Gericht auftreten und klagen, die Vormundschaft über ein Kind übernehmen und ihren Besitz vererben. Das Erbe ihrer verstorbenen Männer durften die Witwen nur verwalten, bis die Kinder es übernehmen konnten.

Die Sklaven
Früher wurde behauptet, Sklaven hätten die ersten Pyramiden gebaut. Dies ist falsch, denn es gab im 3. Jahrtausend v. Chr. bei den Ägyptern nur wenige unfreie und rechtlose Menschen. Erst seit dem 2. Jahrtausend v. Chr. wurden vermehrt Kriegsgefangene versklavt. Der Königshof, die Tempel und reiche Privatleute kauften Sklaven, die sie beschäftigen, verkaufen, vermieten, vererben oder freilassen durften. Die Sklaven der Ägypter hatten ein Recht auf Leben und Gesundheit.

3 Vom Korn zum Mehl. *Kalksteinfigur (26 cm hoch), um 2400 v. Chr.*

M1 Getreideernte.
Grabmalerei, um 1400 v. Chr.
Oben links: Ablieferung des Getreides.

M2 „Zeig uns das Getreide!“

In verschiedenen Papyri des 12. Jahrhunderts v. Chr. beschreibt ein Schreiblehrer seinen Schülern die Lage der Bauern:

Denk an die missliche Lage, in die der Bauer gerät, wenn die Beamten kommen, um die Erntesteuer zu schätzen, und die Würmer die Hälfte der Ernte vernichtet und die Nilpferde den Rest verschlungen haben. Die gefräßigen Spatzen bringen dem Bauern großes Unglück. Das auf dem Dreschboden verbliebene Getreide ist fort, Diebe haben es gestohlen. Was er für den gemieteten Ochsen schuldet, kann er nicht bezahlen, und die Ochsen sterben ihm weg, erschöpft durch das Übermaß an Pflügen und Drescharbeit. Und genau dann legt der Schreiber am Flussufer an, um die Erntesteuer zu schätzen. Bei sich hat er ein Gefolge von Bediensteten und Nubier* mit Palmruten. Sie sagen: „Zeig uns das Getreide!“ Aber es gibt keines, und der Bauer wird gnadenlos geschlagen. Dann wird er gebunden und mit dem Kopf voran in einen Teich getaucht, bis er fast ertrunken ist. Seine Frau wird vor seinen Augen gefesselt, und seine Kinder werden ebenfalls gebunden.

Sergio Donadoni, Der Mensch des Alten Ägypten, Frankfurt a. M. 1992, S. 36

***Nubier**: *Krieger aus Nubien*

1. *Untersuche M1 und M2 und finde heraus, worin sie übereinstimmen.*
2. *Ein ägyptischer Bauer entschließt sich, seine Felder zu verlassen. Nenne mögliche Gründe (M1 und M2).*
3. *Erscheint dir die Schilderung des Schreiblehrers (M2) glaubwürdig?*

Lerntipp

Schaubilder erklären

In einem Schaubild lässt sich übersichtlich zeigen, wie eine Gesellschaft oder ein Staat aufgebaut waren und vieles mehr.
Es kann gut Zusammenhänge und Beziehungen zwischen Teilen eines Ganzen darstellen.
Ein Schaubild über die Gesellschaft kann zeigen, wie Menschen eines Volkes miteinander leben, welche Beziehungen sie zueinander haben und welche Rechte und Pflichten bestehen.
Um es lesen zu können, musst du zunächst entscheiden, an welcher Stelle du am besten mit der Beschreibung beginnst. Halte auch danach eine sinnvolle Reihenfolge ein. Entscheidend sind die Beziehungen zwischen den Bestandteilen eines Schaubildes. Beachte die verwendeten Zeichen. Manchmal ist die Form des Schaubildes wichtig für die Deutung.
Prüfe, welche Begriffe du erklären solltest.
Mögliche Arbeitsfragen:

1. Welche Ämter und Einrichtungen werden erwähnt? Wer hat wie Zugang zu ihnen, wer nicht?
2. Welche Teile der Bevölkerung werden gezeigt, welche nicht?
3. Wer arbeitet mit wem zusammen? Wobei?
4. Wer hat welche Aufgaben, Rechte oder Pflichten?
5. Wer hat wie viel Macht? Ist jemand von der Macht ausgeschlossen?
6. Überlege, welche Vor- und Nachteile ein Schaubild gegenüber einem Text hat.

Schreibe die Antworten jeweils auf, ordne sie auf einem Stichwortzettel und präge sie dir ein. Trage die Ergebnisse möglichst frei vor.

M 1 Königin Hatschepsut.
Figur aus Rosengranit, um 1500 v. Chr.
Wir kennen vier Frauen, die im alten Ägypten herrschten. Dazu zählt die Königstochter Hatschepsut. Da ihr Vater keine Söhne hatte, wurde zunächst ihr Mann Pharao. Nach seinem Tod übernahm sie die Herrschaft für ihren noch unmündigen Sohn. Sieben Jahre später ließ sie sich jedoch selbst zum Pharao erklären, ihr Sohn wurde Mitherrscher. 21 Jahre regierte Hatschepsut. Sie starb 1468 v. Chr.
Nenne das Besondere an der Darstellung der Königin.

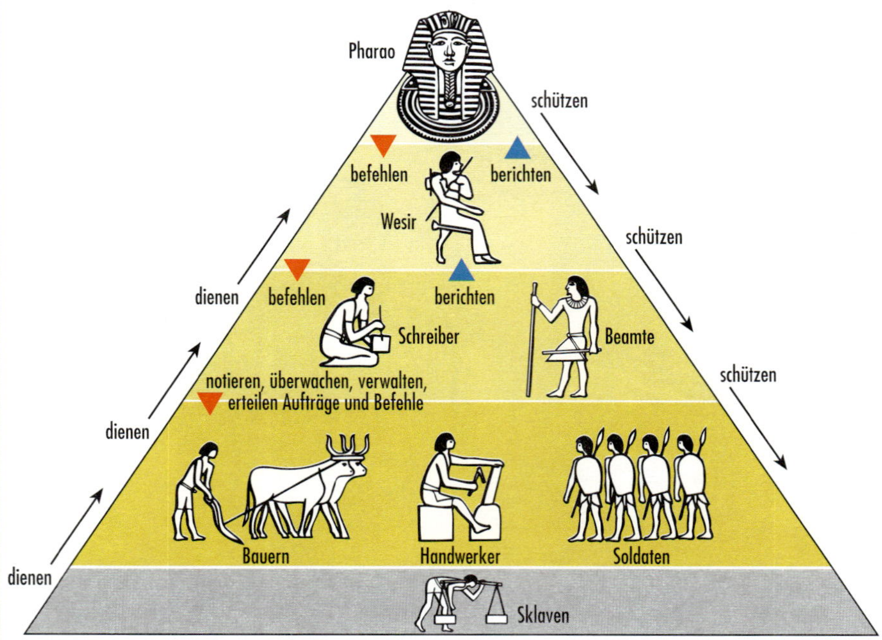

M 2 Die Gesellschaft in Ägypten.
Nicht alle Menschen und Berufe galten in Ägypten gleich viel. Es bestand eine streng von oben nach unten gegliederte Rangordnung.

1. *Wende die Fragen des Lerntipps (siehe linke Spalte) auf M 2 an. Welche kannst du leicht beantworten, welche nicht?*
2. *Übernimm die Rolle eines Wesirs und erkläre einem Fremden den Aufbau der ägyptischen Gesellschaft. Nutze dazu das Schaubild (M 2), indem du es in Worte fasst. Trage deine Erklärung in der Klasse vor.*
3. *Die Form der Grafik (M 2) ist hier bewusst gewählt. Nenne den Grund.*

Götter – Tempel – Mumien

1 Die Götter kommen.
Rekonstruktionszeichnung.
Der Einzug von Götterbildern in den Tempel von Luxor, wie er um 1200 v. Chr. während eines Festes stattgefunden haben könnte. Im Hintergrund der Eingang.
Im Vordergrund tragen Priester auf Gestellen Barken. Auf diesen Schiffen befand sich auch eine Statue des Reichsgottes Amun, der als Erneuerer der Welt, König der Götter und Herrscher im Himmel und auf Erden verherrlicht wurde.

Alles hat eine Seele

Wenn der Nil nicht mehr genug Wasser führte, Heuschrecken die Ernte vernichteten, Krankheiten bei Menschen und Tieren wüteten oder Feinde über die Grenzen vordrangen, glaubten die Ägypter, dass sich die Götter von ihnen abgewandt hätten. Allein durch fromme Handlungen hofften sie, sie wieder günstig stimmen zu können.

Für die Ägypter hatte Menschen, Tiere, Pflanzen, Luft, Wasser und Gestirne eine Seele: Vor allem in Stieren, Kühen, Nilpferden, Krokodilen, Falken und Käfern sahen sie göttliche Kräfte. Auch in Menschengestalt oder als Mischgestalt mit Menschenleib und Tierkopf stellten sie sich Götter vor.

Der Glaube

Im Laufe der Zeit veränderten die Ägypter ihre Vorstellungen von den Göttern und die Art, sie zu verehren. Ihren Polytheismus (von gr. *poly*: viel; *theos*: Gott) behielten sie bei. Zu den vertrauten Göttern der verschiedenen Orte und Gegenden kamen nach der Einigung Ober- und Unterägyptens neue „Reichsgötter" hinzu. Für alle gab es zahllose Tempel.

Die Ägypter glaubten an ein Leben nach dem Tod. Starb einer von ihnen, trennten sich ihrer Ansicht nach zwar Seele, Geist und Lebenskraft vom Körper. Sie galten aber als unvergänglich.

Die Menschen meinten, die Lebenskräfte könnten sich mit dem Sonnengott verbinden. Wenn dieser bei Sonnenuntergang in die Unterwelt fuhr, nehme er sie auf seinem Boot mit. Nacht für Nacht wären dann Lebenskräfte und Körper wieder vereinigt und wohnten bis zum Sonnenaufgang in ihren Gräbern. Später glaubten die Ägypter auch, dass die von den Göttern für unsterblich erklärten Menschen in einem Paradies frei von Sorgen, Mühen und Ängsten lebten.

Auf die Ewigkeit vorbereiten

Das Leben nach dem Tode war an zwei Bedingungen geknüpft: Der Verstorbene musste sich einem Totengericht vor *Osiris* stellen, dem Herrscher im Jenseits, und sein Leib musste unversehrt sein*.

Während der einfache Ägypter im heißen Wüstensand beerdigt wurde, warf man die Ärmsten manchmal einfach in den Nil. Da der Fluss als Gottheit verehrt wurde, hoffte man, er werde für die Toten sorgen. Der Pharao und alle, die es sich leisten konnten, ließen ihren toten Körper einbalsamieren und als Mumie in Grabanlagen beisetzen. An den Wänden der Gräber, auf den Särgen und in Schriften rühmten Bilder und Texte die Leistungen der Verstorbenen. Grabbeigaben sollten das angenehme Leben des Verstorbenen im Jenseits verlängern.

**siehe auch M1, Seite 49.*

2 Schiffsmodell.
Grabbeigabe aus Holz, um 2000 v. Chr. Das Modell dieses Reiseschiffes ist 69 cm hoch, 32 cm breit und 86 cm lang.

3 Uschebti-Figur.
Ab etwa 1700 v. Chr. gaben die Ägypter den Toten kleine Figuren aus Stein, Ton, Wachs oder Holz mit ins Grab. Sie sollten dem Verstorbenen im Jenseits ein Leben ohne Mühe ermöglichen.

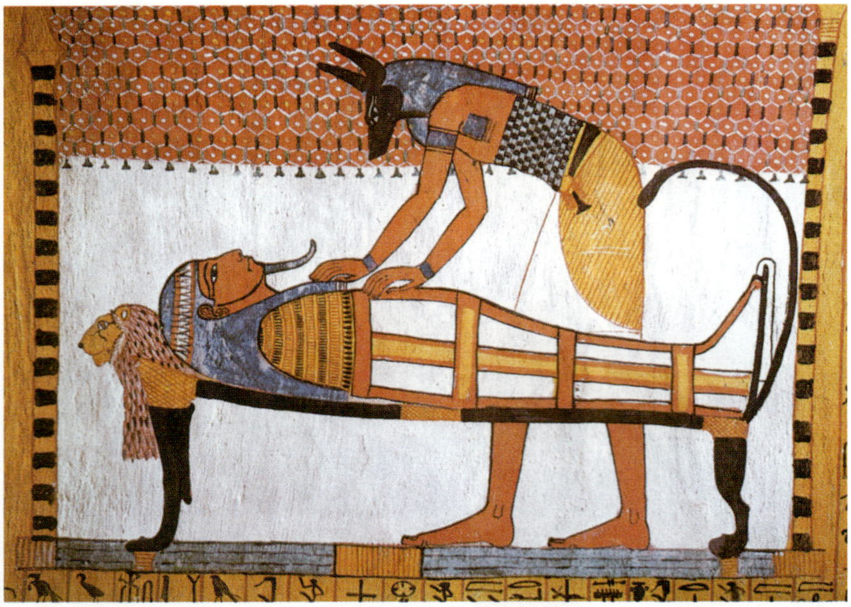

M 2 Anubis versorgt eine Mumie.
Grabmalerei, um 1200.
Hier ist ein Priester mit Schakalkopfmaske tätig. Der schakalköpfige Anubis galt als Balsamierungsgott, Wächter der Geheimnisse und Totenrichter.

M 1 Ein Körper für die Ewigkeit

Der königliche Baumeister Cha stirbt um das Jahr 1400 v. Chr. Sein Grab in einem Friedhof nahe der damaligen Hauptstadt Theben zählt zu den ganz wenigen, die vor ihrer Entdeckung im 20. Jahrhundert nicht von Grabräubern geplündert worden waren.
In den letzten Stunden, bevor der mumifizierte Körper Chas in den Sarg gelegt wurde, könnte sich Folgendes abgespielt haben:

„Ehrlich gesagt weiß ich nicht so ganz genau, was die Balsamierer seit über 1000 Jahren machen. Sie tun sehr geheimnisvoll. Und der Mumie, die sie einem nach 70 Tagen wieder ins Haus bringen, kann man ja nicht ansehen, was sie mit ihr angestellt haben. –“
So aufmerksam hatte Antef seinem Großvater Hetep schon lange nicht mehr zugehört. Dieser erzählte ihm nämlich gerade, was in den letzten zweieinhalb Monaten mit dem verstorbenen Großonkel Cha geschehen war. Hetep fuhr fort: „Aber so viel hat mir einmal ein Freund verraten: Zuerst waschen sie den Toten und ziehen ihm dann das Gehirn mit einem eisernen Haken durch die Nase heraus; danach schneiden sie die linke Bauchseite auf, um die Eingeweide zu entnehmen, die in eigenen Gefäßen bestattet werden.
Nur das Herz, den Sitz unseres Denkens und Fühlens, lassen sie im Körper. Anschließend behandeln sie den Leichnam mit Natronsalz, damit er völlig austrocknet. Dies dauert wohl einige Wochen.
Erst dann umwickeln die Balsamierer alle Körperteile sorgfältig mit harzgetränkten Leinenbinden. Ich habe angeordnet, dass sie mindestens tausend Meter davon verwenden sollen. Für einen angesehenen Mann, wie es dein Großonkel Cha war, ist das nur recht und ... – Pass doch auf, du Tölpel!“ Ein lautes Krachen hatte Hetep unterbrochen. Er war nun außer sich über die Unachtsamkeit des Dieners. „Wenn du den wertvollen Lehnstuhl beschädigst, können wir ihn meinem Bruder Cha nicht mehr ins Grab mitgeben. Das ist Elfenbein!“ Geschäftig lief er zwischen den Gegenständen umher, die im Hof seines Hauses aufgebaut waren, und verglich mit einer Liste. „Wir dürfen nichts vergessen. Das bin ich meinem Bruder schuldig. Er muss alles in seinem Grab vorfinden, was er im Jenseits braucht. Du da, gib Acht! Die goldene Elle ist ein Geschenk des Königs. Sorge dafür, dass sie nachher von allen Leuten gesehen werden kann, wenn wir die Sachen durch die ganze Stadt zum Grab tragen. Die Leute sollen merken, dass wir nicht irgendwer sind. – Horch, Antef! Hörst du die Klageweiber, die ich bestellt habe? Geh und hole die ganze Familie heraus, sie bringen die Mumie!“

Erzählt von Dieter Brückner; die Angaben zur Mumifizierung nach: Renate Germer, Das Geheimnis der Mumien. Ewiges Leben am Nil, München – New York 1997, S. 20 ff.

M 3 Mumie König Ramses II.
Er starb 1213 v. Chr. im Alter von über 80 Jahren. Seine Mumie wurde 1881 entdeckt und 1976 in Paris untersucht und konserviert.

Liste die einzelnen Schritte der Einbalsamierung und des Begräbnisses auf (M 1 und M 2).

Der Verstorbene kniet vor den Göttern des Totengerichts.

Der Verstorbene und Anubis, der Totengott

Schleifenkreuz: Zeichen für das ewige Leben

Waage; auf der linken Seite liegt das Herz des Toten, auf der rechten Seite steht eine Feder. Das Herz ist Zeichen für den Sitz des Verstandes und der Seele; es gibt ein Bekenntnis über die Lebensführung ab. Die Feder das Symbol für **Maat**: die Wahrheit, Gerechtigkeit und Ordnung.

„Große Fresserin": Sie fraß das Herz des Verstorbenen, wenn es schwerer als die Feder war. Dann konnte der Tote nicht in die Ewigkeit eingehen.

Thot, der Gott des Schreibens, des Wissens und der Weisheit

Der Tote und **Horus**, der Himmels- und Königsgott (Pharao), er zeigt auf **Osiris**, den obersten Richter und Herrscher im Jenseits (hier nicht mehr im Bild).

Lerntipp

Bilder können sprechen

Bilder können uns Geschichten erzählen und uns etwas über die Zeiten mitteilen, in denen sie entstanden sind. Du kannst sie zum Sprechen bringen, indem du Fragen an sie stellst. Nicht alle lassen sich bei jedem Bild beantworten. Oft musst du weitere Informationen einholen.

Du kannst bei der Arbeit mit Bildern in drei Schritten vorgehen:

1. *Beschreibe das Bild!*
   - Welche Personen erkennst du auf dem Bild?
   - Was tun die Personen?
   - Wie sind sie gekleidet? Haben sie Gegenstände bei sich?
   - Kannst du weitere Dinge oder Tiere auf dem Bild erkennen?
   - Wie wirkt das Bild auf dich?

2. *Erkläre die Zusammenhänge!*
   - Ist auf dem Bild etwas hervorgehoben? Woran erkennst du das?
   - Wie sind die Personen dargestellt? Fällt dir dabei etwas auf? Sind es wirkliche Personen oder stehen sie für etwas?
   - In welcher Beziehung zueinander sind die Personen dargestellt?

3. *Finde heraus, warum das Bild entstand*
   - Wann und wo wurde das Bild geschaffen oder veröffentlicht?
   - Hat es ein besonderes Format?
   - Zu welchem Zweck wurde es hergestellt?
   - Was sollte es dem Betrachter sagen?
   - Welche Ereignisse und Vorstellungen haben für die Darstellung eine Bedeutung? Kannst du sie auf dem Bild wiederfinden?

M1 Die „große Prüfung": das Totengericht.

Ausschnitt aus dem „Totenbuch" des Schreibers Hunefer, Papyrus (39 cm hoch), um 1300 v. Chr.

Die Ägypter schmückten die Wände ihrer Grabkammern mit Bildern und Inschriften. Besonders sorgfältig gestalteten sie „Totenbücher", die sie den Mumien in den Sarg legten. Sie enthielten die Antworten, die der Verstorbene auf die Fragen des Totengerichts geben sollte.

Die ägyptischen Künstler zeichneten und malten über dreitausend Jahre nach den gleichen strengen Regeln. Derjenige galt als Meister, der den alten Vorbildern am meisten entsprach.

Betrachte M 1 und erzähle nach, wie das Totengericht ablief. Dazu musst du die Zeichnung von links nach rechts wie einen Comic lesen.

1 Die Stadt Ur im 3. Jahrtausend v. Chr.
Ausschnitt aus einer Rekonstruktionszeichnung von Rob Wood, um 1987.
In Ur lebten zeitweise mehr als 30 000 Sumerer.

Mesopotamien – Land zwischen den Strömen

Erste Städte an Euphrat und Tigris

Auch an den Flüssen Euphrat und Tigris im heutigen Irak schufen die Menschen etwa zur selben Zeit wie am Nil eine Hochkultur.
Die Griechen nannten das Gebiet später *Mesopotamien*, d.h. „Land zwischen den Strömen" oder „Zweistromland".
Vermutlich sogar etwas früher als in Ägypten entstanden in Mesopotamien Städte. Sie wurden von Tempelanlagen beherrscht, deren oberste Priester gleichzeitig Könige waren. Als Vertreter des Stadtgottes auf Erden besaßen sie alles Land und Vieh. Sie waren oberste Richter und Feldherren.

Eroberer und Reiche

Die ersten dieser Stadtstaaten gründeten die *Sumerer*, die vor 3100 v. Chr. in Mesopotamien einwanderten. Ihnen folgten die *Akkader*, die um 2300 v. Chr. mehrere Tempelstädte eroberten und sie erstmals zu einem Reich zusammenschlossen. Anders als in Ägypten hielt sich dieses Reich nicht lange. Die Städte bildeten bald wieder eigene Staaten. In den folgenden Jahrtausenden entstanden immer wieder neue Reiche. Sie wurden zum Teil von Völkern gegründet, die in das fruchtbare Land zwischen den Strömen eingedrungen waren. Bis zum 4. Jh. v. Chr. herrschten in Mesopotamien unter anderem *Assyrer, Aramäer, Babylonier* und *Perser*.

*→**Tipp:** Eine der ältesten überlieferten Dichtungen der Menschheit ist die Geschichte über den Helden der sumerischen Stadt Uruk: Gilgamesch. Sie entstand in Mesopotamien. Informiere dich in einem Lexikon oder im Internet über Entstehungszeit, Inhalt und Entzifferung des Gilgamesch-Epos.*

Erinnerungen

Von den verschiedenen Staaten im Zweistromland wissen wir aus archäologischen Funden und schriftlichen Quellen. Auch die Bücher des *Alten Testaments* der Bibel berichten von ihnen. Die Urväter des Volkes Israel stammten aus Mesopotamien. Die Erinnerung an das fruchtbare Zweistromland lebte in biblischen Erzählungen fort: in der Erzählung vom *Garten in Eden (Garten in der Steppe)*, der den Israeliten wie ein *Paradies* vorkam, in den Geschichten von der Sintflut und vom Turmbau in Babel (Babylon).

Die Kultur blüht

Schon die sesshaften Ackerbauern der späten Steinzeit erfanden in Mesopotamien die luftgetrockneten Lehmziegel und die feuergebrannte Keramik. Im 5. Jahrtausend v. Chr. lernten sie Kupfer zu bearbeiten, im frühen 3. Jahrtausend dann Bronze herzustellen. Rad, Wagen, Pflug und die schnell drehende Töpferscheibe wurden in Mesopotamien erfunden.
Aus Bildzeichen, die mit einem Rohr in feuchte Tontäfelchen geritzt wurden, entwickelten die Sumerer im Laufe von Jahrhunderten die erste Schrift. Sie war um 2700 v. Chr. vollständig ausgebildet und wird von den Geschichtswissenschaftlern nach der Form ihrer Zeichen als *Keilschrift* bezeichnet.
Die Sumerer konnten Fläche und Umfang von Kreisen berechnen; sie beobachteten die Sterne, um ihren Kalender zu kontrollieren und die Zukunft vorhersagen zu können. Ihr Zahlensystem beruhte nicht wie unseres auf der Zahl zehn, sondern auf der Zahl sechzig.

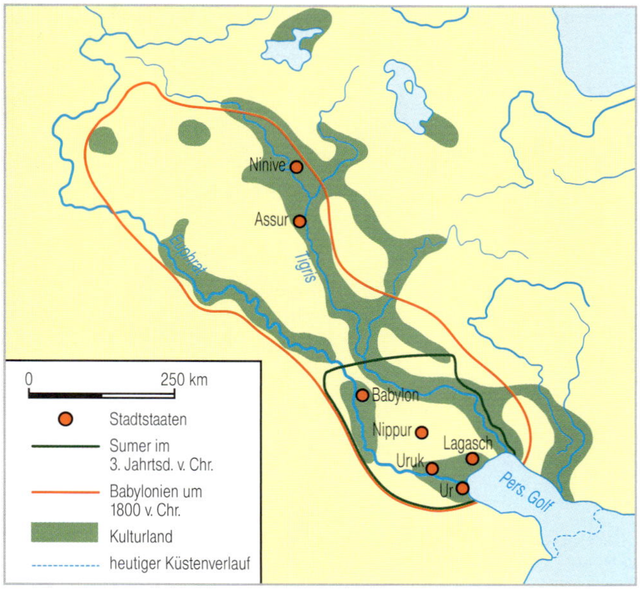

M 1 Hochkulturen in Mesopotamien.

M 2 „Auge um Auge, Zahn um Zahn!"

Zu den wichtigsten Zeugnissen der altorientalischen Geschichte gehören die Gesetze des Königs Hammurabi aus Babylon (siehe M 2). Hier eine Auswahl:

Wenn jemand als Belastungszeuge in einem Prozess, der ums Leben geht, auftritt und das, was er aussagt, nicht beweisen kann, dann soll er getötet werden. [...]

Wenn jemand den Tempel oder den König bestiehlt, so soll er getötet werden; auch wer das Gestohlene von ihm angenommen hat, soll getötet werden. [...]

Wenn jemand Raub begeht und ergriffen wird, so wird er getötet. [...]

Wenn jemand zu faul ist, seinen Damm instand zu halten und dadurch ein Feld überschwemmt wird, so soll er den Schaden ersetzen. [...]

Wenn ein Sohn seinen Vater schlägt, soll man ihm die Hände abhauen.

Wenn jemand einem andern das Auge zerstört, so soll man ihm sein Auge zerstören.

Wenn er einem andern einen Knochen zerbricht, so soll man ihm einen Knochen zerbrechen. [...]

Aus dem Nachwort:

Hammurabi, der schützende König bin ich. [...] Dass der Starke dem Schwachen nicht schade, um Witwen und Waisen zu sichern, um das Recht des Landes zu sprechen, die Streitfragen zu entscheiden, die Schäden zu heilen, darum habe ich meine kostbaren Worte auf meinen Denkstein geschrieben, vor meinem Bildnisse, als dem des Königs der Gerechtigkeit, aufgestellt.

Für später, ewig und immerdar: Der König, der im Lande ist, soll die Worte der Gerechtigkeit, die ich auf meinen Gedenkstein geschrieben, beobachten, die Entscheidungen, die ich verfügt habe, soll er nicht ändern, mein Denkmal nicht beschädigen.

Hammurabi, der König der Gerechtigkeit, bin ich.

Gottfried Guggenbühl, Quellen zur Geschichte des Altertums, neu bearb. von Hans C. Huber, Zürich 1964, S. 10 ff. und Hartmut Schmökel, Hammurabi von Babylon, München 1958, S. 99 f. (vereinfacht)

M 3 Die Gesetze des Königs Hammurabi von Babylon.

Um das Jahr 1700 v. Chr. ließ er 282 Gesetze auf einer 2,25 m hohen Granitsäule einmeißeln. Oben ist der betende König zu sehen. Vor ihm thront der Sonnengott Schamasch, der zugleich Gott des Rechts war.

1. *Stelle Beispiele aus M 2 zusammen, die dir streng und grausam vorkommen. Versuche zu erklären, warum in den Fällen solche Strafen angedroht wurden.*
2. *Nenne Gründe, warum Hammurabi sich auf einen göttlichen Auftrag beruft (M 2) und weshalb er die Gesetze schriftlich festhalten ließ.*
3. *Für Juden und Christen sind die Zehn Gebote die wichtigste Zusammenstellung von Grundregeln des menschlichen Verhaltens. Sie entstanden in einem jahrhundertelangen Prozess und stehen im Alten Testament der Bibel: 2. Buch Mose, Exodus 20, 2-17. Vergleiche sie mit den Gesetzen des Königs Hammurabi (M 2).*

Was war wichtig ?

Daten

vor 7 Mio. Jahren	*In Afrika tauchen Vormenschen auf.*
vor 2,5 Mio. Jahren	*Frühmenschen leben in Afrika; die Altsteinzeit beginnt.*
vor 10 000 Jahren	*Die Menschen werden sesshaft und gründen Siedlungen.*
um 3000 v. Chr.	*In Ägypten und Mesopotamien entstehen Hochkulturen.*
um 1800 v. Chr.	*In Mitteleuropa beginnt die Bronzezeit.*
um 1000 v. Chr.	*In Mitteleuropa fängt die Eisenzeit an.*

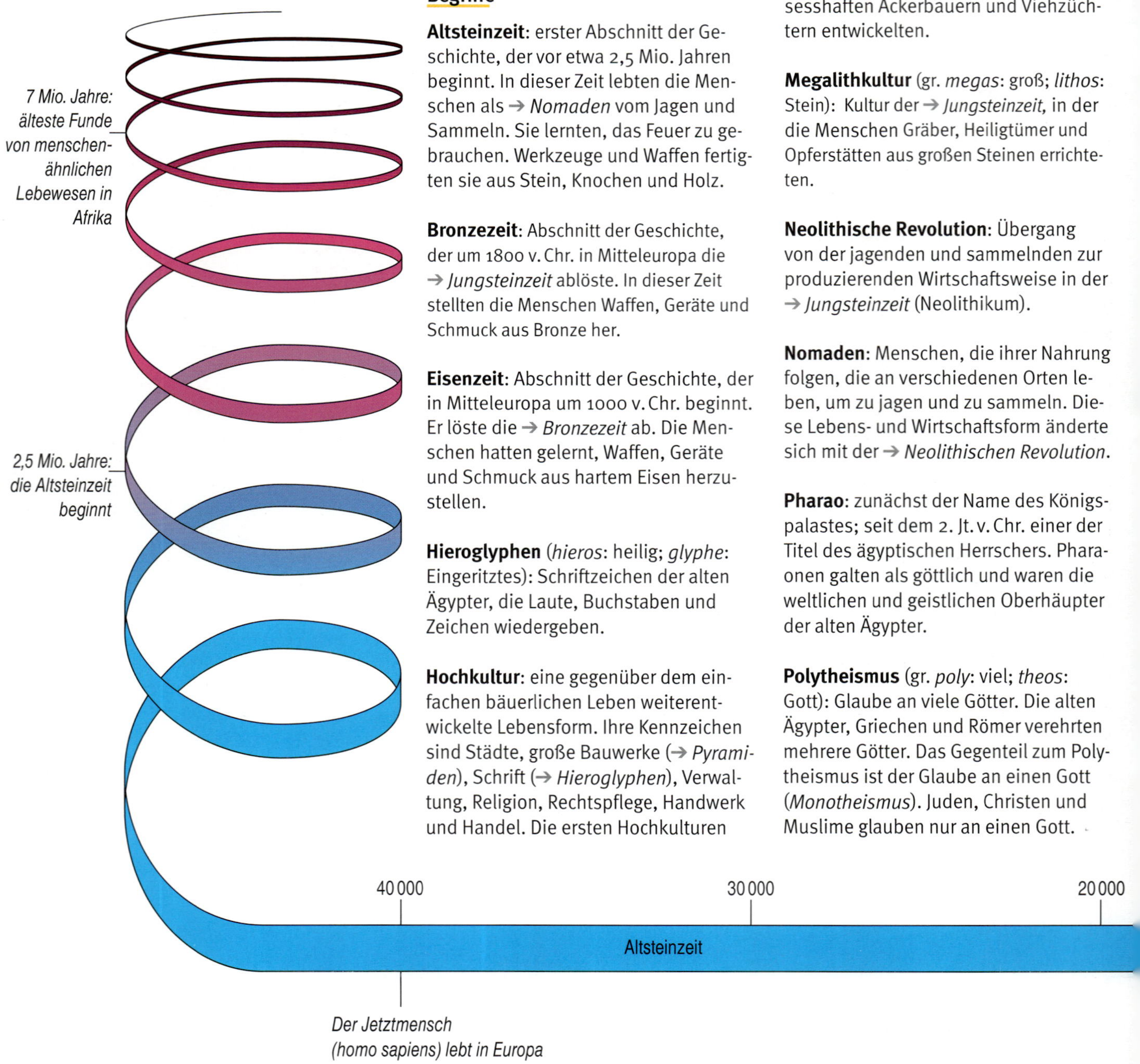

Begriffe

Altsteinzeit: erster Abschnitt der Geschichte, der vor etwa 2,5 Mio. Jahren beginnt. In dieser Zeit lebten die Menschen als → *Nomaden* vom Jagen und Sammeln. Sie lernten, das Feuer zu gebrauchen. Werkzeuge und Waffen fertigten sie aus Stein, Knochen und Holz.

Bronzezeit: Abschnitt der Geschichte, der um 1800 v. Chr. in Mitteleuropa die → *Jungsteinzeit* ablöste. In dieser Zeit stellten die Menschen Waffen, Geräte und Schmuck aus Bronze her.

Eisenzeit: Abschnitt der Geschichte, der in Mitteleuropa um 1000 v. Chr. beginnt. Er löste die → *Bronzezeit* ab. Die Menschen hatten gelernt, Waffen, Geräte und Schmuck aus hartem Eisen herzustellen.

Hieroglyphen (*hieros*: heilig; *glyphe*: Eingeritztes): Schriftzeichen der alten Ägypter, die Laute, Buchstaben und Zeichen wiedergeben.

Hochkultur: eine gegenüber dem einfachen bäuerlichen Leben weiterentwickelte Lebensform. Ihre Kennzeichen sind Städte, große Bauwerke (→ *Pyramiden*), Schrift (→ *Hieroglyphen*), Verwaltung, Religion, Rechtspflege, Handwerk und Handel. Die ersten Hochkulturen entstanden an den Flüssen Euphrat und Tigris in Mesopotamien (heute Anatolien, Irak und Syrien), am Nil (Ägypten) sowie am Indus in Indien und Hwangho im Norden Chinas.

Jungsteinzeit: Abschnitt der Geschichte, der in Mitteleuropa nach der letzten Eiszeit etwa 10 000 v. Chr. beginnt und in dem sich Menschen von wandernden Sammlern und Jägern (→ *Nomaden*) zu sesshaften Ackerbauern und Viehzüchtern entwickelten.

Megalithkultur (gr. *megas*: groß; *lithos*: Stein): Kultur der → *Jungsteinzeit,* in der die Menschen Gräber, Heiligtümer und Opferstätten aus großen Steinen errichteten.

Neolithische Revolution: Übergang von der jagenden und sammelnden zur produzierenden Wirtschaftsweise in der → *Jungsteinzeit* (Neolithikum).

Nomaden: Menschen, die ihrer Nahrung folgen, die an verschiedenen Orten leben, um zu jagen und zu sammeln. Diese Lebens- und Wirtschaftsform änderte sich mit der → *Neolithischen Revolution*.

Pharao: zunächst der Name des Königspalastes; seit dem 2. Jt. v. Chr. einer der Titel des ägyptischen Herrschers. Pharaonen galten als göttlich und waren die weltlichen und geistlichen Oberhäupter der alten Ägypter.

Polytheismus (gr. *poly*: viel; *theos*: Gott): Glaube an viele Götter. Die alten Ägypter, Griechen und Römer verehrten mehrere Götter. Das Gegenteil zum Polytheismus ist der Glaube an einen Gott (*Monotheismus*). Juden, Christen und Muslime glauben nur an einen Gott.

Pyramide: Grabmal über einer quadratischen Grundfläche mit dreieckigen, spitz zulaufenden Seiten. Solche Anlagen wurden zwischen 3000 und 1500 v. Chr. nur für die Pharaonen (→ *Pharao*) erbaut, danach konnten auch andere Ägypter Pyramiden errichten lassen. Unabhängig von den ägyptischen Vorbildern entstanden später in Kambodscha (Asien), Mittel- und Südamerika Tempelpyramiden.

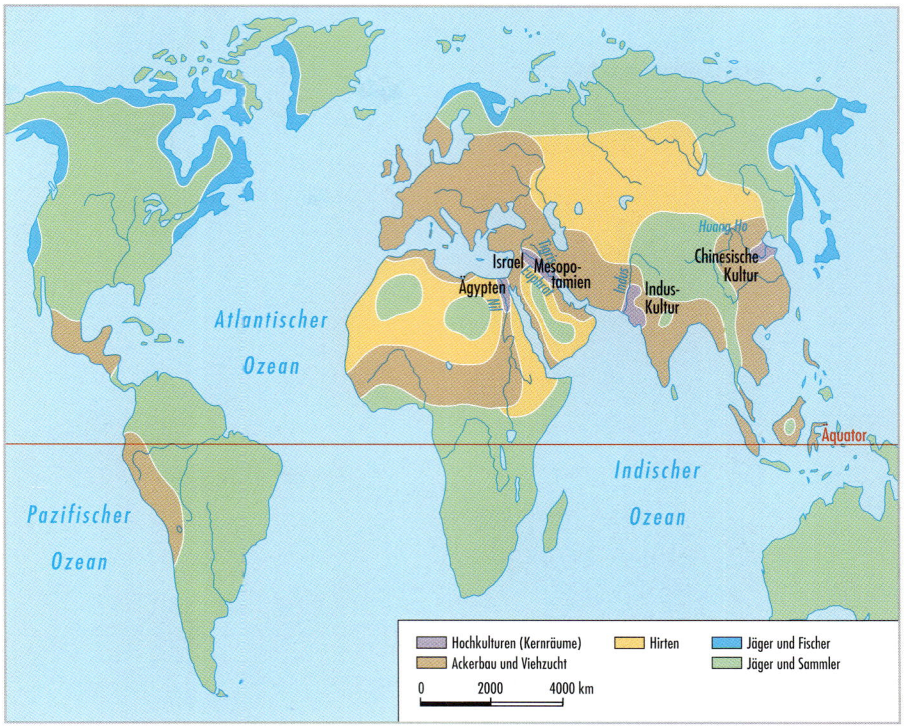

1 **Frühe Hochkulturen der Welt bis ca. 1500 v. Chr.**

Zusammenfassung

Frühe Menschen

Die Menschen haben von ihren Anfängen in den Savannen Afrikas bis zur Gegenwart einen langen Weg zurückgelegt. In der → *Altsteinzeit* lebten sie als Jäger und Sammler und waren → *Nomaden*. Sie lernten, Werkzeuge und das Feuer zu gebrauchen, stellten bald erste Kunstwerke her und entwickelten religiöse Vorstellungen. Dank ihrer Fähigkeiten konnten sie sich an unterschiedliche klimatische Verhältnisse anpassen und fast die ganze Welt besiedeln.
Mit dem Übergang zur → *Jungsteinzeit* entdeckten die Menschen, dass sie auch Getreide anbauen und Tiere züchten konnten. Immer mehr Menschen ließen sich nieder und lebten in Siedlungen.
Sie lernten zu töpfern und zu weben, Wege zu bauen und Brunnen anzulegen. Einige Gruppen entwickelten eine → *Megalithkultur*, deren Zeugnisse große Gräber, Heiligtümer und Opferstätten aus Stein sind. Ein großer Entwicklungssprung war die Gewinnung und Verarbeitung von Bronze und Eisen (→ *Bronzezeit*, → *Eisenzeit*). Man begann, mit Rohstoffen und fertigen Gütern zu handeln.

Erste Hochkulturen

An Nil, Euphrat und Tigris entwickelten sich um 3000 v. Chr. die ersten → *Hochkulturen*. An der Spitze der ägyptischen Gesellschaft standen die Pharaonen (→ *Pharao*). Sie galten als gottähnlich und waren die obersten Priester.
Sie herrschten mit vielen Staatsdienern. Das ganze Land galt als ihr Eigentum. Die Einwohner des Reichs mussten Abgaben leisten und wurden zur Errichtung der → *Pyramiden* und Tempel herangezogen.
Die alten Ägypter glaubten an viele Götter (→ *Polytheismus*). Die Bedeutung der ägyptischen Religion zeigt sich im ausgeprägten Totenkult mit Mumifizierung, Grabmälern und Grabbeigaben. Die Anlage von Städten und Tempeln, eine straffe Verwaltung, Gesetze, Schrift, Kunst und Handwerk sowie die Anfänge von Wissenschaft kennzeichneten die Hochkultur in Mesopotamien.

→**Lesetipps:** *Buchempfehlungen zur Ur- und Frühgeschichte sowie zur ägyptischen Geschichte findest du auf Seite 214.*

Übertrage die Zeitspirale auf ein Blatt (DIN A4 quer, die letzten 40 000 Jahre als Zeitstrahl, 10 000 Jahre = 5 cm) und füge ein: die ungefähre Lebenszeit des Ötzi, die ältesten Funde von Neandertalern, wann die Cheops-Pyramide fertig wurde und die Königin Hatschepsut regierte.

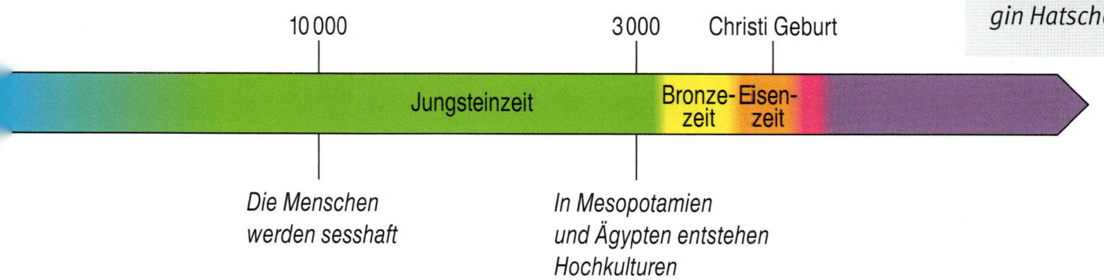

Antike Lebenswelten:

Griechische Poleis und Imperium Romanum

Unsterbliche Geliebte

Verzweifelt blickte Europa zum Himmel und klagte: „Ihr Götter, wie konntet ihr das nur zulassen?" Aber im gleichen Atemzug machte sie sich selbst Vorwürfe: „Kann ich denn alle Schuld auf die Götter wälzen? Bin ich nicht selbst schuldig? Wie konnte ich so unvorsichtig sein, mich dem fremden Stier zu nähern und mich sogar auf seinen Rücken zu setzen? Geschah es mir da nicht recht, dass er mich forttrug?" Schaudernd erinnerte sie sich an ihre Reise. Eine Nacht und einen Tag lang war sie auf dem Rücken des weißen Stieres durch das Meer geschwommen. Er hatte sie von ihrer Heimat Phönizien an die Küste einer fremden Insel im Westen gebracht. Den Namen der Insel kannte sie nicht einmal. Wehmütig erinnerte sie sich an ihre Heimatstadt Tyros, wo sie im Palast ihres Vaters aufgewachsen war. Die Tränen rannen ihr über die Wangen, als sie an ihren Vater dachte, an die Mutter und die Freundinnen, die sie nun sicherlich überall suchen würden. Selbst wenn sie in dieser menschenleeren Gegend überleben sollte, würde sie die Lieben in der Heimat wohl nie mehr wiedersehen. Für einen Augenblick dachte Europa daran zu sterben. Da hörte sie ein leises Geräusch. Als sie sich umdrehte, sah sie eine Frauengestalt, die sich ihr näherte, ohne den Boden mit den Füßen zu berühren. „Hör auf, so zu jammern", begann sie zu sprechen. „Kennst du mich noch? Ich bin Aphrodite, die Göttin der Liebe. Neulich bin ich dir im Traum erschienen, um dir mitzuteilen, dass der Göttervater Zeus in dich verliebt ist." Europa starrte sie ungläubig an. Aphrodite fuhr fort: „Und was meinst du, wer dich hierher, auf die Insel Kreta, trug? Etwa ein normaler Stier? Hast du dich nicht gewundert, dass dich auf dem Meer kein Tropfen Wasser benetzt hat, obwohl die Wellen hochgingen? – Nein, der Stier war niemand anderer als Zeus. Er hatte dich vom Olymp aus erblickt und sich aufgrund deiner Schönheit sofort in dich verliebt. Um dich zu besitzen, beschloss er, dich zu entführen. Du bist", fuhr Aphrodite etwas schnippisch fort, „zwar nicht die einzige Geliebte unseres mächtigsten Gottes, aber tröste dich: Als Tochter des Königs von Tyros hätte man dich vielleicht geehrt, als Geliebte des Zeus wirst du unsterblich werden. Denn der Erdteil, zu dem Kreta gehört und in den er dich entführt hat, soll deinen Namen tragen: Europa."

Dieter Brückner

Europa auf dem Stier.
Vasenmalerei aus Unteritalien, 4. Jh. v. Chr.

Die Welt der Hellenen

1 Das Löwentor von Mykene.
Foto, um 1985.
Die beiden drei Meter hohen Löwen des Tores wurden etwa 1400 Jahre v. Chr. gefertigt.
Finde heraus, wo Mykene liegt. Siehe dazu die Karte auf S. 62.

Wer herrschte?

Mit dem 1. Jahrtausend v. Chr. beginnt die Antike, die Zeit, in der die Griechen und später die Römer die Mittelmeerwelt beherrschten. Damals wanderten erneut Völker aus dem Norden und Osten nach Südosteuropa. Sie drangen bis auf die Inseln des Ägäischen Meeres und an die Küsten Kleinasiens vor. Diese Völker zerstörten die frühgriechischen Siedlungen und Palastburgen. Sie unterwarfen die einfache Bevölkerung. Ihre Anführer scheinen sich mit den angestammten Herrscherfamilien verbunden zu haben.
Auf Wanderschaft und Kriegszügen führten kampferprobte Männer das Kommando. Diese „Könige" beanspruchten für sich und ihre Familien den größten Landbesitz. Zugleich waren sie oberste Priester und Richter.
Als die Einwanderer sich niedergelassen hatten und Landwirtschaft betrieben, wuchs der Reichtum und Einfluss einzelner Familien, deren Angehörige sich hervorgetan hatten. Diese nannten sich *Aristoi* (dt. die Besten). Sie legten Wert auf ihre Abstammung von vornehmen Familien (*Adel*) und beanspruchten die Macht über andere. Ihre Herrschaft wurde Aristokratie genannt – im Gegensatz zur Monarchie, der Herrschaft eines Einzelnen (gr. *monos*: allein) Königs.

2 Gefäß in Form eines Stierkopfes.
Mykenische Goldschmiedearbeit, 16. Jh. v. Chr.
Die Verehrung des Stiers war im Mittelmeerraum weitverbreitet. Das abgebildete Trinkgefäß für besondere Anlässe funktioniert wie ein Trichter und hat einen feinen Ausguss. Ähnliche Gefäße gab es etwa zur gleichen Zeit auch auf Kreta, der Insel, wohin die Königstochter Europa der Sage nach entführt worden war. Was können wir daraus schließen?

„Einheit" der Hellenen

Trotz ständiger Kriege um die wenigen fruchtbaren Gebiete des Landes entstand im Laufe der Jahrhunderte ein Zusammengehörigkeitsgefühl der Bewohner. Denn sie hatten zwar viele Dialekte, aber eine Sprache und Religion.* Seit etwa 700 v. Chr. nannten sie sich Hellenen. Erst Jahrhunderte später bezeichneten die Römer sie als *Graeci*. Von diesem lateinischen Wort kommt der Name Griechen. Trotz ihrer Gemeinsamkeiten bildeten die *Griechen* nie ein Reich unter einem Herrscher.

** Über die Religion der Griechen erfährst du mehr auf Seite 63 ff.*

Hausgemeinschaften

Die im 1. Jahrtausend eingewanderten Völker lebten in einer Hausgemeinschaft, dem *Oikos*. Er bestand meist aus mehreren miteinander verwandten Familien und abhängigen Bauern. Dazu gehörte der gesamte Besitz: Ländereien, Gebäude, Möbel, Kleidung, Geräte, Waffen, Vieh und Sklaven. Der Oikos sicherte seinen Mitgliedern die wirtschaftliche Unabhängigkeit, war Mittelpunkt des rechtlichen und religiösen Lebens und stellte Pferde und Rüstung für Kriegszüge.

3 Phalanx.
Nachgezeichnete Vasenmalerei aus Korinth, um 640 v. Chr.
Dargestellt ist das Zusammentreffen zweier Heere von Schwerbewaffneten. Jeder, der seinen Platz in der Schlachtreihe einnahm, schützte sich mit dem „hoplon“, einem Schild. Von ihm ist der Begriff „Hoplit“ abgeleitet. Welche Aufgabe hatte wohl der Flötenspieler mit seinem Spiel?

4 Hoplit.
Der Schild aus eisenbeschlagenem Holz maß ungefähr 90 cm im Durchmesser. Er hing an einem Lederriemen von der Schulter und wurde mit der Linken an einem Griff gehalten. Die Rüstung wog rund 30 kg und musste von den Kriegern selbst beschafft werden. Was gehörte noch zur Rüstung?

Stadtstaaten

Da die Bevölkerung wuchs und ständig Kämpfe ausbrachen, entstanden um 800 v. Chr. immer mehr Siedlungen auf einer befestigten Anhöhe oder an einer Burg (gr. *Akropolis**). Hierher zogen Adlige, Bauern, Handwerker und Händler. Die Orte wurden Mittelpunkte der bewohnten Gebiete. Die befestigte Siedlung und das landwirtschaftlich genutzte Umland bildeten einen Stadtstaat: die Polis.
Die meisten der griechischen Stadtstaaten zählten weniger als 5 000 Einwohner. Jede Polis entwickelte unter der Führung des örtlichen Adels eine eigene Verwaltung, eigene Gesetze und eigene Formen der Götterverehrung.

Phalanx und Hoplit

Auch die Art, Kriege zu führen, änderte sich. Seit dem 7. Jh. v. Chr. zogen nicht mehr einzelne Adlige mit ihren Streitwagen in den Krieg und kämpften Mann gegen Mann. An ihre Stelle traten die schwer bewaffneten Männer (*Hopliten*) einer Polis, die in geschlossener Schlachtreihe (*Phalanx*) kämpften. In ihr standen Adlige und reiche Bauern nebeneinander. Diese Kampfweise schuf ein Zusammengehörigkeitsgefühl und ließ das Selbstbewusstsein der reichen Nichtadligen wachsen.

Mutterstädte und Tochterstädte

Die wachsende Bevölkerung, der Mangel an Ackerland, Armut, Not und Kriege, aber auch Abenteurertum und Gewinn versprechender Handel ließen seit dem 8. Jh. viele Griechen auswandern. Sie gründeten Siedlungen an den Küsten des Schwarzen und des Mittelmeeres. Diese Kolonisation nützte der griechischen Seefahrt und dem Handel, dem Schiffsbau und dem Töpferhandwerk. Sie war aber auch oft mit Vertreibungen der Anwohner verbunden.

**Eine Rekonstruktion der Akropolis von Athen findest du auf Seite 81.*

5 Handelsschiff.
Vasenmalerei, um 510 v. Chr.

Begegnung mit anderen Kulturen

Ein- und Auswanderung sowie der Fernhandel förderten die Begegnung der Hellenen mit anderen Kulturen. Um die Mitte des 2. Jahrtausends v. Chr. wurden Metalle und Luxusgegenstände aus Ägypten, Syrien, Kleinasien und Sizilien nach Griechenland eingeführt. Griechische Keramik, Textilien und Nahrungsmittel waren im Ausland begehrt.*
Über den Handel lernten die Griechen die Schrift der Phönizier, aus der sie im 9. Jh. v. Chr. ihr *Alphabet* entwickelten.

6 Die Entwicklung des Alphabets.
Worauf geht das Wort „Alphabet“ zurück? Beschaffe dir ein griechisches Alphabet und schreibe deinen Namen auf altgriechisch.

Phönizisches Alphabet ca. 1000 v. Chr.	Bedeutung	Griechisches Alphabet ca. 800 v. Chr.	Bedeutung	Lateinisches Alphabet ca. 500 v. Chr.
𐤀	'	*A*	A(lpha)	A
𐤁	b	*B*	B(eta)	B
𐤃	d	*Δ*	D(elta)	D
𐤄	h	*E*	E(psilon)	E
𐤊	k	*K*	K(appa)	K
𐤌	m	*M*	M(y)	M
𐤍	n	*N*	N(y)	N
𐤓	r	*P*	R(ho)	R
𐤔	š	*Σ*	S(igma)	S
𐤅	u	*Y*	Y(psilon)	Y
–	–	*Ω*	O(mega)	O

Nach dem Vorbild der Lyder aus Kleinasien prägten die Griechen seit dem 7. Jh. v. Chr. Münzen. Die Geldwirtschaft löste allmählich den Tauschhandel ab.
Griechische Kunst, Religion, Dichtung und Wissenschaft verdankten Kretern, Phöniziern, Babyloniern, Persern und Ägyptern wichtige Anregungen. Dieser Kulturaustausch hinderte die Griechen nicht daran, alle Menschen mit einer für sie fremden Sprache, Religion und Lebensweise *Barbaren* zu nennen. Sie haben diesen Begriff seit dem 6. Jh. v. Chr. verwendet, weil die Sprache der Fremden in ihren Ohren so unverständlich wie „bar-bar“ klang. Anfangs war das nicht böse gemeint, später aber sahen sie die Kultur der „Barbaren“ als minderwertig an. So machten sie im Krieg besiegte Fremde selbstverständlich zu Sklaven.**

Siehe auch das Kapitel „Was die Menschen im Altertum voneinander wussten“ (Seite 130 ff.); zum Handel lies auch Seite 78 f.

**Zur Sklaverei Seite 76.*

7 Münze aus Kleinasien, um 600 v. Chr.
Abgebildet ist das heilige Tier einer Gottheit: ein Damhirsch. Münzen gehören zu den häufigsten und wegen der Abbildungen und Beschriftungen wichtigsten Quellen. Die ältesten Münzen bestehen aus Gold und Silber. Die Abbildungen auf ihnen berichten über Religion und Sagenwelt, über Handel und Politik.

1. *Die Hellenen begegneten vielen Völkern. Uns ergeht es ebenso. Teilt die Klasse in Gruppen auf; jede Gruppe steht für ein Land (Italien, Türkei, USA, Japan, England). Überlegt, was wir aus diesen Ländern übernommen haben.*
2. *Betrachte einige Euro- und Cent-Münzen und untersuche sie. Vergleiche sie mit der Münze aus Kleinasien (Abb. 7).*

M1 Wie Kyrene gegründet wird

Herodot (siehe hier Seite 132) beschreibt im 5. Jh., wie die Bewohner der Insel Thera (heute Santorin) im 7. Jh. v. Chr. die Kolonie Kyrene in Nordafrika gründen.

Als Grinnos, der König von Thera, allerlei Fragen an das Orakel richtete*, gebot ihm die Pythia, er solle in Libyen eine Stadt gründen. Er aber sagte: „O Gott, dazu bin ich schon zu alt, befiehl das lieber einem Jüngeren", und dabei wies er auf seinen Begleiter Battos. Als sie wieder nach Hause kamen, machten sie sich aus dem Orakel nichts weiter, denn sie hatten keine Ahnung, wo Libyen wäre, und aufs Gratewohl Kolonisten auszusenden, wagten sie nicht.
Seitdem regnete es auf Thera sieben Jahre lang nicht, und auf der Insel vertrockneten alle Bäume bis auf einen. Als die Theraier darüber das Orakel befragten, gebot ihnen die Pythia wieder, Kolonisten nach Libyen zu senden.

Die Theraier nehmen nun eine Insel an Libyens Küste in Besitz und machen Battos zu ihrem König. Da es ihnen dort nicht gut geht, schicken sie wieder Männer nach Delphi. Dort erteilt ihnen die Pythia die Auskunft: „Wenn sie mit Battos in Libyen Kyrene gründeten, würde es ihnen besser gehen."

Darauf schickten die Theraier auch Battos mit zwei Fünfzigruderern mit Kolonisten hinaus. Die fuhren nach Libyen, wussten aber nicht, was sie nun machen sollten, und kehrten wieder um nach Thera. Die Theraier aber ließen sie nicht an Land kommen, sondern befahlen ihnen, wieder zurückzufahren. Sie mussten also wieder abfahren und siedelten sich Libyen gegenüber auf der Insel Platea an. Hier wohnten sie zwei Jahre. Aber da es ihnen auch hier schlecht ging, fuhren sie alle bis auf einen nach Delphi, befragten dort das Orakel und sagten, jetzt hätten sie in Libyen ja eine Kolonie gegründet, und denoch ginge es ihnen nicht besser.

Die Pythia macht die Theraier erneut auf ihren Irrtum aufmerksam. Erst jetzt siedeln sie sich auf dem lybischen Festland an und gründen nach weiteren Abenteuern und mit göttlicher Hilfe Kyrene.

Herodot, Historien IV, 150 ff.; zitiert nach: Das Geschichtswerk des Herodot von Halikarnassos, übersetzt aus dem Griechischen von Theodor Braun, Frankfurt am Main 2001 (stark gestrafft und vereinfacht)

**Zu den Orakeln lies Seite 63.*

M2 Wo die Griechen siedelten (750-550 v. Chr.).

Der Gelehrte Platon lässt seinen Lehrer Sokrates im Jahre 399 v. Chr. sagen, die Griechen säßen „wie Ameisen oder Frösche um einen Teich".
Erschließe mithilfe der Karte, was er damit meinte. Stelle fest, in welchen modernen europäischen Staaten wir Überreste aus der Zeit der griechischen Auswanderung finden können. Lern-tipp

1. *Ermittle aus M 1 den Grund für die Auswanderung.*
2. *Stellt die Auswanderung (M 1) in einem Rollenspiel dar. Wählt dazu folgende Szenen aus: Befragung der Pythia, Reisevorbereitung, Abschied, Rückkehr nach Thera und Landung in Libyien.* Lern-tipp

Wie werten wir Karten aus?

M 1 Wo die Griechen bis etwa um 750 v. Chr. lebten.

Das ist das Thema der Karte.

Das ist der Schlüssel zum Kartenverständnis: die Legende.

Die Maßstableiste hilft dir, Entfernungen zu ermitteln.

Was können Karten?
Karten für den Geschichtsunterricht informieren nicht nur wie geografische Karten über die Lage von Ländern, Orten, Meeren und Flüssen, Bergen und anderen Kennzeichen einer Landschaft. Sie verknüpfen Erdkunde und Geschichte, indem sie beispielsweise zeigen, welche Ereignisse und Entwicklungen in bestimmten Gebieten stattfanden, wie sich Lebensräume von Völkern und Ländergrenzen veränderten, woher Handelsgüter kamen und wohin sie auf welchen Wegen gebracht wurden. Auch genaue Karten geben nur einen Teil der Gegebenheiten wieder. M 1 enthält nur einige von mehreren hundert griechischen Stadtstaaten und Tausenden von Heiligtümern.

Karten kannst du lesen
Um welches Thema es in der Karte geht, sagt dir die Überschrift. Die in der Karte verwendeten Zeichen, Farben und Abkürzungen werden in der *Legende* erklärt.
Sie nennt dir meist auch den *Maßstab*. Werden dir Fragen zu einer Karte gestellt, kläre zunächst, welches Gebiet sie umfasst und über welche Einzelheiten sie informiert. Wähle dann aus deinen Ergebnissen diejenigen aus, die direkt zu den Fragen passen. Suche nach Verknüpfungen zwischen den einzelnen Angaben, betrachte sie im Zusammenhang und ziehe Schlussfolgerungen.
Mit den Arbeitsfragen kannst du testen, ob du die Karte auf dieser Seite „lesen“ kannst.

1. *Nenne die Informationen der Karte , die für die Geschichte Griechenlands von Bedeutung sein können (M 1).*
2. *Berechne mit der Maßstableiste, wie weit es etwa von Ithaka nach Troia ist.*
3. *Beschreibe mithilfe der Legende die Landschaft in Thessalien und auf der Peloponnes.*
4. *Wie wirkten sich die landschaftlichen Gegebenheiten auf das Klima, auf die Besiedlung und die wirtschaftliche Nutzung aus?*
5. *Überlege, welches wohl das wichtigste Verkehrsmittel der Griechen war.*
6. *Vergleiche die Karte M 1 mit der auf Seite 61. Nenne die Unterschiede.*

Mythen und Menschen

Woran glaubten die Hellenen?
Die Griechen bewegten heute noch aktuelle Fragen: *Was war am Anfang der Welt? Warum blitzt und donnert es?* Sie wollten aber nicht nur die Natur und den Ursprung der Welt verstehen, sondern auch die Ursachen von Glück und Leid, Liebe, Hass, Streit, Trauer und Schmerz. Wie andere Völker fanden die Griechen Antworten bei den Göttern: unsterblichen Wesen, die mit übermenschlichen Kräften ausgestattet waren. Sie hatten aus einem Chaos die Welt geschaffen und waren für alles verantwortlich, was am Himmel, auf Erden und im Wasser geschah. Nichts Menschliches war den Göttern und Göttinnen fremd.

Dunkle Vorhersagen
Um den Willen der Götter zu erkunden, zogen die Griechen zu „Spruchstätten" (*Orakel*) und legten dort Priesterinnen und Priestern ihre Fragen vor. Diese gaben ihnen Rat in verschlüsselter Form. Ein Beispiel ist die Geschichte von König *Kroisos* aus Kleinasien. Er erhielt die Auskunft, er werde ein großes Reich zerstören, wenn er Persien angreife. Er tat es und zerstörte tatsächlich ein großes Reich – allerdings sein eigenes, da die Perser siegten!

Einfach sagenhaft
Eine Stufe unter den Göttern standen die *Heroen*. Diese Helden waren halb göttlicher und halb menschlicher Abstammung und besaßen übermenschliche Stärke.
Von Göttern und Heroen sowie deren Taten berichtet der *Mythos* (dt. Wort, Rede, Erzählung). Diese Mythen wurden in der Frühzeit an den Höfen der Könige und Adligen von fahrenden Sängern vorgetragen. Der Dichter und Sänger Homer aus Kleinasien fasste im 8. Jh. in seiner *Ilias* und *Odyssee* die Überlieferung der griechischen Könige zwischen 1600 und 1200 v. Chr. zusammen. In der *Ilias* erzählt er, wie die Götter in den Krieg der Griechen gegen Troia eingriffen. In der Odyssee berichtet er von den abenteuerlichen Irrfahrten des Odysseus nach der Eroberung Troias.*

*Lies dazu Seite 64 f.

1 Zeus.
Bronzefigur, 14 cm hoch, um 470 v. Chr.
Zeus war der mächtigste Gott der Griechen. Er herrschte auf dem Olymp, dem höchsten Berg Griechenlands und dem Wohnsitz aller Götter. Zeus schützte Ordnung und Recht, schickte Regen, Wind und Sonnenschein, war der Herr des Donners und des Blitzes und kannte die Zukunft. Häufig wird er mit Adler und Eiche dargestellt. Erkläre.

2 Herakles und der Höllenhund.
Vasenmalerei, um 520 v. Chr.; Höhe des Gefäßes 58,6 cm.
Zu den berühmtesten griechischen Heroen gehörte Herakles. Er musste zwölf Taten vollbringen, um unsterblich zu werden. Der Kampf mit dem unverwundbaren Löwen von Nemea wurde seine erste Heldentat. Er erwürgte ihn mit seinen Armen. Den Kopf des Ungeheuers benutzte er von da an als Helm, das Fell als Mantel.
Zum Bild: Mit der Göttin Athene (links), der Göttin der Weisheit, fängt Herakles in der Unterwelt den dreiköpfigen Höllenhund Kerberos.

1. *Informiere dich über weitere Heldentaten des Herakles (Abb. 2).*
2. *Welche seiner Kräfte und Fähigkeiten ließen Zeus zum obersten Gott werden?*
3. *Weshalb konnten sich die Griechen als große Gemeinschaft fühlen? Beachte dazu auch die vorangegangenen Seiten.*

3 Das homerische Troia.
Rekonstruktionsversuch von Christoph Haußner, um 2000 (Ausschnitt). Zu sehen ist die Burg mit ihren Palasthäusern und Teile der Unterstadt.

→ ***Internettipp:*** *Über die griechische Geschichte, über Mythologie, Kunst und Wissenschaften informiert die Homepage des Archäologischen Nationalmuseums in Athen: www.hellenica.de/Griechenland/Geo/Arch%E4ologischesNationalmuseumAthen.html*

Schönheitswettbewerb mit Folgen
Nach Aussage der Mythen stritten sich die drei Göttinnen *Hera*, *Athene* und *Aphrodite*, wer von ihnen die Schönste sei. *Paris*, der Sohn des troianischen Königs *Priamos*, sollte die Frage beantworten. Er entschied sich für Aphrodite und überreichte ihr als Siegprämie einen Apfel. Zum Dank half sie ihm, *Helena* für sich zu gewinnen, die Königin von Sparta und angeblich schönste Frau auf Erden. Paris entführte Helena nach Troia. Damit zog er sich den Zorn des Königs von Sparta, *Menelaos*, zu. Die Spartaner zogen daraufhin gemeinsam mit anderen Griechen gegen Troia.

Auf Homers Spuren
In der *Ilias* des Homer klingt der Troianische Krieg wie eine erfundene Geschichte. Sie berichtet, warum alle großen Helden Griechenlands nach Troia zogen, wie die Götter in dem zehnjährigen Kampf mitwirkten, wie die Stadt des Königs Priamos schließlich erobert wurde und in Flammen aufging.
Die Archäologen entdeckten an den beschriebenen Stellen wirklich zerstörte Stadtmauern, die auf eine große Katastrophe um 1200 v. Chr. hindeuten. Sie fanden Hinweise darauf, dass Troia vor der Zerstörung ein reiches Handelszentrum war. Warum dort ein Krieg stattfand, konnten sie nicht herausfinden.

4 Diadem aus dem „Schatz des Priamos".
Rekonstruktion des Kopfschmucks aus dem 16. Jh. v. Chr.
Der deutsche Kaufmann Heinrich Schliemann erfüllte sich mit 42 Jahren seinen Jugendtraum: Er studierte in Paris und widmete sich ab 1869 ganz der Archäologie. 1870 zog er nach Athen und begann Grabungen in Troia. Seine Idee war es, die von Homer in der „Ilias" genannten Stätten zu finden. Ein Höhepunkt seiner Arbeit war der Fund des „Priamosschatzes" um 1873. Wie ein Diadem getragen wurde, zeigt das Bild Sophia Schliemanns, der Frau des Forschers.

Informiere dich über Heinrich Schliemann. Erste Informationen findest du unter www.schliemann-museum.de und www.uni-rostock.de/schliemann.

M 1 Die olympischen Götter im Troianischen Krieg.
Links die Götter auf Seiten der Griechen, rechts die auf Seiten der Troianer.

M 2 Troias Untergang
In der Nacherzählung der „Ilias" und „Odyssee" von Walter Jens heißt es über die List, mit der die Griechen Troia eroberten:

[...] Schrecklich erging es den griechischen Helden, ehe Odysseus endlich den Plan fand, mit dessen Hilfe im zehnten Jahre das heilige Troia versank. Eilig zogen die Griechen sich nach Tenedos, einer benachbarten Insel zurück. Nur ein riesiges hölzernes Pferd [...] und ein tapferer Mann namens Sinon blieben vor Troia zurück. Dieser Sinon, so war es geplant, sollte den Troern erzählen, das Pferd sei ein Weihgeschenk für die erzürnte Athene; er selbst aber, Sinon, wäre ein griechischer Flüchtling, ein grimmiger Feind des Odysseus. Und so geschah es. Die Griechen verbrannten das Lager und zogen davon. Die Troer jubelten laut, öffneten dann die Tore der Stadt und zogen das Pferd hinauf zu dem großen Platz vor dem Königspalast auf der Burg [...]. Nur die Priesterin Kassandra und Laokoon*, ein frommer Mann, durchschauten den Trug; doch keiner war bereit, den Klagen zu glauben [...]. Niemand aber bemerkte, dass sich im Bauch des Pferdes zwölf Männer versteckt hielten, die darauf warteten, dass Sinon ihnen das vereinbarte Zeichen gab.

Ilias und Odyssee, nacherzählt von Walter Jens, Ravensburg [21]2006, S. 39 und 50

Zu Laokoon siehe auch Seite 102.

M 3 Troianisches Pferd.
In Troia steht heute ein neues hölzernes Pferd. Kinder können über eine Leiter in das Innere des großen Holzpferdes klettern und griechische Eroberer spielen.

*→ **Lesetipps:** Elke Böhr und Susanne Pfister-Haas, Odysseus. Ein archäologisches Kinderbuch, Mainz 2006;*
Richard Carstensen, Griechische Sagen, München 1993;
Willi Fährmann, Das Feuer des Prometheus. Griechische Sagen neu erzählt, Würzburg 2004;
Gerhard Fink, Who's who in der antiken Mythologie, München 2002;
Christoph Haußner und Matthias Raidt, Rüya und der Traum von Troia, Hamm 2001;
Dimiter Inkiow, Als Zeus der Kragen platzte. Griechische Sagen neu erzählt, München 2007;
Auguste Lechner, Ilias. Der Untergang Trojas, Würzburg: 10. Auflage 1997.

*→ **CD-ROM-Tipp:** Troia – 3 000 Jahre Geschichte im Modell, Stuttgart 2001*

*→ **Internettipp:** Einige von Gustav Schwab bearbeitete Sagen des Altertums findest du unter: http://gutenberg.spiegel.de/schwab/sagen/schsagen.htm*

1. *Informiert euch über die in M 1 und M 2 genannten Götter. Verfasst Kurzbeschreibungen.*
2. *Was haben alle griechischen Götter mit den Menschen gemeinsam, was unterscheidet sie von ihnen?*
3. *Erzählt die Geschichte vom Untergang Troias zu Ende (M 2).*

1 Eine Familie schreitet zum Opfer.
Bemalte Holztafel (15 x 30 cm) aus Korinth, um 540 v. Chr.
An der Spitze der Prozession geht eine Frau, sie trägt auf dem Kopf einen Korb mit Gegenständen für das Opfer. Beschreibe die anderen Teilnehmer.

Feste für die Götter

Nie nur Vergnügen

Die Griechen achteten die Götter. Alles, was sie allein oder in Gemeinschaft unternahmen, begannen sie mit Gebet und Opfer. Sie dankten ihren Göttern für ihre Unterstützung oder versuchten, sie für die Zukunft günstig zu stimmen. Die Menschen opferten ihnen die ersten Früchte des Feldes oder die kräftigsten Tiere ihrer Herde und bauten ihnen prächtige Tempel. Regelmäßig veranstalteten die Griechen feierliche Umzüge, Tänze, Theateraufführungen und Wettkämpfe. Dabei gedachten sie stets der Toten und der gewonnenen Schlachten. Alle Feste waren Gottesdienste, nie nur Vergnügen.

Herrscher und Priester ordneten die Feiern für ihre Polis an. Sie boten sowohl den Stadtstaaten als auch einzelnen Vornehmen die Gelegenheit, Macht und Reichtum zur Schau zu stellen. Gleichzeitig dienten sie dem inneren Frieden, da die reichen Bürger die teuren Feste bezahlten. So stärkten sie das Zusammengehörigkeitsgefühl der Bürger und den Stolz auf ihren Stadtstaat. Zudem versuchten Politiker, die Menschen durch prächtige Feste für ihre Politik zu gewinnen.

Das Geburtstagsfest der Athene

Allein die Athener feierten im 5. Jh. v. Chr. im Verlauf eines Jahres über vierzig Feste. Das wichtigste und schönste waren die seit dem 6. Jh. v. Chr. alle vier Jahre im Sommer stattfindenden *Panathenäen*: das Geburtstagsfest der Stadtgöttin und Schutzpatronin Athene. Auf dem Höhepunkt der viertägigen Feiern standen viele Menschen, darunter die Gesandten der verbündeten Staaten, an der Heiligen Straße, auf der eine lange Prozession zur Akropolis zog.* An der Spitze gingen Priester und die obersten Beamten, dahinter Jungfrauen, Opfertiere, Opferträger und Musiker. Mit Spannung wurde ein Wagen in Form eines Schiffes erwartet, an dessen Mast ein prächtiges neues Gewand für die Statue der Athene im Parthenon-Tempel** hing. Zu den Panathenäen gehörten sportliche und musikalische Wettbewerbe, später auch Theatervorstellungen. Den Abschluss bildete ein Essen, bei dem das Fleisch der Opfertiere verzehrt wurde.

**Welchen Weg die Prozession in Athen nahm, kannst du auf der Seite 72 erkennen.*
***Eine Zeichnung des Tempels findest du auf Seite 81.*

1. *Nenne die Zwecke der griechischen Feste.*
2. *Liste heutige Festtage auf. Welche Gemeinsamkeiten und Unterschiede stellst du fest?*

Spiele in Olympia

„Immer der Beste zu sein und die Anderen zu übertreffen", so beschrieb Homer das Bestreben der Griechen. Die Feste der Griechen in Olympia, in Korinth, Delphi und anderen Städten und Heiligtümern zeigen das. In Olympia befanden sich bedeutende Heiligtümer für Zeus und Hera, die „Königin der Götter", die über das Leben der Frauen wachte und Mutterschaft, Geburt und Ehe schützte.
Zeus und Hera zu Ehren fanden seit etwa dem 11. Jh. v. Chr. regelmäßig Olympische Spiele statt. Erst ab 776 v. Chr. sind die Namen der Sieger der „großen Olympien" überliefert. Sie fanden alle vier Jahre statt, und nach ihnen bestimmten die Griechen ihre Zeitrechnung (776 v. Chr. = 1. Jahr der 1. Olympiade).

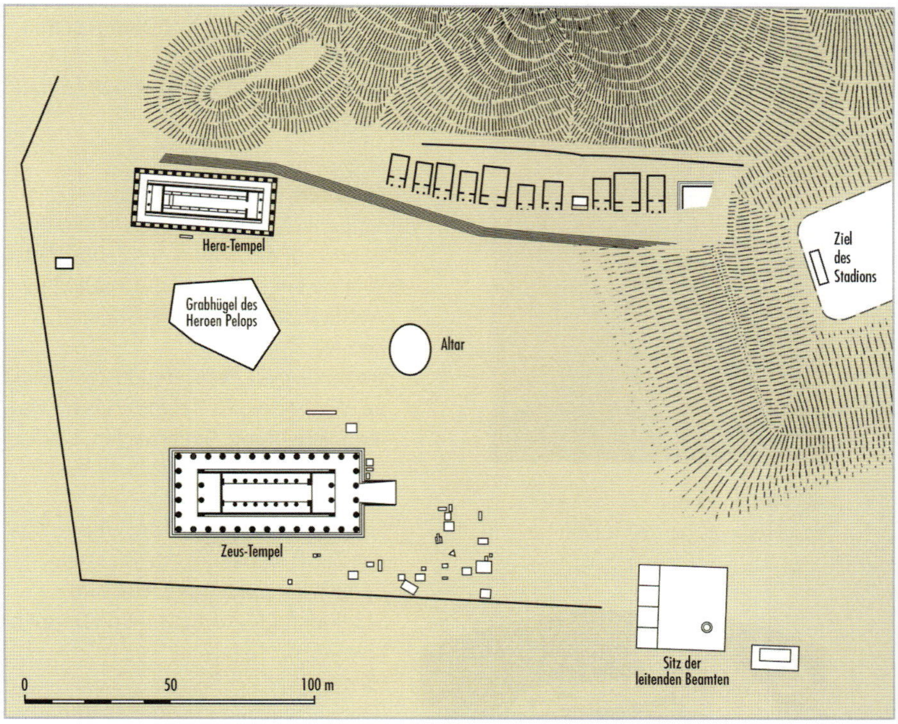

2 Olympia im 6./5. Jh. v. Chr. Grundriss.
Bestimme das Zentrum des Heiligtums. Erkläre, warum!

Nicht nur Sport

Im Laufe ihrer tausendjährigen Geschichte änderten sich die Feiern. Aus einem Festtag wurden schließlich fünf Tage. Zum ursprünglichen Stadionlauf kamen Weitsprung, Diskuswerfen, Ringkampf und Wagenrennen hinzu. Außer Sportlern stritten Sänger und Dichter um Anerkennung und Preise. Auch die Zahl und der Kreis der Teilnehmer änderten sich. Anfangs nahmen wohl nur Angehörige vornehmer Adelsgeschlechter weniger griechischer Städte teil, später kamen die Teilnehmer von überall.
Grundsätzlich durften an den Spielen in Olympia nur wehrfähige Männer teilnehmen, die Bürgerrechte besaßen. Verheiratete Frauen durften anders als Mädchen und Sklaven nicht einmal zuschauen.

„Olympischer Friede"?

„Das Fest des Zeus ist wiederum nahe, aller Streit soll ruhen, jeder Waffenlärm schweige! Frei mögen auf allen Land- und Wasserstraßen die Pilger heranziehen zu der gastlichen Schwelle des Zeus!"
Mit diesen oder ähnlichen Worten zogen alle vier Jahre die Boten Olympias aus, um zu den „großen Olympien" einzuladen. Diese Botschaft führte nicht unbedingt zur Einstellung aller Kriege in Griechenland, schützte aber immerhin die an- und abreisenden Teilnehmer.

Fair play?

Für die Teilnehmer stand viel auf dem Spiel. Daher ist es kaum verwunderlich, dass die Wettkämpfe nicht immer fair verliefen. Bei den Wagenrennen wurde so rücksichtslos gefahren, dass es zu tödlichen Unfällen kam. Hinzu kamen Bestechung und Betrug. Wir wissen das aus Strafbestimmungen, die ab dem 6. Jh. v. Chr. eingeführt wurden.

Ruhm und Unsterblichkeit

Wer bei den Wettkämpfen in Olympia gewann, erhielt einen „Kranz des Zeus" aus den Zweigen des heiligen Ölbaumes. In der Heimat erwarteten den Olympiasieger weitere Auszeichnungen. In Athen bekam er beispielsweise um 600 v. Chr. eine Prämie von 500 Drachmen – ein Vermögen, denn ein Ochse kostete damals fünf Drachmen. Außerdem wurde der Sieger lebenslang von Steuern und Abgaben befreit und durfte bis an sein Lebensende im Kreis der höchsten Würdenträger der Polis umsonst speisen. Darüber hinaus fertigten Künstler Statuen der Olympiasieger an, die auf öffentlichen Plätzen aufgestellt wurden. Dichter verfassten Verse, um die Sportler unsterblich und damit göttergleich zu machen.

3 Wettlauf.
Vasenmalerei, um 6. Jh. v. Chr.

M 1 Diskuswerfer.
Vasenmalerei, um 500 v. Chr.

M 2 Weitsprung.
Malerei auf einer Schale, um 480 v. Chr.

M 3 Wagenrennen.
Vasenmalerei, um 400 v. Chr.
Nur Adlige und Reiche konnten sich Wagenrennen leisten. Sie nahmen an den Rennen meist nicht selbst teil, sondern überließen ihre Pferde und Fahrzeuge angeworbenen Wagenlenkern.
Die olympischen Ehren erhielten aber die Besitzer der Wagen. Aus diesem Grunde konnten im 4. und 3. Jh. v. Chr. auch zwei Frauen „Olympiasieger“ werden.

M 4 Höhepunkte der Olympischen Spiele

Im 5./4. Jh. v. Chr. verlaufen die Spiele in etwa wie folgt:

Erster Tag
Eröffnung und Eid aller Athleten (einschließlich ihrer Verwandten und Betreuer) vor der Statue des Zeus; Wettkämpfe der Knaben (12–18-Jährige): Wettlauf, Ringen und Faustkampf
Zweiter Tag
Wagenrennen der Vier- und Zweigespanne, Wettreiten, Fünfkampf (Diskuswerfen, Weitsprung, Speerwerfen, Laufen und Ringen); Totenopfer
Dritter Tag
Feierliche Prozession zum großen Altar des Zeus: Höhepunkt des Festes; danach Langlauf (rund 3 840 m), Stadionlauf (rund 192 m) und Doppellauf (rund 384 m)
Vierter Tag
Ringen, Faustkampf und Pankration (eine Art Catchen, bei dem Würgen, Treten und Beißen erlaubt waren) und zum Abschluss der Waffenlauf (rund 384 m mit einem bronzenen Schild am linken Arm)
Fünfter Tag
Siegerehrung, Dankopfer und Festessen

Ludwig Drees, Olympia. Götter, Künstler und Athleten, Stuttgart 1967, S. 77 ff. (vereinfacht)

M 5 Über die Bedeutung der Olympischen Spiele

Der Redner und Schriftsteller Isokrates aus Athen verfasst für die Olympischen Spiele von 380 v. Chr. eine „Festschrift“. Darin hebt er die Bedeutung der Festspiele hervor und schreibt:

Mit Recht lobt man diejenigen, welche die Festversammlungen eingeführt haben, denn sie überlieferten die Sitte, dass wir uns nach Verkündung des Gottesfriedens und nach Beilegung der schwebenden Feindschaften an einem Ort zusammenfinden, um den Göttern gemeinschaftlich Gebete und Opfer darzubringen. Dabei erinnern wir uns der bestehenden Verwandtschaft, verbessern für die Zukunft das gegenseitige Verständnis, erneuern alte und schließen neue Freundschaften.

Isokrates, Panegyrikos 43, übers. von Theodor Flathe, Berlin o. J. (vereinfacht)

M 6 Die erste Olympiasiegerin im Tennis.
Charlotte Cooper aus England. Foto von 1900.
Die ersten Olympischen Spiele der Neuzeit fanden 1896 in Athen statt. Aber erst 1900 erhielten sechs Frauen aus vier Ländern die Erlaubnis, an den Olympischen Spielen in Paris teilzunehmen. Ihre Teilnahme beschränkte sich auf Sportarten wie Tennis und Golf.

→Internet-** und **→Exkursionstipp:
Deutsches Sport und Olympia Museum in Köln (www.sportmuseum.info)

1. *Die Weitspringer in Olympia sprangen aus dem Stand und hielten Gewichte in beiden Händen (M 2). Heute ist Weitsprung eine andere Sportart. Findet weitere olympische Disziplinen, die sich verändert haben.*
2. *Lies den Lehrbuchtext und M 5 und erkläre, warum die Olympischen Spiele für alle Hellenen so wichtig waren.*

1 Der persische Großkönig Dareios I. empfängt eine Gesandtschaft.
Ausschnitt eines etwa 6,00 m langen und 4,50 m hohen Reliefs von der Nordtreppe des Thronsaales in Persepolis (die Stadt liegt im Süden des heutigen Iran), 5. Jh. v. Chr. Auf dem Thron sitzt Dareios I. (521-485 v. Chr). Der Hofmarschall, der wichtigste Beamte des Staates, begrüßt den Herrscher. Hinter dem König standen einmal der Kronprinz Xerxes, ein Diener und der Träger der königlichen Waffen.

Griechen gegen Perser

Großkönige herrschen

Um 490 v. Chr. erschienen in den Stadtstaaten Griechenlands Gesandte des persischen Großkönigs *Dareios I.* und forderten Erde und Wasser zum Zeichen der Unterwerfung. Wie kam es dazu?

Um diese Zeit beherrschte Dareios weite Teile Vorderasiens und Ägyptens. Er und seine Vorfahren hatten mit einer großen Armee und ihren gefürchteten Bogenschützen ein Reich erobert. Sie sahen sich als „Könige der Könige" (*Großkönige*) und „Herrscher der Welt".

Für die Verwaltung ihres Reiches hatten sie eine neue Methode entwickelt. Sie teilten es in 20 Provinzen (*Satrapien*) auf, an deren Spitze ein Stellvertreter des Großkönigs stand. Die Bewohner mussten Abgaben leisten, durften aber meist ihre Religion und Kultur behalten und frei wirtschaften.

Zwei Welten treffen aufeinander

Einige griechische Städte in Kleinasien lehnten sich unter der Führung Milets im Jahre 499 v. Chr. gegen die persische Herrschaft auf. Vergeblich warteten sie auf Hilfe: Die Schiffe aus Athen kamen zu spät. Die Perser zerstörten daraufhin Milet und andere Orte. Um weitere Aufstände zu verhindern, wollte Dareios ganz Griechenland unterwerfen. Da die meisten Griechen sich nicht unterwerfen wollten, kam es zum Krieg zwischen Griechen und Persern.

Gemeinsam gegen die Perser

Das große persische Heer scheiterte in zwei Feldzügen. 490 v. Chr. siegten die athenischen Hopliten unter Miltiades bei Marathon.* Zehn Jahre später kehrten die Perser zurück, um den Misserfolg zu rächen. Doch inzwischen hatten die Athener eine schlagkräftige Kriegsflotte aufgebaut und ein Bündnis mit Sparta und anderen Stadtstaaten abgeschlossen. Die Perser konnten zwar Athen zerstören und die Tempel in Brand stecken, aber sie scheiterten in der *Seeschlacht von Salamis* (480 v. Chr.) an der Athener Flotte. Ein Jahr später wurden die Perser in der *Landschlacht bei Plataiai* von griechischen Hopliten geschlagen. Um gegen künftige Angriffe gerüstet zu sein, gründete Athen 478/477 v. Chr. den *Attisch-Delischen Seebund*, dem die meisten Poleis in der Ägäis beitraten.

Unwissen schafft Vorurteile

Die Griechen wussten auch nach den Kriegen nicht viel über die Perser. Doch die Erinnerung an die Bedrohung, an den Krieg und den eigenen Sieg blieb lebendig. So kam es, dass schon bald alles, was mit den Persern zusammenhing, als schlecht galt: Ihre Religionen wurden als Aberglaube belächelt. Auf ihre Lebensweise blickten die Griechen herab. Die große Macht der Großkönige deuteten sie als Gewaltherrschaft, der sich die Untertanen mit verachtungswürdiger „Unterwürfigkeit" beugten.

**Ein Läufer soll die Siegesnachricht nach Athen gebracht haben und dann tot zusammengebrochen sein. Auf diese quellenmäßig ungesicherte Erzählung geht der längste Wettbewerb der Leichtathleten zurück: der Marathonlauf. Die Strecke von 42,196 km, die heute gelaufen wird, ist nicht die Entfernung zwischen Marathon und Athen, sondern die zwischen Windsor und London; sie wurde 1908 festgelegt.*

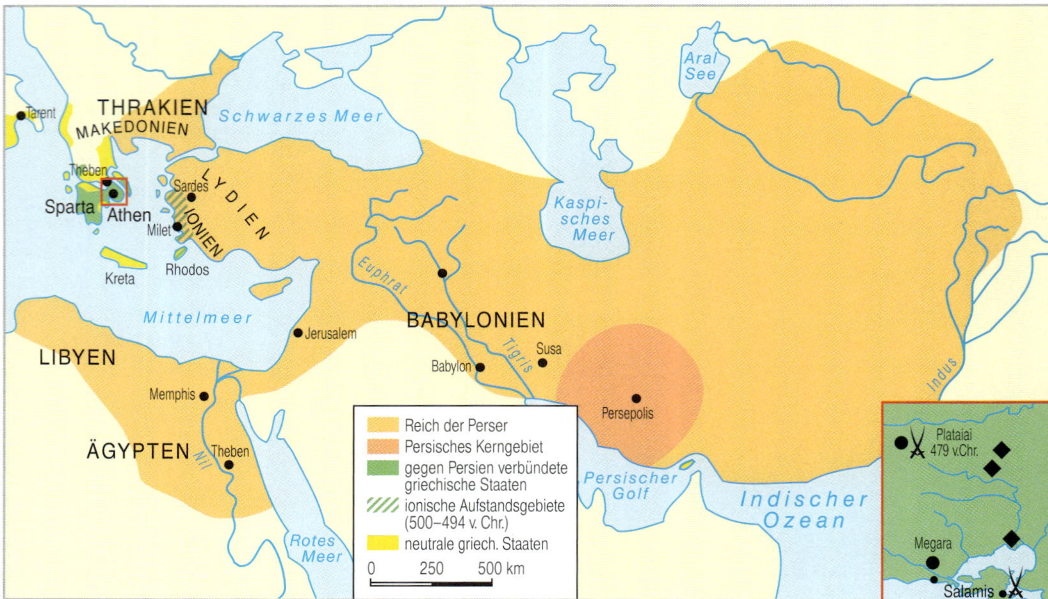

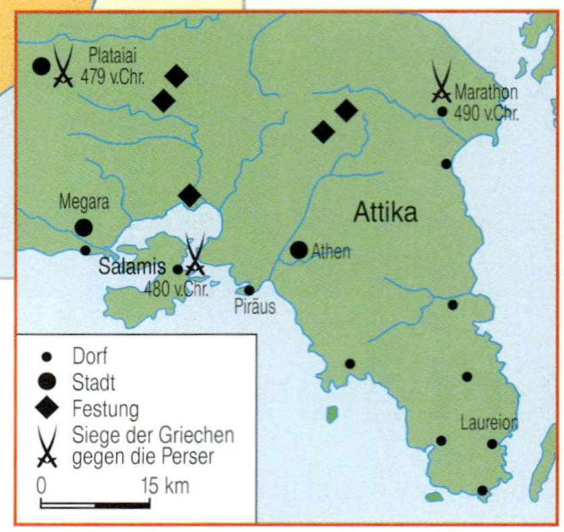

M 1 Wofür die Griechen kämpfen

Die Geschichte der Perserkriege ist uns nur aus griechischer Sicht bekannt, vor allem aus Herodots Geschichtswerk (siehe hier Seite 132). Er berichtet darin von einem Gespräch, das zwei spartanische (=lakedaimonische) Boten auf dem Weg nach Susa im Hause des persischen Heerführers Hydarnes führen.

„Warum wollt ihr Lakedaimonier denn durchaus nicht Freunde des persischen Großkönigs werden? Ihr seht ja an mir und der Stellung, die ich einnehme, wie der Großkönig tüchtige Männer zu ehren weiß. So könnte auch jeder von euch, wenn ihr euch dem Großkönige ergäbt – denn auch euch hält er für tüchtig –, durch die Gnade des Großkönigs in Griechenland ein mächtiger Herr werden." Darauf erwiderten sie: „Dein Rat, Hydarnes, ist bei uns nicht angebracht. Du kennst eben nur das eine, nicht aber das andere aus eigener Erfahrung. Du kennst nur die Knechtschaft, die Freiheit aber hast du noch nicht geschmeckt und weißt nicht, wie süß sie ist. Denn wenn du sie kenntest, würdest du uns raten, nicht nur mit dem Speer, sondern auch mit der Axt für sie zu kämpfen."

Herodot, Historien VII, 130.; zitiert nach: Das Geschichtswerk des Herodot von Halikarnassos, übersetzt aus dem Griechischen von Theodor Braun, Frankfurt am Main 2001 (vereinfacht)

M 2 Griechenland und das Reich der Perser, um 500 v. Chr.

Vergleiche das Reich der Perser mit dem Gebiet der Griechen. Wie beurteilst du die Siegeschancen der Griechen?

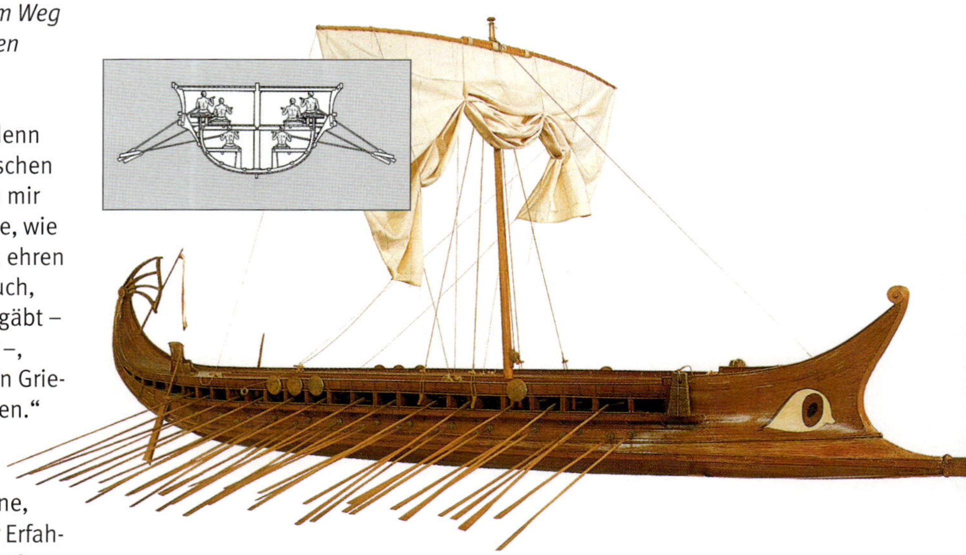

M 3 Attische Triere („Dreidecker").

Rekonstruktion.

Mit diesen Kampfschiffen beherrschten die Athener im 5. Jh. v. Chr. die Ägäis.
Sie waren etwa 40 m lang und 5 m breit. Zur Besatzung gehörten bis zu 170 Ruderer, die in drei Reihen übereinander saßen, dazu kamen zehn Hopliten und vier Bogenschützen. Im Gefecht versuchte man, mit dem am Bug angebrachten Rammsporn die feindlichen Schiffe kampfunfähig zu machen.

1. *Herodot beschreibt in M 1 den Gegensatz zwischen Persern und Griechen. Nenne ihn.*
2. *Wie erklärst du dir, dass die Griechen gegen die persische Übermacht (siehe M 2) siegten?*

Herrscht in Athen das Volk?

Viele wollen mitbestimmen

In Athen hatte der Adel die Könige schon im 8. Jh. v. Chr. entmachtet. Ende des 6. Jh. v. Chr. verlor er selbst an Einfluss. Er musste zugestehen, dass reiche nichtadelige Bürger mitbestimmen durften, da man sie als Hopliten oder Reiter im Krieg brauchte. Diese Reformen hatte der Dichter und Staatsmann *Solon* beeinflusst, der um 560 v. Chr. starb. An dieser Entwicklung änderte die Alleinherrschaft des *Peisistratos* und seiner Söhne von 560 bis 510 v. Chr. nichts. Da sie die Herrschaft weder ererbt, noch auf dem üblichen Weg übernommen hatten, nannten die Griechen sie *Tyrannen*. Nach ihrem Sturz begann zwischen den adligen Familien erneut ein Kampf um die Macht. Er wurde durch die Reformen des Adligen *Kleisthenes* beendet, der die Macht des Volkes weiter ausbaute.

Die siegreichen Perserkriege vergrößerten den Wohlstand Athens und stärkten das Selbstbewusstsein der Männer aus der Unterschicht – rund 80 Prozent aller Bürger. Sie wussten, dass sie als Ruderer und Soldaten unentbehrlich waren. Das gewachsene Selbstvertrauen der Unterschichten nutzten die adligen Volksführer *Ephialtes** und *Perikles*, um im Jahre 462 v. Chr. den Adel zu entmachten. Sie entzogen dem Adelsrat, der auf dem „Hügel des Ares“ tagte** und daher *Areopag* hieß, alle politischen Aufsichtsrechte; ihm blieben nur noch religiöse Aufgaben.

Wie funktioniert die Volksherrschaft?

Von nun an teilten sich drei Einrichtungen die politische Macht.

- Die *Volksversammlung* entschied über Gesetze, Krieg und Frieden, Einnahmen und Ausgaben des Staates, wählte und überwachte die Beamten und vergab Bauaufträge. Alle wehrfähigen Bürger hatten das gleiche Stimmrecht. Jeder konnte durch eine Rede für seine Anträge werben.
- Der *Rat der 500* führte die Regierung. Seine Mitglieder wurden aus interessierten Bürgern für ein Jahr ausgelost. Seit 462 v. Chr. erhielten sie Sitzungsgelder (*Diäten*). Je fünfzig Mitglieder des Rates mussten für ein Zehntel des Jahres im Regierungsgebäude anwesend sein. Anträge der Bürger, die in der Volksversammlung besprochen werden sollten, wurden täglich in diesem Ausschuss beraten.
- *Volksgerichte* entschieden Streitfälle. Für die zehn Gerichtshöfe wurden jährlich 6 000 Athener als Richter ausgelost. Kläger und Beklagte konnten ihre Standpunkte öffentlich darlegen. Am Ende entschied eine geheime Abstimmung über schuldig oder unschuldig.

Damit war die Entwicklung von der Königsherrschaft (*Monarchie*) zu einer Staatsform abgeschlossen, die wir Demokratie nennen. Ihr Ziel war nach Aussage griechischer Geschichtsschreiber die „Herrschaft des Volkes über sich selbst“.

Wer blieb ausgeschlossen?

Frauen, Sklaven und fremde Mitbewohner*** hatten keine politischen Rechte. Die Führung Athens blieb trotz der demokratischen Ordnung überwiegend in den Händen einiger wohlhabender Männer. Das lag an dem immer noch hohen Ansehen der adligen Familien und daran, dass die Athener keine regelmäßigen Steuern zahlten. Daher mussten hohe Beamte wichtige Gemeinschaftsaufgaben wie der Bau von Kriegsschiffen oder die Veranstaltung von Festen aus ihrem Privatvermögen bezahlen. Deshalb konnten sich nur reiche Männer um ein hohes Amt bewerben. Gewählt wurde aber nur, wer das Volk überzeugt hatte.

1 Silbermünze.
Rückseite einer Münze aus Athen, um 460 v. Chr. Vögel galten als Zeichen des göttlichen Willens. Die Eule stand für die Göttin Athene, sie wurde zum Zeichen der Polis Athen.
Wofür steht die sprichwörtliche Redensart „Eulen nach Athen tragen“? Informiere dich z. B. im Internet.

****Zu den fremden Mitbewohnern siehe Seite 76.*

2 Perikles.
48 cm hohe Büste nach einem Original von 440 v. Chr.
Perikles stammte aus einer alten Adelsfamilie. Er wurde von 443 bis zu seinem Tod 429 v. Chr. alljährlich in das Feldherrnamt gewählt. Seine häufige Wiederwahl beweist nicht nur sein Ansehen in der Bevölkerung, sondern auch, dass es in der attischen Demokratie möglich war, über lange Zeit eine führende Stellung zu behaupten.

**Ephialtes wurde 461 v. Chr. ermordet.*
******Ares**: Gott des Krieges*

M1 Athen in der 2. Hälfte des 5. Jh. v. Chr.
Rekonstruktionszeichnung.
① Akropolis (siehe auch Seite 81), ② Pnyx, Ort der Volksversammlungen (siehe auch M 4, Seite 73), ③ Münzanstalt, ④ Brunnenhaus, ⑤ Säulengang, ⑥ Gerichtshof, ⑦ Sitz der Feldherren, ⑧ Sitz des Rates der 500, ⑨ Agora, ⑩ Heilige Straße.

M2 Für und gegen die Demokratie

Der Dichter Euripides lässt in dem Drama „Hiketiden" (dt. Die Schutzflehenden) von 424 v. Chr. den Athener Theseus sagen:

Nichts ist dem Volke so verhasst wie ein Tyrann. Denn bei ihm gelten nicht die gemeinsamen Gesetze als Höchstes; einer schaltet als Gesetzesherr ganz unumschränkt, und das ist keine Gleichheit mehr.
Doch wenn die Gesetze schriftlich festgelegt werden, genießt der Arme wie der Reiche gleiches Recht; die freie Rede steht dem Armen zu wie dem vom Glück Gesegneten, wenn er beleidigt wird, und wenn er Recht hat, besiegt der kleine Mann den großen. So klingt der Ruf der Freiheit: „Wer will einen Rat, der unsrem Staate nützt, vor die Versammlung bringen?" Und wer es wünscht, der erntet Ruhm, wer nicht, kann schweigen. In welchem Staat gibt es größere Gleichheit?

An einer anderen Stelle des Dramas behauptet ein Bote aus Theben:

Denn in der Stadt, die mich entsandte, wird die Herrschaft von einem Manne, nicht vom Pöbel* ausgeübt; und es gibt keinen, der das Volk durch unnützes Gerede – zum eigenen Vorteil nur! – bald hier-, bald dorthin lenkt. [...]
Wie kann überhaupt das Volk den Staat beherrschen, wo es nicht die Redekunst beherrscht? [...] Und ein armer Bauersmann mag zwar nicht unvernünftig sein – im Drange seiner Arbeit kann er jedoch kaum den Blick auf das Gemeinwohl richten!

Henning Ottmann, Geschichte des politischen Denkens. Die Griechen. Bd. 1/1: Von Homer bis Sokrates, Stuttgart/Weimar 2001, S. 203 f. (vereinfacht)

***Pöbel**: einfaches, ungebildetes Volk*

1. *Erkläre mithilfe von M 2 die Grundlagen der attischen Demokratie.*
2. *Was kritisiert der Thebaner an der Demokratie? Welche Herrschaftsform rechtfertigt er (M 2)?*

Projekt

Monarchie – Aristokratie – Demokratie

M 1 Monarchie

Ein König hat in der Regel die Macht geerbt und herrscht auf Lebenszeit; er allein

- ernennt Beamte,
- erlässt Gesetze,
- spricht Recht,
- entscheidet über Krieg und Frieden,
- ist oberster Feldherr und
- ist oberster Priester.

Das Volk hat kein Recht auf Mitsprache.

M 2 Aristokratie

Familien vornehmer Abstammung (Adel) wählen für bestimmte Zeit aus ihren Reihen die, die

- Beamte ernennen,
- Gesetze erlassen,
- Recht sprechen,
- über Krieg und Frieden entscheiden,
- die Heerführer und
- die Priester stellen.

Das einfache Volk hat kein Recht auf Mitsprache.

M 3 Demokratie in Athen, um 435 v. Chr.

Alle einheimischen und wehrpflichtigen Männer können an **Volksversammlungen** teilnehmen, Gesetze beschließen, über Krieg und Frieden entscheiden, Ratsmitglieder, Beamte, Heerführer (Strategen) und Richter durch Wahl oder Auslosung bestimmen.

jährlich durch Los ↓

Rat der Fünfhundert

- leitet die Volksversammlungen,
- bereitet die Gesetze vor,
- plant die Außenpolitik,
- kontrolliert die Beamten und
- beaufsichtigt das Staatsvermögen.

jährlich durch Los oder Wahl ↓

9 Archonten* (Los)

10 Heerführer (Wahl)

und etwa

700 Beamte (Wahl), die die Beschlüsse der Volksversammlung ausführen

***Archonten** (griech. *archein*: herrschen): die höchsten Beamten

jährlich durch Los ↓

Geschworenengerichte (6000 Richter)

zuständig für die allgemeine Rechtsprechung

Areopag (ehemalige Archonten) spricht Recht bei Mord, Brandstiftung und Verbrechen gegen den Staat

Jugendliche, Frauen, fremde Mitbewohner (Metöken) und Sklaven sind ohne politische Rechte.

M 4 Volksversammlung in Athen.

Zeichnung von Kevin Maddison, 1988. Die Athener versammelten sich bis ins 4. Jh. v. Chr. auf dem Pnyx-Hügel im Westen von Athen, etwa 1 000 m von der Akropolis entfernt. Der Platz war etwa 80 m breit und 40 m tief. Er bot Raum für rund 6 000 Menschen.

M 5 Zusammensetzung der Bevölkerung Athens (Stadt und Umland), um 450 v. Chr.

35 000	vollberechtigte Bürger
100 000	Frauen und Kinder der Bürger
35 000	fremde Mitbewohner mit Frauen und Kindern (Metöken)*
80 000	Sklaven und Sklavinnen

*Siehe dazu Seite 76

1. *Erkläre die Unterschiede der drei Herrschaftsformen (M 1 bis M 3).* Lerntipp
2. *Herrschte in Athen tatsächlich das Volk? Diskutiert die Frage mithilfe von M 3 bis M 5.*

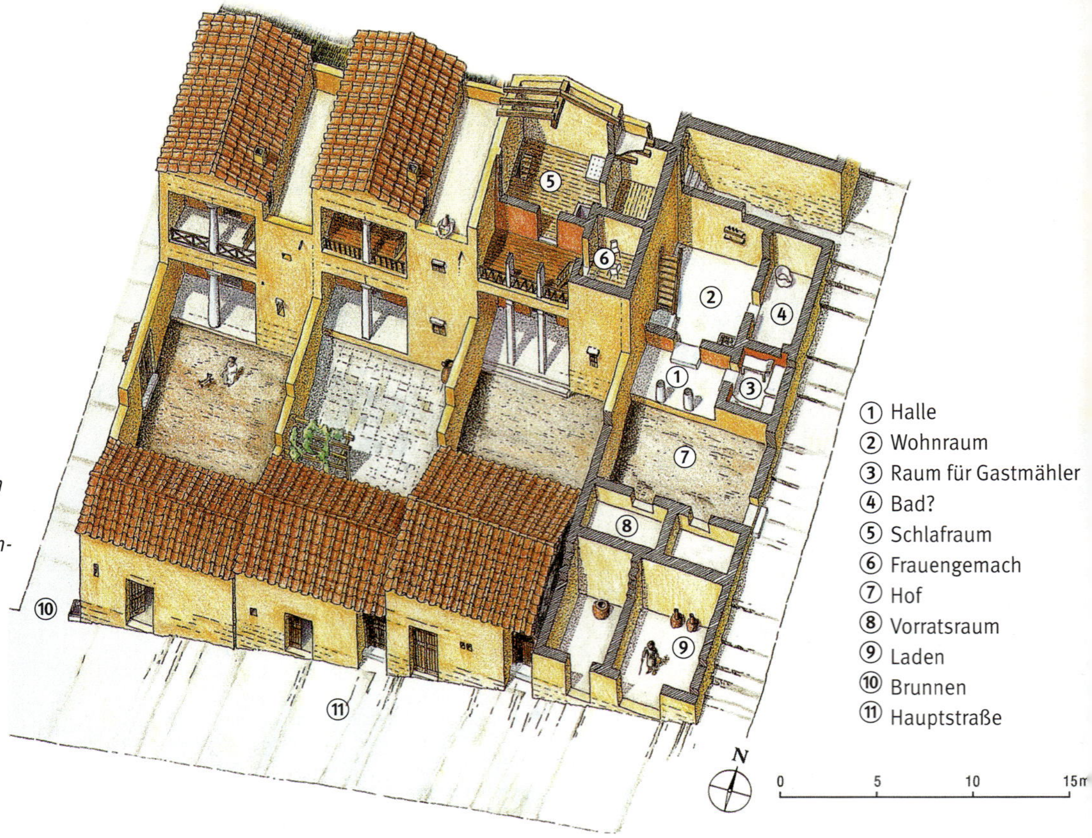

1 Häuserblock.
Rekonstruktionszeichnung.
Archäologischen Funden aus Priene an der kleinasiatischen Küste verdanken wir eine Vorstellung davon, wie die Griechen nach 460 v. Chr. Stadthäuser anlegten. Was meinen Historiker, wenn sie sagen, diese Bauweise passe zur athenischen Demokratie?

① Halle
② Wohnraum
③ Raum für Gastmähler
④ Bad?
⑤ Schlafraum
⑥ Frauengemach
⑦ Hof
⑧ Vorratsraum
⑨ Laden
⑩ Brunnen
⑪ Hauptstraße

Eine ungleiche Gesellschaft

Männer herrschen auch im Alltag
Viele Athener waren selbstständige Handwerker, Händler und Bauern. Auf dem Markt boten sie ihre Waren an und besprachen die neuesten Ereignisse. Die Hauptmahlzeit nahm die Familie mit dem Hausherrn abends ein. Dabei lag sie auf Polstern neben kleinen Tischen. Brot, Käse, Oliven, Feigen, Honig, Gemüse und Fisch waren die wichtigste Nahrung. Fleisch aßen die meisten Athener nur bei Opferfesten.
Reiche Bürger luden oft Freunde, Gelehrte und Künstler ohne Ehefrauen zu besonderen Gastmählern (*Symposien*) ein. Sie begannen mit einem Trankopfer, dann aßen, tranken, sangen oder diskutierten die Gäste.

2 Raum für Gastmähler.
Rekonstruktionszeichnung.
Das Gestell einer griechischen Liege (Kline) findest du auf Seite 103.

3 **Frauen verarbeiten Wolle. Vasenmalerei, um 550 v. Chr.**
Welche Arbeitsgänge erkennst du?

Frauen ohne Rechte?

Die Frauen in Athen standen unter der Vormundschaft eines Mannes: Vater, Bruder oder Ehemann bestimmten über sie und vertraten sie vor Gericht. Athenerinnen hatten keine politischen Rechte und konnten keinen Grundbesitz erwerben. Zu ihren Aufgaben gehörte es, Kinder auf die Welt zu bringen und zu erziehen, Küche und Haushalt zu führen sowie Alte und Kranke zu pflegen.
Frauen aus einfachen Familien mussten oft auch außerhalb des Hauses arbeiten, beispielsweise als Wäscherinnen, Wollarbeiterinnen, Hebammen, Kindermädchen oder Händlerinnen.
Wer den angesehenen Familien angehörte, verließ das Haus nicht einmal zum Wasserholen oder Einkaufen. Diese Arbeiten erledigten Sklaven. Es galt das Gebot: „Eine ehrbare Frau bleibt im Haus; die Straße gehört den Frauen, die nichts wert sind."

Kinderleben

Der Vater entschied nach der Geburt eines Kindes, ob es in der Familie aufgezogen wurde. Wurde es verstoßen, drohten ihm der Hungertod oder die Sklaverei. Der Familienvater bestimmte auch die Ausbildung.
Bildung war nicht kostenlos. Aus dem Grunde lernten viele Kinder weder Lesen noch Schreiben. Reiche Eltern stellten Erzieher (*Pädagogen*) an. Das waren Sklaven, die die Söhne zum Lehrer begleiteten und die häuslichen Übungen der Kinder überwachten. Neben dem Unterricht im Lesen, Schreiben, Rechnen und Sport, mussten die Schüler Grammatik pauken und Verse von Homer und anderen Dichtern auswendig lernen. Daneben betrieben sie Musik, Geometrie und Sternenkunde, später auch die Kunst der Rede (*Rhetorik*). Die Schulzeit der Jungen dauerte oft bis zum 18. Lebensjahr. Dann mussten sie zum Militär. Die meisten heirateten erst zwischen ihrem 20. und 35. Lebensjahr. Dagegen wurden Mädchen gewöhnlich schon mit 14 oder 15 Jahren verheiratet.

4 **Unterricht.**
Vasenmalerei, um 480 v. Chr.
Vor den Schülern jeweils die Lehrer. Ganz rechts ein Sklave, der auf die Schüler aufpasst.

5 Abwiegen von Waren.
Vasenmalerei, um 540 v. Chr.

Frei, aber keine Bürger

Zur Zeit des Perikles besaßen nur die Männer Bürgerrechte, deren beide Großväter bereits Bürger Athens gewesen waren. Dabei war jeder zehnte Bewohner der Stadt ein *Metöke*, ein eingewanderter Fremder. Die Metöken durften ihre Berufe und Wohnorte frei wählen, konnten jedoch kein Land kaufen. Sie zahlten eine besondere Steuer, dienten als Hopliten oder Ruderer und nahmen an religiösen Festen teil. Politische Rechte besaßen sie keine, und vor Gericht mussten sie sich von einem Athener vertreten lassen. Die Aufnahme in die Bürgerschaft war aber möglich, wenn 6 000 Bürger in einer Volksversammlung ihr zustimmten.

Sklaven – von Menschen zur Sache gemacht

Im 5. Jh. v. Chr. war etwa jeder dritte Bewohner Athens ein *Sklave*. Die meisten Sklaven waren als Gefangene nach Athen gebracht worden. Die Zahl der Sklaven wuchs ständig, weil nicht nur die einmal Versklavten, sondern auch deren Nachkommen Sklaven blieben. Griechen befanden sich kaum unter ihnen, denn den Athenern wurde im 5. Jh. v. Chr. verboten, Hellenen als Sklaven zu kaufen. Die meisten kamen aus dem Schwarzmeergebiet oder aus Kleinasien.
Sklaven galten als „Menschenvieh" oder als Sache, da sie angeblich keine Vernunft besaßen und nur zum Gehorchen geboren waren. Kaum ein Grieche bezweifelte das. Eine Ausnahme war *Alkidamas*. Dieser griechische Philosph aus dem 4. Jh. v. Chr. meinte: „Die Götter haben alle Menschen frei erschaffen, die Natur hat niemanden zum Sklaven gemacht."

6 In einer Tongrube.
Tontäfelchen aus Korinth, 6. Jh. v. Chr.
Mit einer Hacke löst ein Arbeiter (Sklave?) die Tonklumpen von der Wand, ein anderer sammelt den Ton in einen Korb ein, ein dritter hebt einen Korb aus der Mulde. Aus einem Wassergefäß konnten sich die Männer erfrischen. Wozu brauchten die Griechen den Ton vor allem?

Wofür wurden Sklaven gebraucht?

Die meisten Sklaven arbeiteten als Hausdiener, Pädagogen und Musikanten in der Stadt. Reiche Bürger leisteten sich bis zu 50 Hausklaven. Andere Sklaven arbeiteten in Handwerksbetrieben und Geschäften. Ihr Leben unterschied sich kaum von dem armer Bürger.
Einzelne Sklaven gelangten als Verwalter eines Gutes oder Betriebes zu Wohlstand. Sie konnten freigelassen werden. Darüber entschied ihr Herr. Einige Reiche vermieteten Sklaven als Erntehelfer an kleine Bauern. Der größte bekannte Sklavenhalter Athens um 430 v. Chr. war *Nikias*. In den von ihm gepachteten Silbergruben von Laureion beschäftigte er zeitweise über 1 000 Sklaven. In engen, dunklen Stollen, die vom Qualm der Öllampen erfüllt waren, förderten sie unter fürchterlichen Bedingungen kostbares Silbererz.

1. *Bestimme den Unterschied zwischen Metöken und Sklaven.*
2. *Schreibe einem Athener Sklavenhalter einen Brief, in dem du ihm deine Meinung über die Sklaverei mitteilst.*

M 1 So sind sie ...

Der Athener Gelehrte Sokrates (um 470 bis 399 v. Chr.) gibt folgendes Gespräch mit einem Bekannten wieder:

„Sie war doch noch nicht fünfzehn Jahre alt, als ich sie heiratete. Die Zeit vorher hatte man fürsorglich auf sie aufgepasst, dass sie möglichst wenig sah, hörte und fragte. Ich war schon damit zufrieden, dass sie bei ihrem Kommen bereits verstand, mit Wolle umzugehen und ein Gewand anzufertigen, und dass sie auch schon bei der Spinnarbeit der Dienerinnen zugesehen hatte. Außerdem war sie in der Magenfrage ganz vorzüglich erzogen, mein lieber Sokrates, was mir bei Mann und Frau die wichtigste Erziehungsfrage zu sein scheint [...].“

Der Bekannte begründet die Unterschiede so:

„Da beide Arten von Arbeit nötig sind, die draußen und drinnen, schuf Gott die Natur des Weibes für die Arbeiten im Hause, die des Mannes aber für die Arbeiten außerhalb des Hauses. Denn der Mann ist mehr dazu geschaffen, Kälte und Wärme, Märsche und Feldzüge zu ertragen. Daher trug der Gott ihm die Arbeiten außerhalb des Hauses auf. Der Körper der Frau ist weniger widerstandsfähig, deshalb ist sie besser für die Arbeiten im Hause geeignet.“

Der griechische Gelehrte Aristoteles (384-322 v. Chr.), dessen Werk das europäische Denken bis in die Gegenwart beeinflusst, schreibt:

Es steht dem Manne zu, über die Frau und die Kinder zu herrschen. Über die Frau nach der Art eines Staatsmannes, über die Kinder aber nach der eines Königs. Denn das Männliche ist von Natur zur Führung mehr geeignet als das Weibliche, und das Ältere und Reife ist das mehr als das Jüngere und Unreife.

Erster und zweiter Text: Xenophon, Hauswirtschaftslehre 7,3 ff., übers. von Ernst Bux, Stuttgart 1956
Dritter Text: Aristoteles, Politik 1259a, übers. von Franz Schwarz, Stuttgart 1989 (gerafft und vereinfacht)

M 2 Frau vor einer Truhe.

Terrakottarelief aus Locri (Unteritalien), um 460 v. Chr.
An der Wand sind ein Korb, ein Spiegel, ein Ölkrug und ein anderes Gefäß (für Schminke?) zu sehen.
Das Relief war ursprünglich farbig. Inwiefern zeigt dieses Bild die griechischen Vorstellungen von den Aufgaben der Frauen?

1. *Nenne die Aufgaben der Frauen und Männer. Auf welche Lebensverhältnisse bezieht sich die Aufgabenverteilung (M 1 und M 2)?*
2. *Ob sich die Frauen über ihre Lebenssituation beschwert haben? Es gibt darüber kaum Quellen. Warum wohl?*
3. *Schreibe einen Brief an Aristoteles und teile ihm deine Meinung über seine Vorstellungen mit (M 1, Zeilen 26 ff.).*

1 Kyrenia II.
Foto, um 1986.
Nachbildung eines griechischen Frachtschiffs aus dem 4. Jh. v. Chr.
Die größeren Handelssegler befuhren das offene Meer, die kleineren blieben nahe der Küste: Das erleichterte die Orientierung. Nachts und bei zu starkem Wind konnten die Kapitäne Schutz in Buchten suchen. Dennoch sanken viele Schiffe mit Mann und Maus. Suche nach einer Erklärung dafür.

Reisen bringt Gewinn

Jahr für Jahr strömen Touristen nach Griechenland. Viele besuchen das Land, um die Kunst und Kultur der alten Griechen kennenzulernen, andere, um Sonne, Meer und Ruhe auf einer der zahllosen Inseln in der Ägäis genießen zu können. Bis Athen kommen die Touristen meist mit dem Flugzeug, aber auf die Inseln gelangen sie oft nur mit Fähren.
Griechenlands lange Küsten und die vielen Inseln machten das Schiff schon im Altertum zu einem unentbehrlichen Verkehrsmittel für Menschen und Waren. Es ermöglichte den Griechen kulturelle und geschäftliche Kontakte zu ihren Nachbarn und die Gründung von Tochterstädten. Mit Schiffen kamen begehrte Waren nach Griechenland, im Gegenzug wurden wertvolle Produkte exportiert. Griechische Ärzte und Baumeister, die in Persien oder Ägypten arbeiten wollten, bestiegen in Athens Hafen ein Schiff. Andererseits lockten berühmte Philosophen und Redelehrer viele Interessierte aus den Ländern am Mittelmeer zu Studien nach Athen. Außer zu den großen Spielen und Heiligtümern reisten die Griechen nur in dringenden geschäftlichen Angelegenheiten. Passagierschiffe im Liniendienst nach Fahrplan gab es nicht. Schiffsreisen waren trotz langer Dauer schneller und trotz Piraten meist sicherer als der Landweg. Die Griechen benötigten viele Schiffe, deren Bau sie von den Phöniziern gelernt hatten. Auf den Werften war der Bedarf an Bauholz so enorm, dass ganze Wälder verschwanden.

2 Schiffsrumpf.
Die 5 000 Einzelteile des bei Kyrenia gefundenen Schiffes wurden geborgen, haltbar gemacht und wieder zusammengesetzt. Abb. 1 zeigt einen Nachbau des gefundenen Schiffes.

3 Unterwasserarchäologie.
Foto, um 1986.
1965 entdeckten Taucher vor Kyrenia (Zypern) ein 2 400 Jahre altes Schiffswrack. Unterwasserarchäologen legten den 14 m langen Rumpf frei. Der Taucher benutzt Pressluft, um Ablagerungen zu entfernen.

M 1 Handeln und herrschen

In einer Schrift aus dem 5. Jh. v. Chr. wird festgestellt:

Die Athener allein sind imstande, über die Schätze Griechenlands und die der Barbarenländer zu verfügen. Denn, wenn irgendeine Stadt Überschuss an Schiffsholz, Eisen, Kupfer oder Flachs hat, wohin soll sie es exportieren, ohne die Einwilligung Athens, des meerbeherrschenden Volkes? [...] Dem meerbeherrschenden Staat gewährt der Verkehr auch die Mittel zu allerlei Genüssen. Was es in Sizilien, Italien, auf Zypern, in Ägypten, in Libyen, in Pontusländern* oder in der Peloponnes oder sonstwo an Delikatessen gibt, das ist alles in Athen vereinigt.

Nach: Michel Austin und Pierre Vidal-Naquet, Gesellschaft und Wirtschaft im alten Griechenland, München 1984, S. 259

**Länder am Schwarzen Meer*

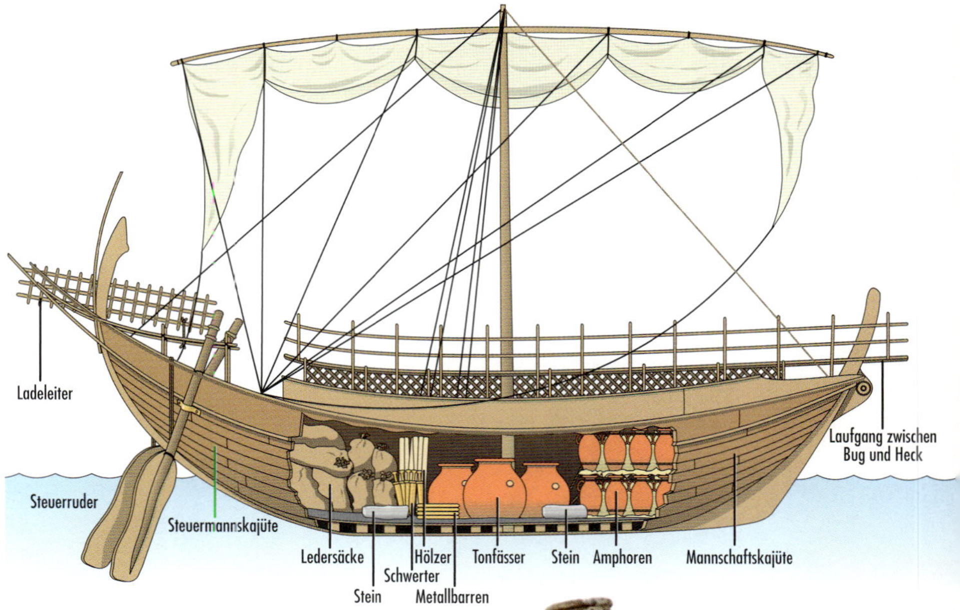

M 4 Griechisches Frachtschiff.

Rekonstruktionszeichnung.
Die Handelsschiffe waren selten über 20 m lang und breit. Sie konnten zwischen 70 und 150 t laden.

M 2 Athen – Zentrum des Handels.

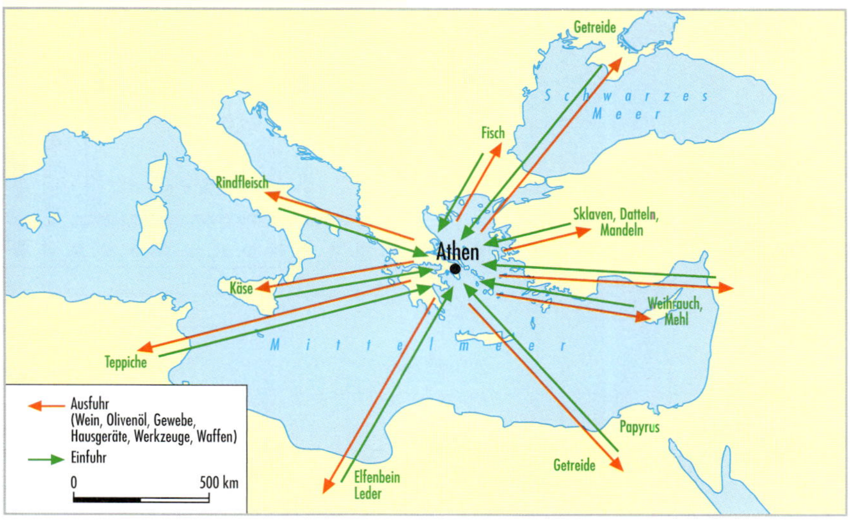

M 5 Griechische Amphore, 5. Jh. v. Chr.

Amphoren (dt. Doppelträger) wurden vor allem als Speicher- und Transportgefäße für Öl und Wein verwendet. Sie fassten zwischen 5 und 50 Liter. Das abgebildete Gefäß hat eine Höhe von 68,5 cm und einen Bauchumfang von 35,5 cm.

M 3 Ehre und Gewinn

Der Schriftsteller Xenophon (um 430 - nach 355 v. Chr.) schlägt vor:

Es wäre gut und ehrenvoll, Kaufleute und Reeder auch durch Ehrensitze im Theater auszuzeichnen und manchmal diejenigen zu einem Ehrenmahl einzuladen, von denen man glaubt, dass sie durch besonders gute Schiffe und Waren der Stadt Nutzen bringen. Denn die so Geehrten dürften nicht nur um des Gewinnes, sondern auch um der Ehrung willen wie zu Freunden herbeieilen. So viel ist klar:
Je mehr Menschen sich hier niederlassen und hierherkommen, desto mehr Waren dürften auch eingeführt und ausgeführt, gekauft und verkauft und desto mehr Mieten und Steuern eingenommen werden.

Rolf Rilinger (Hrsg.), Leben im antiken Griechenland, München 1990, S. 460

1. *Erkläre die Bedeutung der Handelsschifffahrt (M 1 bis M 3).*
2. *Trage in eine Liste die nach Griechenland eingeführten Waren und ihre Herkunftsländer ein (M 2).*
3. *Ein Schiff schaffte normalerweise 5 bis 6 Kilometer pro Stunde.* Lerntipp
   Wie lange dauerte demnach eine Fahrt von Athen nach Kyrene? Nutze dazu die Karte M 2, S. 61.
4. *Überlegt, woher wir wohl unsere Kenntnisse über die Schifffahrt der Griechen haben. Ein Tipp: Damalige Unglücke sind heute unser Glück.*

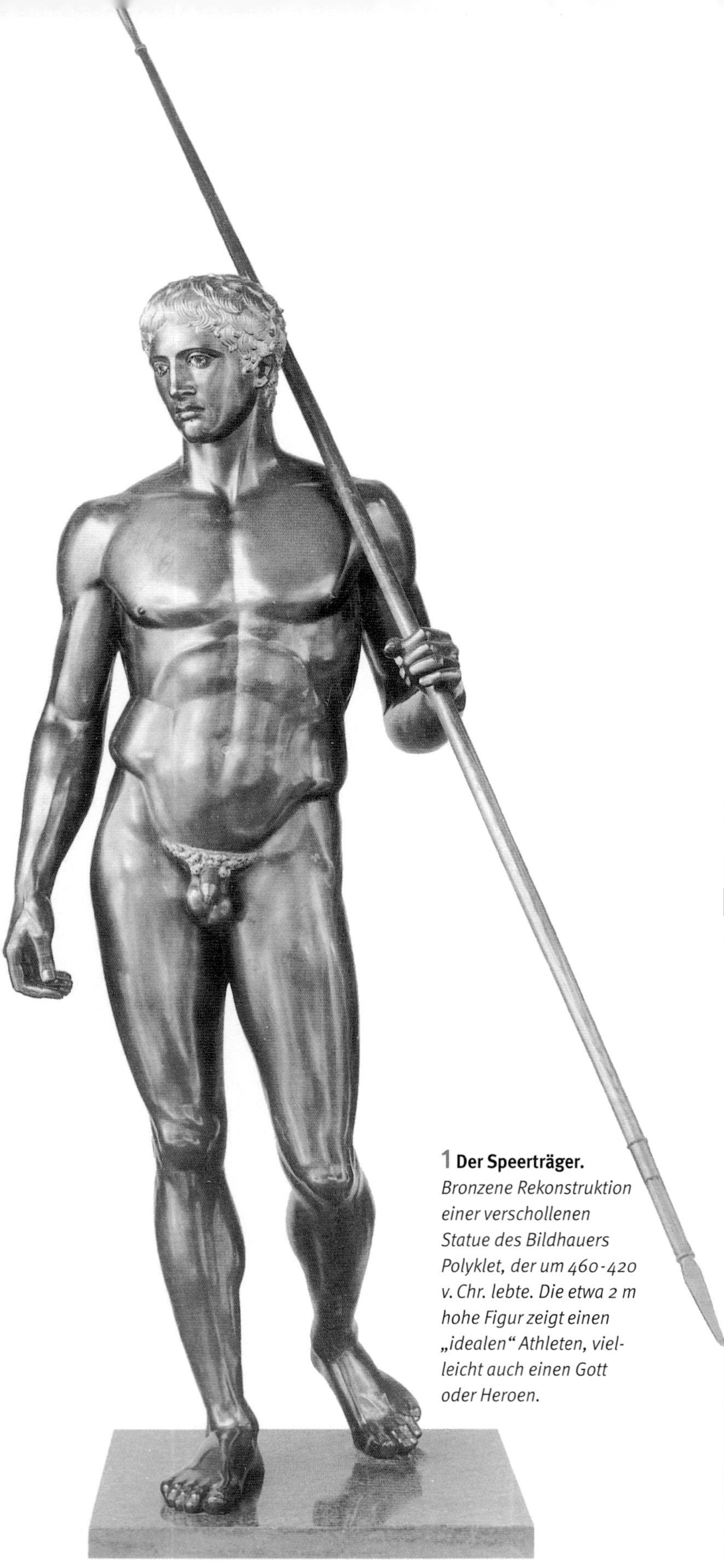

1 Der Speerträger.
Bronzene Rekonstruktion einer verschollenen Statue des Bildhauers Polyklet, der um 460-420 v. Chr. lebte. Die etwa 2 m hohe Figur zeigt einen „idealen“ Athleten, vielleicht auch einen Gott oder Heroen.

Hervorragende Künstler

Wohnhäuser für die Götter

Die Griechen waren begabte Künstler. Das zeigen ihre Tempel, Skulpturen, Reliefs und viele Vasen. Die großen Wandgemälde des 5. und 4. Jh. v. Chr. haben die Jahrhunderte nicht überdauert. Überall, wo die Griechen lebten, wurden Tempel errichtet – die Wohnhäuser der Götter. Die ersten entstanden im 8. Jh. v. Chr. aus Holz; später wurde vor allem Marmor verwendet. Zuvor hatte man die Götter in Hainen, Grotten und anderen heiligen Orten verehrt.
Wohnstätte der Gottheit war ein fensterloser Raum mit dem Götterbild. Er war von Säulen umgeben. Länge, Breite und Höhe des Tempels sowie Zahl und Abstand der Säulen wurden nach bestimmten Zahlenverhältnissen geplant, die als Ausdruck einer ewigen Ordnung (*Harmonie*) galten.
Die Tempel waren keine Versammlungsräume für die Gläubigen wie unsere Kirchen. Gottesdienst und Opfergaben fanden unter freiem Himmel am Altar statt. Der Altar lag vor der Ostseite des Tempels.

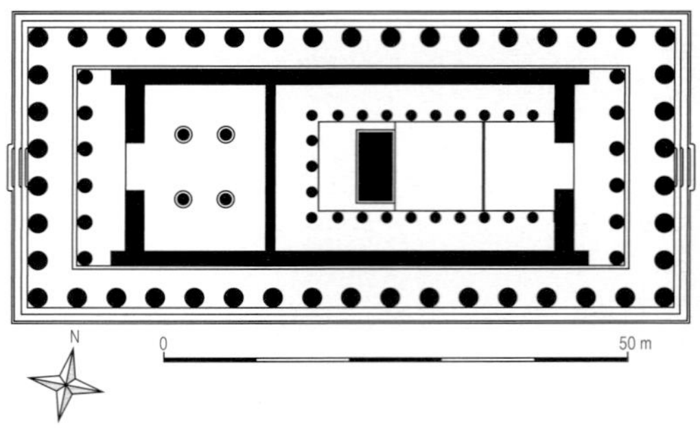

2 Parthenon.
Grundriss des Tempels (siehe M 1, Seite 81).

Harmonie und Vollkommenheit

Die Bildhauer beobachteten und vermaßen den menschlichen Körper genau. Sie formten ideale Gestalten aus Marmor oder Bronze, die die unsterblichen Götter verkörpern sollten. Kunstwerke, die sich durch besondere Harmonie auszeichnen, nennen wir heute „klassisch“.

1. *Stelle in einer Übersicht die auf den Seiten 56 bis 88 abgebildeten griechischen Kunstwerke aus dem 6. bis 5. Jh. v. Chr. zusammen. Bestimme gleichzeitig, für wen sie geschaffen wurden. Was fällt dir dabei auf?*
2. *Die abgebildete Statue galt und gilt noch heute als „makellos“ und „zeitlos schön“. Bist du auch der Meinung? Begründe!*

M 1 Akropolis.
Ansicht von Westen. Rekonstruktionszeichnung.
In Athen wurde die Akropolis, die „Burgstadt“, zum Standort der prächtigsten Tempel. Nachdem die Perser im Jahre 480 v. Chr. ältere Anlagen zerstört hatten, entstanden dort zwischen 450 und 404 v. Chr. viele neue Bauwerke. Der größte Tempel war Athene, der jungfräulichen (griech. parthenos) Schutzgöttin der Stadt, geweiht und hieß Parthenon ①. Der zwischen 448 und 437 v. Chr. im dorischen Stil gebaute Tempel hat eine Grundfläche von rund 31 x 70 m und ist einschließlich des Gebälks fast 18 m hoch.
Im Parthenon befand sich das Standbild der Athene. In den Giebeln des buntbemalten Tempels standen Figuren, die unter anderem den Streit der Athene mit dem Meeresgott Poseidon um die Herrschaft über Attika darstellen.
Der L-förmige Tempel ② ist das Erechtheion (Erechtheus: ein attischer Heros, der den Streit zwischen Athene und Poseidon schlichtete); in ihm waren die ältesten Kulte der Stadt angesiedelt.
Im Osten des Erechtheion stand der Altar ③, das Ziel des Panathenäenzuges.
Im Freien ④ stand die große Statue der Athena Promachos („die in vorderster Linie kämpfende Athene“). Den Glanz ihrer vergoldeten Lanzenspitze konnten Seeleute bereits aus der Ferne sehen.
Der mächtige Torbau (Propyläen) besteht aus einer Säulenhalle und einem Tor ⑤.
Rechts neben den Propyläen steht der kleine Nike-Tempel ⑥; er war der Göttin des Sieges (Nike) geweiht.

M 2 Die drei griechischen Bauformen von Säulen, Friesen und Dächern.
Von links nach rechts:
dorisch, ionisch und korinthisch.

1. In M 1 erfährst du, wie groß der Parthenon-Tempel war. Vergleiche die Größe mit einem Gebäude in deinem Heimatort (z. B. mit der Kirche, dem Rathaus oder der Schule).
2. Stell dir vor, wie beeindruckt die Athener Bürger waren, wenn sie den Burgberg hinaufgestiegen waren und vor dem großen Tempel standen. Die schön und sorgfältig verzierten Giebel und Friese unterm Dach konnten sie aber kaum im Detail erkennen. Überlege, wem sie gefallen sollten.
3. Auch in neuerer Zeit wurden Gebäude mit griechischen Säulen gebaut (M 2). Suche nach solchen Bauten und überlege, warum Jahrhunderte später diese Formen wieder verwendet wurden. Lerntipp

1 Dionysos-Theater in Athen.
Foto, um 1990.
Dieses Theater am Südhang der Akropolis hatte zunächst Sitzreihen aus Holz, erst im 4. Jh. v. Chr. aus Stein. Auf 78 Sitzreihen fanden etwa 17 000 Zuschauer Platz. Der Bau war so geplant, dass die Darsteller auch in den hinteren Reihen zu hören waren.

Dichter und Denker

Tragödien

Schauspiele gehörten zu den öffentlichen Festen, daher hatte fast jede griechische Polis ein Theater. Die griechischen Dichter fanden ihre Themen häufig in mündlich überlieferten Erzählungen (*Epen*). Homers *Ilias* und *Odyssee* sind Beispiele dafür. In der dramatischen Dichtung (*Drama* = Handlung), die von Musik und Tanz begleitet aufgeführt wurde, war das Trauerspiel (*Tragödie*) besonders einflussreich. Es handelt oft vom blinden, grausamen und unerbittlichen Schicksal der Menschen, das manchmal selbst die vernichtet, die die Gebote der Götter achten.

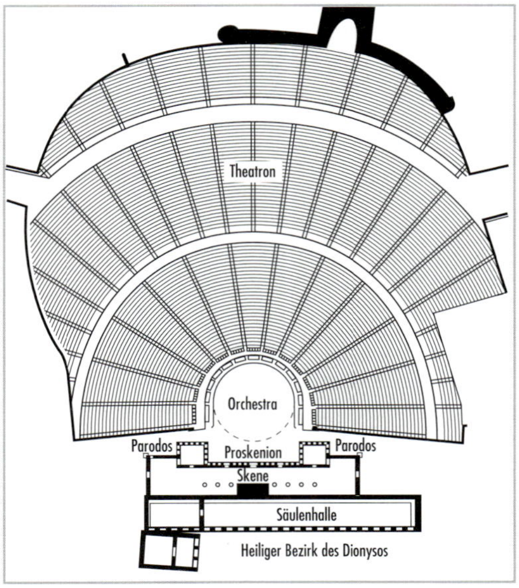

2 Dionysos-Theater in Athen.
Grundriss.
***Orchestra**: „Tanzplatz"; Platz für den Chor und die Schauspieler*
***Parodos**: Eingang für den Chor*
***Proskenion**: Bühne*
***Skene**: erhöhte Bühne für die Schauspieler*
***Theatron**: Zuschauerraum*
Vergleiche die Anlage des Theaters mit heutigen Stadien, Parlaments- und Konzertsälen.

Furcht und Mitleid

Der Zuschauer soll Mitleid mit den Hauptfiguren und Furcht vor den Göttern empfinden. Er wird durch die Tragödie belehrt, wie er leben und handeln soll. Meist wurden die Stücke nur einmal gezeigt, aus dem Grunde entstanden allein im Verlauf des 5. Jh. über tausend Tragödien. Wenige sind erhalten geblieben. Die wichtigsten stammen von *Aischylos*, *Sophokles* und *Euripides*.

Komödien

Neben Tragödien wurden Lustspiele (*Komödien*) aufgeführt. Sie legten durch Übertreibungen die Missstände der Zeit offen und übten Kritik an menschlichen Schwächen. Sie gaben den Bürgern Gelegenheit, über die Mächtigen und Einflussreichen zu lachen. Der bedeutendste Komödiendichter war *Aristophanes*, der seine Stücke Ende des 5. und Anfang des 4. Jh. v. Chr. verfasste.

Fabeln

Noch heute werden *Fabeln* gedichtet, kurze Erzählungen, in denen Tiere menschliche Schwächen bloßstellen. Die ältesten Fabeln werden *Äsop* zugeschrieben, der im 6. Jh. v. Chr. lebte.

Verse

Die griechischen Epen, Tragödien, Komödien und Fabeln waren in Verse gefasst. Sie wandten sich an Zuhörer und Zuschauer, nicht an Leser. Dies gilt auch für die *Lyrik*, die ursprünglich gesungen wurde. Sie erhielt ihre Bezeichnung von der Lyra, einem Saiteninstrument, die sie beim Vortrag begleitete. Zur gesungenen Dichtung wurde häufig getanzt.

Philosophen fragen

Wie entstand die Welt? Warum geht die Sonne auf? Solche Fragen haben sich die Menschen seit jeher gestellt. Wie andere Völker glaubten die Griechen, es müsse übermenschliche, ewige Wesen geben, die die Welt geschaffen hätten und die verantwortlich seien für alles, was am Himmel, auf Erden und im Wasser geschehe – die Götter. So erklärten sie sich Donner und Blitz damit, dass der Göttervater Zeus zornig sei, und den Lauf der Sonne so, dass der Sonnengott Helios mit seinem Wagen täglich von Ost nach West über den Himmel fahre und nachts auf dem Strom Okeanos zurücksegele. Das waren Mythen, überlieferte Geschichten, mit deren Hilfe die Menschen das Geschehen auf der Welt erklärten.

Neugier notwendig

Ab etwa 600 v. Chr. gab es in Griechenland Männer, die die Natur mit anderen Augen ansahen: Sie waren neugierig, beobachteten genau und schrieben auf, was sie sahen. Und sie stellten noch schwierigere Fragen: Woher kommt die Welt? Woraus besteht sie?

Diese fragenden Männer nannte man *Philosophen* (gr. *philos*: Freund; *sophia*: Weisheit). Ihnen verdanken wir die Anfänge der europäischen Philosophie. Einer von ihnen war *Thales von Milet*. Ihn zählte man in der Antike zu den „Sieben Weisen“. Thales schloss aus seinen Beobachtungen, dass das Wasser der Urgrund der Welt sei. Schließlich sei ohne Wasser kein Leben denkbar. Außerdem sei dieses Element allen anderen überlegen, weil es nicht nur fließen, sondern auch wie Luft fliegen und sogar hart wie Erde sein könne.

Vom Mythos zum Logos

Thales und andere Denker wie *Pythagoras* stellen fest, dass man in der Natur immer wieder auf dieselben Zahlen und einfachen Figuren stößt und diese nach bestimmten Regeln zueinander in Beziehung stehen. So fand Thales heraus, dass der Durchmesser einen Kreis in zwei gleich große Hälften teilt. Mathematik und Geometrie wurden selbstständige Wissenschaften, mit denen allgemeine Lehrsätze aufgestellt und komplizierte Beweise erbracht werden konnten. An die Stelle der Mythen traten Logik und Vernunft (gr. *logos*: Sprache, Vernunft). Das „logische“ Denken bildete die Grundlage der Natur- und Geisteswissenschaften.

3 Thales von Milet. *Mosaik, Anfang des 3. Jh. n. Chr.*

Gut oder Böse?

Die Philosophen des 5. und 4. Jh. v. Chr. fragten auch: Wie kann der Mensch die Wahrheit erkennen? Gibt es ein Leben nach dem Tod? Was ist gut oder böse? Wie sollen wir leben? Welches ist die beste Staatsform?

Da die Philosophen bei ihren Antworten im Laufe der Jahrhunderte immer weniger Rücksicht auf die Götter nahmen, entstand Unruhe zwischen den Anhängern des alten Glaubens und den Befürwortern der „logischen“ Sichtweise. Eines der ersten Opfer dieser Auseinandersetzungen wurde Ende des 5. Jh. v. Chr. *Protagoras*. Wegen seiner Zweifel am Götterglauben wurde er von den Athenern zum Tode verurteilt. Er floh, starb aber bei der Überfahrt nach Sizilien. Seine Schriften wurden verbrannt.

Ein anderes Opfer wurde *Sokrates*, dessen Ziel es war, durch unablässiges Fragen das Gute und das Gerechte herauszufinden. Auch ihn verurteilten die Athener zum Tode. Er nahm das Urteil an und lehnte es ab zu fliehen.

Vom Marktplatz in die Schule

Kein Wunder, dass die Philosophen mit ihren Stellungnahmen zu Fragen des öffentlichen Lebens vorsichtiger wurden. Sie gingen – einfach ausgedrückt – vom Marktplatz in die Schule und begannen dort, genauer über alle Bereiche des Lebens und der Natur nachzudenken. So gründete *Platon* um 385 v. Chr. in Athen eine bedeutende Schule: die *Akademie*. Aus ihr ging *Aristoteles* hervor, einer der bedeutendsten Denker aller Zeiten. Er war Schüler Platons, erforschte alle Wissensgebiete und schrieb über Physik, Biologie und Politik.

M 1 Über die Götter

Protagoras, geboren um 485 v. Chr., beginnt seine Schrift „Von den Göttern" wie folgt:

Von den Göttern vermag ich nichts festzustellen, weder, dass es sie gibt, noch, dass es sie nicht gibt, noch, was für eine Gestalt sie haben; denn vieles hindert ein Wissen hierüber: die Dunkelheit der Sache und die Kürze des menschlichen Lebens.

Wilhelm Capelle (Hrsg.), Die Vorsokratiker, Stuttgart 1968, S. 333

M 2 Was wollte Sokrates?

Sokrates war 399 v. Chr. von einem Bürger Athens angeklagt worden. Er wurde beschuldigt, die Götter der Polis nicht anzuerkennen und für die Verehrung neuer Gottheiten einzutreten. Außerdem wurde ihm ein verderblicher Einfluss auf die Jugend vorgeworfen. Der Strafantrag forderte den Tod; und die Mehrheit der 501 Geschworenen des Gerichtshofes verurteilte Sokrates dann auch zum Tode.
Platon verteidigte später seinen Lehrer in einer Schrift. Darin lässt er Sokrates folgende Gründe für sein Philosophieren angeben:

Ich schätze und verehre euch, ihr Männer von Athen, doch gehorchen werde ich eher dem Gotte als euch und, solange ich atme und dazu imstande bin, nimmer aufhören, zu philosophieren und auf euch einzureden und jedem von euch, den ich treffe, ins Gewissen zu reden [...]. Denn ich tue, während ich euch nachlaufe, nichts anderes, als dass ich euch, die Jüngeren wie die Älteren, dahin zu bringen suche, euch nicht zuallererst um euer leibliches Wohl und um Geld zu kümmern, wobei ich sage, dass nicht der Reichtum sittlichen Wert hervorbringt, sondern der sittliche Wert Reichtum und alle übrigen Güter, für jeden Einzelnen wie für die Allgemeinheit. Wenn aber jemand behauptet, ich sage etwas anderes als dies, dann redet er Unsinn. Kurz und gut, ich werde mein Verhalten nicht ändern, und wenn ich noch so oft den Tod dafür erleiden müsste.

Platon, Apologie des Sokrates 29c-30a, übers. von Manfred Fuhrmann, Stuttgart 1986

M 3 Tod des Sokrates.

Gemälde (130 x 196 cm) von Jacques-Louis David, 1787.
Sokrates hatte das Todesurteil durch das Trinken eines Giftes an sich selbst zu vollstrecken. Der Maler zeigt den Philosophen im Augenblick der Giftübergabe im Kreise seiner Schüler.

1. *Protagoras' Äußerung (M 1) forderte den Glauben der Athener heraus. Erkläre!*
2. *Von Sokrates stammt die Aussage: „Ich weiß, dass ich nichts weiß." Erläutere den Satz.*
3. *Um M 2 verständlicher zu machen, kannst du den Text auf einige wichtige Sätze kürzen, die du mit: „Ich, Sokrates, will ..." beginnst. Fasse so den Text zusammen und formuliere eine passende Überschrift.*
4. *M 3 zeigt die Hinrichtung von Sokrates. Tatsächlich wissen wir aber nicht, wie sie verlief und aussah. Trotzdem haben Künstler wie Jacques-Louis David sie dargestellt. In ihren Bildern drückten sie ihr besonderes Interesse an dem Ereignis aus. Stellt das Gemälde nach (Standbild). Erklärt, wie die Haltung der Personen auf den Betrachter wirken soll, und welche Meinung David über Sokrates hatte.* Lerntipp

Alexander erobert ein Weltreich

1 Alexander der Große.
Münze, um 324 v. Chr. Die Vorderseite der wohl noch zu Lebzeiten Alexanders geprägten Münze zeigt den Herrscher als Herakles im Löwenfell. Kannst du erklären, was damit ausgedrückt werden sollte? Lies dazu den Abschnitt über die griechischen Götter und Heroen auf Seite 63.

Makedonen unterwerfen Griechen

Unter *Philipp II.* übernahmen die auf dem Balkan lebenden Makedonen die Vorherrschaft über die zerstrittenen griechischen Stadtstaaten. Das war 338 v. Chr. Zwei Jahre später wurde der makedonische Herrscher ermordet und sein zwanzigjähriger Sohn *Alexander* setzte mit Gewalt seine umstrittene Nachfolge durch. Er war von griechischen Lehrern ausgebildet worden. Aristoteles war zeitweilig sein Lehrer. Die griechischen Götter- und Heldensagen sollen ihn so sehr beeinflusst haben, dass er sie zum Vorbild nahm.

Wie ein Weltreich entsteht ...

Schon Alexanders Vater wollte gegen die Perser ziehen, um die Griechen hinter sich zu vereinen. Gemeinsam sollten sich Makedonen und Griechen für die Zerstörung der Heiligtümer durch die Perser vor knapp 150 Jahren rächen.
334 v. Chr. setzte Alexander mit einem Heer von etwa 30000 Mann nach Kleinasien über. Der Krieg gegen die Perser begann. Seine Truppen waren immer wieder siegreich und der persische Großkönig verlor zuletzt sein Leben auf der Flucht.
Alexander regierte unumschränkt. In den eroberten Gebieten setzte er oft einheimische Herrscher als Statthalter ein. Zeigte sich aber Widerstand, handelte er rücksichtslos.
Im Sommer 327 v. Chr. begann Alexander, Nordindien zu erobern. Ein Jahr später stand er siegreich am Indus. Trotzdem wollte er weiterziehen – bis an die Grenze der Welt. Doch nun weigerten sich seine Truppen. Der Rückmarsch durch die Wüsten begann. Er forderte weitere Tausende von Toten. Ein Teil des Heeres segelte vom Indus bis zur Mündung von Euphrat und Tigris, um den Seeweg nach Indien zu erkunden.*

Zurück in der alten persischen Hauptstadt Susa bemühte sich Alexander, Griechen, Makedonen und Perser zu verbinden. Zum Befremden einiger makedonischer und griechischer Heerführer, kleidete er sich persisch und übernahm persische Hofsitten: Besucher mussten vor ihm wie vor einem Gott auf die Knie fallen. 324 v. Chr. heiratete er selbst zwei persische Königstöchter und verlangte von seinen Beamten, Heerführern und Soldaten, ebenfalls Ehen mit Perserinnen einzugehen.

**Siehe dazu auch die Karte mit den Eroberungszügen Alexanders auf Seite 135.*

... und zerfällt

Als Alexander die Vorbereitungen für einen neuen Feldzug nach Arabien traf, wurde er von einem Fieber gepackt. Im Juni 323 v. Chr. starb er mit 32 Jahren in Babylon. Die Macht fiel in die Hände der Feldherren, die sich als seine Nachfolger fühlten: den *Diadochen*. Langfristig behaupteten sich nur drei Königreiche: das *Ptolemäerreich* in Ägypten, das *Seleukidenreich* in Syrien und einem Teil Vorderasiens und das *Antigonidenreich* in Makedonien.

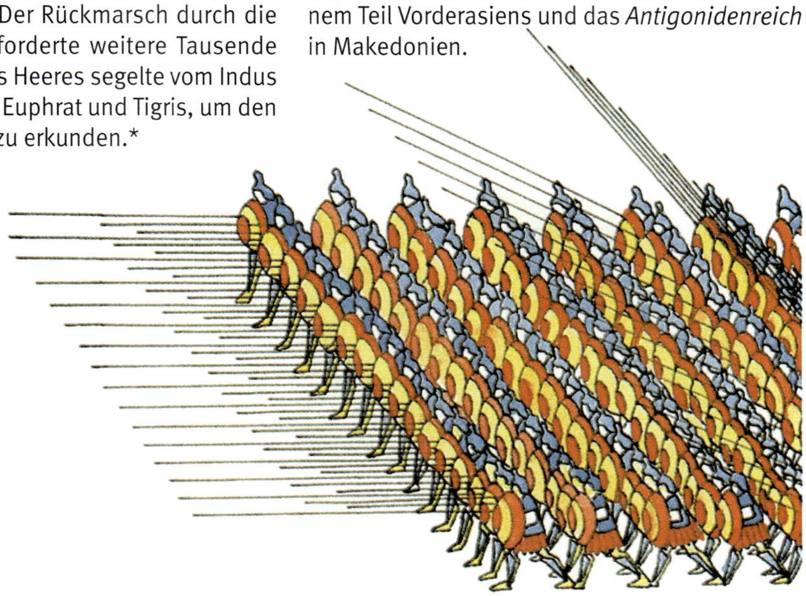

2 Die makedonische Phalanx.
Rekonstruktionszeichnung. Wichtigster Teil von Alexanders Heer waren die schwer bewaffneten Fußsoldaten. Ihre Kampfart ähnelte der der griechischen Hopliten, aber ihre Lanzen waren wesentlich länger (etwa 4 bis 6 m).

M 1 Die Alexanderschlacht.
Fußbodenmosaik aus Pompeji, entstanden um 100 v. Chr. Forscher gehen davon aus, dass dieses 5,82 x 3,13 m große Mosaik aus 4 Mio. Steinchen die Kopie eines griechischen Großgemäldes aus dem 3./2. Jh. v. Chr. ist.
Dargestellt ist, wie Alexander (links) auf den persischen Großkönig Dareios III. trifft.

M 2 Das Rätsel Alexander

*Bei dem griechischen Geschichtsschreiber **Diodor**, der rund 200 Jahre nach Alexander lebte, heißt es:*

In kurzer Zeit hat dieser König große Taten vollbracht. Dank seiner eigenen Klugheit und Tapferkeit übertraf er an Größe der Leistungen alle Könige, von denen die Erinnerung weiß. In nur zwölf Jahren hatte er nämlich nicht wenig von Europa und fast ganz Asien unterworfen und damit zu Recht weitreichenden Ruhm erworben, der ihn den alten Heroen und Halbgöttern gleichstellte.

*Im 1. Jh. n. Chr. schrieb der römische Politiker und Philosoph **Seneca**:*

Den unglücklichen Alexander trieb seine Zerstörungswut sogar ins Unerhörte. Oder hältst du jemanden für geistig gesund, der mit der Unterwerfung Griechenlands beginnt, wo er doch seine Erziehung erhalten hat? [...] Nicht zufrieden mit der Katastrophe so vieler Staaten, die sein Vater Philipp besiegt oder gekauft hatte, wirft er die einen hier, die anderen dort nieder und trägt seine Waffen durch die ganze Welt. Und nirgends macht seine Grausamkeit erschöpft Halt, nach Art wilder Tiere, die mehr reißen als ihr Hunger verlangt.

Hans-Joachim Gehrke, Alexander der Große, München [4]2005, S. 9 und S. 100 f.

1. *Jahrhunderte nach Alexanders Tod wurde das Mosaik (M 1) gelegt. Beschreibe, wie Alexander und sein Gegner dargestellt wurden. Vergleiche dazu vor allem die Gesichtsausdrücke. Welcher Augenblick der Schlacht ist zu sehen?*
2. *Kannst du erkennen, auf welcher Seite der Künstler steht? Begründe!*
3. *Vergleiche die Ansichten Diodors und Senecas (M 2). Wessen Urteil überzeugt dich mehr?*
4. *Erörtert, ob Alexander den Beinamen „der Große“ verdient hat.*

Überall griechischer Einfluss

Die griechische Kultur wird hinausgetragen

Alexander der Große ließ in den eroberten Gebieten zahlreiche Städte nach griechischem Vorbild gründen. Viele erhielten seinen Namen. In diese Städte zogen Griechen und Makedonen als Händler, Beamte oder als Siedler. Ihre wirtschaftlichen und religiösen Vorstellungen sowie ihre Sprache behielten sie bei. Griechisch wurde zur wichtigsten Sprache und blieb in den Ländern im östlichen Mittelmeerraum auch noch Jahrhunderte später unter der Herrschaft der Römer vorherrschend.

Griechische Architektur prägte bald das Bild der Städte. Überall entstanden Tempel und Theater. Die vornehmen Einheimischen mussten ihre Lebensweise anpassen, um sich zu behaupten. Umgekehrt übernahmen die Griechen Anregungen, vor allem aus den östlichen Religionen.

Während Wissenschaft und Künste in den Städten eine Blüte erlebten, veränderte sich auf dem Lande wenig. Hier, wo die große Mehrheit der Bevölkerung lebte und arbeitete, blieben die Menschen bei ihren ägyptischen oder orientalischen Sitten und Bräuchen.

Diese Zeit bezeichnen wir als Hellenismus, weil in ihr die griechische Kultur in die Welt hinausgetragen wurde.

Alexandria – eine Weltstadt

Alexander hatte 332 v. Chr. im westlichen Mündungsgebiet des Nil, an der Stelle einer alten ägyptischen Siedlung, die Stadt Alexandria gegründet. Nach griechischen Plänen entstand hier ein Zentrum der hellenistischen Kultur.

Alexandria erhielt das Recht auf den Alleinhandel mit Papyrus, Parfüm und Glas. Vor allem durch den Getreidehandel konnte die Stadt an Bedeutung gewinnen. Schiffswerften wurden errichtet und große Betriebe, die Waren auch für den Export herstellten. Alexandria zählte bis zu 600 000 Einwohner. Hier lebten Ägypter, Syrer, Juden, Araber, Perser, Afrikaner. Aber nur Griechen und Makedonen hatten Bürgerrechte.

Erfinder und Gelehrte

Der Ruhm der Stadt ging auf eine königliche Forschungsstätte zurück, die nach den Musen, den griechischen Göttinnen der Künste und der Wissenschaften, *Museion* benannt war. Hier forschten und lehrten zahlreiche Wissenschaftler. Für ihren Lebensunterhalt sorgte der Herrscher. Den Gelehrten stand die bedeutendste Bibliothek der Antike zur Verfügung. Sie soll rund 700 000 Schriftrollen besessen haben.

Im 3. Jh. v. Chr. forschten in Alexandria *Euklid*, der Verfasser eines bis ins 19. Jh. verwendeten Lehrbuches der Geometrie, *Archimedes*, der die unendliche Schraube und den Flaschenzug erfand, und *Eratosthenes*, der bereits den Erdumfang erstaunlich genau berechnete und vermutete, man könne von Spanien aus westwärts nach Indien segeln.

1 Der „Dornauszieher".
Marmorkopie einer 82,5 cm hohen hellenistischen Skulptur vom Ende des 3. Jh. v. Chr.

2 Buckliger Bettler.
6,7 cm hohe Bronzefigur, um 250 v. Chr.

Beschreibe und vergleiche die Figuren (Abb. 1 und Abb. 2). Überlege, wie sich das Verständnis von Kunst änderte.

M 2 Plan von Alexandria.
Die Angaben beruhen weitgehend auf Vermutungen.
Beschreibe die Lage der Stadt. Wie ist sie gegliedert? Was fällt dir am Straßenverlauf auf? Erkläre die Lage der bedeutenden Einrichtungen. Für wen waren sie bestimmt? Versuche deine Antworten jeweils zu begründen. Vergleiche den Straßenverlauf mit dem deines Schul- oder Wohnortes.

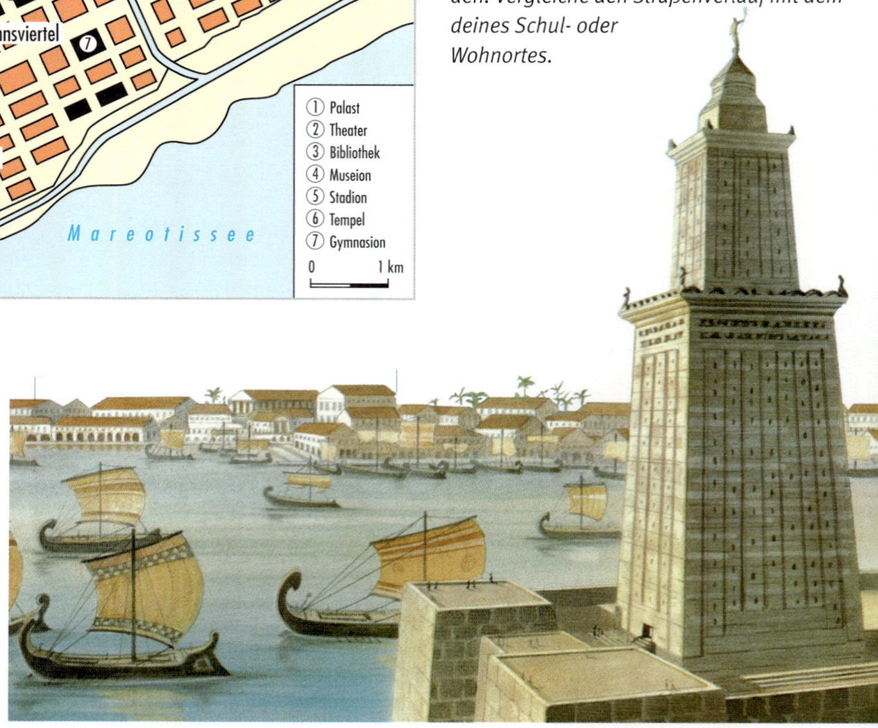

M 3 Der Leuchtturm von Alexandria.
Rekonstruktionszeichnung.
Für die Seeschifffahrt wurde Anfang des 3. Jh. v. Chr. auf der Insel Pharos vor Alexandria ein etwa 100 Meter hoher Leuchtturm errichtet. Dessen Feuer wurde durch einen Hohlspiegel so verstärkt, dass es noch 50 km entfernt zu sehen war. Er war der erste von einem Architekten entworfene Leuchtturm der Welt und das Vorbild aller weiteren Leucht- und Kirchtürme sowie Minarette. Der Leuchtturm von Alexandria wurde in der Antike zu den Sieben Weltwundern gezählt. Er zerfiel im 14. Jh. n. Chr.

M 1 Eine Beschreibung Alexandrias

Der griechische Geograf und Geschichtsschreiber Strabon, der an der Wende vom 1. zum 2. Jh. n. Chr. lebte, beschreibt die Stadt so:

Vielseitig ist die Gunst der Lage: Von zwei Meeren wird der Platz umspült, von Norden her durch das „Ägyptische“ Meer, im Süden durch den [...] Mareotischen See. Ihn speist der Nil mit vielen Kanälen [...], auf denen weit mehr eingeführt wird als vom Meere her; [...] dafür ist in dem Meereshafen die Ausfuhr aus Alexandria höher als die Einfuhr [...]. Die Grundfläche der Stadt erinnert in ihrer Form an einen Mantel, dessen Längenseiten vom Meere umspült werden, und etwa 30 Stadien [5,549 km] ausmachen; die Breitseiten, je sieben [1,295 km] oder acht Stadien [1,480 km] lang, sind die Landengen, die auf der einen Seite vom Meere, auf der anderen vom See eingeschnürt werden. Die ganze Stadt wird von Straßen durchschnitten, die Platz für Reiter und Wagen bieten; zwei sind besonders geräumig, mit einer Breite von mehr als einem Plethron [etwa 31 m], sie schneiden sich im rechten Winkel. Die Stadt besitzt sehr schöne öffentliche Bezirke und den Bezirk der Königspaläste, die ein Viertel oder gar ein Drittel des Stadtumfangs ausmachen [...]. Der Wohlstand der Stadt aber ist vor allem darin begründet, dass von ganz Ägypten allein dieser Platz zu beidem geschaffen ist: zum Seehandel wegen der guten Hafenverhältnisse und zum Binnenhandel, da der Strom wie ein bequemer Fährmann alles transportiert und an einem Platze zusammenführt, der der größte Handelsplatz der Welt ist.

Walter Arend (Bearb.), Altertum. Geschichte in Quellen, München [3]1979, S. 367 f.

→ **Internettipp:** *Informationen über die Sieben Weltwunder der Antike siehe unter www.raetsel-der-menschheit.de/wewu/index.htm*

1. *Wie begründet Strabon den Reichtum der Stadt (M 1)?*
2. *Informiert euch über die anderen Weltwunder der Antike. Sucht Bilder dazu und gestaltet ein Poster.* Lern-tipp

Projekt

Griechisch in unserem Alltag

1. *Auf diesen Eintrittskarten findest du Begriffe, die du aus dem Geschichtsunterricht kennst. Schreibe sie heraus und überlege dir, woran es liegen könnte, dass sie in fast allen europäischen Sprachen verwendet werden.*
2. *Schreibe die gefundenen Begriffe untereinander und trage dahinter in drei Spalten jeweils Stadt, Land und Sprache ein.*
3. *Bestimme mit deutschen Ausdrücken die Bereiche, in denen die Begriffe benutzt werden.*

Brudermord am Tiber

„Du bist wie immer ein schlechter Verlierer, Remus!" Spöttisch und verärgert zog Romulus die Mundwinkel nach unten und ging ein paar Schritte weiter. Seit einiger Zeit mäkelte sein Zwillingsbruder an allem herum, was er anordnete oder tat. Offensichtlich konnte er es nicht verwinden, dass er, Romulus, nun König der Stadt sein würde, die sie gemeinsam mit anderen Männern hier auf dem Palatin, einer der Anhöhen über dem Tiber, gründen wollten. Romulus spürte den bohrenden Blick seines Bruders. Er drehte sich noch einmal um. „Was willst du? Die Götter haben ihren Willen unmissverständlich kundgetan, indem sie mir zwölf, dir aber nur sechs Geier geschickt haben. Du solltest dich dem Götterwillen fügen." Als er das verschlossene Gesicht des Remus sah, fügte er hinzu: „Ich bin mit all den anderen Männern hierher gekommen, um eine Stadt zu gründen, und niemand wird mich davon abhalten – auch du nicht. Hier ist nur Platz für einen König. Und der bin ich. Auf keinen Fall wirst du verhindern, dass die Stadt meinen Namen trägt: Roma!"

Während Remus trotzig die Fußspitze in die Erde bohrte, ergriff Romulus wortlos den Pflug. Feierlich schritt er hinter dem Gespann mit einem weißen Ochsen her. Die Furche, die er auf dem Hügel zog, nahm allmählich die Form eines Quadrates an. Auf ihr sollte sich bald Roms Stadtmauer erheben. Als Romulus die Furche vollendet hatte, blickte er stolz auf sein Werk. „Die Stadt wird ewig stehen; die Götter schützen sie. Kein Bewaffneter darf sie betreten, denn sie ist heilig. Kein Feind soll je ihre Mauern überwinden, ohne dafür mit dem Tod zu büßen ..."

Noch bevor Romulus zu Ende gesprochen hatte, zog Remus, auf den er gar nicht mehr geachtet hatte, sein Schwert und rief herausfordernd: „Dann versuche doch, mich aufzuhalten, wenn du dich traust! Mich wird deine ‚Mauer' nicht aufhalten." Mit einem weiten Satz sprang er über die Furche. Romulus wurde blass vor Zorn. Er zog ebenfalls seine Waffe, setzte dem Bruder nach und schlug auf ihn ein, bis er sich nicht mehr regte. Als er endlich wie aus einem tiefen Rausch wieder zu sich kam, stieß er keuchend hervor: „Bei meinem Vater Mars, so soll es jedem ergehen, der es wagt, Roms Mauern zu missachten."

Dieter Brückner

Die „Kapitolinische“ Wölfin.

Kopf der 75 cm hohen und 114 cm breiten Bronzefigur, die sich heute in den Kapitolinischen Museen in Rom befindet. Die Skulptur soll schon in der Antike auf dem Kapitol, dem religiösen Mittelpunkt der Stadt Rom (ähnlich der Akropolis in Athen), gestanden haben.

Bis vor kurzem ging man davon aus, dass sie um 500 v. Chr. von etruskischen Künstlern gegossen wurde. Untersuchungen von 2006/07 ergaben, dass sie aber erst im Mittelalter, zwischen dem 9. und 13. Jahrhundert, entstanden ist.

Roms Geschichte beginnt

1 Aus der Gründungssage Roms.
Münze, Anfang des 2. Jh. v. Chr. Welcher Augenblick der Gründungssage ist dargestellt?

Sage ...
Dass *Romulus* Rom gegründet habe, lernten schon die römischen Kinder vor über 2 000 Jahren. Sogar den angeblichen Gründungstag hatten Geschichtsschreiber festgelegt: den 21. April 753 v. Chr.
Von der Kindheit der Zwillinge berichtet die Sage, dass sie Söhne der Königstochter *Ilia* waren, zu deren Vorfahren der Troianer *Aeneas* gehörte. Dieser Held der griechischen Sage und Sohn der Göttin *Venus* sei mit seinen Leuten aus dem brennenden Troia geflohen und nach langen Irrfahrten in Italien gelandet. Und der Vater der Kinder? Laut Sage war es der Kriegsgott *Mars*.

Der Sage nach trieb ein machtgieriger Onkel Ilia in den Tod und setzte ihre beiden Säuglinge in einem Körbchen auf dem Tiber aus. Ans Ufer gespült, blieb dieses an einem Feigenbaum hängen. Dort fand eine von ihrem Vater Mars gesandte Wölfin die Zwillinge, säugte sie und bewahrte sie vor dem Verhungern. Ein Hirte entdeckte die Kinder und zog sie mit seiner Frau groß. Die beiden Brüder gründeten später nahe dem Ort ihrer Rettung eine Stadt. Im Streit tötet Romulus seinen Bruder Remus.
Die Sage berichtet weiter, dass Romulus der erste König der Stadt war und nach seinem Tode in den Kreis der Götter aufgenommen wurde. Sechs weitere Könige hätten nach ihm die Stadt regiert, bevor dann im Jahre 510 v. Chr. der siebente mit Namen *Tarquinius Superbus* (zu Deutsch: „der Überhebliche") von den Römern vertrieben worden sei.

... und Wirklichkeit
Archäologen haben im Bereich der Hügel am Tiber Spuren von Lehmhäusern und Gräbern aus dem 11. bis 9. Jh. v. Chr. gefunden. Demnach lebten dort schon lange vor Roms angeblichem Gründungsjahr Menschen. Im 7. Jh. v. Chr. muss der Ort für das Volk der *Etrusker* interessant geworden sein. Könige aus verschiedenen Familien übernahmen dort die Herrschaft. Eine trug den Namen *Ruma*. Die Zahl der Einwohner wuchs während der Monarchie, in der nur ein Einzelner vornehmer Abstammung die Macht hatte. Es wurden Tempel, Häuser aus Stein und eine Brücke über den Tiber errichtet, die erste Kanalisation (*Cloaca maxima*) gebaut, ein großer Markt (*Forum*) angelegt und die Stadt mit einer Mauer umgeben. Die ältesten Überreste der Stadtbefestigung datieren die Archäologen auf die Zeit um 600 v. Chr.

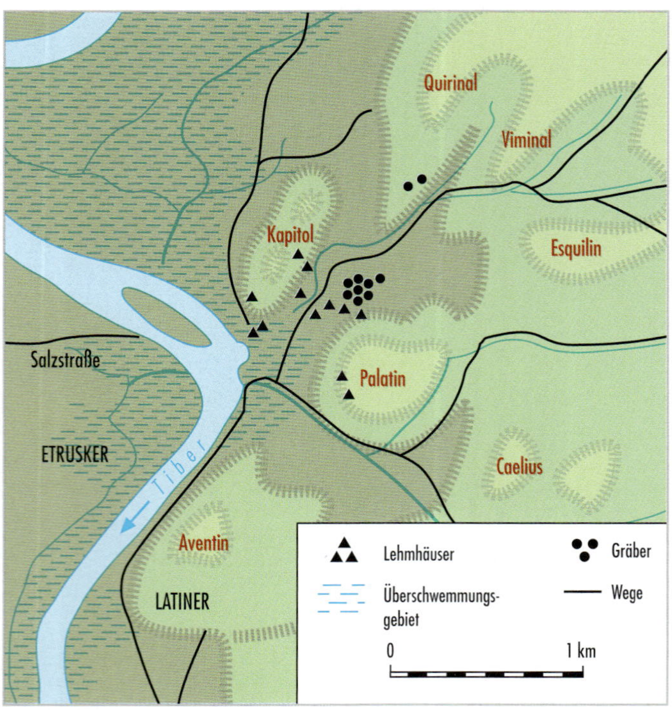

2 Rom – die Hügel, um 900 v. Chr.
Schau dir die Karte genau an und stelle fest, welche Vorteile die Gegend für die Gründung einer Stadt bot. Nutze dazu auch eine Karte von Italien in einem Atlas.

1. *Überprüfe, ob du in der Sage einen Teil der tatsächlichen Entstehungsgeschichte wiederfinden kannst.* Lerntipp
2. *Überlege, weshalb die Römer auf ihre Herkunftssage besonders stolz waren.*

Wer bestimmt im frühen Rom?

Die vornehmen und reichen Römer verbannten um 500 v. Chr. den letzten etruskischen König. Sie übernahmen selbst die „öffentlichen Angelegenheiten" (lat. *res publicae*) und gründeten damit eine Republik. Anders als die Athener errichteten sie aber keine Demokratie. Die Macht im Staat übernahmen die Patrizier, die Nachfahren der „Väter" (lat. *patres*), die angeblich mit Romulus die Stadt gegründet hatten. Um ihre besondere Stellung zu sichern, durfte ein Patrizier keine Frau aus dem Kreis der übrigen Bürger heiraten. Für sie waren Bauern, Handwerker, Händler und Tagelöhner – der bei weitem größte Teil des Volkes – Plebejer (lat. *plebs*).

Patrizier und Plebejer streiten

Die Plebejer wussten, dass die Patrizier sie als Arbeitskräfte und Soldaten benötigten. Im Krieg waren die plebejischen Fußsoldaten inzwischen wichtiger als die patrizischen Reiter. Was lag da für die Plebejer näher, als zu streiken, um ihre Stellung zu verbessern? Im Jahre 494 v. Chr., als das Heer für einen Krieg versammelt werden sollte, zogen sie der Überlieferung nach aus der Stadt auf den nahen „Heiligen Berg" und stellten Bedingungen für ihre Rückkehr.

Die Plebejer setzen sich durch

Ihr erster Erfolg in den Ständekämpfen war die Einführung von *Volkstribunen*. Seit 450 v. Chr. gab es zehn jährlich gewählte Volkstribunen. Sie sollten Leben und Vermögen der Plebejer schützen und waren in ihrem Amt unverletzlich (*sakrosankt*). Die Volkstribunen konnten gegen Entscheidungen der Patrizier ihr Veto einzulegen (lat. *veto*: ich verbiete). Sie beriefen die Versammlungen der Plebejer ein, auf denen Volksbeschlüsse (*Plebiszite*) gefasst werden konnten. In den folgenden 200 Jahren erstritten die Plebejer weitere Zugeständnisse:

- Sie wurden an der Wahl der Heerführer beteiligt (vor 450 v. Chr.).
- Gesetze wurden auf Bronzetafeln veröffentlicht (Zwölf-Tafel-Gesetz, um 450 v. Chr.).
- Patrizier und Plebejer durften heiraten (445 v. Chr.).
- Die Plebejer konnten in höchste Staatsämter gewählt werden (367 v. Chr.).
- Kein Römer konnte wegen Überschuldung versklavt werden (Aufhebung der Schuldknechtschaft, 326 v. Chr.).
- Plebiszite der Plebsversammlung waren Gesetz, auch Patrizier mussten sie befolgen, obwohl sie nicht an diesen Versammlungen teilnehmen durften (287 v. Chr.).

3 Der „Volksredner".
1,85 m hohe Bronzefigur, um 80 v. Chr.
Der Mann trägt eine Toga mit einem eingewebten Streifen auf dem Saum. Am Finger der linken Hand ist ein Ring.
Beides kennzeichnet ihn als Patrizier. Die Toga trugen freie Bürger. Ausländern war sie verboten.
Welche Vor- und Nachteile hat es, wenn man die gesellschaftliche Stellung eines Menschen an der Kleidung sofort erkennen kann? Überlege, was der Redner mit seinem Arm ausdrücken wollte.

M1 Der Magen und die Glieder

Wie es an dem Tag des Jahres 494 v. Chr., als der Streit zwischen den Plebejern und Patriziern seinen ersten Höhepunkt fand, im alten Rom genau zuging, wissen wir nicht. Aber so, wie es unsere Hauptfigur Lucius Cornelius erlebt hat, könnte es schon gewesen sein ...

Es schien ein Morgen wie viele andere zu sein. Der vornehme Lucius Cornelius ging zum Forum. Das Gedränge war so groß wie immer um diese Zeit. Aber plötzlich fiel Lucius Cornelius auf, dass die Leute heute nicht in die Stadt zum Marktplatz gingen. Nein, ganze Familien zogen mit all ihren Habseligkeiten aus der Stadt.
Da erkannte Lucius Cornelius in der Menge den Plebejer Quintus. „Was ist hier los?", wollte er wissen. Ohne den sonst üblichen Respekt gegenüber dem vornehmen Patrizier raunzte Quintus zurück: „Was soll schon los sein? Es reicht uns. Wir gehen." Lucius Cornelius war so verblüfft, dass er ganz vergaß, Quintus wegen seines groben Tons zu tadeln. „Was reicht euch? Wohin geht ihr?" Quintus baute sich breitbeinig vor ihm auf: „Wir haben es satt, dass ihr Patrizier, mit eueren angeblich so vornehmen Vorfahren, hier in der Stadt schaltet und waltet, wie es euch in den Kram passt. Ihr plündert uns aus, ihr biegt euch die Gesetze so zurecht, wie ihr sie braucht. Wir arbeiten, und ihr schiebt euch die hohen Ämter gegenseitig zu. Ihr befehlt, wir buckeln! Jetzt hat es sich ausgebuckelt. Wir haben beschlossen, Rom zu verlassen und einen eigenen Staat zu gründen."
Quintus blickte Lucius Cornelius triumphierend an, dem bei diesen Worten beinahe die Luft weggeblieben wäre. Der Plebejer ging weiter, doch nach ein paar Schritten drehte er sich noch einmal um: „Und eure hübschen Töchter könnt ihr für euch behalten. Ihr gebt sie uns ja sowieso nicht als Bräute."
Auf dem Forum hatten sich unterdessen die Oberhäupter der Patrizierfamilien in heller Aufregung versammelt. Lucius Cornelius hörte sie schon von weitem durcheinanderreden. Gerade rief einer mit sich überschlagender Stimme: „Sie erklären uns den Krieg. Wir müssen sie züchtigen. Das bedeutet Krieg! Bürgerkrieg!" „Und ich kann dir sagen, wer ihn verlieren wird: Wir!", lautete die knappe Antwort eines anderen. „Sie sind viel mehr als wir. Und den Zeitpunkt ihres Auszugs haben sie gut gewählt. Unsere Neider in der Nachbarschaft werden sich die Gelegenheit nicht entgehen lassen und uns angreifen. Wie sollen wir uns ohne Hilfe der Plebejer verteidigen?" „Er hat Recht", meinte ein Dritter. „Wir müssen versuchen, sie zurückzuholen."
„Das kannst du gerne tun", spottete der erste Patrizier. „Ich bin gespannt, wie lange sie dich reden lassen." Nach langem Hin und Her ergriff Menenius Agrippa das Wort: „Ich werde gehen."
Im Lager der Plebejer wurde er mit einer Mischung aus Überraschung und Misstrauen empfangen. Als sich die Menge um ihn versammelt hatte, begann er: „Stellt euch einen Körper vor mit Kopf, Armen, Beinen, Rumpf und Magen. Eines Tages empörten sich die Glieder dieses Körpers. Denn sie mussten ja schließlich alle für den Magen arbeiten, der selbst nichts anderes tat, als faul ...–"
Weiter kam Menenius Agrippa nicht. Wütende Zwischenrufe unterbrachen ihn: „Wir wollen keine Märchen hören! Wir wollen endlich mitbestimmen, was im Staat geschieht, und wir wollen gerecht behandelt werden!"
Nur mühsam beruhigten einige der Umstehenden die aufgebrachte Menge. Menenius Agrippa konnte fortfahren: „Die empörten Glieder sprachen sich untereinander ab. Die Hände wollten keine Speisen mehr zum Mund führen, der Mund weigerte sich, Essen aufzunehmen, die Zähne hörten auf, Nahrung zu zerkleinern. Bald mussten sie aber erkennen, dass der ganze Körper verfiel. Sie selbst wurden immer schwächer, nur weil sie geglaubt hatten, sie könnten den Magen durch Hunger bestrafen und auf ihn verzichten." An dieser Stelle hörte Menenius Agrippa einfach auf zu sprechen. Wortlos ging er durch die Menge der schweigenden Plebejer zurück nach Rom.

Livius, Römische Geschichte II, 32 (nacherzählt von Dieter Brückner)

M2 Concordia-Tempel.
Münze von 36 n. Chr.
Zu sehen ist der Tempel der Concordia, der Göttin der Eintracht und Einigkeit. In der Mitte sieht man durch den offenen Eingang auf die Statue der sitzenden Concordia.
Der erste Concordia-Tempel wurde im Jahre 366 v. Chr. „gemeinsam von Senat und Volk" mitten in Rom errichtet (siehe auch M2, Seite 97).
Nenne Gründe für die Errichtung eines solchen Tempels.

1. *Grundlage der Erzählung (M1) ist die Fabel vom „Magen und den Gliedern", die der Geschichtsschreiber Livius (siehe M3, Seite 101) in seiner „Römischen Geschichte" wiedergibt. Der Schluss wird hier nicht nacherzählt. Vermute, wie die Fabel schloss, wie die Plebejer auf sie reagiert haben und was Menenius Agrippa mit ihr verdeutlichen wollte.*
2. *Hätte dich als Plebejer die Fabel überzeugt?*
3. *Versetzt euch in die Lage der Plebejer und Patrizier. Spielt das Streitgespräch in einem Rollenspiel nach.* Lerntipp

Wer regiert die Römische Republik?

Eine neue Führungsschicht
Auch nach den Ständekämpfen konnten es sich nur die reichsten Plebejer leisten, die unbezahlten Staatsämter zu übernehmen. Nur sie wurden von den Patriziern für würdig befunden, in ihre vornehmen Geschlechter einzuheiraten. Die etwa 30 einflussreichsten Familien der Patrizier und Plebejer bildeten die Führungsschicht in Rom: die *Nobilität* (dt. „die Namhaften").

Treue und Vertrauen
Dass die Ständekämpfe keine Bürgerkriege wurden, ist wohl dem *Klientelwesen* zu verdanken. Ärmere Bürger mit wenigen Rechten unterstellten sich einem einflussreichen Mitbürger. Sie wurden so zu Klienten eines *Patrons* (lat. *patronus*: Schutzherr). Sie kamen regelmäßig in sein Haus und boten ihm ihre Dienste an. Der Patron gewährte ihnen Schutz, vertrat sie vor Gericht und half in Not. Strebte der Patron ein politisches Amt an, begleiteten ihn seine Klienten und stimmten bei Wahlen für ihn. Die gegenseitige Treue (lat. *fides*) galt lebenslang und wurde auf die Kinder übertragen. Für die Römer war es eine Pflicht, an den ererbten Regeln festzuhalten.*

Zahlreiche Ämter
An der Spitze des Staates standen zwei Konsuln. Im Krieg hatten sie den Oberbefehl über das Heer. Weitere *Magistrate* („Regierungsbeamte") standen ihnen zur Seite:

- *Praetoren* vertraten die Konsuln und überwachten die Gerichte.
- *Aedile* sorgten für die Sicherheit in Rom, prüften Preise, Maße und Gewichte und organisierten Feste und Spiele.
- *Quaestoren* verwalteten die Staatskasse.

Die Amtszeit der Magistrate war auf ein Jahr beschränkt. Jedes Amt wurde mit mindestens zwei Männern besetzt, von denen jeder gegen Entscheidungen seines Kollegen Einspruch erheben konnte. Kein Römer durfte dasselbe Amt zweimal, zwei Ämter gleichzeitig oder unmittelbar hintereinander bekleiden. Eine Pause von zwei Jahren war vorgeschrieben.

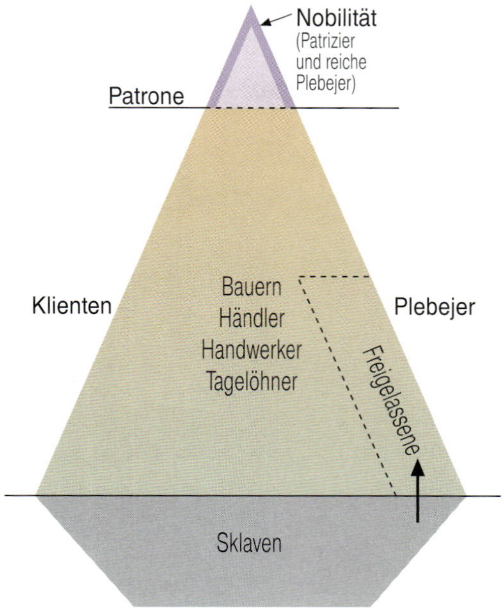

1 Die sozialen Verhältnisse in der Republik. *Erkläre mit diesem Schaubild die Beziehungen der Menschen in der römischen Gesellschaft.* Lerntipp

Eine Sonderstellung behielten die jährlich von den Plebejern gewählten zehn Volkstribune. Sie durften in ihrem Amt nicht behindert werden, konnten jede Amtshandlung anderer Beamte durch ihr Veto verhindern und sogar eine Senatssitzung abbrechen. Dazu besaßen sie das Recht, Volksversammlungen einzuberufen und Beschlüsse fassen zu lassen.
Alle fünf Jahre wurden zwei *Zensoren* gewählt. Sie setzten die Steuern fest. Darüber hinaus konnten sie Bürgern, die einen unwürdigen Lebenswandel führten, eine öffentliche Rüge (lat. *nota*) erteilen.
Wenn Gefahr für den Staat drohte, konnte vorübergehend eine *Diktatur* errichtet werden. Den Anweisungen des Diktators hatten sich alle unterzuordnen. Er blieb sechs Monate im Amt.

**Lies dazu auch Seite 104.*

2 Der Senat tagt.
Wandgemälde von Cesare Maccari, Rom 1882/88.

Erfahrene Männer machen die Politik

Dem Senat (ursprünglich *Rat der Alten*) gehörten 300 ehemalige Magistrate auf Lebenszeit an. Er tagte mehrmals im Monat. Jede Sitzung wurde von einem Konsul einberufen und geleitet. Die Reihenfolge der Redner richtete sich nach dem Alter und den bisherigen Ämtern. Bei Sonnenuntergang endete die Sitzung. Stimmte die Senatsmehrheit einer Meinung zu, wurde daraus ein Senatsbeschluss.

Die Senatoren überwachten die Einnahmen und Ausgaben des Staates, empfingen auswärtige Politiker und schlossen Verträge mit fremden Staaten. Sie bereiteten Gesetze und Wahlvorschläge vor und gaben den Magistraten verbindliche „Ratschläge" für ihre Amtsführung. Daher waren die Senatoren die einflussreichsten Männer im Staat. Ihre besondere Stellung wurde durch ihre Kleidung deutlich: Nur sie trugen eine Toga mit breitem Purpurstreifen und rote Schnabelschuhe.

Das „Volk" entscheidet mit

Die wehrfähigen Männer Roms durften sowohl Magistrate wählen als auch Gesetze beschließen. Dazu wurden verschiedene Volksversammlungen einberufen. Auf der *Heeresversammlung* wurden beispielsweise die beiden Konsuln gewählt. Sie entschied auch über Krieg und Frieden. Aber die Stimmen der Wähler waren ungleich. Die wenigen Stimmen der reichen Bürger zählten so viel wie die zahlreichen Stimmen der armen. Dagegen zählten in der *Plebsversammlung* alle Stimmen gleich. Dort wurde über die meisten Gesetze abgestimmt. In den Versammlungen wurde nicht wie in der athenischen Volksversammlung diskutiert, sondern nur entschieden.

Alle Magistrate wie auch die Mitgliedschaft im Senat waren Ehrenämter. Gehälter gab es für die Arbeit nicht. Im Gegensatz zu den Athenern konnten es sich die meisten Römer daher nicht leisten, Ämter zu übernehmen.

1. *Nenne zwei Regeln für die Vergabe der Magistrate und die Ausnahmen.*
2. *Woran erkennst du, dass die Römer eine Königsherrschaft verhindern wollten?*

M 1 Stimmabgabe in einer Volksversammlung.
Münze von 113/112 v. Chr.
Das aufgeprägte Wort nennt den Münzmeister, hat also mit der Stimmabgabe nichts zu tun.

M 2 SPQR.
*Die Abkürzung der Formel „Senat und Volk von Rom" (lat. **S**ENATUS **P**OPULUS**Q**UE **R**OMANUS) finden wir unter anderem auf Münzen und Gebäuden. Noch heute dient die Abkürzung in Rom – wie auf diesem Kanaldeckel – zur Bezeichnung öffentlichen Eigentums.*

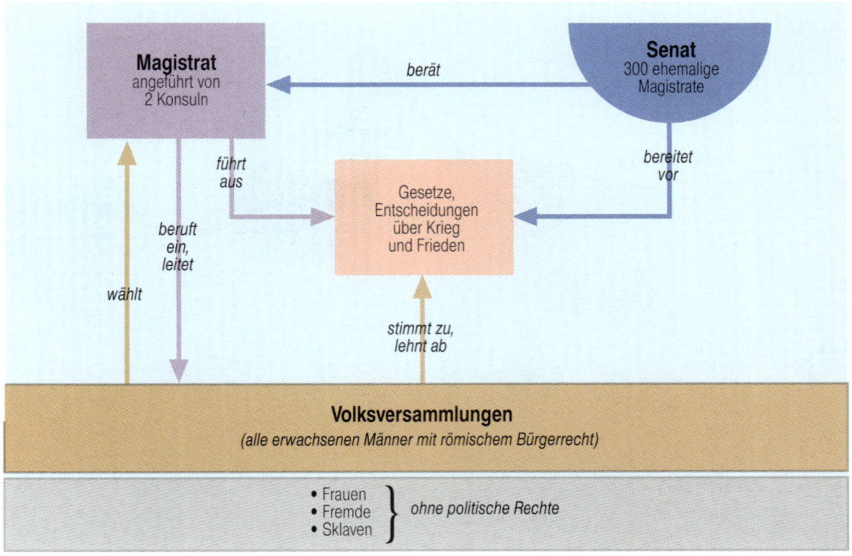

M 3 Die „gemischte Verfassung"
Polybios (um 200-120 v. Chr.), der als Sohn eines griechischen Feldherrn nach Rom verschleppt worden war, beschreibt die Verfassung der römischen Republik so:

Es gab drei Teile, die im Staat Gewalt hatten [...]. So gerecht und angemessen aber war alles geordnet, waren die Rollen verteilt und wurden in diesem Zusammenspiel die Aufgaben gelöst, dass auch von den Einheimischen niemand mit Bestimmtheit hätte sagen können, ob die ganze Verfassung aristokratisch, demokratisch oder monarchisch war. Und so musste es jedem Betrachter ergehen!
Denn wenn man seinen Blick auf die Machtfülle der Konsuln richtete, erschien die Staatsform vollkommen monarchisch und königlich, wenn man auf die Macht des Senats sah, jedoch aristokratisch, und wenn man auf die Befugnisse des Volkes blickte, schien sie unzweifelhaft demokratisch [...].
Obwohl jeder der drei Teile eine solche Macht hat, einander zu schaden oder zu helfen, so wirken sie doch in allen kritischen Situationen so einträchtig zusammen, dass man unmöglich ein besseres Verfassungssystem finden kann [...].
Daher ist dieser Staat aufgrund seiner eigentümlichen Verfassung unüberwindlich und erreicht alles, was er sich vorgenommen hat.

Walter Arend (Bearb.), Altertum. Geschichte in Quellen, München [3]1978, S. 418 (stark vereinfacht)

M 4 Die Verfassung der römischen Republik nach den Ständekämpfen.
Da es bei den Römern keine geschriebene Verfassung gab, wie wir sie heute kennen (Grundgesetz), kann diese Grafik nur einen ungefähren Einblick in die Verhältnisse bieten.

1. *Polybios bezeichnet die politische Ordnung Roms als „gemischte Verfassung" (M 3). Erkläre!*
2. *Durch das Kürzel SPQR (M 2) gaben die Römer zu erkennen, dass sie die Machtverteilung anders sahen als Polybios (M 3). Erkläre.*
3. *Vergleiche den Einfluss der athenischen Volksversammlung (siehe Seite 71 u. 73) mit dem der römischen (M 4).*
4. *Wer regierte in Rom? Wie ist die Macht verteilt? Wer hat den größten Einfluss? Das Schaubild hilft dir, diese Fragen zu beantworten.* Lerntipp

1 Das Heer verschanzt sich.
Rekonstruktionszeichnung von Peter Connolly. Das römische Heer bestand zunächst aus vier Legionen von je etwa 6 000 Fußsoldaten. Die Soldaten mussten für ihre Ausrüstung selbst aufkommen. Sie trugen auf den Feldzügen neben den Waffen noch Werkzeuge zum Bau von Schutzwällen und Lagern, Töpfe und Pfannen zum Kochen sowie Proviant für mehrere Tage. Alles zusammen wog etwa 40 kg.

Vom Stadtstaat zum Weltreich

Kriege ohne Ende?

In den ersten vier Jahrhunderten nach der Königsherrschaft führten die Römer mindestens 150 Jahre lang Krieg. Wie kam es dazu? Die Völker Italiens lebten zunächst von der Landwirtschaft und kämpften nur, um sich gegen Angreifer zu verteidigen. Allmählich wandelte sich ihre Haltung. Die Bevölkerung war stark angewachsen. Sie brauchte mehr Nahrung und damit mehr Ackerland. Hinzu kamen Abenteuerlust und die Hoffnung auf Beute. Manche Völker waren reicher als andere. Das weckte den Neid der einen oder die Überheblichkeit der anderen, die noch mehr wollten. Die Folge waren Auseinandersetzungen.

Italien wird römisch

Die Römer waren den umliegenden Völkern militärisch überlegen. Seit dem Ende des 5. Jh. v. Chr. beanspruchten sie die Vorherrschaft im *Latinischen Bund*, einem Bündnis mehrerer Städte im Umkreis Roms. Alle, die Rom den Rang streitig machten, wurden Opfer der römischen Heere.

Während römische Soldaten versuchten, Mittelitalien zu unterwerfen, überfielen *Kelten*, die die Römer später *Gallier* nannten, im Jahre 387 ihr Land. Die Krieger aus dem Norden plünderten Rom. Sie zogen erst nach Zahlung eines hohen Lösegeldes ab.* Gegen die südlich von Rom lebenden Samniten führten die Römer über 30 Jahre lang Krieg. Erst nachdem sie Tarent und andere Städte im Süden unterworfen hatten, beherrschten die Römer ganz Italien. Das war um 270 v. Chr.

Rom wird Weltmacht

Als Herrscher über Italien hatten die Römer neue Nachbarn jenseits des Meeres: Makedonien, Sizilien und Karthago. Sie herauszufordern war weit gefährlicher als der Kampf mit den bisherigen Gegnern. Das Ringen um die Vorherrschaft im Mittelmeerraum begann und zog sich von 264 bis etwa 133 v. Chr. hin. Mehrfach drohte den Römern dabei der Untergang.

** Livius (siehe M 3, Seite 101) überliefert die Geschichte, dass die Römer ihre Burg auf dem Kapitol nur halten konnten, weil schnatternde Gänse sie vor dem nahenden Feind gewarnt haben.*
Im Zusammenhang mit der Zahlung des Lösegeldes entstand die Redewendung „vae victis!" (dt. „Wehe den Besiegten!"). Der Grund: Als die Römer sich über die Höhe des Lösegeldes bei den Galliern beschwerten, erhöhten sie es einfach. Mit anderen Worten: Der Besiegte hat keinen Anspruch auf eine faire Behandlung.

2 Das Römische Reich dehnt sich aus.
Die Ausdehnung eines Machtbereiches nennen wir Expansion.

Nachbarn werden Feinde

Karthago war um 800 v. Chr. von den Phöniziern an der nordafrikanischen Küste als Kolonie gegründet worden. 500 Jahre später beherrschte es Nordafrika und das westliche Mittelmeer. Roms Krieg mit Karthago gingen Kämpfe zwischen den griechischen Kolonien Syrakus und Messana (heute Messina) voraus: In die Enge getrieben, bat Messana zuerst Karthago und dann Rom um Hilfe. Der römische Senat überlegte lange, ob man helfen und damit einen Krieg mit Karthago riskieren sollte. Schließlich stimmte die Heeresversammlung dafür.
264 v. Chr. setzte das römische Heer nach Sizilien über. Der *Erste Punische Krieg* begann (*punisch = phönikisch = karthagisch*), in dem die Römer die Herrschaft im westlichen Mittelmeerraum anstrebten. Die Römer gewannen ihn erst nach 23 Jahren, nachdem sie gelernt hatten, einen Seekrieg zu führen. Karthago musste hohe Entschädigungen zahlen. Sizilien wurde römisch.

Eine schlimme Niederlage

Rom konnte trotz des Sieges die Macht der Karthager nicht brechen. Diese bauten ihre Herrschaft auf der spanischen Halbinsel aus. Dort wuchs *Hannibal* auf. Schon als Neunjähriger soll er den Römern Rache geschworen haben. Im Jahre 219 v. Chr. griff er Roms spanischen Verbündeten Saguntum an. Danach begann der *Zweite Punische Krieg* (218-201 v. Chr.). Hannibal zog mit seinen Truppen vom südlichen Spanien aus über Gebirge und Flüsse nach Südfrankreich, um Rom von Norden her anzugreifen. Er verlangte sich, seinen Soldaten und den Kriegselefanten viel ab: die Überquerung der Alpen auf verschneiten Pässen! Der Marsch machte Hannibal berühmt. Dabei blieb oft unbeachtet, dass die Hälfte der Menschen und Tiere ums Leben kam.
In Norditalien begrüßten die Kelten Hannibal als Befreier von der römischen Herrschaft. Sie schlossen sich seinem Zug nach Süden an. Im Jahre 216 v. Chr. erlitten die Römer in der *Schlacht bei Cannae* die schlimmste Niederlage ihrer Geschichte: etwa 60 000 Mann starben.

3 Hannibals Marsch über die Alpen.
Kolorierter Holzstich nach einer Zeichnung von Heinrich Leutemann, 1866.

4 **Der Kriegsgott Mars.**
Münze, nach 289 v. Chr. In dem nach dem Gott benannten Monat März (ursprünglich der erste Monat des römischen Jahres) begann das Wachstum der Pflanzen und die Zeit der Kriegszüge. Der Altar des Kriegsgottes stand vor der Stadt auf dem Marsfeld, früher Truppenübungsplatz und Ort der Heeresversammlung.

Vor den Toren Roms
Hannibal kontrollierte nun fast ganz Italien. Aber er griff die Stadt Rom nicht an. Stattdessen versuchte er, Roms Bundesgenossen für sich zu gewinnen. Das gelang ihm aber nur teilweise. Der Krieg in Italien erstarrte. Die Römer ließen sich auf keine weitere Schlacht mit Hannibal ein, sondern störten mit ihrer Flotte seinen Nachschub aus Karthago. Erst nach 15 Jahren hatten sie Erfolg.
Inzwischen hatte der junge Feldherr *Scipio* das karthagische Spanien für Rom erobert und seine Soldaten nach Nordafrika übersetzen lassen. Karthago wurde von den Römern bedroht. Hannibal blieb keine Wahl. Er musste Italien verlassen, um seine Vaterstadt zu verteidigen. In der *Schlacht bei Zama* (202 v. Chr.) siegte Scipio durch die überlegene Reiterei. Karthago musste alle Außengebiete einschließlich Spanien an Rom abtreten, fast seine gesamte Flotte ausliefern und hohe Wiedergutmachungen zahlen.

Musste Karthago zerstört werden?
Trotz der Niederlage blieb Karthago eine erfolgreiche Handelsmacht. Rund 50 Jahre nach dem Zweiten Punischen Krieg forderten daher viele römische Senatoren: „Karthago muss zerstört werden!" Sie ermutigten die benachbarten *Numider*, Karthago immer wieder herauszufordern. Nach dem Frieden von 201 v. Chr. durfte sich Karthago nicht ohne römisches Einverständnis gegen seine unfriedlichen Nachbarn wehren. Als es dies im Jahre 149 v. Chr. doch tat, hatte Rom den ersehnten Anlass für den *Dritten Punischen Krieg*. Drei Jahre später war Karthago verschwunden. Die Sieger versklavten die Bevölkerung, rissen die Mauern der Stadt ab, pflügten das Land um und streuten Salz in die Furchen: Karthago sollte für immer zerstört und unfruchtbar bleiben.

„Unser Meer"
Nun beherrschten die Römer das westliche Mittelmeer. Mit der Eroberung Makedoniens und der griechischen Staaten bestimmten sie nach 133 v. Chr. auch über das östliche Mittelmeer.
Das Mittelmeer war zum Meer Roms geworden, zum „mare nostrum" (dt. unser Meer). Aus der Sicht der Zeitgenossen waren die Römer damit zur Weltmacht aufgestiegen. Weit und breit gab es für Jahrhunderte keinen Staat, der ihre Vorherrschaft bedrohen konnte. Schon bald bürgerte sich die Bezeichnung Imperium Romanum (dt. Römisches Weltreich) ein.

„Gerechte Kriege"?
Ihrer Meinung nach führten die Römer nur „gerechte Kriege". Immer sahen sie im Gegner den Angreifer und beanspruchten das Recht, ihr „Vaterland" zu schützen – durch Verteidigung oder Angriff. Die römische Führung verbreitete auch die Vorstellung, dass Rom von den Göttern dazu bestimmt sei, die Welt zu regieren. Dass die Kriege der Nobilität auch die Möglichkeit boten, Ruhm und Reichtum zu erwerben, stand auf einem anderen Blatt.

Kolonien und Provinzen
Ihre militärischen Erfolge sicherten die Römer politisch. Bevor sie einen Krieg begannen, boten sie ihren Gegnern meist ein Bündnis an. Sie sollten sich verpflichten, „auf ewig dieselben Feinde und Freunde zu haben wie das römische Volk". Gingen sie darauf ein, mussten sie Rom künftig in jedem Krieg mit Soldaten unterstützen. Als Gegenleistung gewährten die Römer ihnen Schutz. Lehnten die Gegner ab, begann der Krieg. Nach einem Sieg zwangen die Römer die Unterlegenen zum Bündnis.
Ein weiteres Mittel, ihre Vorherrschaft zu sichern, war die Gründung von Kolonien. Sie dienten anders als die Kolonien der Griechen vor allem militärischen Zielen. Ostia, Roms späterer Hafen an der Tibermündung, war eine der ersten römischen Kolonien. Um 218 v. Chr. gab es bereits zwölf befestigte Küstenkolonien.
Nach dem Ersten Punischen Krieg erklärten die Römer die außerhalb Italiens eroberten Gebiete zu *Provinzen*: zu Amtsbereichen römischer Magistrate. Die Bewohner mussten Dienste leisten und hohe Steuern zahlen. Die erste römische Provinz wurde Sizilien. Bündnisse, Kolonisation und Provinzen trugen dazu bei, dass die besiegten Völker die römische Lebensweise annahmen.*

**Zur Romanisierung siehe die Seiten 144 ff.*

M1 Ein römisches Lager.
Vereinfachter Grundriss.

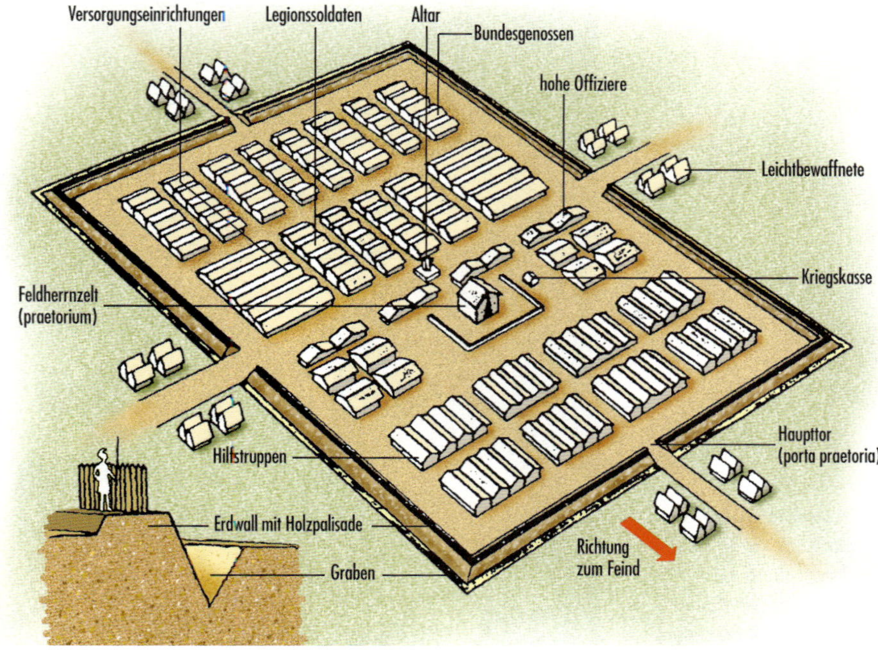

M2 Römische Disziplin
Polybios (siehe Seite 97, M 3) berichtet:

Bei Wachvergehen tritt sogleich das Standgericht der Offiziere zusammen, und wenn der Betroffene verurteilt wird, ist die Strafe das Schlagen mit Stöcken [...]. Die meisten Verurteilten finden dabei schon im Lager den Tod [...].
Das Folgende rechnen die Römer als Verletzung der soldatischen Pflicht und Ehre und als Feigheit: Wenn jemand aus Furcht seinen Platz verlässt; wenn jemand während des Kampfes aus Furcht eine Waffe fortwirft. Deshalb gehen viele in den Tod und wagen trotz vielfacher Übermacht des Feindes nicht, ihren Posten zu verlassen, aus Furcht vor der Strafe, die sie im eigenen Lager erwartet [...].
[...]
Wer bei der Einnahme einer Stadt als Erster die Mauer erstiegen hat, erhält einen goldenen Kranz.* Ebenso, wer einem Kameraden, Bürger oder Bundesgenossen das Leben gerettet hat, indem er ihn mit seinem Schilde deckte.

Walter Arend (Bearb.), Altertum, a.a.O., S. 420 f. (vereinfacht)

*Siehe das Plakat auf Seite 55.

M3 Urteile über den Aufstieg und die Herrschaft Roms
Der römische Geschichtsschreiber Livius (59 v. Chr.-17 n. Chr.) überliefert uns eine Rede, die Hannibal vor der ersten Schlacht auf italischem Boden (218 v. Chr.) vor seinen Soldaten gehalten haben soll:

Dieses höchst unmenschliche und sehr hochmütige Volk will überall besitzen, überall entscheiden. Immer maßt es sich die Entscheidung an, mit wem wir Krieg führen, mit wem wir Frieden haben sollen. Es engt und schließt uns in Grenzen von Bergen und Flüssen ein, die wir nicht verlassen dürfen; und selbst achtet es die Grenzen nicht, die es setzte.

Im Jahr 69 v. Chr. soll nach dem Historiker Sallust (86-35 v. Chr.) ein von den Römern vertriebener Fürst aus Kleinasien folgenden Brief an seinen Nachbarfürsten in Armenien geschrieben haben:

Denn für die Römer gibt es seit eh und je diesen einzigen Anlass, mit allen Stämmen, Völkern und Königen Krieg zu führen: ihre unermessliche Begierde nach Herrschaft und Reichtum [...]. [...] Mit diesem Verhalten werden sie alles vernichten oder selbst zugrunde gehen.

Der aus Sizilien stammende griechische Geschichtsschreiber Diodor (um 80-29 v. Chr.) schreibt:

Die Römer errichteten ihre Weltherrschaft durch die Tapferkeit ihrer Heere und brachten sie zur größten Ausdehnung durch die überaus anständige Behandlung der Unterworfenen [...]. Als die Römer aber nahezu die ganze bewohnte Erde beherrschten, da begannen sie, ihre Herrschaft durch Terror und die Vernichtung der ansehnlichsten Städte zu sichern.

Der römische Dichter Vergil schrieb um 20 v. Chr. über die Aufgabe der Römer:

Du, Römer, lenke durch deine Herrschaft die Völker! Bedenke, das kannst du am besten: gesitteten Frieden stiften, die Unterworfenen schonen und die Hochmütigen bezwingen.

Texte nach: Livius, Römische Geschichte, Buch XXI, 43 f., hrsg. von Josef Feix, Zürich-Düsseldorf [4]1991; Sallust, Historiae/Zeitgeschichte VI, 5 und 21, übers. u. hrsg. v. Otto Leggewie, Stuttgart 1975; Walter Arend (Bearb.), Altertum, a.a.O., S. 456 (Diodor); Vergil, Aeneis 6, 847 ff., übers. von Klaus Gast

1. *Erläutere den Grundriss des Lagers (M 1).*
2. *Überlege, warum Polybios bestimmte Verhaltensweisen der Römer hervorhebt und ob diese die römischen Erfolge erklären (M 2).*
3. *Wie versuchen Diodor und Vergil (M 3), den römischen Herrschaftsanspruch zu rechtfertigen? Welche Auffassung vertreten Hannibal und der Fürst von Kleinasien? Wessen Urteil trifft deiner Meinung nach am ehesten zu?*

1 Laokoon-Gruppe. *Römische Marmorkopie einer 1,84 m hohen Bronzefigur aus Pergamon (um 140 v. Chr.); gefunden in Rom in den Ruinen eines Kaiserpalastes. Der Priester Laokoon hatte die Troianer davor gewarnt, das von den Griechen zurückgelassene hölzerne Pferd in die Stadt zu bringen. Damit widersetzte er sich den Göttern, die Troias Untergang beschlossen hatten. Zur Strafe schickten sie zwei riesige Würgeschlangen, die Laokoon und seine Söhne töteten. Daraufhin zogen die Troianer das Pferd in die Stadt.*

Wie kommt die Kultur der Griechen nach Rom?

Während die Römer den hellenistischen Osten unterwarfen, verbreitete sich in Rom griechische Lebensart: Kunst, Architektur, Literatur, Wissenschaften und Religion der Griechen wurden zum Vorbild. Griechische Sklaven förderten dies als Hauslehrer, Ärzte oder Künstler in Rom.
Zum Missfallen derjenigen, die die *Sitten der Vorfahren** bewahren wollten, eigneten sich immer mehr reiche Römer die griechische Kultur an. Sie bauten prunkvolle Villen, schickten ihre Kinder zu griechischen Lehrern oder zum Studium nach Athen, Alexandria oder Rhodos. Vor allem ließen sie sich in der Rhetorik und der Philosophie von Griechen unterrichten. Griechisch wurde erste Fremdsprache gebildeter Römer.

**Lies dazu Seite 104.*

Überlege, ob die Römer die Laokoon-Gruppe nur wegen ihrer Schönheit in ihrer Hauptstadt aufstellten. Denke an die Gründungssage Roms (siehe Seite 92).

M1 Beute aus dem griechischen Osten

Livius berichtet über das Jahr 186 v. Chr.:

Das zurückkehrende Heer führte den Luxus fremder Länder in Rom ein. Es waren [...] Soldaten, die zuerst Ruhebetten mit eisernen Füßen, kostbare Decken, Gewebe und Prunktische [...] nach Rom brachten. Zu den Speisen kamen jetzt Darbietungen von Zither- und Harfenspielerinnen und andere Vorführungen zur Erheiterung der Gäste; auch auf die Zubereitung der Speisen begann man mehr Sorgfalt und Geld zu verwenden. Der Koch, bei den Alten der wertloseste Sklave, stieg jetzt im Preis. Was eine bloße Dienstleistung gewesen war, galt jetzt als Kunst.

Livius, XXXIX, 6, 7 ff., übers. u. gestrafft von Klaus Gast

M2 Kunstwerke aus Sizilien

Der Statthalter von Sizilien, C. Verres, findet im 1. Jh. v. Chr. griechische Kunstwerke unwiderstehlich.

Nun komme ich zu seiner – wie seine Freunde es nennen – Krankheit. Ich behaupte, in ganz Sizilien, einer so reichen und alten Provinz mit so vielen Städten und so wohlhabenden Häusern, gab es kein Silbergefäß, kein Geschirr aus Korinth oder Delos, kein Kunstwerk aus Gold oder Elfenbein, keine einzige Statue aus Bronze oder Marmor, kein Gemälde, das Verres nicht aufgespürt, besichtigt und, wenn es ihm gefiel, mitgenommen hätte. So verfuhr er sogar an den heiligen Stätten der Götter.

Cicero, In Verrem, II 4, 1 f., übers. u. gestrafft von Klaus Gast

M3 Über die Erziehung

Über die Erziehung der Söhne des Aemilius Paullus, der in den Jahren 182 und 168 v. Chr. Konsul war, heißt es bei Plutarch:

Seine Söhne ließ er nicht nur nach römischer Sitte erziehen, sondern auch mit großem Eifer in griechischen Wissenschaften unterrichten. Sie waren ständig in Gesellschaft von griechischen Sprachlehrern, Philosophen und Redelehrern, ja sogar von Bildhauern und Malern.

Und so verhielt sich Cato, der 184 v. Chr. Zensor war, bei der Erziehung seines Sohnes:

Sobald der Knabe zu Verstande kam, nahm ihn Cato zu sich selbst und lehrte ihn lesen, obwohl er einen griechischen Sklaven hatte, der ein geschickter Lehrer war und viele Kinder unterrichtete. Aber er wollte nicht, dass sein Sohn von einem Sklaven geschimpft oder am Ohr gezogen würde. Er war selbst sein Lehrer im Lesen und Schreiben, in der Gesetzeskunde und in den Leibesübungen [...]. Auch die Geschichte Roms habe er selbst mit eigener Hand und in großen Buchstaben niedergeschrieben, damit der Knabe früh von den Taten und Sitten der Vorfahren erfahre.

Plutarch, Große Griechen und Römer, Aemilius Paullus 6 u. Cato 20, übers. von Konrat Ziegler, Bd. 4, Zürich-München [2]1980 (vereinfacht)

1. *Untersuche M1 bis M3. In welchen Lebensbereichen zeigt sich der griechische Einfluss besonders?*
2. *Stelle gegenüber, worauf die beiden berühmtesten Römer ihrer Zeit bei der Erziehung ihrer Söhne Wert legen (M3). Wie unterscheiden sich beide in ihrer Grundeinstellung?* Lerntipp

M4 Kline.
Griechische Liege aus Bronze, 1. Jh. v. Chr.

Familienleben

Der Vater und die „familia"

Seit der frühen Republik galt das Leitbild der bäuerlichen Großfamilie. Zur römischen „familia" gehörten nicht nur Eltern und Kinder, sondern alle Generationen einer Familie mit Sklaven und Freigelassenen.

1 Patrizier mit Ahnenbildnissen.
1,65 m hohe Marmorstatue aus dem 1. Jh. v. Chr. Ahnenbildnisse wurden zu festlichen Anlässen gezeigt. Für vornehme Römer waren sie Zeichen für das Weiterleben in der Erinnerung der Nachfahren.
Die Römer trugen mindestens drei Namen: den Vornamen (z.B. Lucius), den Familiennamen (z.B. Iunius) und den Beinamen (z.B. Brutus). Für die Frauen genügte dagegen die weibliche Form des Familiennamens (z.B. Cornelia, Claudia).

An der Spitze des Familienverbandes stand das älteste männliche Mitglied: der *pater familias* (dt. Vater der Familie). Er besaß aufgrund seines Alters und seines Ansehens die Entscheidungsgewalt über alle Angehörigen der „familia" und durfte über das Vermögen verfügen. Nur er konnte sich und seine „familia" vor Gericht vertreten. Der „pater familias" durfte die Familienmitglieder bestrafen, sogar mit dem Tode. Er konnte bis ins 4. Jh. n. Chr. neugeborene Kinder aussetzen, wenn sie unehelich, krank oder nicht zu ernähren waren. Er war auch das religiöse Oberhaupt der Familie. Nur er durfte den Hausgöttern Opfer bringen. Sich seinem Willen zu widersetzen, war ein Verstoß gegen die „Sitten der Vorfahren" (lat. *mos maiorum*), die ungeschriebenen Gesetze der ehrenhaften Lebensführung. Sie zu missachten, konnte zum Ausschluss aus der Familie führen.
Nur der *pater familias* konnte wählen und öffentliche Ämter übernehmen.

Frauen, Ehe und Kinder

Die herausgehobene Stellung des römischen Familienoberhauptes, das Patriarchat, kennzeichnete die römische Gesellschaft. Lediglich einige Frauen aus vornehmen Familien durften Priesterinnen werden, z.B. Vestalinnen, die der Göttin des häuslichen Herdes (lat. *vesta*) dienten. Frauen konnten auch nicht vor Gericht aussagen. Ihre Zurücksetzung begründeten die Männer damit, dass Frauen keinen Kriegsdienst leisten müssten. Der *pater familias* bestimmte Ausbildung, Beruf und oft die Ehepartner der Kinder. Mädchen waren mit 12 Jahren volljährig, die Jungen mit 14. Meist wurden Mädchen zwischen dem 13. und 17. Lebensjahr verheiratet.
Seit dem Ende des 3. Jh. v. Chr. konnten Paare einen Ehevertrag abschließen, bei dem die Frau im Besitz der Mitgift und ihres Vermögens blieb. Diese Form der Ehe konnte jederzeit geschieden werden, wenn einer der Ehepartner das verlangte.
Auch wenn die Römer eigentlich erwarteten, dass die Frau im Haus arbeitete, gab es viele berufstätige Frauen: Hebammen, Näherinnen, Friseurinnen, Gastwirtinnen und seltener Ärztinnen oder selbstständige Geschäftsfrauen. Anders als in Athen lebten die Frauen also weniger zurückgezogen. Sie nahmen an den Mahlzeiten mit Gästen teil, gingen allein in die Öffentlichkeit und besuchten nicht nur Läden, sondern auch Wagenrennen oder Gladiatorenkämpfe.

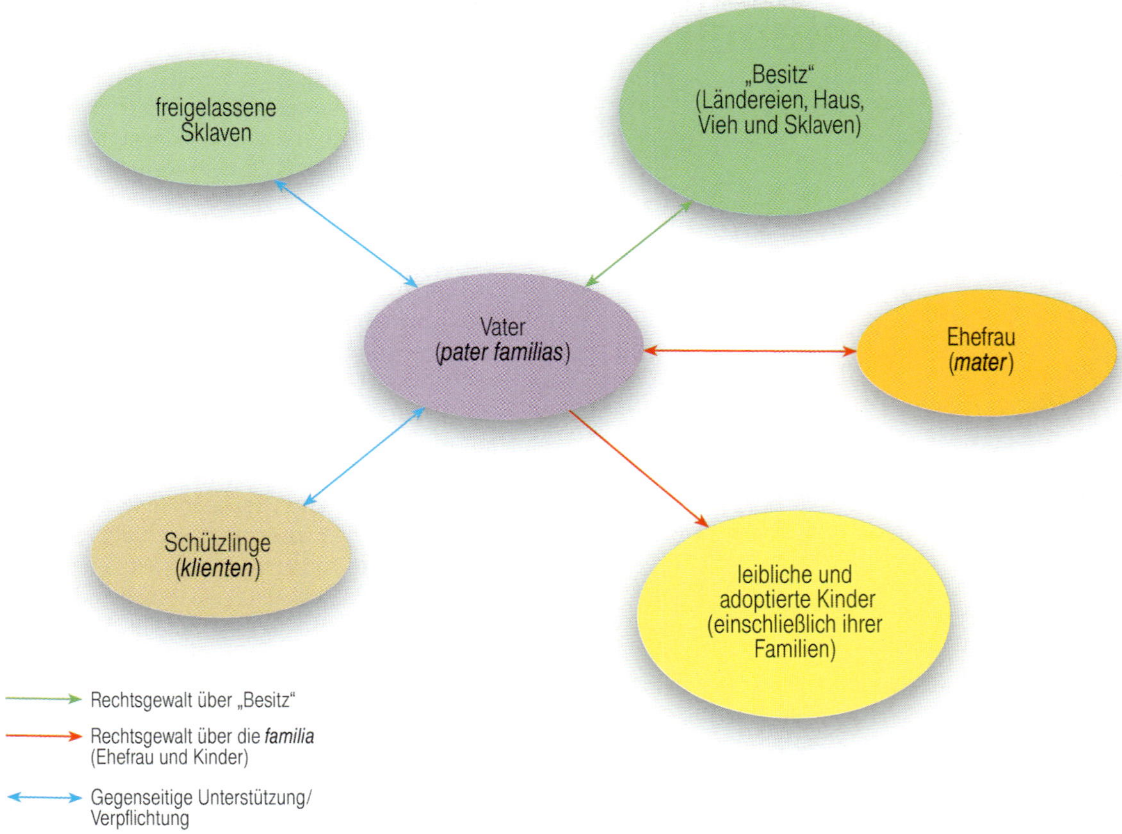

M 1 Die Macht des „pater familias“.

M 2 Ein Mann trauert

Aus der Grabrede eines Römers für seine Ehefrau (1. Jh. v. Chr.):

Ehen von so langer Dauer, die durch den Tod beendet, nicht durch Scheidung getrennt werden, sind selten. Ward es uns doch beschieden, dass unsere Ehe ohne eine Trübung bis zum 41. Jahre fortdauerte […].
Was soll ich deine häuslichen Tugenden preisen, deine Keuschheit, deine Folgsamkeit, dein freundliches und umgängliches Wesen, deine Beständigkeit in häuslichen Arbeiten, deine Frömmigkeit, frei von allem Aberglauben, deine Bescheidenheit im Schmuck, die Einfachheit im Auftreten? Wozu soll ich reden von der Zuneigung zu den Deinen, deiner liebevollen Gesinnung gegenüber der ganzen Familie? […]
Wir haben uns so die Pflichten geteilt, dass ich die Betreuung deines Vermögens übernahm und du über dem meinen wachtest […]. Als ich vor politischer Verfolgung fliehen musste, warst du es, die mir mithilfe deines Schmuckes die meisten Mittel dazu verschaffte […].
Wir sehnten uns nach Kindern, die ein neidisches Geschick uns für lange Zeit verweigert hatte […]. Verzweifelnd an deiner Fruchtbarkeit und untröstlich darüber, dass ich ohne Kinder bleiben sollte […], sprachst du von Scheidung und dass du das kinderlose Heim einer anderen, fruchtbareren Gattin abtreten wolltest […] und versichertest, du wollest ihre Kinder wie deine eigenen halten […]. Du bist bei mir geblieben; hätte ich doch dir nicht nachgeben können, ohne mir selbst Unehre und uns beide unglücklich zu machen.

Jochen Martin, Das alte Rom. Geschichte und Kultur des Imperium Romanum, München 1994, S. 188, übersetzt von Hans-Jürgen Hillen (vereinfacht)

1. *Liste die Rechte auf, die der „pater familias“ gegenüber den anderen Familienangehörigen hatte (M 1). Welche Verantwortung wurde ihm aufgebürdet?*
2. *Gibt es in unserer Gesellschaft noch patriarchalische Verhältnisse?*
3. *Arbeite das von Frauen erwartete Verhalten heraus. Erkläre die Bereitschaft, bei Kinderlosigkeit einer anderen Frau Platz zu machen (M 2).*

Sklavenleben

1 Sklavenfessel aus Südattika.
In der rechten Fessel haben sich Knochenreste erhalten.

Eigentum anderer

Auch die Sklaven unterstanden der Gewalt des „pater familias". Sie und ihre Nachkommen waren sein Eigentum. Er durfte über sie verfügen wie über Haustiere oder Sachen, sie zu härtesten Arbeiten zwingen, sie bestrafen oder belohnen, sie verkaufen, verleihen oder verschenken.

Wie wurde man Sklave?

Die meisten Menschen gerieten wie in Griechenland als Kriegsgefangene in die Sklaverei. Die Römer glaubten, sie hätten nach einem Kampf auf Leben und Tod das Recht, die Unterlegenen zu töten und deren Eigentum zu übernehmen. Ließ der Sieger den Besiegten am Leben, so konnte er ihn als Arbeitskraft einsetzen oder zu Geld machen.

Da die Römer in ihren Kriegen ganze Heere gefangen nahmen und zahllose Städte eroberten, gerieten Hunderttausende in die Sklaverei. Im Frieden wurden die Sklavenmärkte von Menschenräubern beliefert, vor allem von Piraten.

Der Preis für einen Sklaven richtete sich nach Alter, Gesundheit und Ausbildung. Junge und gesunde Männer und Frauen kosteten in Rom Ende des 1. Jh. v. Chr. etwa den Jahreslohn eines Arbeiters. Für Spezialisten wie Sprachlehrer für Griechisch oder Ärzte wurde das Hundertfache gezahlt.

Ohne Sklaven läuft fast nichts

Sklaven brauchten keinen Wehrdienst zu leisten. Während der Kriegszüge mussten sie Nahrungsmittel anbauen sowie Güter herstellen und transportieren. Insofern war die Sklaverei eine Voraussetzung für Roms Eroberungen. Die Zahl der Sklaven in Italien betrug im 1. Jh. n. Chr. etwa 2,5 Millionen, das entsprach etwa einem Drittel der Bevölkerung.

Leben in Ketten?

Die Lebensbedingungen der Sklaven hingen davon ab, ob sie zu einem städtischen oder einem ländlichen Haushalt gehörten und welche Aufgaben sie dort erfüllten. Sklaven und Sklavinnen wurden meist als ungelernte Arbeiter, Diener, Köche, Bäcker, Töpfer, Hausgehilfinnen oder Ammen beschäftigt, manchmal auch als Privatsekretäre, Lehrer und Ärzte. Einige leiteten im Auftrag ihres Herrn Geschäfte und Handwerksbetriebe, außerdem gab es Sklaven im Dienst der Gemeinschaft, z. B. bei der Feuerwehr. Viel schlechter erging es den Sklaven, die in großen Arbeitskolonnen auf Landgütern bei der Feldarbeit eingesetzt wurden oder angekettet in Bergwerken, Steinbrüchen oder auf Galeeren arbeiteten. Römische Schriftsteller beklagten zwar den unmenschlichen Umgang mit Sklaven, abschaffen wollten sie die Sklaverei aber nicht.

Sklaven erheben sich

Nicht von ungefähr brachen die großen Sklavenunruhen (135-132 v. Chr. und 105-101 v. Chr.) in Sizilien auf dem Lande aus. Der Aufstand des Gladiatorensklaven *Spartacus* wurde zur größten Sklavenerhebung Italiens. Etwa 70 000 Sklaven und verarmte Bürger lehnten sich 73 bis 71 v. Chr. gegen die römische Macht auf und zogen plündernd umher. Sie forderten ihre persönliche Freiheit, nicht die allgemeine Beseitigung der Sklaverei. Alle Aufstände endeten blutig. Überlebende starben am Kreuz.

Immer Sklave?

Sklaven, die Geld gespart oder geerbt hatten, konnten sich freikaufen. Mancher Herr war bereit, einen Sklaven für besondere Leistungen oder treue Dienste freizulassen. Die Freiheit war das Lebensziel fast aller Sklaven besonders mit Kindern. Auch nach der Freilassung musste der frühere Herr nicht auf ihre Dienste verzichten: Sie blieben meist seine Klienten und gehörten weiterhin zur „familia".

M 1 Sklavenmarke aus Rom oder der Umgebung, 4. Jh. n. Chr.

Manche Sklaven trugen Marken am Halsband. Die abgebildete Aufschrift lautet sinngemäß: „Hindere mich an der Flucht und bringe mich zu meinem Meister, Viventius, der im Hof des Callistus wohnt, zurück.“

M 2 Aus Gefangenen werden Sklaven

Der jüdische Geschichtsschreiber Josephus, der an einem bewaffneten Aufstand der Juden gegen die römischen Besatzer teilnahm (66-70 n. Chr.), berichtet:

Als die Soldaten vom Töten bereits ermüdeten, jedoch noch eine große Menge Überlebender zum Vorschein kam, befahl der spätere Kaiser Titus, nur die Bewaffneten und die aktiv Widerstand Leistenden zu töten, die übrige Menge aber lebend gefangen zu nehmen [...]. Von den jungen Leuten sonderte man die körperlich größten und ansehnlichsten aus und sparte sie auf für den Triumphzug. Von der übrigen Menge schickte man die Gefangenen, die älter waren als 17 Jahre, in die ägyptischen Bergwerke und Steinbrüche, die meisten aber verteilte Titus als Geschenke auf die Provinzen, wo sie in den Amphitheatern* durch Schwert und wilde Tiere umkommen sollten. Gefangene unter 17 Jahren verkaufte er.

Werner Eck u. Johannes Heinrichs (Hrsg.), Sklaven und Freigelassene in der Gesellschaft der römischen Kaiserzeit, Darmstadt 1993, S. 6 (vereinfacht)

Siehe dazu die Bildunterschrift zu Abb. 3, Seite 123.

M 3 Sklavenschicksale

Im Jahre 54 v. Chr. schrieb der Politiker und Philosoph Cicero seinem Schreibsklaven Tiro:

Ich bin tief beunruhigt wegen deiner Gesundheit [...] und würde dir mehr schreiben, wenn ich glauben könnte, dass du schon gern Briefe lesen magst. So richte deinen Geist, den ich sehr hoch schätze, darauf, dass du ihn für mich und für dich bewahrst [...].
Nachdem ich den Brief geschrieben habe, kommt endlich Hermia: Ich habe nun deinen Brief in der Hand, geschrieben mit zittrigen Buchstaben; kein Wunder, bei einer so schweren Krankheit! Ich schicke dir Ägypta – weil er ein feinfühliger Mensch ist und dich zu lieben scheint – damit er dich umsorgt; und mit ihm einen Koch.
Lebewohl!

Der Philosoph und Schriftsteller Apuleius (2. Jh. n. Chr.) beschreibt das Los der Mühlensklaven:

Gute Götter, welch elende Menschlein gab es dort: Ihre ganze Haut mit graublauen Striemen gezeichnet, ihr zerschundener Rücken mit zerschlissenen Lumpen mehr behangen als bedeckt, einige überhaupt nur mit einem winzigen Lappen in der Schamgegend; und alle waren so wenig und schlecht bekleidet, dass man ihre Körper durch die Fetzen hindurch sah; ihre Stirn war mit Buchstaben markiert, ihr Haar halb abrasiert, ihre Fußgelenke steckten in Eisenringen.

Cicero, ad fam. 16,15, übers. von Klaus Gast sowie Werner Eck u. Johannes Heinrichs (Hrsg.), a.a.O., S. 113

M 4 „Warum denken sie so?“

Der Politiker und philosophierende Schriftsteller Seneca (4 v. Chr.-65 n. Chr.) schreibt an einen Freund:

Ich lache über die, die es für schimpflich halten, mit ihrem Sklaven zu speisen! Warum denken sie so?
Nur weil die überaus hochmütige Gewohnheit herrscht, dass um den Herrn beim Speisen eine Schar von Sklaven herumsteht! Dieser stopft mehr in sich hinein, als er verdauen kann, und belädt mit ungeheurer Gier seinen vorstehenden Bauch, der seine Pflicht schon nicht mehr erfüllen kann, sodass er mit größerer Mühe alles wieder hervorbringt, was er in sich hineingetan hat – aber den unglücklichen Sklaven ist nicht einmal erlaubt, die Lippen zu bewegen, um zu sprechen. Mit der Rute wird jedes Flüstern unterdrückt. Sogar unwillkürliche Laute ziehen Prügel nach sich: Husten, Niesen, Schluckauf. Mit harter Bestrafung wird jede Unterbrechung der Stille geahndet. Die ganze Nacht hindurch stehen die Armen da, stumm und ohne Essen.

Seneca, ad Lucilium 47,2-4, übers. von Klaus Gast

1. *Schreibe auf, was du aus den Quellen (M 1 bis M 4) Neues über die Sklaverei erfahren hast.*
2. *Entwickelt ein Rollenspiel zu folgendem Problem: Ein pater familias hat vor mehreren Jahren eine hohe Summe für einen griechischen Hauslehrer bezahlt. Der Sklave unterrichtet dessen einzige Tochter erfolgreich. Sie kommt auf den Gedanken, den Vater um Freilassung des Lehrers zu bitten ...* Lerntipp

Die Republik in der Krise

1 Sulla.
Münze von 82/81 v. Chr.

Gewinner und Verlierer
Kriegsbeute und Steuerleistungen (*Tribute*) der unterworfenen Länder machten Rom reich. Den größten Nutzen hatten die Geschäftsleute aus dem Ritterstand. Sie zogen im Auftrag des Staates Steuern und Kriegsschulden ein und machten Gewinne bei der Belieferung der römischen Heere. Auch die Senatoren bereicherten sich, obwohl ihnen die „Sitten der Vorfahren" solche Geschäfte verboten. Zusätzlich zu ihrem ererbten Land übernahmen sie Staatsland, das durch die Kriege an Rom gefallen war.
Die Bauern gehörten zu den Verlierern. Sie konnten als Wehrpflichtige während der Kriegszüge ihr Land nicht bestellen. Wurde ihr Eigentum zerstört, mussten sie sich bei den reichen Großgrundbesitzern verschulden, um den Hof wieder aufbauen und ihre Familien ernähren zu können. Da immer mehr Getreide konkurrenzlos billig aus den eroberten Provinzen eingeführt wurde, konnten kleinere Bauernhöfe wirtschaftlich kaum überleben. Die verarmten Familien zogen in die Städte – vor allem nach Rom. Dort lebten sie in Hütten und suchten Arbeit. Meist vergeblich, weil immer häufiger billigere Sklaven beschäftigt wurden. Da der einzige Reichtum der verarmten Bürger ihre Kinder waren, nannte man sie Proletarier (lat. *proles*: Nachkommen).
Dieser gesellschaftliche Wandel hatte für den Staat einen gefährlichen Nachteil: Immer weniger Römer konnten ihre Waffen selbst bezahlen und somit Kriegsdienst leisten.

Wer hilft den Proletariern?
Tiberius Gracchus versuchte, die Krise zu lösen. Als Volkstribun brachte er 133 v. Chr. ein Ackergesetz ein. Kein Römer sollte neben seinem Privatland über mehr als 250 Hektar Staatsland verfügen dürfen. Was darüber hinausging, sollte an Proletarier verteilt werden. Die Großgrundbesitzer unter den Senatoren waren empört. Sie fanden einen Volkstribun, der sein Veto gegen das Ackergesetz einlegte.
Zehn Jahre nach Tiberius wurde sein jüngerer Bruder *Gaius* Volkstribun. Er erreichte, dass

- den Proletariern verbilligtes oder kostenloses Getreide zugeteilt werden sollte,
- der Staat den Soldaten die Ausrüstung umsonst zu stellen habe und
- auch außerhalb Italiens Bürgerkolonien gegründet werden sollten.

Die Senatoren sahen ihre Macht schwinden und legten nun noch volksfreundlichere Gesetze vor. Sie erreichten damit ihr Ziel: Die Anhänger des Gaius spalteten sich. Gaius floh und ließ sich in seiner ausweglosen Lage angeblich von einem Sklaven töten. 3000 seiner Anhänger wurden hingerichtet und fast alle Reformgesetze aufgehoben.
Die Auseinandersetzungen der Jahre 133 bis 121 hatten die Führungsschicht Roms gespalten. Die *Popularen* (*Partei des Volkes*) wollten wie die Gracchen volksfreundliche Reformen. Dagegen wandten sich die *Optimaten* (*Partei der „Besten"*), die Mehrheit der Senatoren, die alles beim Alten belassen wollten. Statt gemeinsam Lösungen zu suchen, führten sie einen Bürgerkrieg.

Reform für das Heer
Eine Gefahr von außen ließ den Bürgerkrieg vorübergehend vergessen. Die *Germanen* kamen! So nannten die Römer die Völker im Norden. *Kimbern* und *Teutonen* hatten in Gallien (Norditalien und Südfrankreich) römische Truppen geschlagen. Die Macht Roms schien in Gefahr. In dieser Lage wählten die Römer den Feldherrn *Gaius Marius* fünfmal hintereinander zum Konsul (von 104 bis 100 v. Chr.), obwohl er nicht der Nobilität entstammte. Er machte aus dem Bürgerheer eine Berufsarmee. Die Soldaten erhielten Sold und Ausrüstung vom Staat, damit konnten nun auch Proletarier in die Armee eintreten. Marius wurde so Führer der Popularen.
Mit dem neu organisierten Heer schlug er die Germanen zurück. Später zeigte sich, dass seine Heeresreform einen Nachteil hatte: Die Soldaten folgten ihren Feldherren blind, da sie von ihnen Geld und nach dem Ende ihrer Dienstzeit Land als Altersversorgung erwarteten. Die ersten Feldherren, die diese Möglichkeit nutzten, waren Marius selbst und *Lucius Sulla*, der Führer der Optimaten. Sulla eroberte mit seinen Soldaten Rom wie eine feindliche Stadt, um Marius und seine Anhänger zu vertreiben. Im Jahre 82 v. Chr. wurde er Diktator und erklärte seine Gegner für vogelfrei. Jeder durfte sie straffrei töten. 40 Senatoren und 1600 Ritter sollen durch Sullas Verfolgungen umgekommen sein.

M 1 Ein Bauer mit Kuh vor einem Heiligtum.
Marmorrelief (33,5 x 29 cm) aus dem 1. Jh. n. Chr. (Ausschnitt).

M 2 Was wird aus den freien Bauern?

Der aus Alexandria stammende römische Historiker Appian schreibt im 2. Jh. n. Chr.:

Die Reichen nahmen den Großteil des nicht aufgeteilten Landes in Besitz und vertraten im Laufe der Zeit die kühne Meinung, dass niemand mehr ihnen dieses abnehmen könne. Außerdem zogen sie die angrenzenden Landstriche und was sonst an bescheidenem Grundbesitz armer Leute vorhanden war, an sich, teils durch Kauf unter gütlichem Zureden, teils durch gewaltsame Wegnahme. So konnten sie statt kleiner Güter ausgedehnte Latifundien bebauen, wofür sie dann Sklaven als Arbeiter und Hirten einsetzten; das sollte verhindern, dass freie Arbeitskräfte vom Ackerbau zum Heeresdienst abgezogen werden konnten. Gleichzeitig brachte auch dieser Besitz von Sklaven den Reichen großen Gewinn, da jene zahlreiche Kinder hatten und sich wegen der Befreiung vom Kriegsdienst ungefährdet vermehrten. So wurden die einflussreichen Persönlichkeiten steinreich und das Sklavenvolk nahm über das Land hin massenhaft zu, während die Italiker an Zahl und Stärke dahinschwanden und sich in Armut, Steuerabgaben und Feldzügen erschöpften.

Appian von Alexandria, Römische Geschichte. Zweiter Teil: Die Bürgerkriege, übers. von Otto Veh, Stuttgart 1989, S. 17

M 3 Nichts als Luft und Licht?

Der griechische Schriftsteller Plutarch (46-120 n. Chr.) berichtet über die von Tiberius Gracchus vorgeschlagenen Gesetze:

Die Reform hielt sich in vernünftigen Grenzen, aber das Volk gab sich gleichwohl zufrieden. Es ließ das Vergangene ruhen, froh, dass in Zukunft das Unrecht ein Ende hätte. Die reichen Besitzer hingegen verfolgten aus Habgier das Gesetz, aus Zorn und Eifersucht den Gesetzgeber mit ihrem Hass und versuchten, das Volk umzustimmen: Die Verteilung des Landes sei für Tiberius nur ein Vorwand, die Verfassung zu zerrütten und einen allgemeinen Umsturz herbeizuführen. Aber sie erreichten nichts, denn Tiberius, der für ein schönes und gerechtes Ziel kämpfte mit einer Gewalt des Wortes, die eine schlechtere Sache hätte adeln können, war gewaltig und unüberwindlich, wenn er, umdrängt vom Volk, auf der Rednerbühne stand und von den Armen sprach: „Die wilden Tiere, welche in Italien hausen, haben ihre Höhlen, jedes weiß, wo es sich hinlegen, wo es sich verkriechen kann – die Männer aber, die für Italien kämpfen und sterben, sie haben nichts außer Luft und Licht. Heimatlos, gehetzt irren sie mit Weib und Kind durch das Land. Die Feldherren lügen, wenn sie in der Schlacht die Soldaten aufrufen, für ihre Gräber und Heiligtümer sich zu wehren gegen den Feind, denn von all diesen Römern besitzt keiner einen Altar, den er vom Vater ererbt, keiner ein Grab, in dem seine Vorfahren ruhen, vielmehr kämpfen und sterben sie für anderer Wohlleben und Reichtum. Herren der Welt werden sie genannt und haben nicht eine Scholle Landes zu eigen."

Plutarch, Große Griechen und Römer, eingel. und übers. von Konrat Ziegler, Bd. VI, Zürich-Stuttgart 1965, S. 245 f.

1. *Ein Kleinbauer geht mutig zu einem der Großgrundbesitzer und schildert seine Lage. Berichte über das, was er sagen könnte (M 2).*
2. *Zeige, wie Plutarch zu den Plänen des Tiberius Gracchus steht (M 3).*
3. *In einer Versammlung nimmt einer von Tiberius' Gegnern das Wort. Schreibe seine Rede.*

Wie herrscht Caesar?

1 Gaius Iulius Caesar.
Diese 33 cm hohe Marmorbüste wurde wohl kurz nach Caesars Tod angefertigt.
In Schriften verteidigte Caesar sein Vorgehen als Feldherr und Politiker. „Caesar" wurde zum Beinamen, später zum Titelbestandteil der römischen Kaiser. Er lebt in den Herrschertiteln „Zar" und „Kaiser" fort.

Eine steile Karriere

Im Jahre 100 v. Chr. wurde *Gaius Iulius Caesar* in Rom geboren. Er stammte aus einer sehr alten, aber verarmten Familie Roms. Von Jugend an neigte er den Popularen zu. So war es gut für ihn, dass er während Sullas Diktatur im Osten Militärdienst leistete und erst nach dessen Tod zurückkehrte. Seine Laufbahn begann er 68 v. Chr. als Quaestor. Um bekannt zu werden, veranstaltete Caesar mit geliehenem Geld prächtige Spiele. Seine riesigen Schulden konnte er erst begleichen, nachdem er 61 v. Chr. Statthalter (*Praetor*) in Spanien geworden war.

Der „Dreimännerbund"

Mit dem angesehenen Feldherrn *Pompeius*, der das Mittelmeer von Seeräubern befreit und im Osten bis zur Grenze Arabiens römische Provinzen errichtet hatte, und *Crassus*, dem reichsten Mann Roms, schloss Caesar nach seiner Wahl zum Konsul 59 v. Chr. das erste *Triumvirat* (dt. „Dreimännerbund"). Mit diesem Zweckbündnis sollte dafür gesorgt werden, dass in Rom nichts mehr geschah, was einem der drei missfiel.

Caesar unterwirft Gallien

Caesars Amt steigerte die Macht des Triumvirats, das von seinen Gegnern „dreiköpfiges Ungeheuer" genannt wurde. Als Statthalter von Provinzen in Oberitalien und Gallien unterwarf er zwischen 58 und 51 v. Chr. alle nicht schon mit Rom verbündeten gallischen Völker. Außerdem unternahm er mehrere Kriegszüge nach Germanien und Britannien. Eine Million Gallier soll in den sieben Kriegsjahren umgekommen, eine weitere in die Sklaverei gegangen sein. Die Reichtümer des Landes füllten die Kassen Caesars und seiner Anhänger.

2 Unterwerfung Galliens.

Kampf um Macht

Der Senat beobachtete misstrauisch Caesars Erfolge und seine wachsende militärische Macht. Die Optimaten fürchteten um ihre führende Stellung. Ihnen gelang es, den eifersüchtigen Pompeius auf ihre Seite zu ziehen. In einem widerrechtlichen Senatsbeschluss lehnten sie Caesars erneute Kandidatur als Konsul ab. Caesar erfuhr davon am Rubikon, dem Grenzfluss zwischen seiner Provinz und Italien. Da er wusste, dass er ohne Amt und Truppen seinen Gegnern ausgeliefert war, überschritt er am 10. Januar 49 v. Chr. mit seinen Soldaten den Rubikon, um nach Rom zu marschieren. Ein vier Jahre dauernder Bürgerkrieg begann.

„Ich kam, ich sah, ich siegte“

Ungehindert zog Caesar in Rom ein. Seine Gegner flohen übers Meer zu den Truppen in den Provinzen, die dem Senat unterstanden. Caesar folgte ihnen rund ums Mittelmeer. Zunächst unterwarf er Spanien, dann schlug er Pompeius in Thessalien und entschied in Ägypten einen Thronstreit zugunsten von *Kleopatra VII.* Nach weiteren Erfolgen in Nordafrika und Südspanien endete der Bürgerkrieg 45 v. Chr. Aus dieser Zeit stammen Caesars stolze Worte: „Ich kam, ich sah, ich siegte“ (lat. *veni, vidi, vici*).

Caesars Reformen

Der Senat übertrug Caesar ab 48 v. Chr. immer wieder auf Zeit das Amt des Diktators, 44 v. Chr. erhielt er diese Stellung auf Lebenszeit. Seine Macht nutzte Caesar für Reformen:

- Die Bewohner Norditaliens erhielten das Bürgerrecht, die Städte Italiens konnten sich selbst verwalten.
- Zur Altersversorgung der Soldaten sowie für Proletarier wurden auch außerhalb Italiens Kolonien gegründet.
- In Rom benötigten nur noch 150 000 Proletarier Getreidespenden, weil die Arbeitslosigkeit gesenkt werden konnte.
- Die Zahl der Senatoren stieg auf 900; außerdem durften sie jetzt aus den Provinzen stammen.
- Ein neuer Kalender wurde eingeführt, da sich die Jahreszeiten verschoben hatten und die Bäume Ende Januar blühten.

Zugleich startete Caesar ein Bauprogramm. Er wollte den Tiber umleiten, den Hafen vergrößern und Sümpfe trockenlegen.

3 Freiheitsmütze zwischen zwei Dolchen. *Münze von 43/42 v. Chr. Die Münze ließ der Caesarmörder Brutus nach seiner Flucht im Osten des Reiches prägen. Die Aufschrift EID[ibus] MAR[tiis] ist die abgekürzte Datumsangabe (an den Iden des März). In der Mitte ist eine Kappe (lat. pilleus) zu sehen. Solche Kopfbedeckungen trugen freigelassene Sklaven.*

„Auch du, mein Sohn?“

Der neue Senat überhäufte Caesar mit Ehrungen. Er durfte das Purpurgewand des Triumphators mit goldenem Lorbeerkranz tragen, erhielt den Ehrennamen *Vater des Vaterlandes* und sein Geburtsmonat bekam den Namen *Iulius*.

Caesar regierte seitdem wie ein König. Dies war für die republiktreue Minderheit im Senat unerträglich. An den *Iden des März* (15. März) 44 v. Chr. wurde Caesar vor einer Senatssitzung von einer Gruppe von Senatoren durch zahlreiche Dolchstiche getötet. Unter den Mördern war sein junger Freund *Brutus*, zu dem er gesagt haben soll: „Auch du, mein Sohn?“ Die Attentäter retteten die Republik nicht.

1. *Halte die wichtigsten Stationen von Caesars Leben stichwortartig fest. Zeichne Caesars Aufstieg als Treppe, deren Stufen du Jahreszahlen zuordnest. (Die Stufen können unterschiedlich hoch und breit sein.)*
2. *Prüfe die Reformen Caesars. Welche lagen im Interesse des Staates, welche nutzten ihm selbst?*
3. *Erläutere die Abbildung auf der Münze (Abb. 3). Überlege, warum Brutus ein Münzbild nutzte, um auf das Ereignis aufmerksam zu machen. Was wollte er damit erreichen?*

M 1 „Caesar und Kleopatra."
Szenenfoto aus dem amerikanischen Historienfilm „Cleopatra", 1962. Kleopatra, die letzte Königin von Ägypten, wurde von Caesar unterstützt. Angeblich verschaffte sie sich in einem Stoffballen Zugang zu seinem Schlafzimmer. Sie wurde Caesars Geliebte und gebar ihm einen Sohn. 46-44 v. Chr. lebte Kleopatra in Rom.

M 2 Über Caesar

*Der Schriftsteller **Sueton** (70-140 n. Chr.) schreibt über den Feldherrn und Politiker Caesar:*

Seine Soldaten beurteilte er weder nach ihrer Moral noch nach ihrer äußeren Stellung, sondern nur nach ihren militärischen Fähigkeiten [...]. Weder nahm er alle Vergehen zur Kenntnis, noch bestrafte er sie ihrer Schwere entsprechend, war aber gegenüber Deserteuren* und Meuterern ein sehr strenger Richter und Rächer; im Übrigen drückte er ein Auge zu [...].
Bei Ansprachen redete er sie nicht mit „Soldaten", sondern mit dem schmeichelhafteren „Kameraden" an, und er hielt auch auf ihr Äußeres: So stattete er sie mit silber- und goldverzierten Waffen aus, einmal des Aussehens wegen, dann auch, damit sie im Kampf eher darauf achteten und Angst hätten, sie zu verlieren [...]. Auf diese Weise spornte er sie zu größter Ergebenheit und Tapferkeit an.
[...]
Gegenüber seinen Freunden war Caesar immer zuvorkommend und nachsichtig [...]. Auf dem Gipfel seiner Macht erhob er auch Leute aus den untersten Schichten zu hohen Ehren [...].

*Der griechische Schriftsteller **Plutarch** (46-120 n. Chr.) berichtet:*

Vor Caesars Glück indes beugten die Römer trotz alledem das Haupt und fügten sich willig ins Joch. Und da sie [...] Erholung zu finden hofften von den Leiden der Bürgerkriege, ernannten sie ihn zum Diktator auf Lebenszeit. Dies bedeutete die unverhüllte Tyrannis [...].
Wenn aber der Hass gegen Caesar immer sichtbarer hervorbrach und ihn schließlich in den Tod hineinriss, so trug daran sein Streben nach der Königswürde die Schuld. Für das Volk war dies der erste Anlass, sich von ihm abzuwenden, für seine Gegner [...] ein besonders günstiger Vorwand.

Sueton, Gaius Iulius Caesar, 65 ff., zitiert nach: ders., Leben der Caesaren, übers. u. hrsg. von André Lambert, Reinbek 1960, S. 38 ff. u. Plutarch, Große Griechen und Römer, Caesar 57 u. 60, übers. von Walter Wuhrmann, München 1994

***Deserteur**: *Soldat, der zur Gegenseite überläuft oder seinen Platz verlässt.*

1. *Auch ein Historienfilm deutet die Geschichte. Wie erscheint Caesar auf dem Szenenfoto (M 1)? Welche Darstellungsmittel wurden angewandt?*
2. *Suche im Internet nach neueren Filmen über Caesar und seine Zeit. Erstelle eine Übersicht mit Informationen über die gefundenen Filme.* Lerntipp
3. *Vergleiche die Äußerungen über Caesar von Sueton und Plutarch (M 2). Inwieweit entsprechen ihre Aussagen Caesars Taten, wie sie im Lehrbuchtext dargestellt werden?*

Lerntipp

Geschichte in Comics und Jugendbüchern

„Wir befinden uns im Jahr 50 v. Chr. Ganz Gallien ist von den Römern besetzt .... Ganz Gallien? Nein!“ – Kennt ihr diese Sätze? Mit ihnen beginnt jeder Comic über den kleinen Gallier Asterix (von *astérisque*: Sternchen), der sich mit seinen Freunden Caesar, dem mächtigsten Mann Roms, in den Weg stellt. – Was hat Asterix und was haben Comics aber in eurem Geschichtsbuch zu suchen? In manchen Comics kommen Personen und Ereignisse aus der Geschichte vor. In den gezeichneten Bildern werden sie vorgestellt und in Sprechblasen reden sie zu uns. Aber Vorsicht: Im Comic werden Geschichte und Erfindung bunt gemischt, ohne dass wir das immer auf Anhieb erkennen.

Dasselbe gilt für historische Jugendbücher. Deren Autoren verwenden aus der Geschichte, was ihnen entweder unterhaltsam erscheint oder was sie für ihre Zwecke brauchen können.

Sie wollen Interesse für die Geschichte wecken, aber kein historisches Sachbuch schreiben. Manchmal folgen sie den historischen Quellen, manchmal gehen sie frei mit ihnen um: sie verändern, fügen etwas hinzu, lassen weg, was ihnen langweilig erscheint oder nicht in ihr Konzept passt. Vor allem die wörtlichen Reden sind so gut wie immer erfunden. Comics und historische Erzählungen sollen uns „Appetit“ machen, uns mit Geschichte zu befassen. Sie reichen aber nicht aus, wenn ihr euch über Personen und Ereignisse zuverlässig informieren wollt. Das gilt übrigens auch für die Texte, die wir euch auf den Seiten „Geschichte erzählt“ vorstellen.

Oft muss man eine ganze Menge wissen, um den Zeichnern und Erzählern nicht auf den Leim zu gehen. Die folgenden Fragen können dir helfen, Comics und Geschichtserzählungen zu prüfen:

- Welche Handlung wird erzählt? Was davon hat sich tatsächlich ereignet? Was wurde erfunden, was weggelassen?
- Welche Personen kommen vor? Sind sie historisch nachweisbar oder ausgedacht? Welche Eigenschaften und Charakterzüge haben sie? Entsprechen sie den historischen Personen? Lassen sie sich durch Quellen bestätigen oder widerlegen?

M 1 „Wie alles begann ...“

*Asterix-Hefte erscheinen seit 1959 in Frankreich und seit 1967 in deutschen Übersetzungen; die Texte stammen von René Goscinny (1926-77) und die Zeichnungen von Albert Uderzo (*1927). Die abgebildete Seite ist aus: Gallische Geschichten mit Asterix und Obelix. Goscinny und Uderzo präsentieren das Beste aus 29 Abenteuern, übers. von Gudrun Penndorf, Stuttgart: Ehapa Verlag 2. Auflage 1994, Seite 6.*

Prüft die erste Aussage des Comics.

① Tempel der Vesta
② Dioskuren-Tempel
③ Basilica Iulia
④ Tempel des Iuppiter
⑤ Tempel des Saturn
⑥ Bogen des Kaisers Tiberius
⑦ Tempel des Kaisers Vespasian
⑧ Staatsarchiv
⑨ Tempel der Concordia
⑩ Triumphbogen des Kaisers Septimius Severus
⑪ Basilica Aemilia
⑫ Rednertribüne
⑬ Goldener Meilenstein

1 Triumphzug auf dem Forum Romanum zur Kaiserzeit.
Rekonstruierte Ansicht von Johannes Bühlmann und Friedrich von Thiersch, 1900/02.
Auf dem Forum Romanum fanden Triumphzüge, Versammlungen, Gerichtsverhandlungen und Prozessionen statt.

Augustus: Retter oder Zerstörer der Republik?

Gaius Octavius setzt sich durch

Um Caesars Erbe entbrannte ein neuer Bürgerkrieg. In ihm begann der Aufstieg des *Gaius Octavius*. Sein Großonkel Caesar hatte ihn adoptiert und zum Erben bestimmt; der 18-Jährige nannte sich nun *Gaius Iulius Caesar Octavianus*. Für den Krieg gegen die Caesar-Mörder verbündete Octavian sich mit *Antonius*, einem Anhänger seines Adoptivvaters.

Nach dem Sieg wollte Octavian aber sein Erbe nicht mit Antonius teilen. Er warf ihm vor, eine unerlaubte und für Rom gefährliche Verbindung mit der ägyptischen Königin Kleopatra eingegangen zu sein. Rom erklärte daraufhin Kleopatra und Antonius den Krieg. Die Entscheidung fiel 31 v. Chr. in der *Seeschlacht bei Actium* an der Küste Griechenlands. Octavians Flotte siegte. Kleopatra und Antonius begingen Selbstmord.

Aus Octavian wird Augustus

Nach seinem Sieg über Antonius ließ Octavian mehr als 2 000 politische Gegner, darunter 300 Senatoren, umbringen. Er war nun der unumstrittene Herr des Römischen Reiches. Im Jahre 27 v. Chr. veranstaltete er einen Triumphzug und erklärte vor dem Senat den Rücktritt von allen Ämtern. Die Senatoren protestierten und baten ihn, wenigstens in den von Feinden bedrohten Provinzen den Oberbefehl zu behalten. Als er zögernd zustimmte, wurde er vom Senat mit Ehrungen überhäuft. Dazu verlieh man ihm den Ehrennamen *Augustus* (dt. „der Erhabene“; daraus wurde später die Formel *Imperator Augustus*, dt. *Kaiserliche Majestät*).

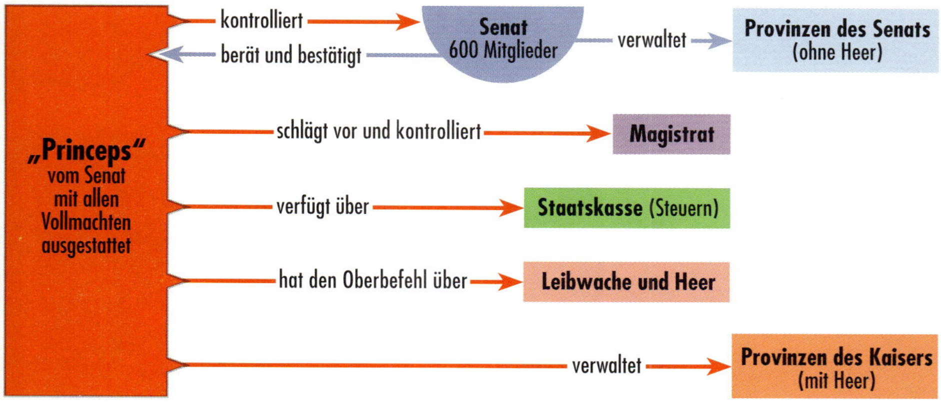

3 **Wie viel Macht hat der „erste Bürger“?**

Ein mächtiger Mann

Augustus – unter diesem Namen ging Octavian in die Geschichte ein – behielt lebenslang den Oberbefehl über alle römischen Truppen. Hinzu kamen bald weitere Rechte:

- Augustus bekam auf Dauer die Befugnisse eines Volkstribunen; sie schützten ihn vor gerichtlicher Verfolgung und gaben ihm das Recht, Gesetze vor die Volksversammlung zu bringen.
- Er erfüllte die Aufgaben eines Zensors, die auch die Auswahl der Senatoren umfassten.
- Er übernahm das Amt des Ersten Priesters, des obersten Wächters über Religion und Sitten.

Das Heer organisierte Augustus neu. Es entstand eine auch im Frieden ständig einsatzbereite Truppe aus 28 Legionen und etwa 150 000 Mann mit zwanzigjähriger oder längerer Dienstzeit: das *stehende Heer*. Augustus behielt sich die Versorgung der Soldaten vor. Sie mussten ihm Treue schwören. Die höchsten Kommandostellen vergab er selbst.

Augustus änderte auch die Verwaltung. Der Senat behielt nur die Aufsicht über die befriedeten Provinzen. Die Verantwortung für die gefährdeten Provinzen, in denen die Legionen stationiert waren, lag bei ihm.

„Erster Bürger“

Hinter einer republikanischen Fassade entstand zwischen 31 v. Chr. und 14. n. Chr. eine Monarchie bzw. ein Kaiserreich. Augustus aber wahrte den Schein, die Republik wiederhergestellt zu haben. Er behauptete, die vom Volk gewählten Magistrate an Macht nicht zu übertreffen, sondern nur durch das Maß der Verantwortung und sein persönliches Ansehen. In der Öffentlichkeit trug er wie die übrigen Senatoren die purpurgesäumte Toga. Er sah sich als „ersten Bürger“ (lat. *princeps civium*) des Staates. Nach dieser Bezeichnung erhielt die Herrschaftsform des Augustus auch ihren Namen: der Prinzipat.

Friedensbringer Augustus?

Für weite Teile der Bevölkerung war es Augustus, der die über 100 Jahre andauernden Bürgerkriege beendet und eine Zeit des Friedens und Wohlstandes eingeleitet hatte: die *Pax Augusta*.

Augustus setzte den Ausbau Roms zur prunkvollen Hauptstadt fort und rühmte sich später, „eine Stadt aus Ziegelsteinen vorgefunden und eine aus Marmor hinterlassen“ zu haben. Die von ihm durchgeführten Spiele für das Volk übertrafen die seiner Vorgänger – von denen Caesars abgesehen. Kunstwerke, Inschriften und Münzen verbreiteten seine Taten. Zahlreiche Dichter verkündeten, mit Augustus sei ein „goldenes Zeitalter“ angebrochen.

2 **Römischer Adler.**
Schmuckstück (Durchmesser: 22 cm), 1. Jh. n. Chr. (die Fassung stammt aus dem 16. Jh.). Der Adler, der Vogel Jupiters (Zeus'), wurde zum Sinnbild der kaiserlichen Macht; in seinen Klauen hält er außer dem Eichenkranz einen Palmenzweig, das Ehrenzeichen für eine siegreiche Schlacht.

Stelle dir vor, du wärest Reporter im antiken Rom und könntest Augustus interviewen. Was würdest du ihn zu seinen Zielen fragen? Formuliere Antworten, wie sie Augustus gegeben haben könnte. Ihr könnt daraus auch ein Rollenspiel gestalten. Lerntipp

4 Das Römische Reich zur Zeit seiner größten Ausdehnung, um 117 n. Chr.

Varus verliert

Augustus zog Verhandlungen den Kriegszügen vor. Auf diesem Weg erreichte er im Osten Erfolge gegen die *Parther*. Im Norden stießen seine Truppen bis an die Donau vor. Aus dem von Kelten bewohnten Land zwischen Alpen und Donau wurden unter ihm römische Provinzen.

Von den Feldherren des Augustus hatte *Varus* Pech. Er war mit drei Legionen und zahlreichen Hilfstruppen über den Rhein bis zur Elbe gezogen. Im Herbst des Jahres 9 n. Chr. wurde er von dem *Cherusker Arminius*, einem ehemaligen römischen Offizier, in einen Hinterhalt gelockt. In einem dreitägigen Kampf soll Rom etwa 20 000 Mann verloren haben.* Möglicherweise trug diese Niederlage dazu bei, dass der mittlere und nördliche Teil Deutschlands und Europas nicht römisch wurden.

Die Kaiserzeit beginnt

Die von Augustus geschaffene Ordnung brachte dem Römischen Reich 40 Jahre inneren Frieden. Als die Frage anstand, wer sein Nachfolger werden soll, bestimmte er, der keine leiblichen Söhne hatte, seinen Stiefsohn Tiberius zu seinem Nachfolger. Ihm vererbte Augustus mit Zustimmung des Senats seine besondere Stellung. Damit begann die eigentliche Kaiserzeit. Sie dauerte beinahe fünf Jahrhunderte.

**Mehr über die Varus-Schlacht findest du auf den Seiten 118 f.*

5 Blick in das Lagerzentrum des Militärstützpunktes Haltern (Westfalen).
Ausschnitt aus einem Modell. Hier waren etwa 5 000 Soldaten untergebracht. Nach der Varus-Schlacht wurde das Lager aufgegeben.
→ ***Exkursionstipp:*** *Westfälisches Römermuseum, Haltern*

Lerntipp

Eine Statue als Quelle?

Auf die Wirkung kommt es an
Herrscherstandbilder sollen auf die Betrachter wirken. Um sie beurteilen zu können, müssen wir sie zunächst als Ganzes und dann in ihren Einzelheiten betrachten. Wichtig sind Größe, Kopf-, Arm- und Beinhaltung, Blickrichtung, Kleidung und Beigaben. Die Besonderheiten sind nicht zufällig gewählt, sondern sollen etwas Bestimmtes aussagen. Aus ihnen können wir erschließen, wie sich der Herrscher sah und wie er vom Volk gesehen werden wollte.
An der Augustus-Statue fällt auf:

- Augustus war etwa 1,70 m groß. Die Höhe der Statue beträgt aber 2,04 m.
- Augustus trägt einen verzierten Brustpanzer und eine Lanze.
- Die Römer stellten nur ihre Götter barfuß dar.
- Die kleine Figur am rechten Bein soll der Liebesgott *Amor* sein, ein Kind der *Venus*, der Göttin der Liebe und Schönheit und der angeblichen Stammesmutter der Familie von *Caesar* und *Augustus*.

M 1 Augustus.
Kopie der Panzerstatue aus Primaporta bei Rom, nach 20 v. Chr.
Die farbige Rekonstruktion geht auf die Marmorstatue zurück, die 1863 in der Villa der Livia, der Frau des Augustus, gefunden wurde und heute in den Vatikanischen Museen in Rom zu sehen ist.
Die Bemalung wurde nach Farbspuren der Originalstatue rekonstruiert. Die Lanze ist hinzugefügt worden.
Auf dem Brustpanzer ist zu sehen, wie der Partherkönig dem Gott Mars die römischen Feldzeichen übergibt, die die Römer in einer Schlacht 53 v. Chr. an ihn verloren hatten. Augustus erreichte 20 v. Chr. die Rückgabe der Feldzeichen durch Verhandlungen.

1. *Vergleiche den Kopf der Statue mit dem „Speerträger" von Polyklet (Abb. 1, Seite 80).*
2. *Die Statue wurde wahrscheinlich im Auftrag des Senats aufgestellt. Was sollte sie den Bürgern aus der Ferne mitteilen, was bei näherer Betrachtung?*
3. *Finde heraus, wie Staatsoberhäupter heute öffentlich dargestellt werden. Suche Beispiele!*

Wo schlug Arminius Varus?

1 Das Hermanns-Denkmal bei Detmold. *Foto, um 1980. Es ist bis zur Schwertspitze 26 m hoch und steht auf einem ebenso hohen Unterbau. Auf dem Schwert steht: „Deutsche Einigkeit meine Stärke, meine Stärke Deutschlands Macht." Bezahlt wurde das 1875 eingeweihte Denkmal mit Spenden der Bürger und des Kaisers.*
→Internettipp: www.hermannsdenkmal.de
→Exkursionstipp: Museum und Park Kalkriese, Bramsche-Kalkriese

2 Der Hinterhalt der Germanen. *Das Foto wurde Pfingsten 2003 im Museum und Park Kalkriese anlässlich der „Römer- und Germanentage" aufgenommen. Es zeigt den rekonstruierten Wall mit einigen „Germanen".*

Ein Denkmal steht falsch

An Sommerwochenenden pilgern Tausende nach Hiddesen, einem kleinen Ort in der Nähe von Detmold. Ihr Ziel ist das Hermanns-Denkmal. Es soll an den Sieg der Germanen über die Römer im Jahre 9 n. Chr. im Teutoburger Wald erinnern: Der Cheruskerfürst Arminius, später „Hermann" genannt, schlug das Heer des römischen Statthalters Varus. Darüber informieren uns nur römische Schriften, unter anderem die Werke der Historiker *Cassius Dio* und *Tacitus*.

Keine Kampfspuren

Die Niederlage der Römer galt lange als der Anfang vom Ende ihrer Herrschaft in Germanien. Zwar zogen sich die Römer nach ihrer Niederlage an den Rhein zurück. Ihre Eroberungspolitik aber gaben sie nicht auf. Wo genau die unter Arminius kämpfenden germanischen Völker den Sieg über die Römer errangen, ist noch immer umstritten. Sicher ist: Da, wo das Hermanns-Denkmal steht, fand sie nicht statt. Archäologen konnten dort keinerlei Spuren eines Kampfes finden.

Münzen weisen den Weg

Bereits 1884 hatte der Altertumsforscher *Theodor Mommsen* nach der Auswertung von Münzen behauptet, die Schlacht sei in Kalkriese bei Bramsche etwa 20 Kilometer nördlich von Osnabrück geschlagen worden. Seine Kritiker warfen ihm vor, ein paar römische Geldstücke seien kein Beweis für den Untergang von drei Legionen.
Hundert Jahre nach Mommsen zog ein Hobby-Archäologe mit einem Metallsuchgerät über die Wiesen und Felder bei Kalkriese. Er fand 160 Münzen. Das Auffallende daran: sie alle waren vor 9 n. Chr. geprägt worden. Noch sensationeller war ein anderer Fund: drei knapp 4 cm lange Schleudergeschosse, wie sie römische Soldaten benutzten.
Ende der 1980er-Jahre begannen Wissenschaftler in Kalkriese mit systematischen Grabungen. Sie fanden römische Wurfspieße, Teile von Helmen, Schilden und Pferdegeschirr, Werkzeuge, Münzen, medizinische Instrumente und Alltagsgegenstände – vom Besteck bis zu Spielsteinen. Sie entdeckten auch eine von den Germanen errichtete Wallanlage, die ihnen als Hinterhalt diente. Die Funde belegen: Bei Kalkriese fand eine Schlacht statt. Ob es die Varus-Schlacht war, diskutieren Forscher noch immer.

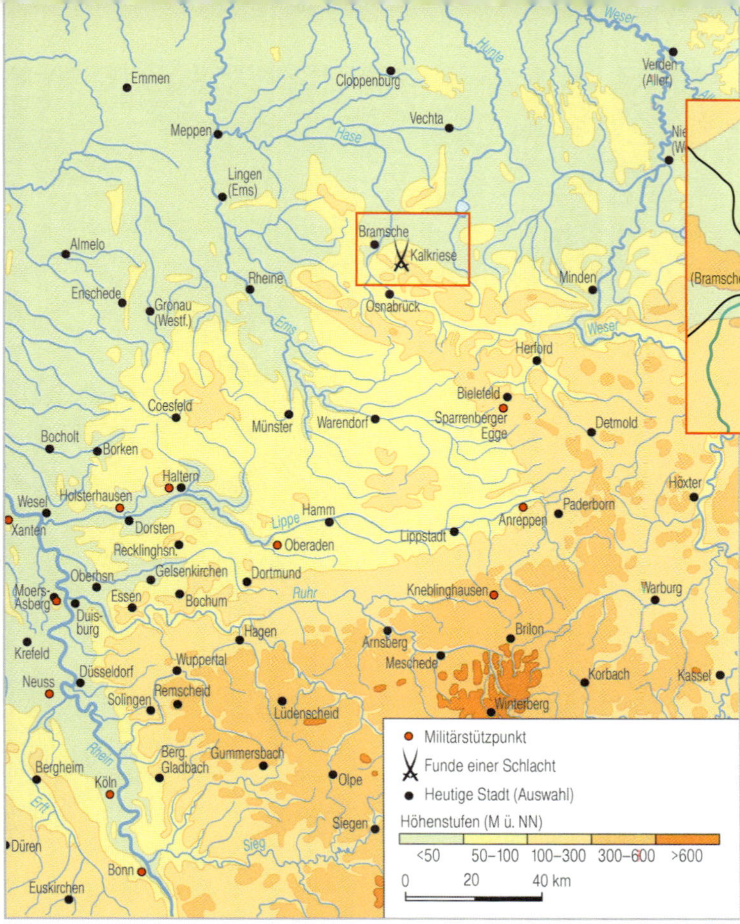

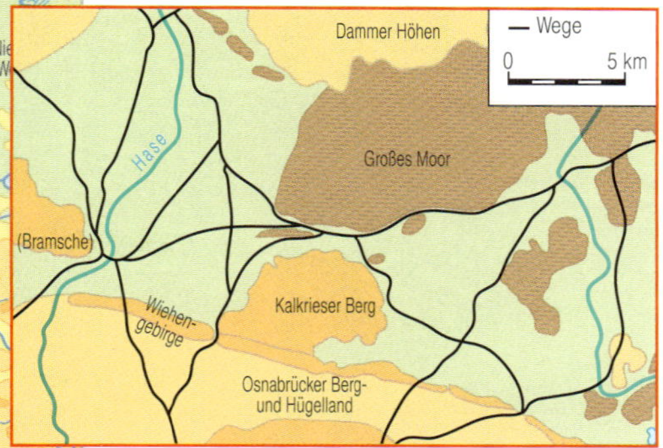

M 1 Lage und landschaftliche Gliederung des Fundplatzes Kalkriese.

M 2 Zwei Geschossspitzen, ein Lanzenschuh, drei Lanzenspitzen.
Länge der größten Lanzenspitze: 20,5 cm.

M 3 Eiserne, ursprünglich mit Silberblech überzogene Maske.
Teil eines etwa 17 cm hohen Prunkhelms, der vor allem bei Paraden getragen wurde. Links: Kaum zu erkennender Rostklumpen. Rechts: Restaurierter Zustand.

M 4 Alltagsgeld der römischen Soldaten.
Diese in Kalkriese gefundene Kupfermünze (As) wurde 8-3 v. Chr. geprägt.
Sie trägt einen Stempel mit den Buchstaben VAR (= Varus). Varus, der in der Schlacht fiel, war seit 7 n. Chr. Statthalter und Oberbefehlshaber in Germanien. Er wird die mit seinem Kürzel versehenen Münzen an die Soldaten ausgegeben haben.

1. *Überlege, warum die Funde des Hobby-Archäologen die Wissenschaftler aufmerksam gemacht haben.*
2. *Inwiefern kann aus den Karten (M 1) abgeleitet werden, dass der Ort für einen Überfall besonders geeignet war?*
3. *Betrachte das Denkmal (Abb. 1, Seite 118), und lies dazu nochmals die Bildlegende. Wie wird die Varus-Schlacht damit gedeutet?*
4. *Diskutiert darüber, welche Funde in Kalkriese noch gemacht werden müssten, um zu bestätigen oder zu widerlegen, dass hier die Varus-Schlacht stattgefunden hat.*

→ ***Internettipps:*** *Über den Ort der Varus-Schlacht siehe www.kalkriese-varusschlacht.de*

Leben und Arbeiten in der Stadt

Einsturzrisiko
In Rom lebten im 3. Jh. n. Chr. knapp eine Million Menschen. Die meisten sorgten sich um ein erträgliches Auskommen, einen sicheren Arbeitsplatz oder eine Wohnung. Grundstücke waren Mangelware. Freistehende Stadthäuser konnten sich nur sehr reiche Familien leisten. Die einfache Bevölkerung lebte auf engstem Raum in großen Mietshäusern. Mauern und Wände bestanden aus dünnem Holz oder Fachwerk, das für Risse anfällig war. Die Bauunternehmer sparten an Ziegelsteinen, Mörtel und Zement. Häufig stürzten Häuser ein. Möglicherweise wurde deshalb im 1. Jh. n. Chr. die Höhe der Mietshäuser in Rom auf etwa 21 m (sechs Stockwerke), später auf rund 18 m begrenzt.

Feuergefahr
Im Erdgeschoss der Stadthäuser lagen Läden mit Werkstätten oder Lagern. In den ersten und zweiten Etagen befanden sich jeweils drei bis fünf Räume, in den höheren Stockwerken wurden die „Wohnzellen" immer kleiner und dunkler. Es gab kein fließendes Wasser.
Eine ständige Gefahr war das Feuer. Wenn ein Bewohner unvorsichtig mit einer Fackel, einer Kerze oder einem Wärmebecken umging, konnte ein ganzes Stadtviertel in Flammen aufgehen. Die römische Feuerwehr, die unter Augustus aus 7 000 Mann bestand, kam oft zu spät.

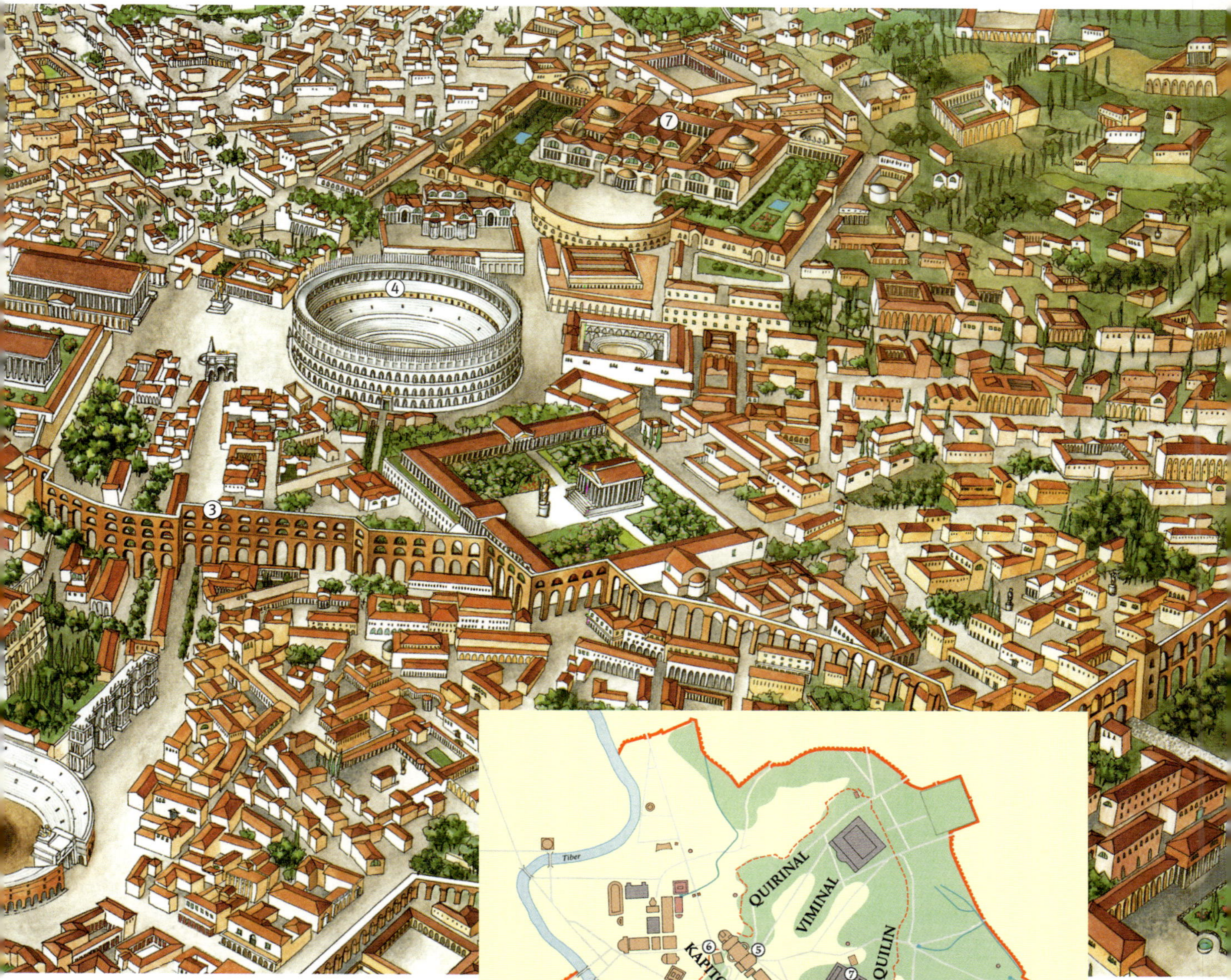

1 Rom zur späten Kaiserzeit.
Rekonstruktionsversuch und Stadtplan.
① **Circus Maximus**: *der älteste und größte Circus in Rom – die Wagenrennbahn war 600 m lang und 150 m breit, hier soll Platz für 225 000 Zuschauer gewesen sein*
② **Palatin**: *bevorzugtes Wohngebiet der Herrscher*
③ **Wasserleitungen** *(Aquädukte) des Kaisers Claudius (1. Jh.)*
④ **Kolosseum** *(siehe Seite 123)*
⑤ **Forum Romanum** *(siehe Seite 114)*
⑥ **Tempel des Iuppiter** *auf dem Kapitol*
⑦ **Thermen des Kaisers Trajan** *(Anfang des 2. Jh.)*

Getreide kam per Schiff

Zur Versorgung Roms wurden jährlich etwa 270 000 Tonnen Getreide meist aus Sizilien, Sardinien, Ägypten und Afrika eingeführt. Kaiserliche Frachtschiffe brachten Getreide, Wein und Olivenöl nach Ostia, dem Seehafen Roms. Lastkähne transportierten die Waren dann über den Tiber in die Stadt.

*→**Internettipps:** Einen virtuellen Rundgang zu den antiken Stätten Roms findest du unter www.rome-reborn.virginia.edu und www.roma-antiqua.de; siehe auch „Das antike Rom und seine Bauwerke" unter www.die-roemer-online.de.*

Stelle dir vor, du bist Stadtführer im kaiserzeitlichen Rom. Schreibe auf, was du deinen Gästen zeigen und erklären möchtest. Nutze die Informationen auf den Seiten 114 sowie 120 bis 124.

2 Öffentliche Badeanlage. *Rekonstruktionszeichnung von Peter Connolly. Die Abbildung zeigt eines von drei großen Bädern in Pompeji. Badende gingen zunächst in einen ① ungeheizten Raum (frigidarium) und nahmen ein kurzes, kaltes Bad. Danach kamen sie in einen ② Warmluftraum (tepidarium). Von dort aus ging es ins ③ caldarium, einen Raum voller Dampf mit heißen Bädern und einem warmen Brunnen zum Waschen, ähnlich der heutigen Sauna. Wer heiß gebadet oder geschwitzt hatte, konnte sich von Masseuren durchkneten lassen und sich im Kaltbad oder im großen Schwimmbecken unter freiem Himmel erfrischen.*

Wasser für Rom

„Die Wassermengen, die in die Stadt geführt werden, sind so groß, dass ganze Flüsse durch die Stadt und die unterirdischen Kanäle strömen, dass nahezu jedes Haus Wasserbehälter und Wasserleitungen hat und reichlich sprudelnde Brunnen besitzt“, schrieb der Grieche *Strabon* im 1. Jh. n. Chr. Damals hatte Rom sieben große Fernwasserleitungen, später elf. Täglich flossen mindestens 500 000 m^3 Trinkwasser in die Stadt. Die Bevölkerung musste das Wasser aus öffentlichen Brunnen holen. Im 4. Jh. n. Chr. gab es in Rom davon 1350; ein Brunnen je Hektar Stadtfläche. Nur der Kaiserpalast und die Häuser reicher Bürger hatten Direktanschlüsse.
Viel Wasser verbrauchten die Bäder. Allein in Rom gab es im 4. Jh. n. Chr. neben fast 900 kleinen Badeanstalten elf große *Thermen* (dt. warme Bäder), oft riesige Anlagen mit Baderäumen, Wandelgängen, Läden, Gaststätten, Bibliotheken, Museen, Gärten, Sportplätzen und Parkanlagen.
Das überfließende Brunnenwasser sowie das verbrauchte Wasser der öffentlichen Badeanstalten, Toiletten und gewerblicher Einrichtungen wurde in ein unterirdisches Kanalsystem geleitet, dessen Zentrum die Cloaca maxima war, eine gewaltige Abwasseranlage in der Stadtmitte. Von dort flossen die Abwässer in den Tiber. Die meisten europäischen Großstädte erhielten erst vor 100 Jahren ein mit dem antiken Rom vergleichbares leistungsfähiges Abwassernetz.

Die Umwelt leidet

Der Städte- und Straßenbau sowie der Bergbau und die Landwirtschaft veränderten die Natur. Kriege verwüsteten die Äcker, denn die Vernichtung von Ernten gehörte zur Kriegsführung. Auch die Nutzung von Rohstoffen schadete der Umwelt. Holz wurde nicht nur für Häuser, Brücken und Schiffe benötigt, sondern auch zum Heizen öffentlicher Bäder und privater Häuser sowie für die Metallverarbeitung.
Um den Bedarf zu decken, entwaldeten die Römer wie schon die Griechen das Landesinnere sowie die Küsten des Mittelmeers. Auch Flusstäler wurden gerodet. Bei starkem Regen riss nun das Wasser das Erdreich mit sich. Der Schlamm lagerte sich an den Mündungen der Flüsse ab. Einige Häfen wie Milet in Kleinasien, Ravenna und Ostia in Italien verlandeten.
Der Abbau von Metallen und Gesteinen schlug ebenfalls tiefe Wunden in die Landschaft. In Spanien förderten die Römer Silbererze aus über 200 m tiefen Stollen. Was sie nicht wussten: An manchen Orten enthielten die Abraumhalden Schwermetalle wie Blei, die das Wasser, die Pflanzen und die Menschen belasteten.

3 Das Kolosseum in Rom.
Rekonstruktionszeichnung. In der Antike hieß das Amphitheater (griech. amphi: ringsum) nach dem Familiennamen des Erbauers: Amphitheatrum Flavium. Der Name „Kolosseum" stammt von einem in der Nähe des Theaters stehenden fast 40 m hohen Standbild (Koloss) eines Kaisers.
Der vierstöckige Bau ist 50,75 m hoch und hat einen Umfang von 524 m. Etwa 50 000 Zuschauer konnten hier den Gladiatorenkämpfen und Tierhetzen zusehen. Bei den Tierhetzen wurden die Löwen, Panther, Bären, Stiere, Elefanten und Nashörner aus den Kellern in die Arena gebracht.
Die Arena konnte auch für kleine „Seeschlachten" mit Wasser geflutet werden.

Viel Freizeit
Die Bürger des Römischen Reiches hatten viel Freizeit. Ihr Kalender sah zahlreiche staatliche und religiöse Feste zu Ehren der Götter und Göttinnen vor. In der Kaiserzeit wetteiferten die Herrscher darum, immer neue Feiertage einzuführen, um damit ihr Ansehen zu vergrößern. Gab es am Ende der Republik jährlich erst 65 Feiertage, so waren es in der Mitte des 4. Jh. fast 180.

Vergnügungen für die Masse
Meist fanden an den Festtagen Umzüge und Theateraufführungen statt, zumindest in allen größeren Städten des Reiches. Die Masse bevorzugte öffentliche Spiele, deren Eintritt kostenlos war: Im Circus Maximus in Rom fanden die spektakulärsten Wagenrennen statt. Blutige Gladiatorenkämpfe oder Tierhetzen wurden in allen Amphitheatern des Reiches geboten.

„Brot und Spiele"
Die öffentlichen Spiele waren mehr als ein Vergnügen. Sie waren religiösen Ursprungs und hatten auch eine politische Bedeutung. Augustus und seine Nachfolger übernahmen deshalb die Kontrolle über sie. Während der Kaiserzeit waren die Spiele ein Ersatz für Volksversammlungen. In Gegenwart der Herrscher und der Senatoren erhoben die Zuschauer oft in Sprechchören Forderungen nach Steuererleichterungen oder einer besseren Getreideversorgung. Zeitgenossen behaupteten, das Volk interessiere sich nur für zwei Dinge: „Brot und Spiele" (lat. *panem et circenses*).

4 Das Kolosseum in Rom.
Foto, um 2005.

M 1 Mietshaus in Ostia, 2. Jh. n. Chr.
Modell.
In solchen Mietshäusern (lat. insulae), die in Rom noch zwei Stockwerke höher sein konnten, lebte die Masse der städtischen Bevölkerung. Im 4. Jh. gab es in Rom etwa 47000 solcher Häuser.
Vergleiche ein römisches Geschäfts- und Wohnhaus mit einem modernen.

M 2 Typische Küche aus dem 1. Jh. n. Chr.
Rekonstruktionszeichnung von Peter Connolly (Ausschnitt).
Neben dem Herd befindet sich die Toilette.

M 3 Rom – ein Albtraum?
Der römische Dichter Juvenal (um 60-140 n. Chr.) stellte das Großstadtleben in kritisch drastischen Gedichten (Satiren) dar.

Hier sterben viele, weil Schlaflosigkeit sie krank gemacht hat; denn in welcher Mietwohnung kann man schlafen? Sehr reich muss man sein, um in Rom schlafen zu können. Das ist die Hauptursache des Übels: Wagen biegen in scharfer Wendung um die Straßenecken, die Treiber schimpfen laut, wenn ihre Herde nicht weiter kann [...].
Und sieh nur, mit wie viel Rauch die Überreichung des Essens zum Mitnehmen vor sich geht. Da sind hundert „Gäste", deren jeder seinen Wärmeapparat [gemeint ist ein kleiner Holzkohleofen] hinter sich hertragen lässt [...].
Auf dem Karren, der dir entgegenkommt, schwankt gefährlich ein langer Fichtenstamm, auf einem anderen Wagen führt man Pinienholz, das hochgetürmt bebt und die Passanten bedroht. Wenn aber ein mit Marmorblöcken beladener Karren umkippt und seine Ladung auf die dichte Menschenmenge ergießt, was bleibt da noch vom Körper übrig? [...]
Betrachte jetzt noch andere Gefahren der Nacht: Wie hoch die Häuser sind, von denen dir ein Dachziegel auf den Schädel fällt, wie oft man ein undichtes oder gesprungenes Gefäß aus dem Fenster wirft, mit welcher Wucht sie auf dem Pflaster ihre Spuren hinterlassen oder sie zerbrechen. Für leichtsinnig magst du gelten oder als einer, der sich vor plötzlichem Unfall nicht vorsehen will, wenn du zum Abendessen ausgehst, ohne dein Testament gemacht zu haben. So viele Gefahren bedrohen dich, wie beleuchtete Fenster offen stehen, unter denen du vorbeigehst. Begnüge dich also mit der kläglichen Hoffnung, dass man wenigstens nur den Inhalt flacher Becken* auf dich ausleert.

Juvenal, Satiren, übers. von Harry C. Schnur, Stuttgart 1969, S. 36 f. (vereinfacht)

**gemeint sind Nachttöpfe*

1. *Betrachte die Abbildung M 2 und beurteile den Sachverhalt aus heutiger Sicht.*
1. *Lege eine Liste der Verkehrsteilnehmer an, die in M 3 genannt werden.*
2. *Nenne die Gefahren, die einem Fußgänger nach Juvenal (M 3) drohten.*
3. *Juvenal (M 3) hat offenbar Umweltprobleme erkannt. Nenne sie!*

Was war wichtig ?

Daten

um 800 v. Chr.	*In Griechenland entstehen Stadtstaaten (Poleis).*
753 v. Chr.	*Rom wird der Sage nach gegründet.*
um 500 v. Chr.	*Rom wird Republik.*
Mitte des 5. Jh. v. Chr.	*Der Stadtstaat Athen ist auf dem Höhepunkt seiner politischen und wirtschaftlichen Macht: Die Glanzzeit der griechischen Kunst, Literatur und Philosophie beginnt.*
44 v. Chr.	*Anhänger der Republik ermorden Caesar.*
31. v. Chr.-14 n. Chr.	*Augustus herrscht im Römischen Reich als „erster Bürger“ (lat. princeps) und begründet die Kaiserzeit.*

Begriffe

Antike (lat. *antiquus*: alt): die Zeit von etwa 1000 v. Chr. bis ins 5. Jh. n. Chr., in der die Griechen und Römer den Mittelmeerraum beherrschten.

Aristokratie: „Regierung der Besten“; die Mitglieder der adligen Grundbesitzerschicht herrschen; die Abstammung ist Voraussetzung für die politische Macht.

Demokratie: Herrschaft des Volkes über sich selbst. In Athen entschied seit Mitte des 5. Jh. v. Chr. bei Wahlen und Abstimmungen die Mehrheit der Stimmen. Alle einheimischen und wehrfähigen Männer konnten sich an der Regierung und Rechtsprechung direkt beteiligen.

Familia: in der römischen Gesellschaft die dem „pater familias“ unterstehende Hausgemeinschaft einschließlich der Sklaven (→ *Patriarchat*).

Hellenismus: Zeit zwischen dem 3.-1. Jh. v. Chr., in der die Griechen ihre Politik, Architektur, Kunst und Sprache über den ganzen Mittelmeerraum und Vorderasien verbreiteten.

Imperium Romanum (lat. *imperare*: befehlen): das Weltreich der Römer; Gebiete unter römischer Herrschaft.

Klienten: abhängige Personen in der römischen Gesellschaft, die von angesehenen und reichen Bürgern (z. B. → *Patrizier*) Hilfe erhielten. Sie unterstützten ihre Schutzherren (Patrone) bei der Bewerbung um ein politisches Amt oder bei ihren Geschäften.

Konsul (lat. *consul*): einer von zwei Inhabern des höchsten Staatsamtes in der römischen Republik; die Konsuln besaßen im Kriegsfall den Oberbefehl über die Truppen.

Kolonisation (von lat. *colere*: Land bebauen): Seit dem 8. Jh. v. Chr. wanderten Griechen aus ihrer Heimat aus. Sie gründeten rund ums Mittelmeer und an den Küsten des Schwarzen Meeres Tochterstädte (Kolonien).

Monarchie: Alleinherrschaft; Regierung eines meist erblichen Königs bzw. Kaisers (Monarchen).

Olympische Spiele: Feste zu Ehren der Götter in Olympia, zu denen auch Sportwettkämpfe gehörten. Die Teilnehmer waren wehrfähige Männer.
Ab 776 v. Chr. sind die Namen von Olympiasiegern bekannt. Die Spiele fanden alle vier Jahre statt. Die Zählung nach Olympiaden wurde als Zeitmaß verwendet.
394 n. Chr. verbot der christliche Kaiser Theodosius die Olympischen Spiele als heidnischen Brauch. 1896 fanden die ersten Olympischen Spiele der Neuzeit in Athen statt.

Patriarchat (lat. *patres*: „Väter“): Vaterrecht. In der antiken Gesellschaft durfte das männliche Familienoberhaupt alle privaten Lebensbereiche seiner → *familia* regeln; er hatte sie dafür zu schützen und vor Gericht zu vertreten.

Patrizier (lat. *patres*: „Väter“): die Nachkommen der ältesten adligen Familien, die zu Beginn der römischen → *Republik* ohne die → *Plebejer* regierten.

Plebejer (lat. *plebs*: Volk): Bezeichnung für alle römischen Bürger, die keine → *Patrizier* waren.

Polis: zunächst die griechische Bezeichnung für eine Burg und die dazugehörige Siedlung, ab etwa 800 v. Chr. für einen Ort, der aus einem geschützten Zentrum und dem Umland bestand. Das Zentrum war Sitz der Regierung, Mittelpunkt des Handels und der religiösen Feiern (Tempel).

Prinzipat: Bezeichnung für die von → *Augustus* begründete Herrschaftsform, in der der Herrscher den Titel „princeps“ (dt. „der erste Mann im Staat“) trug. Mit Augustus und dem Prinzipat begann Ende des 1. Jh. v. Chr. die Kaiserzeit.

Proletariat (lat. *proles*: Nachkommen): nach Rom und in andere Städte abgewanderte besitzlose Bauern, die nichts anderes besaßen als ihre Nachkommen.

Provinz: ursprünglich der Amtsbereich eines römischen Magistrats (Staatsbeamten). Im 3. Jh. v. Chr. wurde jedes von den Römern gewonnene außeritalische Gebiet, das von einem Statthalter verwaltet wurde, als Provinz bezeichnet.

Republik (lat. *res publica*: öffentliche Angelegenheit): Staatsform mit jährlich wechselnder Regierung, die nach der Vertreibung der Könige in Rom um 500 v. Chr. entstand.

Senat: Rat erfahrener Politiker; seine Mitglieder gestalteten die Politik im republikanischen Rom (→ *Republik*).

Ständekämpfe: Auseinandersetzungen zwischen den → *Plebejern* und den → *Patriziern* um politische, rechtliche und militärische Gleichberechtigung. Sie endeten nach 200 Jahren um 287 v. Chr. damit, dass die Beschlüsse der Plebsversammlungen auch von den Patriziern befolgt werden mussten.

Was war wichtig ?

Namen

Alexander der Große (356-323 v. Chr.): König von Makedonien (ab 336); er eroberte ein Weltreich und verbreitete die griechische Lebensweise und Kultur (→ *Hellenismus*).

Augustus (63 v.-14 n. Chr.): Großneffe → *Caesars*, der ihn zum Erben eingesetzt hatte. Er begründete nach 31 v. Chr. in Rom den → *Prinzipat*. 27 v. Chr. verlieh ihm der Senat wegen seiner Verdienste (Friedenssicherung) den Ehrentitel „Augustus“ (der „Erhabene“). Der Monat August wurde nach ihm benannt. Die meisten späteren Kaiser übernahmen die Bezeichnung „Augustus“ in ihren Kaisertitel.

Caesar (*Gaius Iulius*, 100-44 v. Chr.): Feldherr, Staatsmann und Schriftsteller. Er begann 49 einen Bürgerkrieg, um seine Machtansprüche durchzusetzten. Seine Diktatur (ab Anfang 44 auf Lebenszeit) änderte die republikanische Staatsordnung (→ *Republik*). An den Iden (15.) des März 44 v. Chr. wurde er von Angehörigen des → *Senats* ermordet.
Der Monat Juli wurde nach ihm benannt. Caesar wurde zum Teil des Titels der römischen Herrscher; der Name lebt in den Herrschertiteln „Kaiser“ und „Zar“ fort.

Perikles (um 500-429 v. Chr.): athenischer Staatsmann. Er war von vornehmer Herkunft und leitete seit 443 als jährlich wiedergewählter Politiker die Geschicke der → *Demokratie*. Seine Zeit gilt als Glanzzeit Athens, sowohl politisch als auch künstlerisch.

Sokrates (470-399 v. Chr.): Philosoph aus Athen. Er philosophierte im Gespräch (Dialog) und hinterließ keine Schriften. Informationen über seine Lehre verdanken wir vor allem seinem Schüler Platon (428/27-348/47). Sokrates wurde wegen angeblich verderblichen Einflusses auf die Jugend von einem Volksgericht zum Tode verurteilt. Er gilt als der wirksamste Anreger der europäischen Philosophie.

Übertrage die Zeitleiste auf zwei Blätter (100 Jahre = 2,5 cm) und füge ein: wann Perikles und Alexander der Große starben, wann Caesar ermordet wurde, die Athener die Schlacht bei Marathon gewannen und die Römer die Varus-Schlacht verloren.

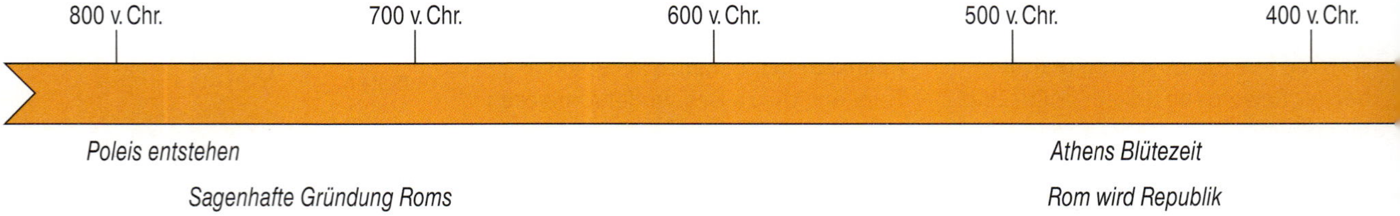

Zusammenfassung

Griechische Poleis

Um 1000 v. Chr. wanderten Völker aus dem Norden nach Griechenland und Kleinasien ein und zerstörten die frühgriechische mykenische Kultur. In der kleinräumigen Landschaft entstanden nach 800 v. Chr. zahlreiche selbstständige Stadtstaaten (→ *Polis*). Trotz der politischen Zerrissenheit sahen sich die Einwohner Griechenlands aufgrund ihrer gemeinsamen Religion, Sprache und Dichtung als kulturelle Einheit. Das wichtigste Götterfest fand alle vier Jahre im Hain von Olympia zu Ehren Zeus' statt: die → *Olympischen Spiele*. Die wachsende Bevölkerung und der geringe Ertrag des Bodens zwangen die Griechen seit dem 8. Jh. v. Chr., neues Siedlungsland zu suchen. An den Küsten des Schwarzen Meeres und des Mittelmeeres gründeten sie zahlreiche Tochterstädte (→ *Kolonisation*). In Athen wurde die Königs- und Adelsherrschaft (→ *Aristokratie*) schrittweise verdrängt und im 5. Jh. v. Chr. unter → *Perikles* eine demokratische Staatsform entwickelt (→ *Demokratie*). Jeder Vollbürger Athens war aufgefordert, sich am politischen Leben sowie an der Rechtsprechung zu beteiligen. Keine Bürgerrechte standen allerdings den Frauen zu, die zurückgezogen im häuslichen Wirkungskreis lebten. Zu den Nichtbürgern Athens zählten die fremden Mitbewohner (Metöken) sowie die Sklaven. Griechische Architekten, Bildhauer und Dichter schufen zeitlose (klassische) Werke. Die europäische Philosophie wurde durch Denker wie → *Sokrates* beeinflusst. Als der persische Großkönig seine Macht auf Europa ausdehnen wollte, wehrten die griechischen Stadtstaaten unter Führung Athens den Angriff durch ihre Siege bei Marathon und Salamis ab.

Im 4. Jh. v. Chr. geriet ganz Griechenland unter den Einfluss *Philipps II.* von Makedonien. Dessen Sohn → *Alexander* nutzte die innere Schwäche des persischen Großreiches und eroberte es vollständig. Er schuf damit die Voraussetzungen für den → *Hellenismus*, für die Verbreitung der griechischen Kunst und Kultur in der → *Antike*.

Imperium Romanum

Unter der Herrschaft etruskischer Könige entwickelte sich Rom, das der Sage nach 753 v. Chr. gegründet wurde, zu einem bedeutenden Stadtstaat. Nach dem Sturz der Könige um 500 v. Chr. wurde es eine → *Republik*. Anfangs regierten die → *Patrizier* allein und übernahmen die höchsten Staatsämter (→ *Konsuln*). Mithilfe ihrer → *Klienten* sicherten sich vornehme Römer ihren Einfluss. Im Verlauf der → *Ständekämpfe* trotzten die → *Plebejer* ihnen schrittweise Rechte ab. Bis zum 3. Jh. v. Chr. erkämpften sich die Römer die Herrschaft über Italien. Sie gründeten Kolonien und sicherten ihre Macht mithilfe von Bundesgenossen. Sie unterwarfen ihre Nachbarn, die Griechen, und im 2. Jh. v. Chr. fast alle Länder am Mittelmeer. Sie machten diese Gebiete zu → *Provinzen*. Aus einem kleinen Stadtstaat entstand so das Weltreich der Römer (→ *Imperium Romanum*). Die zahlreichen Kriege und die Nahrungsmittel aus den Provinzen ließen viele Kleinbauern verarmen. Sie verloren ihre Höfe an die Großgrundbesitzer und zogen als → *Proletariat* in die Städte. Mithilfe von Ackergesetzen sollten die sozialen und militärischen Probleme gelöst werden. Der Streit um die Reformen führte zu sozialen Konflikten, die im Bürgerkrieg endeten.
In der patriarchalischen Gesellschaft (→ *Patriarchat*) der Römer nahm der „pater familias" eine besondere Rolle ein. Er war das unumschränkte Oberhaupt und durfte über alle Lebensbereiche der → *familia* bestimmen. Frauen waren in ihrem Wirkungskreis vor allem auf das eigene Haus beschränkt, doch traten sie – anders als in Athen – durchaus in der Öffentlichkeit auf. Sklaven waren für das Arbeits- und Wirtschaftsleben von zentraler Bedeutung. Man schätzt, dass Anfang des 1. Jh. n. Chr. etwa ein Drittel der Bevölkerung Sklaven waren. Die meisten waren infolge von Kriegen in die Sklaverei geraten. Im Verlauf der Bürgerkrieges änderte sich die Militär- und Herrschaftsordnung. Die Republik wurde im 1. Jh. v. Chr. allmählich eine → *Monarchie*. Dazu trug → *Caesar* bei. Er eroberte Gallien und andere Gebiete, wurde zum Diktator auf Lebenszeit ernannt und leitete zahlreiche Reformen ein. Anhänger der alten Republik ermordeten ihn im Jahre 44 v. Chr. Den nun folgenden Bürgerkrieg um Caesars Nachfolge beendete Octavian, der später → *Augustus* genannt wurde.
Er regierte das Weltreich wie ein König, ließ aber die republikanischen Einrichtungen (Magistrate und Volksversammlungen) bestehen. Da Augustus seine Herrschaft vererben konnte, wurde er zum Begründer der Kaiserzeit. Dem römischen Weltreich brachte Augustus Frieden (*Pax Augusta*). Die folgenden Kaiser konnten ihn rund 200 Jahre bewahren. Nur an den Grenzen im Norden und Osten gab es weiterhin Kriege.

→ ***Lesetipps:*** *Buchempfehlungen zur griechischen und römischen Geschichte findest du auf Seite 215.*

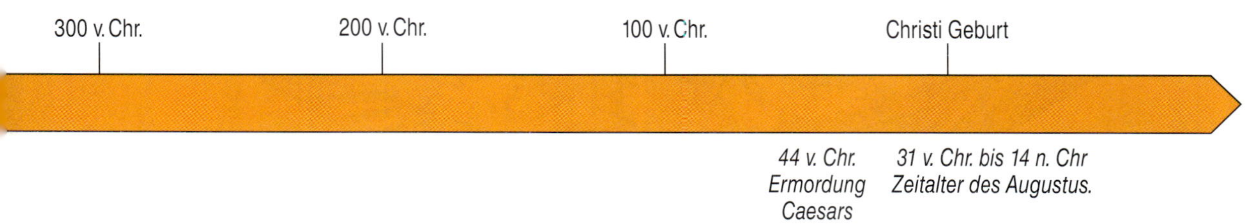

Was die Menschen im Altertum voneinander wussten

Antinous,
Liebling des Kaisers Hadrian, ertrinkt 130 n. Chr. als Zwanzigjähriger im Nil und wird vom Kaiser durch zahlreiche Statuen geehrt.
Ägypten Griechenland Rom
Abwehr und Berührung
26. November 2005 bis 26. Februar 2006
Eine Ausstellung unter der Schirmherrschaft des Bundespräsidenten Horst Köhler
DAS STÄDEL
Städelsches Kunstinstitut und Städtische Galerie
Öffnungszeiten Di, Fr bis So 10.00 – 19.00 Uhr Mi und Do 10.00 – 21.00 Uhr
Ausstellungshaus Holbeinstraße 1 60596 Frankfurt www.staedelmuseum.de
Helaba
Stadt Frankfurt am Main
hessische kultur stiftung
Hertie-Stiftung
hr2 kultur
Frankfurter
VGF

1 Karte des Hekataios von Milet, um 500 v. Chr.
Rekonstruktionsversuch von Jörg-Peter Röhl, 2000 (stark vereinfacht). Die Karte entstand aufgrund von Angaben aus dem überlieferten Werk von Hekataios (um 560 v. Chr. bis um 480 v. Chr.). Sie zeigt die Erde als eine von einem Ozean umflossene Scheibe und teilt die bewohnte, durch Küstenumriss gekennzeichnete Landmasse in einen nördlichen und einen südlichen Teil.

Antike Weltbilder

Was wussten die Menschen voneinander?
Welche Vorstellungen von der Erde, von den Ländern und Völkern gab es in der Antike? Von wem stammten sie und wie zuverlässig waren sie? Seit frühester Zeit sammelten Händler, Soldaten, Gesandte und Pilger Informationen über Flussverläufe, Meeresengen und Bergpässe, über die Lage von Siedlungen und Tempel. Die zwischen dem 8. und 5. Jh. v. Chr. gegründeten griechischen Kolonien*, Reiseberichte sowie die Eroberungszüge *Alexanders des Großen und Caesars*** erweiterten dann das Wissen über fremde Länder und Völker.

Viele Bilder, aber die Wirklichkeit?
Für das Aussehen der Welt und ihrer Teile interessierten sich griechische und römische Gelehrte. Sie werteten Berichte über Länder, Küsten, Meere und Völker aus und begründeten die Wissenschaft der *Geografie*.

Der Philosoph *Thales von Milet*, der in der ersten Hälfte des 6. Jh. forschte und dabei auf orientalisches Wissen zurückgriff, behauptete, die Erde schwimme auf einem Weltmeer, dem *Okéanos*. Sein jüngerer Kollege *Anaximander*, der ebenfalls in Milet arbeitete, soll schon eine erste Weltkarte gezeichnet haben. Eine erweiterte Erdbeschreibung legte der weitgereiste Gelehrte *Hekataios* um 500 v. Chr. vor. Die damaligen Kenntnisse über die bewohnte Welt fasste *Herodot* zusammen.*** Ein Höhepunkt der griechischen Geografie war das Werk des Leiters der Bibliothek von Alexandria, *Eratosthenes* (3. Jh. v. Chr.). Seine kartografische Darstellung der Erde nutzten alle Geografen nach ihm. Er und wenige andere Forscher gingen bereits davon aus, dass die Erde eine Kugel sei. Ihr Meinung setzte sich aber noch lange nicht durch. Selbst gebildete Männer wie der Römer Cicero mussten im 1. Jh. v. Chr. beim Lesen geografischer Bücher zugeben: „Ich verstehe kaum den tausendsten Teil davon."

**Siehe Seite 61. **Siehe dazu die nächsten Teilkapitel.*

****Lies dazu die nächsten Seiten.*

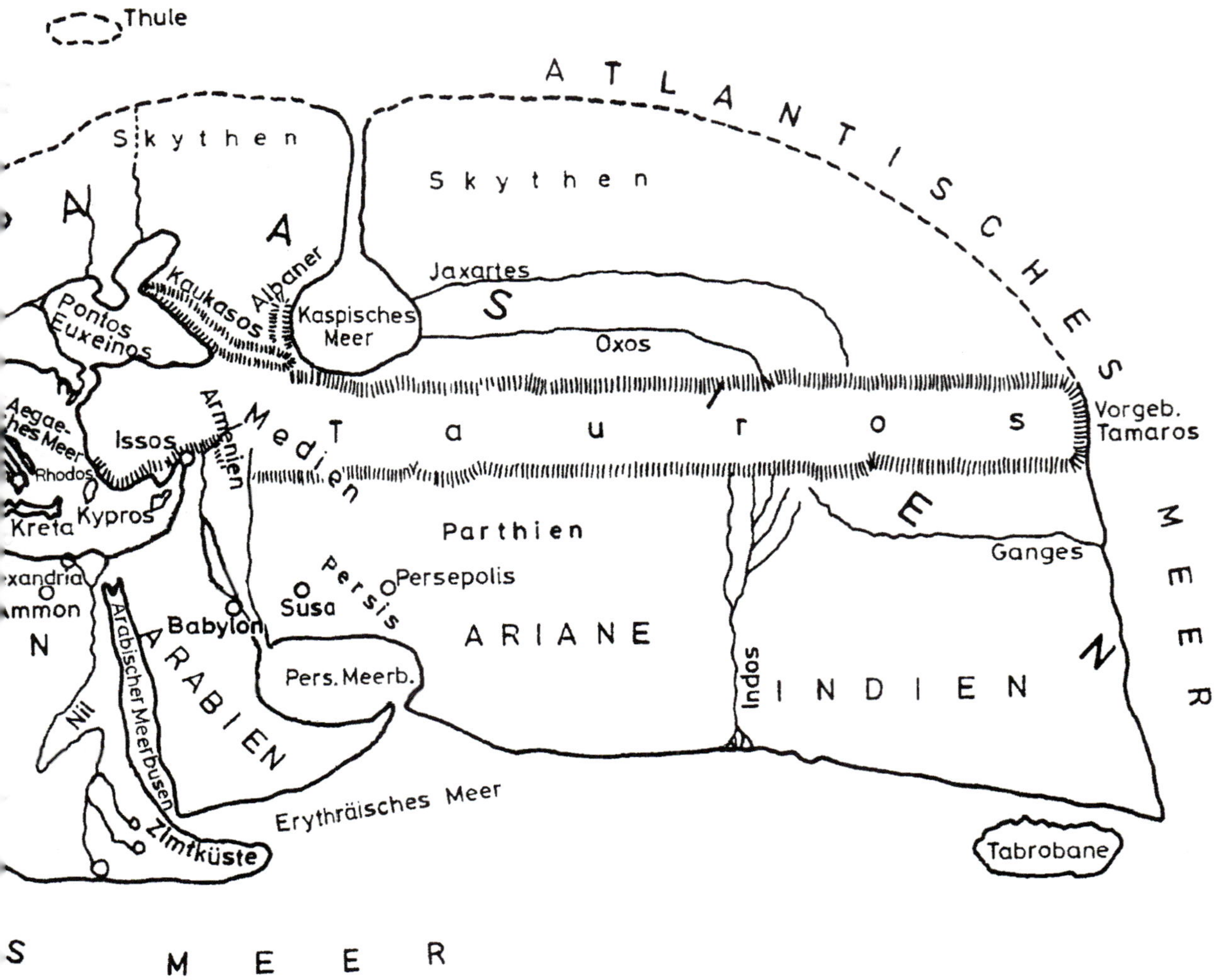

M 2 Karte nach Eratosthenes, um 200 v. Chr.
Rekonstruktionsversuch von Jörg-Peter Röhl, 2000 (stark vereinfacht).

M 1 „Von Europa aber weiß kein Mensch…“

Der Geschichtsschreiber Herodot (siehe Seite 132) notiert im 5. Jh. v. Chr.:

Ob Europa im Osten und im Norden von der See umflossen wird, weiß man nicht; so viel aber weiß man, dass es sich der Länge nach vor den beiden anderen Erdteilen hinzieht. Ich kann auch nicht dahinter kommen, weshalb die drei Erdteile, die doch ein Land sind, drei verschiedene Namen haben […]. Ebensowenig habe ich ermitteln können, wer ihnen die verschiedenen Namen gegeben und weshalb man sie so genannt hat. Libyen soll, wie man in Griechenland gewöhnlich annimmt, seinen Namen von Libye, einer Tochter des Landes, haben. Asien von der Gemahlin des Prometheus. […] Von Europa aber weiß kein Mensch, weder ob es von der See umflossen wird, noch woher und von wem es seinen Namen hat […].

Herodot, Historien IV, 45; zitiert nach: Das Geschichtsbuch des Herodot von Halikarnassos. Aus dem Griechischen von Theodor Braun, Frankfurt am Main 2001

1. *Stelle den Mittelpunkt der Karte des Hekataios fest. Überlege, warum ein Inder den Mittelpunkt vielleicht anders gewählt hätte.*
2. *Stelle fest, welchen Namen die Insel Tabrobane heute hat (M 2).*
3. *Nenne die Kontinente, die Herodot noch nicht kannte (M 1).*
4. *Prüfe Herodots Aussage über Europa (M 1) an der Karte des Hekataios.*
5. *Vergleiche die Karten von Hekataios und Erathosthenes. Über welche Erdteile nahm das Wissen besonders stark zu? Nenne Gründe dafür.*

Herodot – ein Weltreisender der Antike

1 Herodot von Halikarnassos.
Römische Porträtbüste aus Marmor (33,5 cm hoch), 2. Jh. n. Chr.

Fremd, ...

Wer als Händler, Handwerker, Gesandter, Soldat oder Pilger weit herumkam, berichtete den Daheimgebliebenen; manchmal übertrieb er dabei oder mischte Fantasie mit Wirklichkeit. Interesse fand vor allem das, was an den anderen Ländern, Völkern und Kulturen im Vergleich zur eigenen ungewöhnlich erschien – wie zum Beispiel das Bauen mit Ziegeln, das Zimmermannswerk, der Schiffsbau oder fremde Zahlen und Schriften.
Am auffälligsten war, dass andere Menschen eigene Sprachen benutzten. Manche Sitten und Gebräuche wurden belächelt oder als überheblich abgelehnt. Die Griechen waren überzeugt, alle Nichthellenen seien kulturlose „Barbaren". Führte man Krieg gegen Fremde, konnte es leicht geschehen, dass „fremd" allgemein mit „gefährlich" und „feindlich" gleichgesetzt wurde.

... aber nützlich

Von den Fremden ließ sich aber auch manches lernen. So hatte man in Griechenland durch Leute, die in Ägypten waren, von riesigen Bauwerken in den Heiligtümern erfahren. Daraufhin wollten auch die Griechen zu Ehren ihrer Götter große Gebäude errichten – jene Tempel, die wir bis heute mit der Kultur der Antike verbinden.
Griechen und Römer waren überhaupt Meister, wenn es darum ging, Nützliches und Schönes von anderen Völkern zu übernehmen.*

*Lies dazu nochmals die Seiten 60, 78-79 und 102-103.

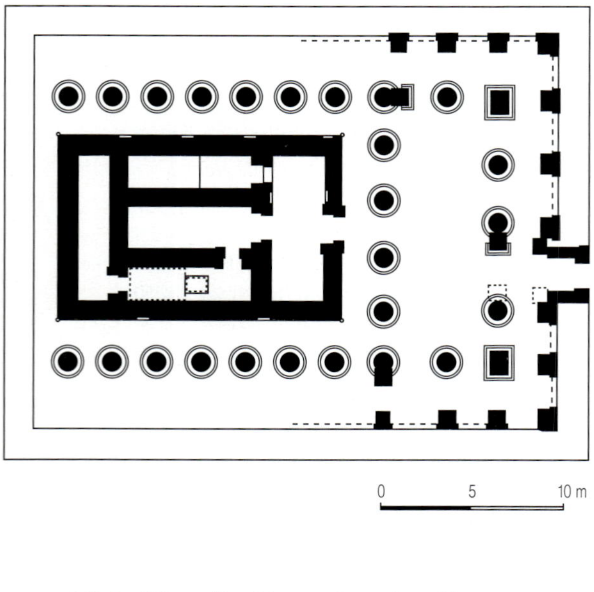

2 Horus-Tempel in Buhen (Oberägypten).
Grundriss des Tempels.
Die Anlage entstand zur Zeit der Hatschepsut, 1490-1468 v. Chr.
Vergleiche den Grundriss mit dem des Parthenon-Tempels auf Seite 80.

3 Persischer Prunkwagen.
Das Modell aus Gold ist 18,8 cm lang und stammt aus einem altpersischen Tempelschatz, 7.-4. Jahrhundert. Das Aussehen des Wagens entspricht dem Alexander-Mosaik (siehe M 1, Seite 86).

Herodot – der erste Reporter der Welt?

Der Grieche *Herodot* war für seine Zeit ungewöhnlich weit gereist. Er stammte aus der griechischen Stadt Halikarnassos in Kleinasien (heute Bodrum, Türkei), die damals unter persischer Herrschaft stand. Sein Lebensweg führte ihn auch nach Athen, wo er vermutlich den Staatsmann *Perikles* und den Dichter *Sophokles* kennenlernte. In Süditalien beteiligte er sich an der Gründung der Kolonie Thurii am Golf von Tarentum. Er starb dort um 424 v. Chr. im Alter von etwa 61 Jahren.
Herodot bereiste den gesamten griechischen Siedlungsraum, kam bis in die heutige Ukraine und erkundete in Ägypten den Lauf des Nils; ins eigentliche Persien gelangte er nicht. Seine vielen Erfahrungen mit fremden Ländern, Menschen und Lebensweisen hat er mit seinen Gedanken zur Geschichte und Kultur dieser Völker in Berichten zusammengefasst. Er beschreibt die Sitten und Bräuche der Nichtgriechen meist sachlich und erkennt die Überlegenheit älterer Kulturen wie die der Ägypter an. Seine „Historien" sind auch eine der wichtigsten Quellen über die Perserkriege.**
Schon in der Antike galt Herodot nicht nur als erster Historiker („Vater der Geschichtsschreibung"), sondern auch als erster Geschichtenerzähler. Vergleichbare Geschichtswerke aus Ägypten oder Persien gibt es nicht.

**Siehe Seite 69 f.

M 1 Wie reist Herodot?

Für den polnischen Journalisten Ryszard Kapuscinski ist Herodot ein „Vollblutreporter". Seine Arbeitsweise stellt er sich so vor:

Er reist, schaut, unterhält sich, hört zu, um später zu notieren, was er erfahren und gesehen hat, oder um sich einfach etwas einzuprägen. Wie reist er? Wenn auf dem Landweg – dann zu Pferd, auf dem Esel oder Maultier, meist jedoch zu Fuß, und wenn auf dem Wasser – auf einem Kahn oder einem Schiff. Ist er auf seinen Reisen allein, oder führt er einen Sklaven mit sich? Das wissen wir nicht, doch damals hatte jeder, der es sich leisten konnte, einen Sklaven dabei. Der Sklave trug das Gepäck, einen Flaschen-kürbis mit Wasser, einen Korb mit Lebensmitteln, Schreibutensilien – eine Rolle Papyrus, Tontäfelchen, Pinsel, Griffel, Tinte. [...] Neben dem Sklaven mietete man für eine Reise auch einen Führer und einen Dolmetscher. Die Reisegesellschaft Herodots dürfte also neben ihm noch mindestens drei Personen umfasst haben. Doch für gewöhnlich schlossen sich auch noch andere Wanderer an, die denselben Weg hatten.

Ryszard Kapuscinski, Meine Reise mit Herodot, Frankfurt am Main 2006, S. 136 f.

M 2 Die Ägypter sind anders

Herodot berichtet:

Wie der Himmel in Ägypten anders aussieht als anderswo [...], so haben die Ägypter auch ganz andere Sitten und Gewohnheiten als andere Menschen. So gehen bei ihnen die Frauen auf den Markt und treiben Kramhandel, während die Männer zu Hause bleiben und weben. [...] Lasten tragen die Männer auf dem Kopfe, die Frauen auf den Schultern. [...] Frauen versehen niemals Priesterdienste, weder bei Göttern noch bei Göttinnen, Männer dagegen bei allen beiden. [...] Andere Leute leben nicht mit ihrem Vieh zusammen, die Ägypter leben mit ihm unter einem Dache. [...] Jeder Mann hat zwei Kleider, die Frau aber nur eins. [...] Die Griechen schreiben und rechnen von links nach rechts, die Ägypter dagegen von rechts nach links, und trotzdem sagen sie, sie schreiben nach rechts und die Griechen nach links. [...]

Herodot, Historien II, 35 f.; zitiert nach: Das Geschichtsbuch des Herodot von Halikarnassos. Aus dem Griechischen von Theodor Braun, Frankfurt am Main 2001 (vereinfacht)

M 3 Über die Perser

Herodot schreibt über die Sitten und Lebensweisen der Perser:

Als höchster Festtag gilt bei ihnen der Geburtstag. Da gehört es sich, reichlicher aufzutischen als gewöhnlich. Die Reichen lassen ganze Ochsen, Pferde, Esel und Kamele im Ofen braten und auftragen, die Armen aber begnügen sich mit kleineren Tieren. Bei Tisch gibt es bei ihnen nur wenig Gerichte, desto mehr aber werden beim Nachtisch nacheinander aufgetragen. Deshalb sagen die Perser auch, die Griechen stünden hungrig vom Tisch auf, weil es bei ihnen keinen ordentlichen Nachtisch gäbe; wenn man ihnen mehr vorsetzte, würden sie es sich schon schmecken lassen. [...]
Beim Wein aber pflegen sie die wichtigsten Dinge zu beraten, und was sie da beschlossen haben, das trägt ihnen der Hausherr, bei dem die Beratung gepflogen, am anderen Tage, wenn sie wieder nüchtern sind, nochmals vor. Sind sie dann auch nüchtern damit einverstanden, so bleibt es dabei, sonst aber geben sie es auf. Aber auch, was sie zuerst nüchtern beschlossen haben, wird nachher in der Trunkenheit nochmals besprochen.

Herodot, Historien I, 133; zitiert nach: Das Geschichtsbuch des Herodot von Halikarnassos, a.a.O.

M 4 Verbrüderungsszene.
Goldenes Zierplättchen (5 x 3,7 cm) aus einem skythischen Fürstengrab, 2. Hälfte des 4. Jh.

M 5 Verbrüdungsszene bei den Skythen

Herodot berichtet von den Skythen:*

Wenn Skythen mit jemand, wer es auch sei, einen Bund schließen wollen, gießen sie Wein in ein großes irdenes Gefäß und vermischen damit Blut derer, die ihn schließen, indem sie sich mit einer Schusterahle stechen oder sich mit einem Messer eine kleine Wunde beibringen. Darauf tauchen sie einen Säbel, eine Streitaxt, einen Wurfspieß und Pfeile in das Gefäß und sprechen ein langes Gebet. Danach trinken sie alle daraus, sowohl die, welche den Bund schließen, wie auch ihre nächsten Freunde.

Herodot, Historien IV, 70; zitiert nach: Das Geschichtsbuch des Herodot von Halikarnassos, a.a.O.

***Skythen**: *Sammelbegriff für eine Vielzahl von Völkern, die ab dem 9. Jh. v. Chr. von Südsibirien bis an die Grenze Nordchinas lebten. Es handelte sich um wandernde Reitervölker, die schrittweise Richtung Westen bis an die mittlere Donau zogen.*

1. *Vergleiche Herodots Reisebedingungen mit denen von heute (M 1).*
2. *Was fällt Herodot in Ägypten auf (M 2)? Gib an, was einem Ägypter in Griechenland auffallen würde.*
3. *Überlege, warum Herodots Informationen die Griechen interessierte (M 3).*
4. *Vergleiche das skythische Kunstwerk (M 4) mit dem Text von Herodot (M 5).*

Alexander der Große: Eroberer und Entdecker?

1 Kopf Alexander des Großen.
Römische Porträtbüste aus Marmor (30 cm hoch) nach einer Vorlage aus dem 3. Jh. v. Chr.

Geschichte und Sage
Alexanders Eroberungszug galt in Geschichte und Sage als große Kriegstat. Was wir darüber wissen, entstammt allein römischen Geschichtswerken, die alle Jahrhunderte später entstanden sind.

Erobert, vermessen und berichtet
Wir können uns nur schwer vorstellen, wie Alexander und seine Soldaten bei dem damaligen Stand des Transport- und Nachrichtenwesens so große Entfernungen zurücklegen konnten, zumal es damals kaum befestigte Straßen und keine genauen Landkarten gab.
Alexander war nicht nur mit Soldaten aufgebrochen, sondern auch mit vielen Fachleuten. Dazu gehörten „Schrittzähler" (Bematisten). Sie vermaßen die Weglängen, sammelten Informationen über die Versorgung mit Wasser und Verpflegung sowie über die Bevölkerung. Andere Teilnehmer des Zuges beschrieben bis dahin kaum bekannte Pflanzen wie Reis oder Baumwolle und Tiere wie Elefanten oder Wale.
In den Berichten erfahren wir nur wenig über die Verständigung mit den Menschen in den eroberten Gebieten. Ein wechselseitiger Austausch scheiterte aber nicht nur an den fehlenden Sprachkenntnissen, sondern an Alexanders Kriegsführung: Er erwartete von den fremden Herrschern und Völkern sofortige Unterwerfung. Auf Zögern, Widerstand oder Flucht reagierte er mit Gewalt. Daher blieben ihm und seinen Leuten die eroberten Länder und ihre Einwohner weitgehend fremd.

War Alexander ein Entdecker?
Alexander wollte die ganze bewohnte Welt beherrschen – bis zum Ozean und damit zum östlichen Ende der Welt. Obwohl dies am Widerstand seiner Gefolgsleute 326 am Fluß Hyphasis (östlich des heutigen Amritsar) scheiterte und er umkehren musste, veränderte sein Vorstoß nach Indien das bisherige Weltbild. Man wusste jetzt, dass sich ostwärts von Indien noch weitere riesige Gebiete erstreckten.
Alexanders Eroberungszug erweiterte das geografische Wissen auch durch Expeditionen. Er ließ Informationen über Küsten, Landesnatur und Reichtümer der fremden Gebiete sammeln und neue Seewege suchen. 325 stach sein Admiral *Nearchos* mit 150 Schiffen und etwa 5000 Mann Besatzung in See, um den Weg vom Indusdelta bis zur Mündung des Euphrat und Tigris zu erkunden.

Was soll ein Vielvölkerreich verbinden?
Alexander herrschte über ein Reich mit zahllosen Völkern. Ihre Sitten und Bräuche achtete er nur, wenn sie seiner Herrschaft nutzten. Einheimische beließ er nur dann auf ihren Posten, um mit ihnen die Gebiete besser verwalten zu können. Er selbst übernahm persische Umgangsformen, heiratete persische Prinzessinnen und forderte seine Soldaten 324 in Susa auf, Orientalinnen zu heiraten. Damit wollte er Persien und die hellenistische Welt verbinden. Sein Ziel erreichte er nicht. Die von Alexander gegründeten Städte waren Stützpunkte der Verwaltung und des Handels. Sie brachten zwar die hellenistische Kultur bis nach Indien, doch die meisten Städte bestanden nicht lange. Eine Ausnahme war das 331 von ihm gegründete Alexandria in Ägypten, das sich zu einem Zentrum des Kultur- und Wissensaustausches entwickelte.*

*Siehe dazu Seite 87f.

2 Schlacht zwischen Dareios und Alexander.
Indische Buchillustration (5,5 x 6,5 cm), 15. Jh. Alexander der Große und seine Taten waren noch Themen der christlichen und islamischen Literatur späterer Jahrhunderte. Vergleiche das Bild mit dem Alexander-Mosaik auf Seite 86.

M 1 Die Eroberungszüge Alexanders.

334 *nach Asien übergesetzt*
332 *in Ägypten einmarschiert*
329 *den Hindukusch überquert*
327 *den Indienfeldzug begonnen*
326 *am Hyphasis umgekehrt*
325 *am Indusdelta angekommen*
323 *in Babylon den Arabienfeldzug vorbereitet*

M 2 Über die Inder

Der weit gereiste griechische Geograf Strabon gibt uns in seiner um 18 v. Chr. fertiggestellten Erdbeschreibung folgende Informationen über Indien aus der Zeit Alexanders des Großen:

Alle Inder leben ein einfaches Leben, besonders aber auf Feldzügen. Sie können sich nicht mit überflüssigen Massenveranstaltungen anfreunden, und deshalb benehmen sie sich nach guter Sitte. [...] Tatsächlich trinken sie keinen Wein, außer bei Opfern, sondern ein Getränk, das sie aus Reis statt aus Gerste gewinnen. Zudem besteht ihre Nahrung überwiegend aus Reisbrei. Diese Dinge mögen vernünftig sein, aber niemand könnte ihre sonstigen Gebräuche billigen. So essen sie immer alleine, und es gibt keine einzige Stunde, zu der alle gemeinsam ein Mahl oder Frühstück einnehmen, sondern sie essen, wann es dem Einzelnen beliebt. Doch für das gesellschaftliche und politische Leben [der Inder] ist es besser nach jener Art.

Zitiert nach: Johannes Hahn (Hrsg.), Alexander in Indien 327-325 v. Chr. Antike Zeugnisse, Stuttgart 2000, S. 158 f.

M 3 Merkwürdigkeiten

Strabon überliefert auch Berichte von seltsam großen indischen Menschenwesen :

Es gäbe dort „Menschen ohne Nasen, die zum Atmen nur zwei Löcher über dem Mund besäßen“ und gegen Kraniche kämpften. Von „Schnellfüßlern, die geschwinder als Pferde laufen könnten“, von „Schlappohrigen, deren Ohren die Füße berührten [...] und so stark seien, dass sie Bäume ausreißen und eine Bogensehne zerreißen könnten“, und von „Einäugigen, die Hundeohren und in der Mitte des Gesichtes ihr Auge besäßen, mit aufrechtstehendem Haar und zottiger Brust“.

Zusammengefasst nach: Johannes Hahn (Hrsg.), Alexander in Indien 327-325 v. Chr., a.a.O., S. 161 ff.

1. *Errechne die ungefähre Länge des Marsches von der Stadt Amphipolis bis zum Fluss Hyphasis (M 1).*
2. *Bestimme die heutigen Länder, durch die die Eroberungszüge führten (M 1). Nutze dazu einen Atlas.*
3. *Überlege, welche Probleme das Heer während des Marsches lösen musste.*
4. *Wie bewertet Strabon des Leben der Inder (M 2)? Wie kommt er zu seinem Urteil?*
5. *Strabon überliefert etwas, was er nicht selbst gesehen hat (M 3). Warum tut er das?*

Was die Römer im 1. Jh. n. Chr. von den Germanen wussten

1 Wegzeichen.
Aus: René Goscinny und Albert Uderzo, Asterix und die Goten, Stuttgart 1970, S. 22.

2 Kopf eines Germanen mit Suebenknoten.
Rekonstruktion auf der Grundlage einer Figur, die sich an einem Bronzekessel von 170/180 n. Chr. befindet und Teil eines germanischen Fürstengrabes ist.

Woher haben die Germanen ihren Namen?

Unsere Informationen über die Germanen stammen von den Griechen und Römern. Schriftliche Selbstzeugnisse der Germanen fehlen. Sie kannten noch keine Schrift.

Den Namen Germanen übernahmen die Römer wohl von den Galliern. Er fasst die verschiedenen Volksstämme zusammen. Sie selbst sahen sich als Friesen oder Cherusker usw., also als Angehörige eines Stammes. Ein germanisches Einheitsbewusstsein gab es in dem dünn besiedelten Gebiet nicht. Im Gegenteil: Die germanischen Stämme führten oft Kriege untereinander.

Angst vor der „teutonischen Raserei"

Die Römer hatten erstmals Ende des 2. Jh. v. Chr. mit germanischen Völkern Kontakt. Die Kimbern, Teutonen und andere waren über die Alpen gekommen und hatten ihnen einige Niederlagen zugefügt. Der Schrecken vor der „teutonischen Raserei" blieb in Erinnerung. Er wurde bestärkt von der Ansicht der antiken Geografen: Je weiter aus dem Norden, umso größer und wilder würden die Menschen.

Caesar übernahm dieses Vorurteil. Er hatte Mitte des 1. Jh. n. Chr. Gallien erobert, zweimal den Rhein überschritten und aus militärischen Gründen den Rhein zur Grenze zwischen den linksrheinischen keltischen Galliern und den rechtsrheinischen germanischen Stämmen erklärt. Die Germanen stellte er in seinem Bericht über den Gallischen Krieg barbarischer und kriegerischer als die Gallier dar.

3 Wo die Germanen wohnten.
In den römischen Quellen genannte germanische Stämme und ihre Siedlungsgebiete im 1. und 2. Jh. in Auswahl.

Über die römisch-germanischen Beziehungen

Das aber hinderte die Römer nicht, mit den Germanen Handel zu treiben und germanische Söldner zu beschäftigen. Darüber hinaus gefiel einigen germanischen Heerführern die römische Lebensweise, sodass sie sich und ihre Leute freiwillig den Römern anschlossen.

Rund sechzig Jahre nach Caesar versuchte Kaiser Augustus, Germanien bis zur Elbe zu unterwerfen. In der Varus-Schlacht scheiterten 9 n. Chr. seine Legionen.* Es folgen zwar noch ein paar römische Rachefeldzüge, doch bald darauf gaben sie sich mit dem Rhein als Grenze zufrieden. Über sie hinweg entwickelte sich ein wechselseitiger Austausch.

Lies dazu Seite 118 f.

M 1 Der kriegerischste Stamm der Germanen

Caesar berichtet in seinem um 52 bis 50 v. Chr. verfassten Werk über den „Gallischen Krieg“:

Der Stamm der Sueben* ist der weitaus größte und kriegerischste unter allen Germanen. Er soll aus 100 Gauen bestehen, deren jeder jährlich jeweils ein Heer von 1000 Mann aufstellt, um außerhalb ihres Gebietes in den Krieg zu ziehen. Der Rest, der in der Heimat bleibt, sorgt für die Ernährung der Gemeinschaft. Im nächsten Jahr stehen diese wieder ihrerseits unter Waffen, und die anderen bleiben zu Hause. [...] Es gibt bei ihnen kein Land, das in gesondertem Privatbesitz wäre [...]. Sie ernähren sich auch weniger von Getreide als überwiegend von Milch und Fleisch und sind viel auf der Jagd. Dieser Umstand, verbunden mit der Art der Ernährung, der täglichen Übung und der Freiheit der Lebensführung, die darin besteht, dass sie von Kind an nicht zu irgendwelchen Verpflichtungen oder zu Disziplin erzogen werden und nichts gegen ihren eigenen Willen tun, stärkt die Kräfte und bringt Menschen von ungeheurer Körpergröße hervor. Obwohl die Gegend dort überaus kalt ist, haben sie sich angewöhnt, in den Flüssen zu baden und nichts außer Fellen als Kleidung zu tragen.**
Da diese sehr kurz sind, bleibt der größte Teil des Körpers nackt.
Die Verbindung zu Handelsleuten wird vorwiegend zu dem Zweck aufrechterhalten, dass sie das, was sie im Krieg erbeutet haben, verkaufen können, weniger mit dem Wunsch, irgend etwas einzuhandeln.

Gaius Iulius Caesar, De bello Gallico 4, 1-2; zitiert nach: De bello Gallico / Der Gallische Krieg, übersetzt und herausgegeben von Marieluise Deißmann, Stuttgart 1980

***Sueben**: *eine Sammelbezeichnung für verschiedene germanische Völker; der Stammesname überdauerte in der Bezeichnung der Schwaben.*

***Archäologische Funde belegen gewebte Kleidung in Nordeuropa seit dem 6. Jh. v. Chr.*

M 2 Und wo liegt „Germanien“?

Rund 90 Jahre nach Caesar schreibt der in Südspanien geborene Pomponius Mela in seiner „Länderkunde“:

Der Rhenus [Rhein] fließt von den Alpen herab; in der Nähe seiner Quelle bildet er zwei Seen, den Venetischen [Obersee des Bodensees] und den Acronischen [Untersee]; bald fließt er wieder lange ungeteilt in einem bestimmten Bett dahin, spaltet sich dann aber nicht fern vom Meer in zwei Arme: die linke Seite heißt auch jetzt noch bis zu der Mündung Rhenus, auf der rechten Seite ist der Fluß zunächst schmal und seiner alten Gestalt ähnlich, dann aber treten seine Ufer weit und breit zurück, und nicht mehr als Strom, sondern als gewaltiger See heißt er, wo er die Ebenen überflutet, Flevo*; er umströmt eine Insel gleichen Namens [Vlieland], wird darauf erneut schmaler und mündet schließlich wieder als Fluß.
Germanien wird auf dieser Seite [im Westen] von seinen Ufern bis zu den Alpen, im Süden durch die Alpen selbst, im Osten durch die benachbarten Stämme der Sarmaten und auf der Nordseite durch die Küste des Ozeans umgrenzt.
[...]
Mit ihren Nachbarn führen sie [die „Germanen“] Kriege, wobei sie die Gründe dafür nach Belieben aufgreifen, nicht etwa aus Herrschsucht oder zwecks Erweiterung ihres Besitzes – denn nicht einmal diesen bestellen sie eifrig –, sondern nur, damit das Gebiet, das um ihres herum liegt, brach liegt.
Sie üben das Faustrecht aus, sodass sie sich nicht einmal des Raubes schämen; nur Gästen gegenüber sind sie gütig und mild gegen Schutzflehende. [...]
Das Land selbst ist wegen der vielen Flüsse kaum gangbar, durch die vielen Gebirge rau und zum größten Teil durch Wälder und Sümpfe unwegsam.

Pomponius Mela, Länderkunde III, 24 ff.; zitiert nach: ders., Kreuzfahrt durch die Alte Welt. Zweisprachige Ausgabe von Kai Brodersen, Darmstadt 1994

***Flevo**: *die Ijssel bei Geldern oder die weiter stromabwärts bei Utrecht abzweigende Vecht?*

M 3 Gefangene Germanen.
Relief auf einem Säulensockel (85 cm hoch) aus Mainz, etwa 70 bis 80 n. Chr.

1. *Fasse Caesars und Melas Eindrücke von den Germanen jeweils in eigenen Worten zusammen. Welche Einstellungen gegenüber den Germanen werden in den Texten deutlich (M 1 und M 2)? Vergleiche sie mit M 3.*
2. *Überprüfe im Atlas Melas geografische Beschreibung (M 2) auf ihre Zuverlässigkeit.* Lerntipp
3. *Beschreibe die Darstellung der beiden Personen (Haltung, Bekleidung usw.) auf dem Relief (M 3). Überlege, was mit dem Bild ausgedrückt werden sollte.*

M 4 Über den Umgang mit Gold und Silber

Der römische Geschichtsschreiber Tacitus fasst um 98 n. Chr. das Wissen über die Germanen zusammen. Er selbst hatte das Land nie gesehen und griff bei seiner Darstellung auf die Schriften Caesars und anderer Autoren zurück.

Besitz und Verwendung dieser Metalle [Gold und Silber] reizt sie nicht sonderlich. Man kann beobachten, dass bei ihnen Gefäße aus Silber, Geschenke, die ihre Gesandten und Fürsten erhalten haben, ebenso gering geachtet werden wie Tonkrüge. Allerdings wissen unsere nächsten Nachbarn wegen des Handelsverkehrs mit uns Gold und Silber zu schätzen, und sie kennen bestimmte Sorten unseres Geldes und nehmen sie gern; doch im Innern herrscht noch einfacher und altertümlicher Tauschhandel.

Tacitus, Germania 5; zitiert nach: P. Cornelius Tacitus, Germania, Lateinisch/Deutsch. Übers., erl. und hrsg. von Manfred Fuhrmann, Stuttgart 1972

M 5 Handel zwischen Germanen und Römern.

Rekonstruktionszeichnung von Ute Thönissen, 2002.

M 6 Über die Siedlungsweise

Tacitus (siehe M 4) schreibt:

Dass die Völkerschaften der Germanen keine Städte bewohnen, ist hinreichend bekannt, ja dass sie nicht einmal zusammenhängende Siedlungen dulden. Sie hausen einzeln und gesondert, gerade wie ein Quell, eine Fläche, ein Gehölz ihnen zusagt. Ihre Dörfer legen sie nicht in unserer Weise an, dass die Gebäude verbunden sind und aneinanderstoßen. Jeder umgibt sein Haus mit freiem Raum, sei es zum Schutz gegen Feuersgefahr, sei es aus Unkenntnis im Bauen. Nicht einmal Bruchsteine oder Ziegel sind bei ihnen im Gebrauch; zu allem verwenden sie unbehauenes Holz, ohne auf ein gefälliges oder freundliches Aussehen zu achten. Einige Flächen bestreichen sie recht sorgfältig mit einer so blendendweißen Erde, dass es wie Bemalung und farbiges Linienwerk aussieht.

Tacitus, Germania 16; zitiert nach: P. Cornelius Tacitus, Germania, Lateinisch/Deutsch, a.a.O.

*→**Internettipps:** Über die Lebensweise der Germanen informieren www.funkenburg-westgreussen.de und www.ask-alamannen.de*

M 7 Über die Gastfreundschaft

Tacitus (siehe M 4) notiert:

Tag und Nacht durchzechen ist für keinen eine Schande. Die Streitereien, die unter Betrunkenen ja häufig vorkommen, werden selten mit bloßen Beschimpfungen, öfter jedoch mit Totschlag und Blutvergießen ausgetragen. – Aber auch über die gegenseitige Versöhnung von Feinden, das Knüpfen familiärer Bande, den Anschluss an Gefolgsherren, ja sogar über Krieg und Frieden beraten sie sehr häufig bei den Gelagen, in der Annahme, zu keiner Zeit sei das Herz aufgeschlossener für aufrichtige und erwärme sich stärker für große Gedanken. Dies Volk, nicht von durchtriebener Verschlagenheit, offenbart obendrein die Herzensgeheimnisse in der ungezwungenen Stimmung, die bei solcher Gelegenheit herrscht; so liegt die Gesinnung von allen ganz offen zutage. Am folgenden Tag wird noch einmal verhandelt, und zwar hat die Wahl der beiden Zeiten ihren guten Grund; (denn) sie beratschlagen dann, wenn sie sich nicht zu verstellen wissen; sie beschließen dann, wenn sie sich nicht irren können.

Tacitus, Germania 22; zitiert nach: P. Cornelius Tacitus, Germania, Lateinisch/Deutsch, a.a.O.

1. *Bestimme die Wertungen, die der Tacitus-Text enthält (M 4).*
2. *Beschreibe das Geschehen auf dem Bild (M 5). Was erfährst du daraus über den Handel? Vergleiche es mit M 4.*
3. *Überlege, welche Quellen du brauchtest, um die Behauptungen von Tacitus (M 6) zu überprüfen.*
4. *Prüfe die Glaubwürdigkeit der Aussage in M 7. Vergleiche dazu den Bericht von Herodot über die Perser (M 3, Seite 133). Was schließt du daraus?*

Lerntipp

Textquellen auswerten

Um den Inhalt einer Textquelle zu erfassen, solltest du so vorgehen:

1. Lies den Text zunächst sorgfältig ganz durch, um dir einen Überblick zu verschaffen.
2. Kopiere den Text und unterstreiche oder markiere die Stellen, die dir wichtig erscheinen. Schreibe beim zweiten Lesen dir unbekannte Begriffe oder schwierige Formulierungen heraus. Schlage sie bei Bedarf in einem Wörterbuch oder einem Lexikon nach.
3. Schreibe bei längeren Texten eine Inhaltsangabe, wie du es im Deutschunterricht gelernt hast.

Um eine Textquelle zu deuten (zu interpretieren) solltest du Antworten auf folgende Fragen finden:

1. An wen wendet sich der Text?
2. Wo und wann wurde er verfasst?
3. Wer ist der Verfasser / die Verfasserin? Ist sein / ihr Name bekannt? Wissen wir etwas über seinen / ihren Beruf, seine / ihre Aufgaben, seine / ihre politische Haltung? Hat er / sie erlebt, was er / sie berichtet?
4. Aus welcher Sicht schreibt er / sie? Steht er / sie auf der Seite einer Gruppe mit bestimmten Wünschen und Interessen?
5. Wie glaubwürdig ist der Autor / die Autorin?
6. Fallen dir sprachliche Besonderheiten auf?
7. Handelt es sich um eine Urkunde, ein Gesetz, einen Brief, eine Rede oder noch eine andere Textart?
8. Stammt der Text aus der dargestellten Zeit (*Primärquelle*)? Oder wurde er nachträglich verfasst (*Sekundärtext*)?
9. Wie werden Fakten und Zusammenhänge beurteilt und gedeutet?
10. Nimm Stellung zur Meinung des Verfassers der Textquelle.

M1 „Schau dir all die Stämme an…“

Seneca (4. v. Chr.-65 n. Chr.), ein einflussreicher Philosoph, Schriftsteller und Berater Kaiser Neros, über die Germanen:

Schau dir all die Stämme an, bei denen der römische Friede endet, die Germanen meine ich und alles, was an umherschweifenden Stämmen um (den Unterlauf der) Donau begegnet. Dauernder Winter, trübes Wetter lastet auf ihnen, kärglich ernährt sie der unfruchtbare Boden. Gegen den Regen schützen sie sich mit Stroh- oder Laub(dächern), sie gehen über Teiche, die zu Eis erstarrt sind, als Nahrung finden sie wilde Tiere. Unglücklich erscheinen sie dir? Nichts ist Unglück, das Gewohnheit zur zweiten Natur gemacht hat. Denn nach und nach wird zum Vergnügen, was unter dem Zwang der Notwendigkeit begann. Sie haben keine Häuser, keine Wohnungen, außer denen, die die Müdigkeit (ihnen) für einen Tag aufstellt. Dürftig ihr Lebensunterhalt und auch der nur unter Mühen zu beschaffen, schrecklich die Härte des Klimas, unbedeckt ihre Körper! Was dir als Elend erscheint, ist das Leben so vieler Stämme.

In einem Kommentar dazu heißt es:

Die sogenannten Übel sind nur göttliche Prüfungen, um die Menschen zu stärken. Die Einzelheiten der Schilderung – dauernde Winter, schlechtes Wetter, Regen und Eiseskälte – erheben nicht Anspruch auf Exaktheit und Originalität; es sind reine, der Rhetorenschule verpflichtete Gemeinplätze bzw. Redewendungen.

Seneca, De providentia 4,13-15, übersetzt von H. Helms; zitiert nach: Joachim Herrmann (Hrsg.), Griechische und lateinische Quellen zur Frühgeschichte Mitteleuropas bis zur Mitte des 1. Jahrtausends u. Z., hrsg. von Joachim Herrmann. Erster Teil von Homer bis Plutarch (8. Jh. v. u. Z. bis 1. Jh. u. Z.), Berlin 1988, S. 305 und S. 553 (vereinfacht)

M2 Der römische Dichter Ovid.
Wandgemälde aus Orvieto von Luca Signorelli, um 1500.

M3 Stimmt das?

Der Römer Ovid schreibt aus Tomis (Constanta in Rumänien):

Einsam lieg' ich am Strande des äußersten Endes der Erde, / wo der Boden bedeckt bleibt von beständigem Schnee; / dieses Land hier erzeugt nicht Äpfel, nicht köstliche Trauben; / weder grünen am Strand Weiden noch Eichen am Berg. […]
Weder bekommst du den Frühling im Schmuck seines blühenden Kranzes /oder des Schnittervolks nackende Leiber zu sehn, / noch beschenkt dich der Herbst mit Trauben am rankenden Weinstock; / maßlos aber regiert Kälte zu jeglicher Zeit.

Ovid, Briefe vom Schwarzen Meer, 1,3,49 ff. und 3,1,11 ff.; zitiert nach: Ovid, Briefe aus der Verbannung, übertragen von Wilhelm Willige, München-Zürich 1990

1. *Welche Eindrücke vermittelt Seneca seinen Lesern (M 1)?*
2. *Überlege, welche Absichten er mit seinem Bericht verfolgte (M 1). Worauf weist der Kommentar hin?*
3. *Überprüfe Ovids Angaben (M 3). Was mag seine Schilderung bei seinen Landsleuten in Rom bewirkt haben?*
4. *Informiere dich über Ovid und finde heraus, in welcher persönlichen Lage er die Zeilen geschrieben hat. Ziehe Schlussfolgerungen aus deinen Informationen.*

Von der Antike zum Mittelalter

Westfälisches
Landesmuseum
für Kunst und
Kulturgeschichte
Münster
Domplatz 10
48143 Münster
Tel. 0251/5907-01
Fax 0251/5907-210
www.landesmuseum-muenster.de
Dienstag bis Sonntag
von 10.00 bis 18.00 Uhr
Wege des
Mittel
alters
17.10.04 - 4.01.05
MUSÉE DE LA CIVILISATION
KUNSTSTIFTUNG NRW

Streit am Römerlager

„Da sind wir ja endlich!", maulte die junge Frau und stöhnte dabei, als das schwere Ochsengespann zwischen den Bäumen auf die Lichtung rumpelte und sich langsam auf das Haupttor des Lagers zubewegte.
„Hör doch auf! Wer liegt mir denn ständig in den Ohren, dass wir uns endlich wieder einmal auf den Weg zum Römerlager machen sollten?" Es war nicht zu überhören, dass ihr Vater verärgert war. Doch seine Tochter jammerte weiter: „Wundert dich das? Schließlich können wir nur hier all die schönen Dinge eintauschen, die es bei uns im Dorf nicht gibt."
„Ich habe nichts gegen ihr Geschirr und ihre Werkzeuge, aber ich will nicht leben wie sie, ich mag ihre Götter nicht und will schon gar nicht von ihnen beherrscht werden. Ich traue den Römern nicht über den Weg. Sie nehmen uns nicht ernst, sondern schauen auf uns herab – so wie die Wachposten da vorn auf ihren Türmen."
Bevor seine Tochter etwas entgegnen konnte, fuhr der alte Mann fort: „Unsere Freunde – nur wenige Tagesreisen von hier – können ein Lied davon singen. Zuerst wollten die Römer dort ‚nur' Hilfstruppen anwerben, die, wer weiß wie weit von ihrer Heimat entfernt, Dienst tun sollten. Sogar ihre Ältesten haben sie bestochen! Als alles nichts nützte, haben sie ihre Dörfer überfallen. Die Römer fackeln nicht lange. Wenn sie etwas unbedingt haben wollen, dann ist ihnen jedes Mittel Recht. Ich habe gehört, dass sie sogar ganze Stämme gezwungen haben, sich neue Wohngebiete zu suchen ..."
Dagegen konnte die junge Frau nichts einwenden, denn sie wusste, dass ihr Vater die Wahrheit sagte. Und sie wusste auch, dass sie mit ihm am besten nicht stritt, wenn er sich so in Wut geredet hatte. So schwieg sie. In Gedanken war sie aber immer noch bei all den Sachen, die sie in wenigen Stunden eintauschen würde. Sie schaute erst wieder auf, als ihr Vater ihr einen leichten Stoß in die Seite versetzte und versöhnlich knurrte:
„Jetzt komm schon, sie öffnen das Tor. Wir haben diese Römer zwar nicht gerufen, aber wenn sie nun mal da sind, können wir ja wenigstens Handel mit ihnen treiben und unseren Nutzen daraus ziehen, so wie sie auch. Das ist in Ordnung, doch mehr will ich mit ihnen nicht zu tun haben! Und wer weiß: Vielleicht kommen ja noch Zeiten, in denen wir ihnen überlegen sind."

Dieter Brückner

Die rekonstruierte Saalburg aus der Vogelschau.
Ansichtskarte nach einem Aquarell von Carl Nebel, um 1900.

1 Das römische Trier im 4. Jh.
Rekonstruktionszeichnung.
Unter römischer Herrschaft entwickelte sich eine Siedlung der Treverer seit etwa 15 v. Chr. zum Mittelpunkt des Moselgebietes. 293 wurde Augusta Treverorum (Trier) eine der vier Hauptstädte des Reiches.

***→Internettipp:** Informationen und Bilder über Triers antike Bauwerke findest du unter www.trier.de*

***→CD-ROM-Tipps:** Imperium Romanum. Römer, Christen und Alamannen zwischen Rhein und Donau, Stuttgart 2005, und Das Geheimnis des Zenturio. Auf der Spur der Römer und Germanen, Berlin 2000*

Die Römer bei uns

Römische Lebensart breitet sich aus

„An die Stelle berüchtigter Einöden sind lachende Kulturen getreten, Kornfelder haben die Wälder, Herden die wilden Tiere verdrängt. Sandwüsten werden bepflanzt, Felsen durchbrochen, Sümpfe getrocknet. Schon gibt es so viele Städte, wie einst nicht einmal Hütten […]. Überall Anbau, Bevölkerung, staatliche Ordnung, Leben.“

So beschrieb der christliche Schriftsteller *Tertullian* Anfang des 3. Jh. die Leistungen der Römer, die für mehrere Jahrhunderte über weite Teile Europas herrschten.

Macht durch Unterwerfung

Um ihre Macht in den eroberten Gebieten zu sichern, unterwarfen oder vertrieben die Römer die bisherigen Bewohner. Aus den besiegten Völkern warben sie später Hilfstruppen zur Unterstützung der eigenen Soldaten an. Die Angehörigen dieser Einheiten erhielten nach 25 Dienstjahren das römische Bürgerrecht. Bis dahin hatten sie viele römische Gewohnheiten übernommen.

Auf dieser Grundlage begann die Romanisierung, die Ausbreitung römischer Lebensart. Von Anfang an beteiligten die Römer einflussreiche einheimische Familien an ihrer Herrschaft. Diese übernahmen die fremde Lebensweise, um die Unterschiede zu den neuen Herren auszugleichen.

Die Verleihung der römischen Bürgerrechte an alle freien Bewohner des Reichs im Jahre 212 verstärkte die Romanisierung. Alle Provinzbewohner konnten nun öffentliche Ämter bekleiden. Einige von ihnen wurden Mitglieder des Senats in Rom. Es gab später sogar Kaiser, die nicht aus Rom und Italien kamen.

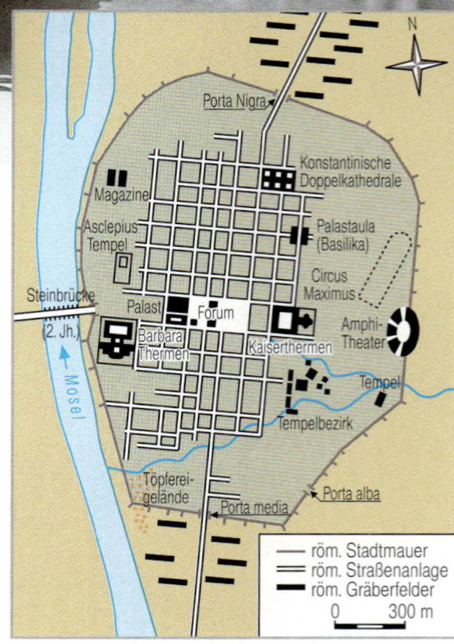

2 Stadtplan von Trier.
Abb. 1 und 2 enthalten Informationen über die Bedeutung der Stadt für Handel und Kultur. Erkläre!

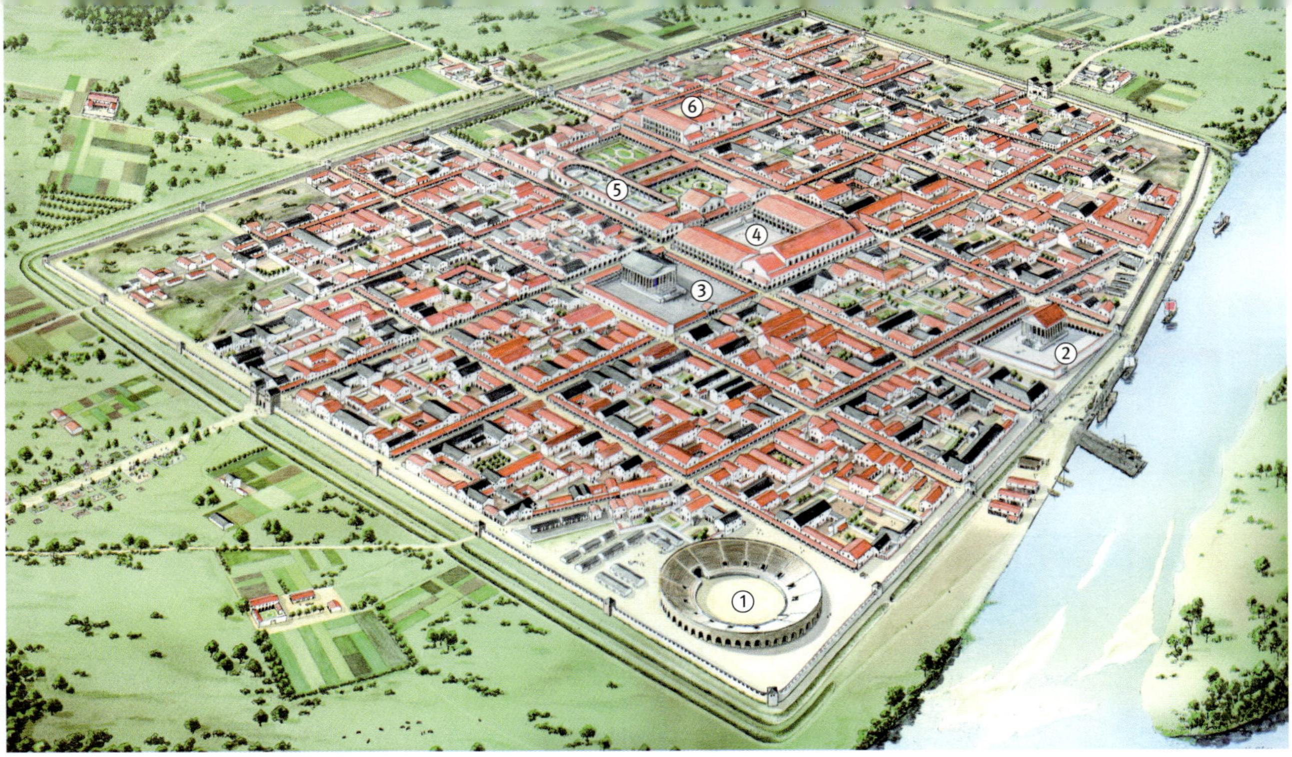

3 Die „Colonia Ulpia Traiana" in Xanten.
Rekonstruktionszeichnung von Horst Stelter, 2007.
Um 110 verlieh Kaiser Trajan dem Ort am Rhein in Nieder-Germanien (lat. Germania Inferior) die Stadtrechte. Er wurde neben dem heutigen Köln (siehe Abb. 3) und Trier (Abb. 1 und 2) zur drittgrößten römischen Stadt nördlich der Alpen. Die Bürger der „Colonia" besaßen das römische Bürgerrecht und durften sich selbst verwalten. Das Amphitheater ①, der „Hafentempel" ②, das Capitol, der Haupttempel für die Götter Iuppiter, Juno und Minerva ③, das Forum ④, der „Verwaltungspalast" ⑤ und die Thermen ⑥ machten den Ort zum Mittelpunkt der Region.
→ ***Tipp:*** *Auf dem Gelände der „Colonia Ulpia Traiana" bei Xanten wurde 1977 ein Archäologischer Park gegründet. Unter www.apx.lvr.de findest du Informationen über ihn sowie über den Xantener Raum in der Antike.*

Mittelpunkte der Provinzen

Während die Römer an den Küsten des Mittelmeers bereits befestigte Städte aus der Zeit der griechischen Kolonisation oder des Hellenismus vorfanden, waren vergleichbare Ansiedlungen in Mitteleuropa selten. Zur Romanisierung gehörte die Urbanisierung, es entstanden also immer mehr Städte (lat. *urbs*: Stadt). Die Zahl ihrer Bewohner übertraf aber nie mehr als fünf bis zehn Prozent der Bevölkerung des Reiches.
Ihre große Bedeutung erlangten die Städte als Mittelpunkte von Verwaltung, Handel und Kultur. In ihnen bauten die Römer Tempel, Theater und Thermen für ihre Soldaten. Hier lernte die einheimische Bevölkerung die fortschrittliche bürgerliche römische Lebensart kennen. Im 5. Jh. sollen in allen Provinzen über 1500 Städte römische Kultur verbreitet haben. Viele hatten mehr als 10 000 Einwohner.

4 Nebenbogen des römischen Nordtores in Köln.
Foto, um 1990.
Zwischen 39 und 19 v. Chr. siedelte Agrippa, ein Feldherr des Kaisers Augustus, die germanischen Ubier am linken Rheinufer an. Sie errichteten hier eine zentrale Siedlung: das Oppidum Ubiorum. 50 n. Chr. erreichte die hier geborene Agrippina, die Frau Kaiser Claudius', dass der Ort zu eine Kolonie römischen Rechts wurde und den Namen „Colonia Claudia Ara Agrippinensium" (CCAA) erhielt. In den folgenden Jahrzehnten entstand die römische Stadtmauer. Um 89 wurde die CCAA zur Hauptstadt der Provinz Nieder-Germanien.
→ ***Tipps:*** *Überreste des römischen Statthalterpalastes (Praetorium) findest du heute unter den modernen Rathausbauten der Stadt. Weitere großartige Zeugnisse der Römerzeit kannst du im Römisch-Germanischen Museum in Köln sehen. Über Führungen durch das römische Köln informiert www.regiocolonia.de/fuehrungen/roemisch.html*

5 Wachturm des obergermanischen Limes.
Rekonstruktionszeichnung von Heike Wolf von Goddenthow, 2005. Überlege, warum der Eingang sich im Obergeschoss befindet.

Auf germanischem Gebiet

Die Römer schützten die Grenze ihres Reiches zum Teil durch Wälle und Wachtürme, hinter denen sich militärische Befestigungsanlagen (*Kastelle*) befanden. Mit dem Bau des Limes auf germanischem Gebiet wurde Ende des 1. Jh. v. Chr. begonnen. Er erfüllte seinen Zweck bis ins 3. Jh. und war rund 550 km lang. Etwa 1000 Wachtürme und 100 Kastelle sicherten ihn.

Wozu war der Limes gut?

Der Limes trennte das gut verwaltete und wirtschaftlich erschlossene Römische Reich von dem weniger erschlossenen Siedlungsraum kleinerer Völker. Militärisch war der Limes kein uneinnehmbares Bollwerk, eher eine überwachte Grenzlinie. Über ihn hinweg gab es einen lebhaften Handel. Die angrenzenden Völker lieferten Rohstoffe und erwarben von den Römern Keramik, Bronzegefäße, Schmuck und Waffen.

→***Internettipps:*** *www.limesstrasse.de; über das römische Neuss informiert www.novaesium.de*

→***CD-ROM-Tipps:*** *Der Limes. Eine antike Grenze, Stuttgart 1999, und Das Lager der VI. Legion. Die römische Garnison von Novaesium – Neuss. Virtuelles Römerlager, Stuttgart 2003*

6 Der Limes um 200 n. Chr.

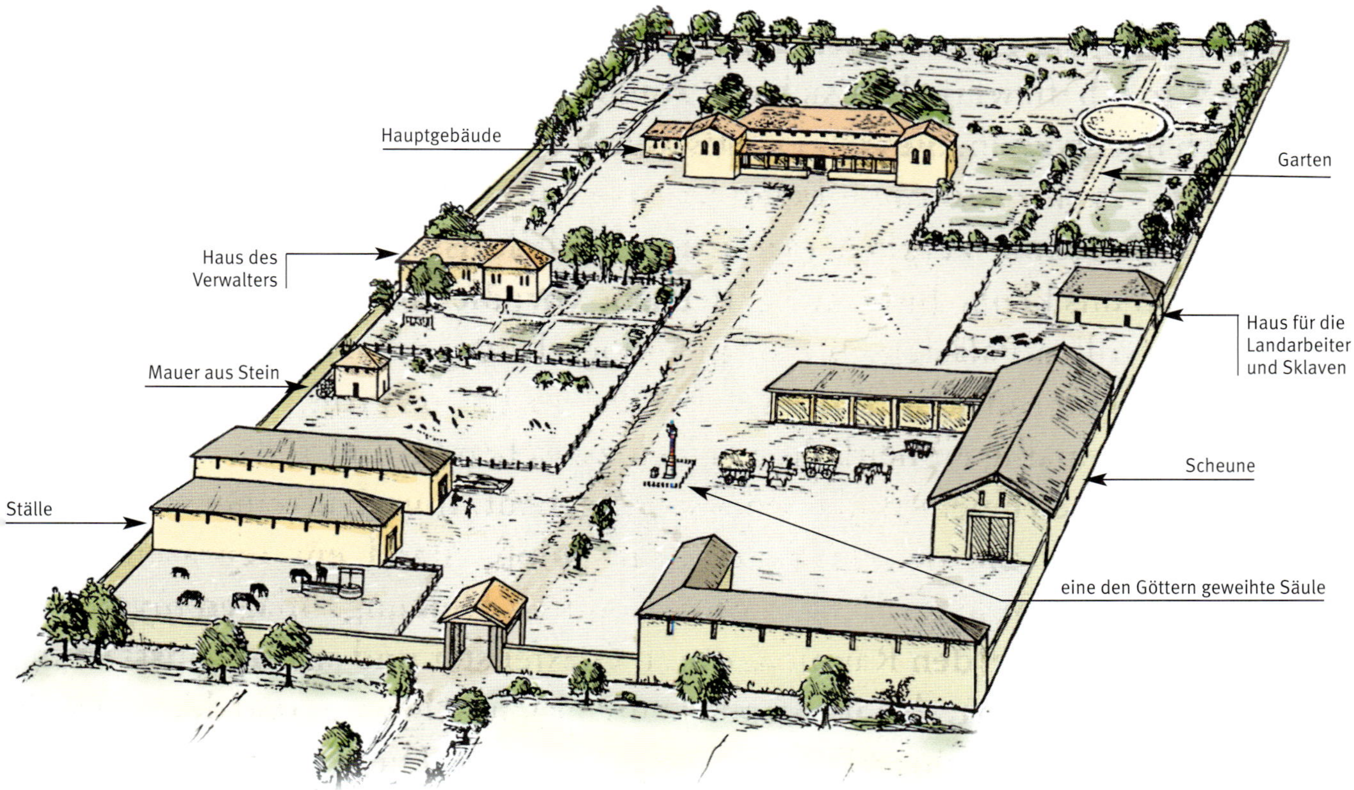

7 Römischer Gutshof.
Rekonstruktionszeichnung.

Das Landleben ändert sich

Um den Handel auszuweiten und die Soldaten zu versorgen, bauten die Römer die Landwirtschaft in den Provinzen aus. Dabei nahmen sie den Einheimischen fruchtbares Land weg und ließen Wälder roden.

Die Ernteerträge steigerten die Römer durch Dünger und den eisernen Wendepflug. Sie legten Gärten an und führten Apfel- und Birnensorten, Edelkirschen, Pfirsiche, viele Gemüse-, Salat- und Gewürzpflanzen wie Fenchel, Gurke und Petersilie aus dem Mittelmeerraum ein. Auch der Weinanbau nördlich der Alpen geht auf die Römer zurück. Größere und kräftigere Rinder und Pferde aus Italien ersetzten die einheimischen Tiere. Katzen und kleine Hunde wurden als Haustiere gehalten.

Endlose Straßen

Während die Menschen nördlich der Alpen meist nur für den Eigenbedarf arbeiteten, trieben die Römer längst einen ausgedehnten Handel. Überall ließen die Römer gepflasterte Fernstraßen anlegen. Im 2. Jh. waren sie rund 80 000 km lang. In der Kaiserzeit bestanden Verbindungen nicht nur mit den Provinzen, sondern auch über die Reichsgrenzen hinaus.

***→Exkursions- und →Internettipps:** Museum Römervilla in Ahrweiler www.bad-neuenahr-ahrweiler.de/bildung_freizeit/museen/museum_roemervilla und www.roemervilla-blankenheim.de/info.htm*

8 Mähgerät aus dem 2. Jh.
Zeichnung nach einem Grabrelief aus Gallien.

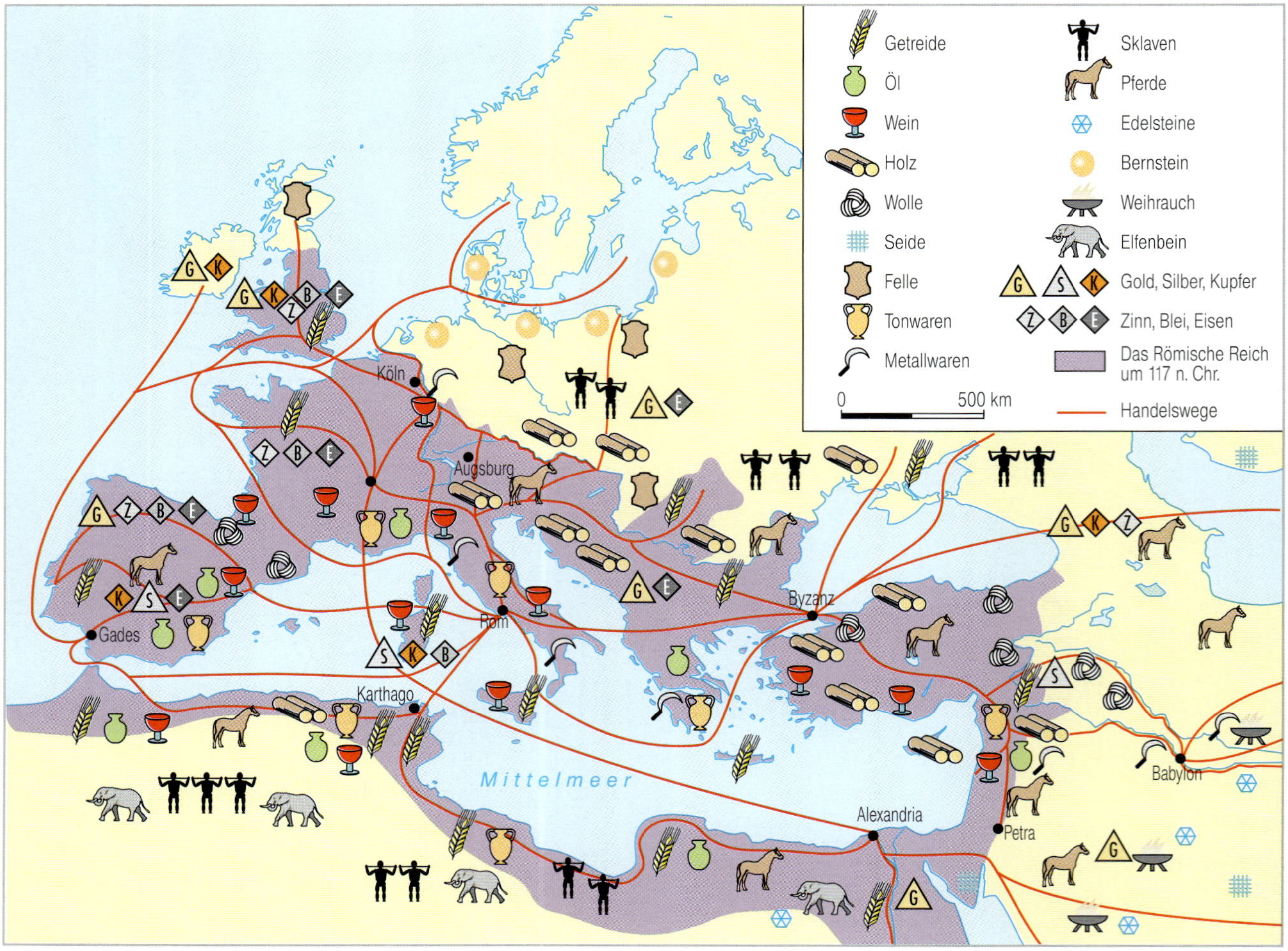

M 1 Fernhandel im Römischen Weltreich (1.–3. Jh.).
Auf den Römerstraßen legte ein Warentransport bis zu 60 km pro Tag zurück.

M 2 Was haben Straßen mit Kultur zu tun?
Der Schriftsteller Tertullian (3. Jh.) schreibt:

Dieses planmäßig ausgeführte Netz geregelter Straßenanlagen beförderte die allgemeine Sicherheit, erleichterte den Ackerbau, garantierte den Reisenden ein sicheres und bequemes Fortkommen, gewährte dem Handelsverkehr die unberechenbarsten Vorteile, schützte den Frieden des Reichs, ermöglichte den geordneten Gang der großen Verwaltungsmaschine, rief Ansiedlungen hervor und begünstigte auf das wirksamste die Entwicklung der Kultur.

Zit. nach: Ludwig Friedländer, Sittengeschichte Roms, Wien 1934, S. 277

M 3 Reisewagen aus dem 2. Jh. n. Chr.
Der Wagen ist ohne Deichsel 2,60 m lang, 2,35 m hoch und 1,80 m breit.
Die Rekonstruktion befindet sich im Römisch-Germanischen Museum in Köln.

Lerntipp

1. *Erkläre die Spezialkarte und erläutere die Handelswege (M 1).*
2. *Gliedere die in M 1 genannten Waren nach landwirtschaftlichen Produkten, Fertigprodukten und Rohstoffen. Stelle fest, woher sie kamen.*
3. *Nenne Gründe für den Straßenbau (M 1).*

Projekt

Latein – die Sprache Europas

Die Römer brachten ihre Schrift und Sprache in die Provinzen mit. Das Lateinische (nach Latium, der Landschaft um Rom benannt) bildete die Grundlage für die Vermittlung der römisch-griechisch geprägten Kultur (Literatur, Philosophie, Religion und Recht). Später sorgte die römisch-katholische Kirche für die weitere Verbreitung der lateinischen Sprache in West- und Mitteleuropa.

I	unus, -a, -um
II	duo, duae, duo
III	tres, tria
IV	quattuor
V	quinque
VI	sex
VII	septum
VIII	octo
IX	novem
X	decem
XI	undecim
XII	duodecim
XIII	tredecim
XIV	quattuordecim
XV	quindecim
XVI	sedecim
XVII	septendecim
XVIII	
XIX	undeviginti
XX	viginti
XXI	viginti unus
XXII	viginti duo
XXIII	viginti tres
XXIV	
XXV	

Länder		Wörter
GB	**BS**	father and mother
USA	**IRL**	hour
CDN	**EAT**	port, harbour
AUS	**WD**	good
NZ	**ZA**	to love
IND	**WAN**	festival
	+~38	

*ENGLISCH ~1730 Mio**

Länder	Wörter
D	lieben
A	gut
CH	Fest
FL	Stunde
	Hafen
	Vater und Mutter

DEUTSCH ~120 Mio

Länder	Wörter
F	port
B	bon
L	aimer
CH	père et mère
+~24	fête
	heure

*FRANZÖSISCH ~250 Mio**

Länder	Wörter
E	amar
MEX	fiesta
PE	hora
CO	padre y madre
C	bueno
BOL	puerto
RA	
RCH	
EC	
YV	
+~10	

*SPANISCH ~330 Mio**

Länder	Wörter
P	bom
BR	hora
+~5	amar
	feste
	porto
	pai e mãe

*PORTUGIESISCH ~190 Mio**

Länder	Wörter
I	porto
CH	buono
RSM	amare
SCV	padre e madre
	ora
	festa

ITALIENISCH ~70 Mio

LATEINISCH

AMARE	**FESTUM**	**PORTUS**
BONUS	**HORA**	**PATER ET MATER**

**Schätzungen von Anfang der 1990er-Jahre, die Muttersprache und Amtssprache berücksichtigten*

Auf der Erde werden etwa 3 000 Sprachen gesprochen. Die „romanischen Sprachen" Italienisch, Spanisch, Portugiesisch, Französisch und Rumänisch haben sich direkt aus dem Lateinischen entwickelt. Im Englischen, das als Verkehrssprache in der ganzen Welt verstanden wird, gehen weit mehr als die Hälfte aller Wörter auf das Lateinische zurück. Gut die Hälfte aller Menschen, die schreiben können, schreiben mit lateinischen Buchstaben.

1. *Die in den Kästchen angegebenen Wörter bedeuten in allen sieben Sprachen dasselbe, sie stehen aber in unterschiedlicher Reihenfolge. Ordne sie in einer Tabelle.*
2. *Die sechs genannten Weltsprachen sind alle mit dem Lateinischen verwandt. Prüft, wie eng diese Verwandtschaft jeweils ist, und versucht, die unterschiedlichen Verwandtschaftsgrade aus der Geschichte zu erklären.*
3. *In der Wissenschaft und Technik, Kunst und Musik dürften euch bereits einige Begriffe begegnet sein, die aus dem Lateinischen stammen, z. B. Medizin (lat. medicus: Arzt) oder Justiz (lat. ius: Recht). Auch in eurer Umgangssprache verwendet ihr mehr Lateinisches als euch vielleicht bisher bewusst war. In dem folgenden Satz findet ihr gleich mehrere Wörter, die aus dem Lateinischen stammen: „Marco hatte im Juli in Religion eine absolut bessere Zensur als Julia." Suche die Wörter, die auf das Lateinische zurückgehen. Suche weitere!*

Wie Rom christlich wurde

1 Römisches Kultbild, um 200 n. Chr. (Ausschnitt).
Unter einem Bogen mit den Tierkreiszeichen ist zu sehen, wie der Gott Mithras einen Stier tötet. Blut galt als Quelle des Lebens. Eine Rekonstruktion eines Mithras-Heiligtums befindet sich im Römisch-Germanischen Museum in Köln.

Religionen im Kaiserreich
Die Römer glaubten an viele Götter und Göttinnen. Ihre religiösen Vorstellungen veränderten sich durch den Kontakt mit anderen Kulturen. Schon während der Republik vereinten sie ihre Götter mit denen der Griechen. In der Kaiserzeit kam aus Ägypten die Verehrung der Göttin *Isis* hinzu. Deren Priester verhießen den Gläubigen ein ewiges Leben nach dem Tode. Aus dem Orient kam der Kult des *Mithras*, eines Gottes des Lichtes und der Wahrheit. Diese und andere, nur Eingeweihten zugänglichen Götter- und Mysterienkulte (Mysterien: geheime religiöse Feiern) verbreiteten sich im Römischen Reich.

Das Christentum entsteht
Die Römer lernten in Palästina auch das im 1. Jh. entstandene Christentum kennen. Es ging von Jesus aus und wurde nach dessen Tod am Kreuz von seinen Jüngern, den Aposteln, verbreitet. Sie verkündeten die Botschaft von der Liebe des einen Gottes, der seinen Sohn geopfert habe, um die Menschen von ihren Sünden zu erlösen und ihnen nach dem Tod ein Leben im Paradies zu gewähren. Die ersten Christengemeinden entstanden in Städten. Unter ihren Mitgliedern waren viele Frauen, Angehörige der Unterschichten und Sklaven. Die Christen achteten die Gesetze und zahlten Steuern. Ihre Weigerung, Militärdienst zu leisten, gaben sie bald auf.

Christ sein ist lebensgefährlich
Die Christen lehnten aber die römischen Götter und den Kaiserkult ab. Sie hielten sich von Festen und Volksbelustigungen fern und feierten ihre Gottesdienste in Privathäusern. Diese Andersartigkeit machte sie zu Außenseitern der römischen Gesellschaft, in den Augen mancher Römer sogar zu Staatsfeinden. Daher wurden sie immer wieder verfolgt. Ein erster Höhepunkt der Christenverfolgung fand unter Kaiser *Nero* statt, der von 54 bis 68 regierte. Damals kam auch der Apostel *Petrus* um. Im Circus, dort, wo heute der Petersdom steht, soll er kopfunter gekreuzigt worden sein.
Nach Nero wurden Christen nur dann bestraft, wenn sie sich vor Gericht zu ihrem Glauben bekannten und sich weigerten, vor dem Bild des Kaisers zu opfern. Um 250 begann eine neue Welle der Verfolgung: Damals wurden die Grenzprovinzen von umherziehenden Völkern verwüstet. Im ganzen Reich litten die Menschen unter Teuerung und Not. Wieder suchte man Schuldige und fand sie in der christlichen Minderheit. Ihre Gottesdienste wurden unter Androhung der Todesstrafe verboten, kirchliche Bauten und Kultgegenstände zerstört und christliche Schriften verbrannt. Christ sein war jetzt lebensgefährlich.

2 Das Geheimnis der Christen.
Grabinschrift aus einer Katakombe. Der Fisch war das Zeichen für die Zugehörigkeit zur christlichen Glaubensgemeinschaft. Das griechische Wort für Fisch heißt ICHTHYS. Hinter diesem Wort verbergen sich die Anfangsbuchstaben der Formel: ***I****esous* ***Ch****ristos* ***Th****eou (Gottes)* ***Y****ios (Sohn)* ***S****oter (Retter).*

3 Konstantin I. („der Große").
Nachzeichnung eines Silbermedaillons (Ø 2,5 cm), um 315. Gezeigt wird der siegreiche Feldherr Konstantin mit Helm und Panzer, Schild und Zepter; seine Rechte hält die Zügel eines Pferdes; am Helmbusch vorne ist eine kleine Scheibe mit dem Christuszeichen. Die griechischen Buchstaben XP stehen für die Abkürzung Chr.: Christus.

„In diesem Zeichen wirst du siegen!"

Unter Kaiser *Diokletian*, der von 284 bis 305 regierte, erlitten die Christen ihre schlimmste, aber auch letzte Verfolgung. Sein Nachfolger verkündete 311 ein *Toleranzedikt**. Zwei Jahre später bestätigte Kaiser *Konstantin I.* die Glaubensfreiheit für alle Religionen und begann, den Christen sogar Vorrechte einzuräumen. Kirchlicher Grundbesitz wurde steuerfrei und der Sonntag allgemeiner Feiertag.
Der Überlieferung nach war dies Konstantins Dank für den Sieg gegen seinen Rivalen *Maxentius* im Jahre 312. Ihm sei vor der entscheidenden *Schlacht an der Milvischen Brücke* ein Christuszeichen und die Inschrift „IN HOC SIGNO VINCES" („In diesem Zeichen wirst du siegen!") erschienen. Daraufhin habe er das Zeichen der Christen angenommen und die Schlacht gewonnen. Ob Konstantin schon damals Christ wurde, wissen wir nicht. Taufen ließ er sich erst auf dem Sterbebett.
380 bestimmte Kaiser *Theodosius*, seine Untertanen sollten Christen sein. Wer sich nicht daran hielt, konnte bestraft werden. Elf Jahre später, im Jahre 391, verbot er alle heidnischen Kulte. Die Tempel verfielen oder wurden zu Kirchen gemacht. Die Olympischen Spiele galten nun als heidnisch und durften nicht mehr stattfinden. Das Christentum war Staatsreligion geworden.

***Toleranz**: *Duldung, Entgegenkommen;* **Edikt**: *Erlass des Herrschers*

Organisation macht stark

Der Siegeszug der Christen hing auch mit dem raschen Aufbau einer straffen Organisation zusammen. Bereits Ende des 1. Jh. leitete ein auf Lebenszeit bestellter Vorsteher die zerstreut liegenden Gemeinden und den Gottesdienst. Frauen waren von kirchlichen Ämtern ausgeschlossen. Im 2. Jh. erhielt der Gemeindevorsteher die Bezeichnung Bischof (gr. *episcopos*: Aufseher). Er überwachte die Glaubenslehre und galt als alleiniger Vermittler zwischen Gott und den Menschen. Die Geistlichen seiner Gemeinde waren ihm unterstellt.
In größeren Städten gab es einen Bischof, in fast jeder Provinzhauptstadt einen Erzbischof als Vorgesetzten. Die Inhaber der fünf noch von den Aposteln gegründeten Bischofssitze Alexandria, Antiochia, Jerusalem, Konstantinopel und Rom trugen den Ehrentitel *Patriarch* (dt. Stammvater).

Vom römischen Bischof zum Papst

Als die römische Reichsverwaltung in Italien zusammenbrach*, wurden die Bischöfe von Rom zur einzigen Autorität des westlichen Reiches. Mit dem Zuwachs an Einfluss strebten sie auch nach der Führung aller Bischöfe. Sie beriefen sich dabei auf das Christuswort „Du bist Petrus, und auf diesem Felsen werde ich meine Kirche errichten" und erklärten Rom zum Zentrum des Christentums. Dagegen protestierten die Patriarchen und Bischöfe des Oströmischen Reiches. Sie waren nur bereit, dem römischen Bischof den Ehrentitel Papst (lat. *papa*: Vater) zuzugestehen. Sie wollten sich ihm aber nicht unterordnen.

** Darüber mehr auf Seite 154 f.*

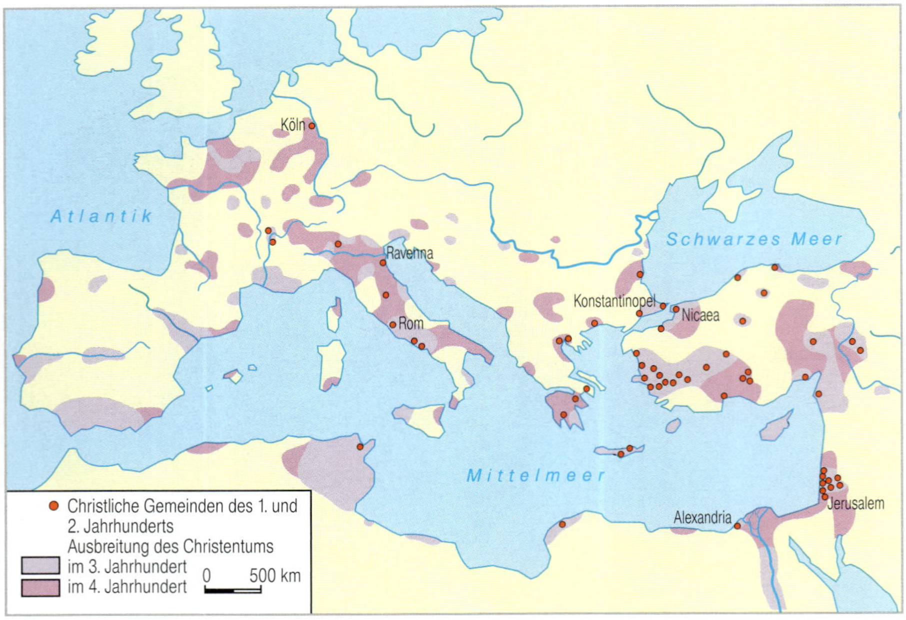

M 1 Ausbreitung des Christentums bis ins 4. Jahrhundert.

M 2 Wie steht der Christ zu Kaiser und Staat?

Aus dem Brief des Apostels Paulus an die Christengemeinde in Rom aus dem Jahre 56:

Jedermann unterwerfe sich den Obrigkeiten, denn es gibt keine Obrigkeit außer von Gott […]. Darum ist es notwendig, sich unterzuordnen, nicht um der Strafe, sondern auch um des Gewissens willen. Aus diesem Grund müsst ihr auch Steuern zahlen […].

Paulus, Römerbrief 13

M 3 „Christen vor die Löwen"

Der christliche Schriftsteller Tertullian schreibt um das Jahr 200:

Wenn der Tiber bis vor die Stadtmauern dringt, wenn der Nil die Felder nicht überschwemmt, wenn die Himmelstore verschlossen bleiben, sodass es nicht regnet, wenn die Erde bebt, wenn Seuchen und Hungersnöte über die Menschen kommen, so heißt es gleich: „Die Christen vor die Löwen!"

Gottfried Guggenbühl (Hrsg.), Quellen zur Geschichte des Altertums, Zürich ³1964, S. 284

M 4 Religionsfreiheit

Der Bischof Eusebios (gest. 339) hat das sogenannte Mailänder Edikt Konstantins I. und seines Mitkaisers Licinius aus dem Jahre 313 überliefert; darin heißt es:

In gesunder und durchaus richtiger Erwägung haben wir also diesen Beschluss gefasst, dass keinem Menschen die Freiheit versagt werden solle, Brauch und Kult der Christen zu befolgen und zu erwählen, dass vielmehr jedem die Freiheit gegeben werde, sein Herz jener Religion zuzuwenden, die er selbst für die ihm entsprechende hält, damit uns die Gottheit in allem die gewohnte Fürsorge und Güte schenken möge.

Hans-Georg Beck (Hrsg.), Leben in Byzanz. Ein Lesebuch, München 1991, S. 216 (vereinfacht)

M 5 Das christliche Bekenntnis wird Gesetz

Theodosius (379-392 Kaiser im Osten, 388-395 im Gesamtreich) regelte im Jahr 380 gemeinsam mit dem weströmischen Kaiser das christliche Bekenntnis durch folgendes Gesetz:

Alle unter Unserer milden Herrschaft stehenden Völker sollen nach Unserem Willen demjenigen Glauben angehören, den der heilige Apostel Petrus […] den Römern mitgeteilt hat […]. Wir glauben nämlich nach der Vorschrift der Apostel […] an die Göttlichkeit des Vaters, des Sohnes und des Heiligen Geistes in gleicher Erhabenheit und in göttlicher Dreieinigkeit. Diejenigen, die diesem Gesetze folgen, sollen den Namen katholische* Christen führen, die übrigen aber, die Wir als töricht und wahnwitzig erklären, sollen als Abtrünnige vom Glauben mit Ehrlosigkeit bestraft und mit dem Zorne Gottes und dann nach unserer Entscheidung […] mit einer Strafe belegt werden.

Gottfried Härtel u. Frank-Michael Kaufmann (Hrsg.), Codex Justinianus, Leipzig 1991, S. 29 (vereinfacht)

***katholisch** (griech. katholikos): allgemein; für alle*

1. *Erläutert den Paulusbrief (M 2).*
2. *Erkläre die Beobachtung, die Tertullian beschreibt (M 3).*
3. *Wie wird im Mailänder Edikt die Gleichberechtigung des Christentums begründet (M 4)? Könnte es noch andere Gründe für das Edikt gegeben haben?*
4. *„Niemand darf wegen seines Glaubens benachteiligt werden", so steht es in unserem Grundgesetz. Überprüfe, ob dieser Grundsatz nach dem Erlass von 380 (M 5) zutraf.*

Projekt

Christliche Namen

Viele Vornamen gehen zurück auf die Namen von Märtyrern und Märtyrerinnen. Sie starben als „Zeugen des Glaubens". Die Übersicht gibt Hinweise über ihr Leben, ihren Tod und die Erinnerung an sie.

Name/Tag	*wo und wann sie lebten*	*wie sie starben*	*ihre Kennzeichen*	*was man sich Wunderbares über sie erzählt*
Andreas 30.11.	Judäa und Griechenland, 1. Jh.	durch Kreuzigung	Andreas-Kreuz	Als Jünger Jesu verkündet er Gottes Wort am Schwarzen Meer und in Griechenland. Vom Kreuz herab predigt er noch zwei Tage lang.
Barbara 4.12.	Kleinasien, 3. Jh.	durch das Schwert ihres Vaters	Turm, Schwert	Von ihrem reichen Vater in einen Turm gesperrt, lässt sie sich dort heimlich taufen. Zornig veranlasst ihr Vater, sie mit Keulen zu schlagen, zu geißeln und mit Fackeln zu verbrennen; dann tötet er sie.
Georg (Jörg, Jürgen) 23.4.	Libyen, um 310	gevierteilt und enthauptet	Drache	Mithilfe des Kreuzes zähmt er einen Drachen. Die dadurch bekehrten Christen fallen unter Kaiser Diokletian wieder ab, Georg überlebt alle Martern (Gift, flüssiges Blei, Rad), zerstört dabei einen Heidentempel.
Johannes (Hans, Jens, Jan) 27.12.	Judäa und Kleinasien, 1. Jh.	steigt umstrahlt ins Grab (gewaltlos)	Adler, Buch, Ölfass	Als Lieblingsjünger Jesu wird er später, als er der Göttin Diana nicht opfern will, gefoltert, überlebt aber u. a. das Bad im heißen Öl. Verbannt auf die Insel Patmos, verfasst er Teile des Neuen Testaments.
Katharina (Katrin, Katja) 25.11.	Alexandria, um 300	durch Enthauptung	Rad mit Messern und Nägeln	In ihrem Glauben an Jesus macht sie dem Kaiser Maxentius Vorwürfe wegen seines Unglaubens. 50 Philosophen, die sie widerlegen sollen, bekehrt sie. Das Rad, auf dem sie gefoltert wird, zerstört ein Blitz.
Markus (Marco, Mark) 25.4.	Alexandria, 1. Jh.	mit einem Seil zu Tode geschleift	Löwe	Von Petrus dazu veranlasst, schreibt er sein Evangelium. Sein Leichnam kann wegen eines Unwetters nicht verbrannt werden. Er wird später nach Venedig entführt.
Matthias 24.2.	Judäa, 1. Jh.	gesteinigt und mit dem Beil enthauptet	Beil, Steine	Nach Christi Himmelfahrt nehmen ihn die Jünger Jesu anstelle des Verräters Judas bei sich auf.
Stephan 26.12.	Judäa, 1. Jh.	durch Steinigung	Buch, Palme	Vorsteher der ersten Christengemeinde in Palästina und frühester Märtyrer.
Thomas 21.12.	Judäa und Indien, 1. Jh.	durch Schwert oder Lanze	Lanze, Winkelmesser	Als Jünger reist er auf Geheiß Jesu nach Indien, wo er als Architekt einen Königspalast bauen soll. Stattdessen bekehrt er Inder durch Wunder zum Christentum.

Stelle die Bedeutung und Herkunft deines Vornamens fest.
*→**Tipp:** Informationen findest du z. B. in: Duden – Das große Vornamenlexikon, Mannheim ³2007.*

Warum zerfällt das Römische Reich?

1 Spangenhelm aus Krefeld-Gellep, 2. Viertel des 6. Jh.
Der 18 cm hohe und vergoldete Helm wurde 1962 in einem fränkischen Kammergrab in Gellep gefunden. Heute befindet er sich im Niederrheinischen Landschaftsmuseum des Museumszentrums Burg Linn in Krefeld (www.archaeologie-krefeld.de/leiste/museum/museum.htm). Die Römer verschenkten solche wertvollen Helme an germanische Heerführer, die für sie im römischen Heer Dienst taten.

„Die Barbaren kommen!"
Dieser Schreckensruf ertönte in der Kaiserzeit am Limes immer häufiger. Ständig zogen mehr Menschen aus ihrer nord- und ostmitteleuropäischen Heimat nach Süden und Westen auf die Grenzen des Römischen Reiches zu: die *Germanen*. So nennen wir zusammenfassend jene Völker (Stämme), die bis zum 1. Jh. v. Chr. vor allem im Ost- und Nordseeraum lebten.
Eine wachsende Bevölkerung sowie der Wunsch nach besseren Lebensverhältnissen führten um 300 zu Wanderungen von bislang ungekanntem Ausmaß. Einige germanische Völker wie die Franken, Friesen und Alamannen drangen in benachbarte Landschaften ein und ließen sich dort nieder. Andere durchquerten ganz Europa und den Norden Afrikas. Ende des 4. Jh. spitzte sich die Lage zu: Die Hunnen aus Zentralasien zerstörten um 375 die Herrschaft der Goten am Schwarzen Meer. Damit erreichte die Völkerwanderung ihren Höhepunkt.

Eindringlinge und Verbündete
Von den Hunnen getrieben, baten die Goten um Aufnahme in das Römische Reich. Als Gegenleistung boten sie militärische Hilfe an. Kaiser *Valens*, der von 364 bis 378 regierte, ging darauf ein. Doch die Eingliederung der Goten scheiterte. Unruhen brachen aus. In der *Schlacht bei Adrianopel* (378) schlugen die Goten die Römer. Wenige Jahre später wurden die Goten doch noch Verbündete Roms. Dafür erhielten sie das Recht, im Reich einen eigenen Staat zu errichten.

Das Reich zerfällt
Das Römische Reich kämpfte mit geringem Aufwand gegen die einwandernden Völker. Die Neuorganisation des Reiches von 395 in einen östlichen und einen westlichen Herrschaftsbereich bereitete das Ende der Reichseinheit vor. *Ostrom* blieb nach dem Abzug der Goten von den Wirren der Völkerwanderung weitgehend verschont. Seine Herrscher sahen keinen Anlass, *Westrom* im Kampf gegen die Eindringlinge zu helfen.

Das Ende der Hunnen
Um 450 herrschten die weströmischen Kaiser nur noch über Italien, Mittelgallien, die Provence und Dalmatien. Über weite Teile ihres Imperiums bestimmten germanische Völker. Dazu bedrohten weiterhin die Hunnen das Reich. In der *Schlacht auf den Katalaunischen Feldern* (451) gelang es den Römern nur mit romanisierten Kelten (Galliern) und verbündeten Westgoten, Burgundern und Franken, *Attilas* Reiterheere zum Rückzug zu bewegen. Das war das Ende für das Hunnenreich, das sich von Südrussland bis zum Rhein erstreckt hatte.

Soldaten machen ihn zum Herrscher
476 zerbrach das Weströmische Reich. *Odoaker*, Sohn eines fremden Fürsten und römischer Offizier, setzte Kaiser *Romulus Augustulus* (*Augustulus*: dt. „Kaiserchen" – wegen seines jugendlichen Alters) ab. Seine Soldaten riefen ihn zum König aus. Odoaker verzichtete auf den Kaisertitel, erkannte die Oberhoheit des oströmischen Kaisers an und beschränkte seine Herrschaft auf Italien.
In Ostrom ließ sich der Heerführer der Ostgoten, *Theoderich*, mit dem Krieg gegen Odoaker beauftragen, fügte ihm Niederlagen zu und sorgte schließlich für seine Ermordung. Daraufhin wurde Theoderich König der Goten und kaiserlicher Regent in Italien.

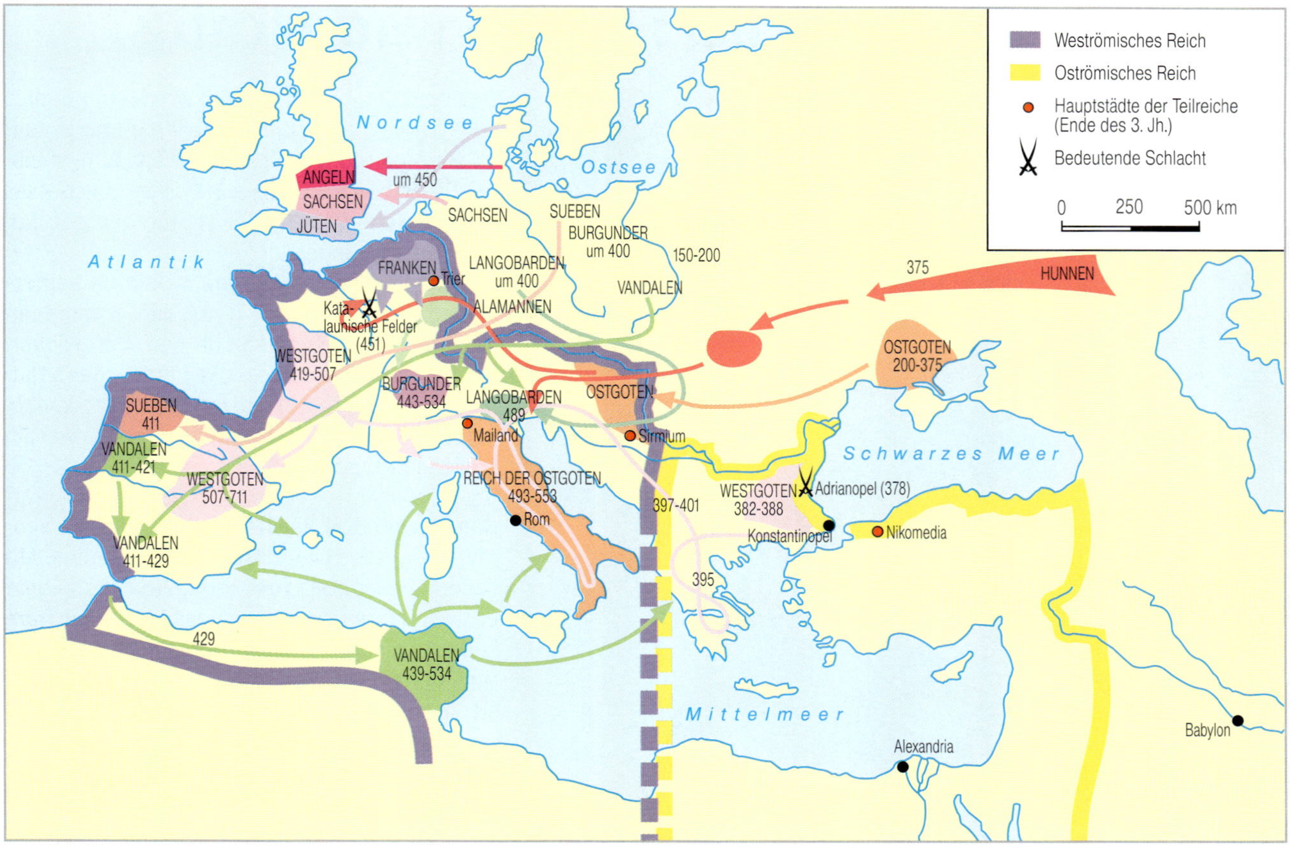

M 1 Völkerwanderung und Reichsgründungen (3. bis 6. Jh.).

Wir sprechen zwar von „den" Germanen, doch darunter sind westgermanische (Angeln, Westgoten, Sachsen, Franken, Sueben, Friesen, Langobarden, Alamannen u. a.), ostgermanische (Burgunder, Ostgoten, Vandalen u.a.) und nordgermanische Völkerschaften zu verstehen; letztere verließen damals ihre Heimat (Norwegen, Schweden) noch nicht.

M 2 Schreckensnachricht

Der spätrömische Geschichtsschreiber Ammianus Marcellinus (4. Jh.) schreibt:

Es verbreiteten sich schreckliche Nachrichten von Völkern im Norden, die neue Bewegungen in Gang gesetzt hatten, welche größer als gewöhnlich waren: In das gesamte Gebiet, das sich [...] bis zum Schwarzen Meer erstreckt, ergieße sich eine Masse von Barbaren unbekannter Herkunft, die von ihren Wohnsitzen durch plötzliche Gewalt vertrieben worden seien und zusammen mit ihren Angehörigen die Donau entlang hin- und herstreifen. Unsere Leute nahmen das zunächst aus dem Grund auf die leichte Schulter, weil sie gewohnt waren, aus jenen fernen Gegenden von Kriegen nur zu hören, wenn sie schon wieder beendet oder eingeschlafen waren. Doch dann kamen immer zuverlässigere Nachrichten von den Ereignissen, deren Bestätigung die Ankunft von Stammesgesandten lieferte, die flehentlich und beschwörend darum baten, dass ihr heimatlos gewordenes Volk diesseits des Flusses Aufnahme finde.

Zitiert nach: Klaus Rosen, Die Völkerwanderung, München ³2006, S. 16

M 3 Schandtaten

Ammianus (siehe M 2) berichtet, mit welchen Verbrechen die Völkerwandung verbunden war:

Sie verübten alle Schandtaten zugleich: Raub und Mord, Blutvergießen und Brand sowie die Vergewaltigung freier Menschen. Damals konnte man die grausamsten Dinge erleben, die man nur mit Seufzen betrachten und berichten kann: Frauen, starr vor Schreck, die mit knallenden Peitschenhieben weggetrieben wurden, darunter auch Schwangere mit Ungeborenen, die, noch bevor sie das Licht erblickten, viel Böses ertragen mussten; daneben kleine Kinder, die sich an ihre Mütter klammerten [...]. Dazwischen ein Bürger, der eben noch reich und frei war, und sich nun über dich, Fortuna, du Unbarmherzige und Blinde, beklagte, die du ihn einem blutrünstigen Sieger überließest, nachdem er in einem kurzen Augenblick seines Vermögens und seiner lieben Angehörigen beraubt und aus seinem Haus verjagt wurde, das er in Schutt und Asche versinken sah, um dann Glied um Glied zerfleischt oder unter Schlägen und Folterqualen versklavt zu werden.

Zitiert nach: Klaus Rosen, Die Völkerwanderung, a. a. O., S. 17

1. *Nenne die heutigen Gebiete, durch die die Goten, Alamannen, Franken und Sachsen zogen (M 1).*
2. *Prüfe, ob Ammianus alle Ursachen für die Wanderungsbewegung nennt (M 2). Zähle weitere Gründe auf.*
3. *Erörtert, ob der Bericht Ammianus' unparteiisch ist (M 3).*

Das Reich der Franken wird wichtig

Fränkische Könige
Die Franken waren ursprünglich ein „Schwarm“ mehrerer Völker. Sie hatten sich seit dem 3./4. Jh. vom Mittel- und Niederrhein nach Südwesten ausgebreitet. An ihrer Spitze standen Könige. Sie wollten selbstständig sein und verbanden sich mit ihren Gefolgschaften nur zu gemeinsamen Verteidigungs- oder Angriffsunternehmungen.

1 Der Frankenkönig Childerich.
Rekonstruktionszeichnung der Kleidung und Waffen nach Patrick Périn, um 1998.
Childerichs Ausrüstung stammte aus römischen Beständen. Die goldene Gewandfibel erhielt er als hoher römischer Beamter. Der goldene Siegelring weist ihn als anerkannten König verbündeter Truppen aus. Bei den germanischen Völkern durften nur die Vornehmen lange Haare tragen. Sie galten als Ausdruck von Lebenskraft und Macht.

Das Wort „franci“ bedeutete wohl ursprünglich „die Wilden“ und „die Kühnen“. Später bekam es die Bedeutung „die Freien“. Tatsächlich lebten die frühen Franken im 4./5. Jh. entweder als unterworfene Völker oder sie dienten den Römern als Verbündete.
481/82 folgte *Chlodwig* mit 16 Jahren seinem Vater *Childerich* auf den Thron. Beide stammten aus dem Königsgeschlecht der *Merowinger*. Chlodwig besiegte den letzten römischen Statthalter in Gallien (486) und unterwarf die Alamannen. Aus dem fränkischen Kleinkönigtum war ein großes Reich geworden.

Bündnis mit dem Papst
Chlodwig ließ sich und sein Gefolge taufen. Mit seinem Bekenntnis zum Christentum beseitigte er den Glaubensgegensatz zwischen den Franken und der unterworfenen christlichen Bevölkerung der ehemaligen römischen Provinz. Damit sicherte sich Chlodwig auch die Unterstützung der christlichen Führungsschicht bei der Verwaltung des eroberten Landes.
Da 476 das Weströmische Reich erloschen war, fand die christliche Kirche nun in dem fränkischen König und seinen Nachfolgern ihre neuen Schutzherren. Der Papst erklärte die Franken zu „Gottes eigenem Volk“. Könige aus dem Geschlecht der Merowinger regierten bis ins 8. Jh. das Reich der Franken.

Von Pippin zu Karl dem Großen
Seit dem Ende des 7. Jh. waren die Karolinger die „ungekrönten Könige“ der Franken. Um selbst Könige zu werden, fehlte ihnen das königliche Blut, an dessen heilbringende Kraft die Franken glaubten. Diesen Mangel machten sie wett, indem sie die Zustimmung des Papstes erhielten, die Merowinger abzusetzen.
Im Jahre 751 ließ sich der Karolinger *Pippin* zum König wählen. Anschließend salbten die fränkischen Bischöfe ihn mit heiligem Öl. Als Gegenleistung erklärte sich Pippin zum „Schutzherrn“ der christlichen Kirche. Er besiegte die Langobarden, die dem Papst in Italien schwer zusetzten.
Pippins Nachfolger wurde 768 *Karl der Große*. Er hatte sich nach dem Tod seines Bruders *Karlmann* über die Erbansprüche von dessen Nachfahren hinweggesetzt. 774 wurde Karl auch König der Langobarden. Vier Jahre später rückten seine Soldaten über die Pyrenäen nach Spanien ein, wo die Araber herrschten. Weitere Kriege folgten.

M 1 „Heil dem neuen Konstantin!“

Chlodwig soll Weihnachten 496, 498 oder auch erst 506 in Reims getauft worden sein. Weder das Datum noch die genauen Umstände sind verlässlich überliefert.
Bischof Greogor von Tours (um 538-594) berichtet uns eine Generation später darüber. Die folgende Erzählung geht auf sein Geschichtswerk zurück.

Das festlich geschmückte Gotteshaus war erfüllt vom gleichmäßigen Murmeln der Priester, die Bittpsalmen beteten, und dem Flüstern der Gefolgschaft des Königs. Weihrauchwolken und duftende Kerzen verbreiteten ihren Wohlgeruch. Bischof Remigius richtete mit lauter Stimme das Wort an alle Anwesenden: „Wir preisen den Namen des allmächtigen Gottes! Wir loben ihn, da es ihm gefallen hat, unseren König Chlodwig zu erleuchten und aus der Dunkelheit des Unglaubens in das Licht des wahren Glaubens zu führen.
O Herr, Du hast ihm Deine Allmacht geoffenbart. Im Augenblick der höchsten Bedrängnis hast Du ihn und sein Heer vor dem sicheren Untergang gerettet, als er zu Dir flehte und Dich um Hilfe bat ...“
Es war ganz still geworden, als die Taufhandlung begann. Und als dann der König in das Taufbecken stieg, sagte Remigius leise, aber bestimmt: „Beuge still deinen Nacken und verehre nun, was du bisher verachtet hast, und ächte jetzt, was du bisher verehrt hast!“
Königin Chrotechilde sah zu ihrem Gemahl hinüber. Mit unbewegter Miene ließ er die Worte des Bischofs, die Salbung mit Öl und das dreimalige Untertauchen im Taufbecken über sich ergehen. Ob Chlodwig sich die Worte Remigius' zu Herzen nehmen würde? Sie kannte ihn gut genug, um zu wissen, dass er nicht der Mann war, der ohne Vorteil etwas unternahm. Die Königin erinnerte sich nur allzu genau an ihre vielen vergeblichen Versuche, ihren Mann zum katholischen Glauben zu bekehren, und an seine oft schroffen Ablehnungen. Sie wusste auch, dass er sich erst zum Katholizismus hatte bekennen wollen, als sicher war, dass sein Gefolge diesen Schritt auch tun würde. Doch ihr Drängen hatte ja nun mit Gottes Hilfe endlich zum Erfolg geführt.

Die plötzlich lauter werdende Stimme des Bischofs riss die Königin aus ihren Gedanken. Er hatte seine Ansprache offensichtlich gerade beendet und schloss mit dem Ausruf „Heil dem neuen Konstantin!“, in den die Priester und das Gefolge des Königs einstimmten.

Erzählt von Dieter Brückner nach: Wolfgang Lautemann (Bearb.), Mittelalter. Reich und Kirche, München ²1978, S. 26-28

M 2 Die Taufe König Chlodwigs.
Buchdeckel aus Elfenbein, 10. Jh.
In der Spätantike und im Mittelalter fanden Taufen oft in besonderen Kirchen mit großen Taufbecken statt. Die Taufe wurde in der Regel durch dreimaliges Untertauchen des Täuflings vollzogen. Erst seit dem 13. Jh. ging die Kirche in Westeuropa zur heutigen Form der Taufe über.

1. *Gregor von Tours lässt Remigius den König der Franken mit dem römischen Kaiser Konstantin I. vergleichen. Welche Absicht mag er dabei gehabt haben (M 1)?*
2. *Warum ist das Geschichtswerk Gregors keine genaue Quelle für die Taufe Chlodwigs?*
3. *Führt ein Rollenspiel auf, in dem Chlodwig seinem Gefolge erklärt, weshalb es sinnvoll sei, sich taufen zu lassen.*

Mission und Macht

1 Aus dem Leben des Heiligen Bonifatius. *Buchmalerei aus einem kostbaren Buch für Kirchenfeiern, das um 975 in Fulda entstand. Beschreibe und erkläre die dargestellten Szenen.*

Neue Christen, neues Land

„Gehet hin und verkündet allen Völkern das Wort Gottes“ – nach diesem Motto aus dem Neuen Testament zogen im 7. und 8. Jh. Mönche aus Irland und England als *Missionare* in das Reich der Franken. Denn die meisten Menschen jenseits der früheren Grenzen des Römischen Reiches verehrten noch immer heidnische Götter.

Die Missionierung fand im Auftrag des Papstes mit dem Einverständnis der Herrscher statt. Die Missionare tauften vor allem Bewohner der von den Franken eroberten Gebiete, richteten Bistümer ein und gründeten Klöster*. Damit halfen sie den fränkischen Königen, ihre Herrschaft in dem wachsenden Reich durchzusetzen.

* Zu den Klöstern lies Seite 182.

Der „Apostel der Deutschen“

Unter den zahlreichen Missionaren war der aus England stammende Mönch *Bonifatius* (um 672/675-754). Noch unter dem Namen *Winfrid*, dessen beide Silben „Freude“ und „Friede“ bedeuten, begann der aus einer vornehmen Familie kommende Mann, die germanischen Völker zu missionieren. Den Namen *Bonifatius* (dt. Wohltäter) erhielt er wohl vom Papst, der ihn zum Erzbischof von Mainz ernannte. 754 zog der etwa 80-jährige Bonifatius nochmals nach Friesland. Dort sollen ihn Räuber erschlagen haben. Er wurde in Fulda bestattet. Ab dem 12. Jh. nannte man ihn den „Apostel der Deutschen“.

2 Wo Bonifatius wirkte.

M 1 Missionsauftrag

Am 15. Mai 719 erteilt Papst Gregor II. Bonifatius diesen Auftrag:

Es erfordert deinen Eifer und die uns vorliegende, aufrichtige und erprobte Kenntnis deines Glaubens, dass wir dich zum Mitdiener an der Verbreitung des Wortes Gottes erheben, um den gottlosen Völkern den Glauben zu bringen. Wir befehlen, dass du zu allen Völkern, die im Irrtum des Unglaubens befangen sind, dich schleunigst aufmachst und den Namen Christi überzeugend verbreitest.

Wolfgang Lautemann und Manfred Schlenke (Bearb.), Geschichte in Quellen, Bd. 2: Mittelalter, München [2]1978, S. 42 f. (gestrafft und vereinfacht)

M 2 Empfehlung des Papstes

Im Dezember 722 schreibt Papst Gregor II. an den fränkischen Herrscher Karl Martell:

Da wir erfahren haben, dass du bei vielen Gelegenheiten frommen Sinn bewiesen hast, so teilen wir mit, dass wir diesen unseren Bruder Bonifatius entsandt haben, um den Völkern von germanischem Stamme und in verschiedenen Gegenden östlich des Rheins zu predigen, die in heidnische Irrlehren verfallen sind oder bisher noch in der Finsternis der Unkenntnis stecken. Zu diesem Zwecke empfehlen wir ihn deinem höchst gnädigen Wohlwollen, auf dass du ihn immer unterstützen mögest, wenn es nötig ist, und ihn gegen alle Feinde schützest, denen du im Herrn ja überlegen bist. Und was du auch immer in heiligem Eifer hierfür aufwendest, das wirst du mit Gottes Hilfe zurückerhalten. Denn Gott hat seine heiligen Apostel zur Erleuchtung der Völker bestimmt, und er hat gesagt, dass ihn selber aufnehme, wer jene beherberge.

Nach: Wolfgang Lautemann und Manfred Schlenke (Bearb.), Geschichte in Quellen, Bd. 2: Mittelalter, a. a. O., S. 44 (gestrafft und vereinfacht)

M 3 Über Bonifatius

In einer Lebensbeschreibung des Bonifatius aus dem späten 8. Jh. heißt es:

Bonifatius unternahm es, im Beisein der Gottesknechte, bei Geismar eine Eiche von seltener Größe, die mit ihrem alten heidnischen Namen die Donar-Eiche* hieß, zu fällen. Als er nun entschlossen einige Axthiebe gegen den Baum geführt hatte – es stand aber eine große Heidenmenge dabei, die den Feind ihrer Götter heftig verfluchte –, da zerbarst die Eiche in vier Teile, und vier gewaltig große, gleich lange Stücke waren zu sehen, ohne dass die dabeistehenden Brüder mitgeholfen hatten.

Bei diesem Anblick priesen die Heiden, die zuvor geflucht hatten, den Herrn, ließen von ihrem früheren bösen Willen ab und glaubten.

Nun baute der hochheilige Bischof nach Beratung mit seinen Brüdern aus dem festen Holze dieses Baumes ein Bethaus und weihte es zu Ehren des heiligen Apostels Petrus.

Johannes Bühler, Das Frankenreich. Nach zeitgenössischen Quellen, Leipzig 1923, S. 416 f. (gestrafft und vereinfacht)

***Donar**: einer der wichtigsten altgermanischen Götter; ihm war die Eiche geweiht*

M 4 Straßenschild.

Foto von 2004.

M 5 Bonifatius fällt die Donar-Eiche.
Glasfenster von Agnes Mann in der St.-Bonifatius-Kirche zu Hünfeld bei Fulda, um 1970.

→ ***Internettipps:*** *Über Leben und Werk, Wallfahrten und Bonifatiusfest findest du Informationen unter www.heiliger-bonifatius.de und www.bonifatius-route.de*

1. *Wie begründet der Papst den Missionsauftrag (M 1)? Warum ist es wichtig, dass Bonifatius unter dem besonderen Schutz Karl Martells steht (M 2)?*
2. *Was erfährst du über den Glauben der Hessen, bevor sie zum Christentum bekehrt wurden (M 3)?*
3. *Aus dem Holz der Donar-Eiche ließ Bonifatius ein „Bethaus“ errichten. Warum?*
4. *Zeichne die in M 3 beschriebene Szene – das Fällen der Donar-Eiche – im Stil von M 5. Füge zu den Personen Sprechblasen ein, in die du ihre möglichen Gedanken und Worte einträgst.*

Wie regieren die Karolinger?

Was macht ein König?

Wichtigste Aufgaben des Herrschers waren, das Reich zu vergrößern, die Grenzen zu sichern und im Innern für Recht und Frieden zu sorgen. Der König war Heerführer und Richter. Männer seines Vertrauens verwalteten seine Güter. Er behielt sich das Recht vor, Königssitze, Burgen, Märkte und Zollstellen zu errichten und Münzen prägen zu lassen. Zusätzlich schützte der König im Auftrag des Papstes die Kirche und unterstützte die Verbreitung des christlichen Glaubens.

1 Reiterstatuette eines Herrschers.
Die Bronzefigur ist 24 cm hoch, stammt aus dem 9. Jh. und soll an Karl den Großen erinnern.
Karl machte sich fünfmal auf den beschwerlichen Weg über die Alpen. Seine Familie feierte in 14 Jahren an zehn verschiedenen Orten Weihnachten.

Mit Gefolge unterwegs

Eine Hauptstadt mit Regierungssitz und eine Verwaltung wie bei den Römern gab es im Fränkischen Reich nicht. Die schwierige Nachrichtenübermittlung machte es unmöglich, von einem Ort aus ein so großes Land zu regieren. Die Herrscher zogen von Ort zu Ort, um ihre Aufgaben zu erfüllen. Sie regierten „vom Sattel aus" (Reisekönigtum).

Die Könige reisten mit Gefolge, oft über 100 Personen. Mehr als 25 bis 30 km am Tag schafften sie nicht. Meldete der Herrscher sich bei einem seiner Königssitze an, wurde aus den umliegenden Gütern Nahrung herangeschafft. In Gegenden ohne eigenen Grundbesitz machte er bei Bischöfen oder in Klöstern Station.

Mussten Entscheidungen für das Reich getroffen werden, berief der König Hoftage ein. Dann trafen sich die wichtigsten Männer von nah und fern am Aufenthaltsort des Königs, um ihn zu beraten. Hoftage nutzte der Herrscher auch, um hohe kirchliche Festtage zu feiern oder um zu jagen.

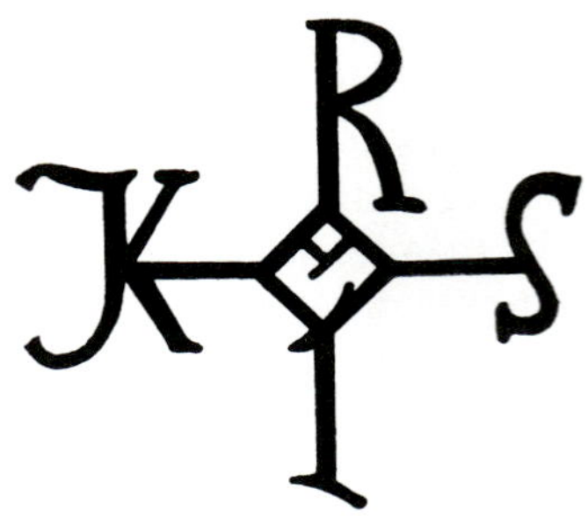

2 Das Namenszeichen Karls des Großen.
Das Monogramm ist aus den Buchstaben des Namens zusammengefügt. Suche die Buchstaben KAROLUS. Welche stehen außen, welche innen?
Übrigens: Damals wurden die Königsurkunden nicht unterschrieben, sondern nur durch ein „Vollziehungshäkchen" im Namenszeichen in Kraft gesetzt und durch möglichst viele Zeugen beglaubigt.

3 Die Hauptgebäude der Königspfalz in Aachen.
Modell.
Karl der Große beschloss 794, sich in Aachen niederzulassen. Der Ort war für seine Heilquellen bekannt. Karl ließ eine bestehende Anlage aus römischer Zeit zur bedeutendsten Pfalz seines Reichs ausbauen. Der Begriff Pfalz wurde vom Palastbezirk auf dem Palatin in Rom abgeleitet. Das geistliche Zentrum der Anlage war die Pfalzkapelle, der weltliche Mittelpunkt die Königshalle (siehe M 4, Seite 164). Aachen blieb auch nach Karls Tod ein Zentrum des Reichs. Von 936 bis 1531 wurden in der Pfalzkapelle 30 deutsche Könige gekrönt.

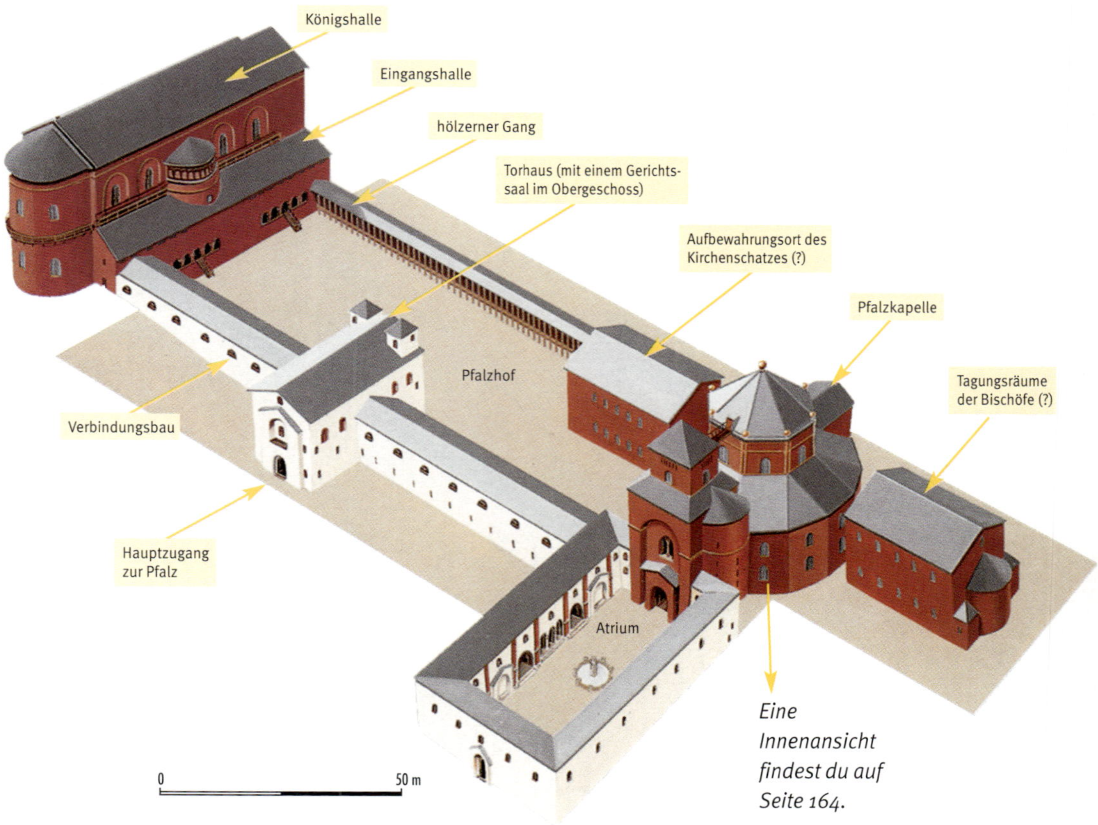

Eine Innenansicht findest du auf Seite 164.

Kein König regiert allein
Männer im Gefolge des Königs planten seine Reisen und kümmerten sich um den königlichen Grundbesitz. Die wichtigsten vier Hofämter waren: der *Marschall* (für die Ausrüstung des Heeres), der *Kämmerer* (für die Kasse), der *Mundschenk* (für die Getränke) und der *Truchsess* (für das Essen).
Besonders wichtig für die geistliche Betreuung des Herrschers und die Verwaltung des Reiches war die *Hofkapelle*. Die Mitglieder waren schriftkundige Geistliche. Sie stellten unter Aufsicht eines *Kanzlers* Urkunden aus und berieten den Herrscher.

Grafen als Vertreter
Der König durfte jeden Rechtsfall entscheiden, konnte aber nicht überall persönlich für Ordnung sorgen. Deshalb ließ er sich durch mächtige Adlige vertreten: die Grafen. Sie sprachen Recht, verfolgten Straftäter, zogen Abgaben ein und führten die beschlossenen Maßnahmen durch. Königsboten beaufsichtigten die Grafen. Für die Verwaltung und Sicherung der Grenzgebiete sorgten *Markgrafen*.

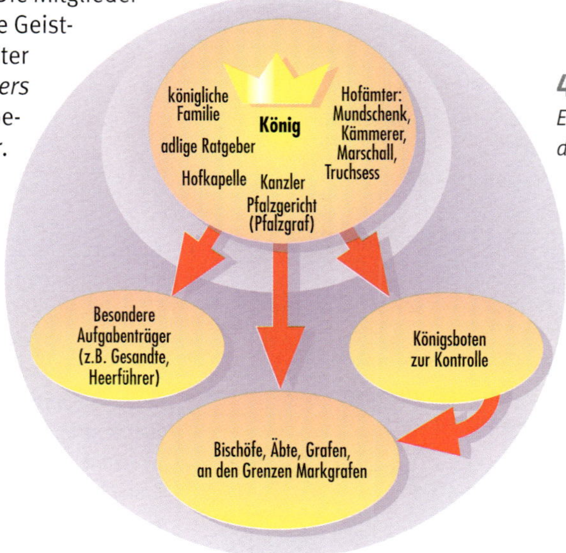

4 Der König und seine Helfer.
Erkläre mit dem Schaubild, wie der König sein Reich regierte.

M 1 Wo war Karl der Große?
Schriftliche Quellen nennen uns allein für 775 und 776 folgende Aufenthaltsorte:

775
Januar: Reichstag in Quierzy
26. März: Karl feiert das Osterfest in Quierzy
nach dem 20. April: Aufbruch nach Diedenhofen; spätestens ab 3. Mai in Diedenhofen
24. Mai bis 26. Juni: Aufenthalt in Quierzy
28. Juli bis 3. August: Aufenthalt in Düren
nach dem 3. August: Sachsenfeldzug
Stationen: Hohensyburg – Eresburg – Brunsberg (Niederlage der Sachsen, die Karl am Überschreiten der Weser hindern wollten) – Aufenthalt im Raum Minden/Lübbecke (Sieg über die Westfalen)
spätestens ab 25. Oktober: Aufenhalt in Düren
November: Aufenthalt in Diedenhofen
spätestens ab Anfang Dezember: Aufenthalt in Schlettstadt, wo Karl das Weihnachtsfest feiert und von einem Aufstand in Italien erfährt; er beschließt, nach Italien zu ziehen

776
April: Aufenthalt in Treviso
spätestens ab 9. Juni: Aufenthalt in Vicenza
ab 17. Juni: Aufenthalt in Ivrea
Juli: Reichsversammlung in Worms (von dort aus Sachsenfeldzug, da die Sachsen die Eresburg zerstört haben; Niederwerfung der Sachsen und Wiederaufbau der Eresburg)
Weihnachten: Aufenthalt in Herstal

Nach: Elmar Wagener, Ein Reisender in Sachen Politik, in: Praxis Geschichte 2/88, S. 33

*→**Internettipp:** Hinweise über die Route Aachen-Paderborn findest du unter www.kaiser-route.info/index.html*

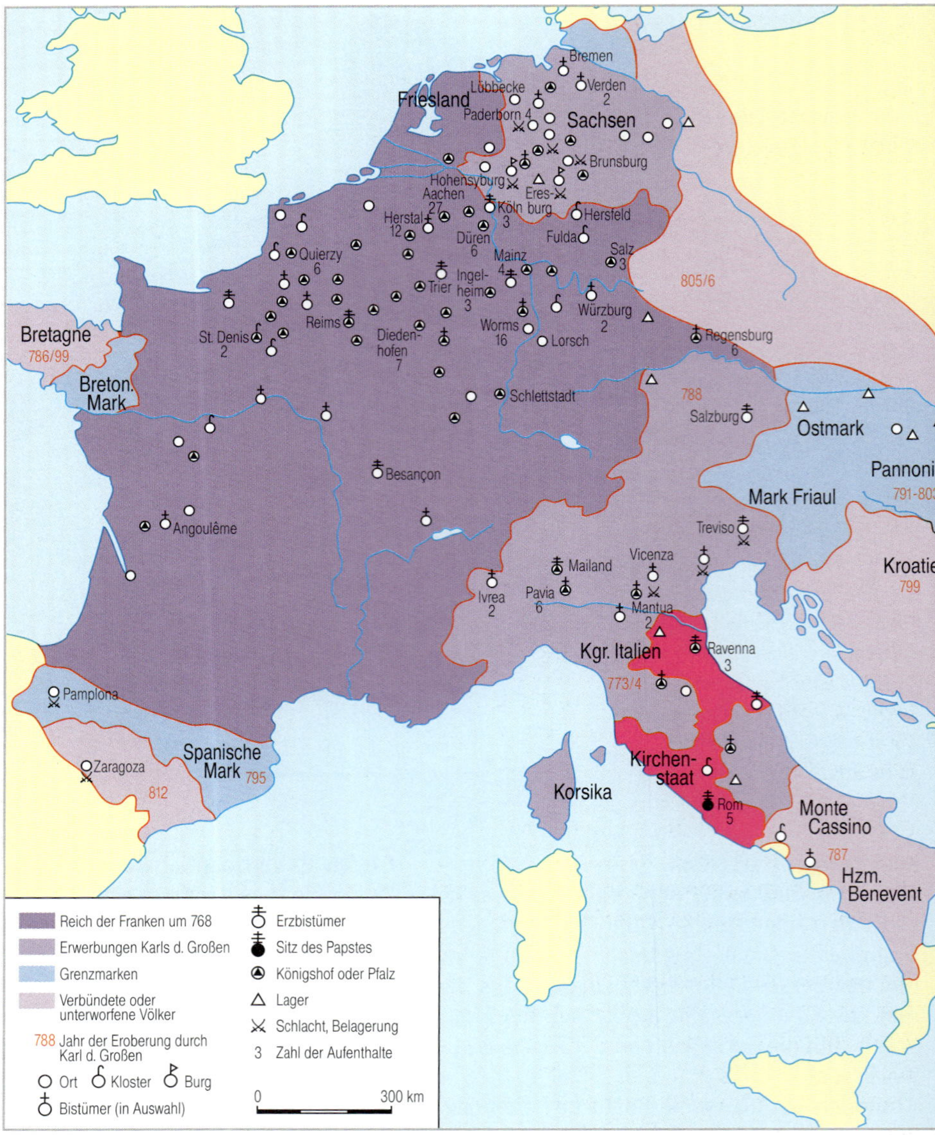

M 2 Karls Reich und seine wichtigsten Aufenthaltsorte.

M 3 Was verbrauchte der königliche Hof täglich?
Die Mengen wurden geschätzt.

	*Fleisch**	*Getreide*	*Wein/Bier*
je Person und Tag	*2 kg*	*2 kg*	*3 l*

**vor allem Schweine und Schafe; man geht davon aus, dass diese Tiere damals nur 10 kg verzehrbares Fleisch hergaben*

Nach: Gustav A. Süß, Versorgung und Wirtschaften auf der Pfalz, in: Praxis Geschichte 2/1988, S. 20

1. *Kopiere die Karte (M 2) und zeichne die in M 1 angegebenen Reisewege als Luftlinien ein. Berechne, wie viele Kilometer Karl der Große in den beiden Jahren ungefähr reiste.*
2. *Bestimme mithilfe der Karte M 2 die geografischen Schwerpunkte.* Lerntipp
3. *Errechne, wie viele Nahrungsmittel (Fleisch, Getreide und Wein/Bier) der königliche Hof bei 100 Personen in zehn Tagen verbrauchte (M 3).*

Karl der Große: König, Kaiser und Erbe Roms

Das weströmische Kaisertum kehrt zurück

Das Herrschaftsgebiet der Franken war durch die Eroberungen Karls des Großen zum größten Reich des heutigen Europa geworden. Im Osten war der byzantinische Kaiser nach wie vor der mächtigste Herrscher. Karl der Große wollte nicht hinter ihm zurückstehen.

Zugleich suchte der Papst einen Verbündeten, der ihn vor dem einflussreichen Adel der Stadt Rom schützen konnte. Weihnachten 800 krönte der Papst Karl den Großen zum Kaiser. Der römische Stadtadel bestätigte die Krönung und damit die Erneuerung des weströmischen Kaisertums. Karl führte danach einen komplizierten Titel: *Karl, der allergnädigste, erhabene, von Gott gekrönte, große und friedebringende Kaiser, der das Römische Reich regiert und der auch durch das Erbarmen Gottes König der Franken und Langobarden ist.*

Der byzantinische Kaiser erkannte Karl den Großen erst nach langen Verhandlungen im Jahre 812 als (zweiten) Kaiser an. Sein Amt sollte nur für den Westen gelten, das sogenannte *Abendland* (lat. *occidens*: die Länder im Westen).

Die antike Kultur lebt wieder auf

Karl der Große holte an seinen Hof viele Gelehrte. Zu ihnen gehörten Iren, Angelsachsen, Langobarden und Westgoten. Erst allmählich kamen Franken dazu. Diese Männer beschäftigten sich mit dem antiken Wissen. Die Sprachenvielfalt im Reich wurde überwunden durch die lateinische Sprache. Mit ihr konnte der christliche Glauben überall verkündet und einheitlich Recht gesprochen werden.

Auch für die Baumeister der Kirchen und Herrschersitze waren römische Vorbilder wichtig. Für seine Kapelle in Aachen ließ Karl Säulen, Mosaike und Bildwerke aus Italien herbeischaffen. Diese erste Wiederbelebung (lat.-franz.: *renaissance*) der Antike wurde später *Karolingische Renaissance* genannt.

Karl bemühte sich auch um die Erhaltung der germanischen Dichtung. Er ließ die Heldenlieder und Sagen der Völkerwanderungszeit sammeln und regte eine germanische Grammatik an.

1 „Königshalle" der karolingischen Reichsabtei Lorsch (Hessen).
Foto, um 1980.
Das Bauwerk entstand um 800. Die drei Torbögen greifen auf antike Vorbilder zurück. Vermutlich sollen sie den Gedanken der Erneuerung des Römischen Reiches (lat. renovatio imperii) ausdrücken. Das sorgfältig ausgemalte Obergeschoss diente wahrscheinlich als Königshalle, in der der Herrscher Besucher empfing, Urkunden ausstellte und Urteile verkündete.
Weitere Informationen findest du unter www.kloster-lorsch.de

M 1 Die Krönung

In einem zeitgenössischen Jahrbuch, den Lorscher Annalen, wird berichtet:

Und weil schon damals das Kaisertum bei den Griechen nicht mehr bestand und sie eine weibliche Herrschaft hatten*, erschien es dem Apostelnachfolger Leo** selbst und allen heiligen Vätern [...] und dem übrigen christlichen Volk, dass sie Karl, den König der Franken, zum Kaiser erheben müssten. Denn er hielt Rom in Besitz, wo immer Kaiser zu herrschen pflegten, und er hatte auch die übrigen Städte in Italien, Gallien und Germanien inne, weil der allmächtige Gott ihm alle diese Sitze in seine Macht gegeben hatte. Daher erschien es ihnen gerecht, dass er mit Gottes Hilfe und auf Bitten des gesamten Christenvolkes diesen Titel erhielt. Ihre Bitte konnte König Karl nicht abschlagen, sondern er unterwarf sich mit aller Demut Gott und nahm auf Bitten der Bischöfe und des gesamten Christenvolkes am Fest der Geburt unseres Herrn Jesu Christi den Kaisertitel mit der Segnung durch den Herrn Papst Leo an.

Wilfried Hartmann (Hrsg.), Deutsche Geschichte in Quellen und Darstellung, Bd. 1, Stuttgart 1995, S. 56

**In Byzanz regierte bis 802 die Kaiserin Eirene (um 752-803).*

****Leo III.**: *Papst von 795 bis 816*

M 2 Wie Karl Kaiser wurde

Einhard, der Sohn einer vornehmen ostfränkischen Familie aus der Maingegend, kam 790 als Lehrer an den Hof Karls des Großen.
Er wurde zum Vertrauten des Kaisers.
In seiner Lebensbeschreibung des Herrschers schreibt er:

Karls letzte Reise nach Rom hatte mehrere Gründe. Die Römer hatten Papst Leo schwer misshandelt, ihm die Augen ausgestochen und die Zunge ausgerissen, sodass er sich gezwungen sah, den König um Schutz zu bitten. Daher begab sich Karl nach Rom, um die verworrenen Zustände der Kirche zu ordnen. Das dauerte den ganzen Winter. Bei dieser Gelegenheit erhielt er den Kaiser- und Augustus-Titel, der ihm anfangs so zuwider war, dass er erklärte, er würde die Kirche selbst an jenem hohen Feiertag nicht freiwillig betreten haben, wenn er die Absicht des Papstes geahnt hätte. Die Eifersucht der oströmischen Kaiser, die ihm die Annahme der Titel schwer verübelten, ertrug er dann allerdings mit erstaunlicher Gelassenheit.

Einhard, Das Leben Karls des Großen, übers. v. Evelyn Firchow, Stuttgart 1968, S. 59 (vereinfacht)

M 3 Thron Karls des Großen im Aachener Dom, um 800.

Foto, von 2000.
Auf dem Thron, der sich auf einer Empore befindet, nahmen die Könige nach der Krönungszeremonie (siehe M2, Seite 167) Platz. Die Marmorplatten des Throns stammen möglicherweise von den heiligen Stätten Jerusalems, die beiden Säulen rechts aus antiken römischen Gebäuden.

→***Internettipp:*** *Zum Aachener Dom siehe www.domverein-aachen.de*

1. *Der Bericht (M 1) gibt das Ereignis nicht ohne Wertung wieder. Erläutere diese Behauptung.*
2. *Einhard schreibt, dass Karl die Verleihung des Kaisertitels „zuwider“ gewesen sei (M 2). Was hat er damit andeuten wollen?*

Herrschaft im Namen Gottes

Das Reich Karls des Großen zerfällt
Karl der Große starb 814. Sein Reich blieb nicht lange bestehen. Die Araber bedrohten es von Süden, die Wikinger (Normannen) von Norden und die Ungarn von Osten. Karls Nachkommen teilten es 843 in drei „Zuständigkeitsbereiche“. 870 wurde es nochmals geteilt und 880 legte der *Vertrag von Ribemont* die Grenzen fest, in denen später Frankreich, das Deutsche Reich und Italien entstanden.

Wer behält die Macht?
Im ostfränkischen Reich musste sich der König die Macht vor allem mit den Herzögen (lat. *dux*: Führer) von Sachsen, Franken, Schwaben und Bayern teilen. Kein deutscher König konnte seine Macht behaupten, wenn er nicht aus einer Herzogsfamilie stammte und durch Lehen und Heirat andere mächtige Familien an sich band. Dies gelang zwischen 936 und 1254 nur den sächsischen *Liudolfingern* (*Ottonen*) und *Welfen*, den fränkischen *Saliern* und den schwäbischen *Staufern*.

Von der fränkischen zur deutschen Geschichte
Anfang des 10. Jh. ging die fränkische Königswürde auf die Sachsen über. Der ehemalige Sachsenherzog *Heinrich I.* regierte von 919 bis 936 als König. Er gewann im Westen Lothringen und führte Feldzüge gegen die Ungarn und die Slawen im Osten.
Noch während seiner Regierungszeit erreichte er von den anderen mächtigen Männern des Reiches die Zustimmung, dass sein Sohn das Königsamt von ihm übernehmen könne. Damit sicherte Heinrich seiner Familie die Macht. Zugleich setzte er die Unteilbarkeit des Reiches durch.
Heinrichs I. Herrschaft steht am Übergang von der fränkischen zur deutschen Geschichte. Quellen sprechen aber erst seit dem 11. Jh. von einem „Reich der Deutschen“ (lat. *regnum teutonicorum*).

1 **Schwerpunkte der Regierung Ottos I.**
Nenne das für Otto I. wichtigste Herzogtum. Begründe!

Das Reich wird gestärkt
Nach Heinrichs Tod wurde sein Sohn *Otto I.* im Jahre 936 König. Er baute sein Herrschaftsgebiet aus. An der Ostgrenze des Reiches richtete er weitere Marken (Verteidigungs- und Verwaltungsbezirke) ein und gründete neue Reichsbistümer. Sie wurden Ausgangspunkte der Christianisierung zwischen Elbe und Oder und der Missionierung Polens und Ungarns. Unter Ottos Führung besiegten die deutschen Heere im Jahre 955 die Ungarn in der *Schlacht auf dem Lechfeld* bei Augsburg. Von nun an blieb das Reich von ungarischen Reitern weitgehend verschont.

2 **Ein Herrscher gründet eine Kirche.**
Die Elfenbeinschnitzerei misst 12,9 x 11,3 cm und entstand um 970 in Mailand.
Ein Engel und der heilige Mauritius führen einen gekrönten Herrscher (wahrscheinlich Otto I.) vor Christus. Der Kaiser reicht Christus ein Kirchenmodell (gemeint ist die Domkirche von Magdeburg). Von den rechts stehenden Heiligen ist nur Petrus (mit dem Schlüssel) zu erkennen.

In den Fußstapfen Karls des Großen

Otto I. hatte sich 936 in Aachen zum König krönen lassen. Er zeigte damit, dass er sich als Nachfolger der fränkischen Herrscher verstand. Nach dem Vorbild Karls des Großen wollte er das weströmische Kaisertum erneuern. Dazu brauchte er die Unterstützung des Papstes. Als in Rom Kämpfe des Stadtadels die Macht des Papstes schwächten, nutzte Otto die Chance, marschierte mit seinen Truppen nach Italien und stand dem Papst bei. 962 übertrug der ihm dafür die Kaiserwürde, die seit rund acht Jahrzehnten niemand mehr innegehabt hatte. Seit Otto war damit das römische Kaisertum mit dem deutschen Königtum verknüpft. Otto I. garantierte dem Papsttum den weltlichen Schutz und erhielt dafür eine wichtige Zusage: Alle künftigen Päpste würden vor ihrer Weihe dem Kaiser die Treue versprechen.

Die Kirche dient dem Reich

Schon die Merowinger und Karolinger richteten neben den Kaiserpfalzen zahlreiche Reichsbistümer und -klöster ein. Sie hatten die Aufgabe,

- den umherziehenden König samt Gefolge zu versorgen,
- bei der Verwaltung des Reiches zu helfen,
- als Zentrum der Ausbildung zu dienen und
- „wohlbewaffnete und -ausgerüstete Leute“ für das königliche Heer zu stellen.

Das Reich beeinflusst die Kirche

Als Gegenleistung schenkten die Könige den Bistümern und Klöstern Land oder überließen ihnen andere Einkünfte. Ihre Interessen sicherten sich die Herrscher damit, dass sie Einfluss auf die Besetzung (*Investitur*) der hohen Kirchenposten nahmen. Otto I. und seine Nachfolger setzten diese Politik fort und bauten somit eine Reichskirche auf. Damit errichteten sie im Reich ein Gegengewicht zu den mächtigen Herzögen.
Darüber hinaus beeinflussten Otto I. und seine Nachfolger die Wahl der Päpste, die damals noch vom römischen Stadtadel gewählt wurden. Von zwölf Päpsten, die zwischen 963 und 1003 und von 1046 bis 1057 amtierten, wurden elf unter Mitwirkung der deutschen Könige und Kaiser ausgewählt und eingesetzt.

M1 Die Reichskrone.
Die Krone (Ø ca. 25 cm) wurde bei Königskrönungen in Aachen und verschiedentlich auch bei Kaiserkrönungen in Rom verwendet. Angefertigt hat man sie wohl für die Kaiserkrönung Ottos I. im Jahre 962. Das Kreuz (9,9 cm) wurde zwischen 1002 und 1024, der Bügel um 1030 (?) hinzugefügt. Die Krone besteht aus acht durch Scharniere verbundenen Goldplatten. Ihre Inschriften zeigen Christus als König der Könige und alttestamentarische Könige wie Salomon. Zur Zahlensymbolik so viel: Die Acht gilt als Zahl Christi und der Auferstehung, denn zum einen überlebten in der Arche acht Menschen die Sintflut und zum anderen dauerte die Leidenswoche Christi acht Tage. Die Inschrift PER ME REGES REGNANT lautet übersetzt „Durch mich regieren die Könige". Erläutere die Bedeutung des Satzes.

M2 Hoch lebe der neue König!
Der Mönch Widukind schildert die Königserhebung Ottos I. von 936 in seiner „Sachsengeschichte" so:

Als Ort der allgemeinen Wahl nannte und bestimmte man die Pfalz Aachen [...]. Und als man dorthin gekommen war, versammelten sich die Herzöge und obersten Grafen mit der übrigen Schar vornehmster Ritter in dem Säulenhof, der mit der Basilika Karls des Großen verbunden ist, setzten den neuen Herrscher auf einen dort aufgestellten Thron, huldigten ihm, gelobten ihm Treue, versprachen ihm Unterstützung gegen alle seine Feinde und machten ihn nach ihrem Brauch zum König.
Währenddessen erwartete der Erzbischof von Mainz mit der gesamten Priesterschaft und den mitgereisten Gefolgsleuten im Innern der Basilika den Auftritt des neuen Königs. Als dieser erschien, ging ihm der Erzbischof entgegen [...]. Er wandte sich ans Volk und sagte: „Seht, ich bringe euch den von Gott erwählten und einst von dem mächtigen König Heinrich vorgesehenen, jetzt aber von allen Fürsten zum König gemachten Otto. Wenn euch diese Wahl gefällt, zeigt dies an, indem ihr die rechte Hand zum Himmel emporhebt."
Da streckte das ganze Volk die Rechte in die Höhe und wünschte unter lautem Rufen dem neuen Herrscher viel Glück. Dann schritt der Erzbischof mit dem König hinter den Altar, auf dem die königlichen Herrschaftszeichen lagen [...]. Er nahm von dort das Schwert mit dem Wehrgehänge auf, wandte sich an den König und sprach: „Nimm dieses Schwert, auf dass du alle Feinde Christi verjagst, die Heiden und schlechten Christen, da durch Gottes Willen dir alle Macht im Frankenreich übertragen ist, zum unerschütterlichen Frieden für alle Christen."
Dann nahm er die Spangen, legte ihm den Mantel um und sagte: „Durch die bis auf den Boden herabreichenden Zipfel deines Gewandes seist du daran erinnert, mit welchem Eifer du im Glauben entbrennen und bis zum Tod für die Sicherung des Friedens eintreten sollst." Darauf nahm er Zepter und Stab und sprach: „Durch diese Abzeichen bist du aufgefordert, mit väterlicher Zucht deine Untertanen zu leiten und in erster Linie den Dienern Gottes, den Witwen und Waisen die Hand des Erbarmens zu reichen; und niemals möge dein Haupt ohne das Öl der Barmherzigkeit sein, auf dass du jetzt und in Zukunft mit ewigem Lohn gekrönt werdest." Auf der Stelle wurde er mit dem heiligen Öl gesalbt und mit dem goldenen Diadem gekrönt [...].
Nachdem man dann das Lob Gottes gesungen und das Messopfer feierlich begangen hatte, ging der König hinunter zur Pfalz, trat an die marmorne, mit königlicher Pracht geschmückte Tafel und nahm mit den Bischöfen und dem ganzen Adel Platz.

Widukind von Corvey, Res gestae Saxonicae/Die Sachsengeschichte, übers. und hrsg. von Ekkehart Rotter und Bernd Schneidmüller, Stuttgart 1981, S. 105 ff.

*→ **Exkursions- und Internettipp:** Im Aachener Rathaus sind Nachbildungen der Reichskleinodien ausgestellt, Informationen über sie findest du unter www.aachen.de/DE/kultur_freizeit/kultur/dom_rathaus/rathaus/innenausstattung/index.html*

1. *Aus dem Bericht (M 2) wird deutlich, wer im Reich Einfluss hatte. Nenne die Träger der Macht.*
2. *Der Erzbischof von Mainz überreicht Otto die Herrschaftszeichen (M 2). Nenne ihre Bedeutung.*
3. *Erarbeitet die Schritte der Königserhebung und stellt sie in einem Rollenspiel dar.* Lerntipp
4. *Widukind war zum Zeitpunkt der Krönung etwa 12 Jahre alt und wahrscheinlich in Aachen nicht dabei. Überlege, woher er sein Wissen haben könnte?*

Hochmut kommt vor dem Fall

„Und damit Gott befohlen, blinder Ritter!“, rief der alte Meier Helmbrecht ungehalten. „Verlasst auf der Stelle meinen Hof, sonst lasse ich Euch von meinem Großknecht hinausprügeln!“ „Seid doch barmherzig mit mir!“, flehte da der zerlumpte Blinde an der Hoftüre. „Ich bin doch Euer Sohn ...“ „Ich habe keinen Sohn mehr“, entgegnete der alte Mann bitter. „Mein Sohn wollte kein Bauer sein wie ich und meine Vorväter. Er wollte sich nicht die Hände bei ehrlicher Arbeit schmutzig machen. Sein Erbteil hat er verschleudert, um sich wie ein adliger Herr herauszuputzen. Und als alles verprasst war, hat er die armen Bauern in den Dörfern der Umgebung in Angst und Schrecken versetzt und ausgeplündert wie ein gemeiner Ritter. Ich will mit ihm nichts mehr zu tun haben.“ Der alte Helmbrecht spuckte aus und wollte schon die Tür hinter sich schließen. Doch als er den Sohn mit bittender und kleinlauter Stimme weitersprechen hörte, zögerte er. „Aber Vater, habe ich nicht schwer für meinen Leichtsinn gebüßt? Die Gerichte haben ihr Urteil gesprochen. Mir wurden die Augen ausgestochen, eine Hand und ein Fuß zur Strafe abgeschlagen. Nun irre ich an der Hand eines Kindes umher, heimatlos, verachtet und hungrig.“ Dem alten Helmbrecht krampfte sich das Herz zusammen, als er seinen Sohn so flehen hörte. War das sein hochmütiger Junge? Es fiel ihm wieder ein, dass er vor wenigen Tagen schweißgebadet aufgewacht war. Er hatte geträumt, er sehe seinen Sohn an einem Baum hängen, die Füße zwei Meter über dem Boden, und über seinem Kopf einen Raben und eine Krähe. – Aber er konnte nicht anders: „Das hätte sich mein Herr Sohn früher überlegen sollen. Er hat es ja besser gewusst, als ich ihn gewarnt und auf Knien gebeten habe, doch das zu bleiben, wozu er geboren wurde, und sich nicht gegen seinen gottgewollten Stand aufzulehnen. Mein Helmbrecht war nicht nur leichtsinnig, er hat gegen Gott und die Welt gesündigt und dafür die gerechte Strafe erhalten: Hochmut kommt vor dem Fall. – Und jetzt verschwindet, sonst ...“

Dieter Brückner

Ein Dorf im 11. Jh.
Rekonstruktionsgemälde von Fanny Hartmann, um 1990.
Das Bild zeigt, wie ein typisches Dorf im späten 11. Jh. ausgesehen haben kann.
In dem Turm (im Hintergrund) wohnte in der Regel ein Dienstmann mit seiner Familie.
Er verwaltete das Land seines Grundherrn.

Leben in der Ständegesellschaft

1 Christus teilt den drei Ständen ihre Aufgaben zu.
Holzschnitt (20 x 14,5 cm) von Hans Hesse, Heidelberg 1488.
Die Beschriftungen lauten übersetzt: „Du bete demütig!“ „Du schütze!“ „Und du arbeite!“
Bezeichne die dargestellten Personengruppen und ihre Aufgaben. Was drückt die Haltung der Christusfigur aus?

Nicht alle Menschen sind gleich
Im Mittelalter, der Epoche, die um 500 begann und bis etwa 1500 dauerte, war es für die meisten Menschen in Europa selbstverständlich, dass sie nicht alle über die gleichen Rechte verfügten. Männer hatten mehr Rechte als Frauen, Geistliche Vorrechte gegenüber Nichtgeistlichen. Der Adel herrschte und konnte nicht nur Abgaben und Dienste von den Bauern verlangen, sondern auch Gehorsam. Wer seinen Besitz verlor, musste sich einem Herrn unterwerfen. Der schützte ihn zwar und sorgte für ihn. Dafür konnte er aber über ihn verfügen.

Drei Stände und ein König
Über allen Bewohnern eines Landes stand der König. Als von Gott eingesetzter Herrscher forderte er Gehorsam und Verehrung. Als im 10./11. Jh. ständige Streitigkeiten zwischen Adligen und Nichtadligen die königliche Macht und das Leben der Bauern verschlechterten, versuchte die Geistlichkeit zu schlichten: Sie verwies auf die von Gott geschaffene – und damit unantastbare Ständegesellschaft. Was darunter verstanden wurde, drückte Bischof *Adalbero von Laon* Anfang des 11. Jh. in einem Brief an den französischen König so aus: *„Das Haus Gottes ist dreigeteilt: Die einen beten, die anderen kämpfen, die Dritten endlich arbeiten. Diese drei miteinander lebenden Stände können nicht getrennt werden. Die Dienste des einen sind die Bedingung für die Werke der beiden anderen. Jeder trachtet danach, das Ganze zu unterstützen."*

Land bringt Macht
Die wirtschaftliche Grundlage der Menschen im Mittelalter war der Landbesitz. Er war die wichtigste Bedingung für Macht. Die größten Landbesitzer waren zunächst die Könige. Sie bestimmten über den Eigenbesitz ihrer Familie und durften über *Kron-* oder *Reichsgut* verfügen. Außer dem König besaßen der Adel und die Kirche viel Land.

Herrscher brauchen Helfer
Wer herrschen wollte, brauchte Helfer. Diese wollten belohnt werden. Da die Geldeinnahmen der Könige und des Adels im frühen Mittelalter noch zu gering waren, blieb ihnen nur die Möglichkeit, ihren Helfern ein Stück Land zu leihen oder zu schenken, einschließlich der darauf lebenden Menschen und Tiere. So entstand das Lehnswesen.

Land gegen Kriegsdienst

Um Macht ausüben zu können, waren die Mächtigen auf viele treue Gefolgsleute angewiesen. Die Vergabe von Grundbesitz an Adlige und unfreie Dienstmannen (*Ministeriale*) war das wichtigste Mittel dazu. Den „verliehenen“ Grundbesitz nannte man *Lehen*; der Empfänger hieß *Vasall*. Beide Seiten versprachen sich gegenseitig Treue und Schutz. Kam der Vasall seinen Diensten nicht nach, durfte der *Lehnsherr* das Lehen einziehen. Verletzte der Herr seine Pflichten, brauchte der Vasall ihm keine Gefolgschaft mehr zu leisten. Ein Lehen durfte noch an *Untervasallen* weitergegeben werden. Das Lehnsverhältnis endete anfangs nach dem Tod des Lehnsherrn oder Vasallen. Später betrachteten die Lehnsnehmer das Lehen als ihr Eigentum und gaben es an ihre Erben weiter.

Wer über Land und Leute verfügt

Seit dem 8. Jh. reichte der Landbesitz vieler freier Bauern nicht mehr aus, um die Familie zu ernähren und die Kosten für eine moderne Rüstung aufzubringen. Aus freien Bauern wurden Hörige (*Grundholde*) bzw. Leibeigene. Der Grundherr überließ ihnen Land gegen *Frondienste*. Sie mussten also einen Teil ihrer erwirtschafteten Güter abgeben und zu bestimmten Zeiten für ihn arbeiten.

Die hörigen Bauern durften das Land nur mit Einverständnis ihrer Grundherren verlassen. Sie benötigten sogar deren Einwilligung, wenn sie heiraten wollten. Wenn das Land verkauft oder vererbt wurde, gehörten sie mit ihren Familien dem neuen Besitzer. Die Grundherren waren auch oft Richter über ihre unfreien Bauern.

Als Gegenleistung gewährten sie ihren Leuten Schutz und Hilfe. Unfreie Bauern mussten nicht für ihre Grundherren in den Krieg ziehen. Diese Verfügungsgewalt über Land und Leute nennen wir Grundherrschaft. Sie betraf mehr als 90 Prozent der Bevölkerung.

Die Zeit, in der Lehnswesen und Grundherrschaft die Grundlagen für wirtschaftliche und politische Macht bildeten, wird als *Feudalismus* (lat. *feudum*: Lehen) bezeichnet. Sie dauerte in den europäischen Staaten bis ins 19. Jahrhundert.

Über die Lebensbedingungen der bäuerlichen Bevölkerung siehe die Seiten 173 ff.

2 Belehnung geistlicher und weltlicher Fürsten.
Bild (7,0 x 11,5 cm) aus der Heidelberger Handschrift des Sachsenspiegels, um 1330 (siehe auch M 1, Seite 176).
Zwei Fürsten bieten einem Vasallen die Belehnung an. Der Vasall legt seine Hände zwischen die seines Lehnsherrn. Dabei wird er etwa folgenden Schwur geleistet haben: „Deine Feinde sind meine Feinde, deine Freunde sind meine Freunde. Ich will dir immer treu und gegenwärtig sein, wenn du mich brauchst.“
Spiele die Szene mit verteilten Rollen nach. Lern-tipp

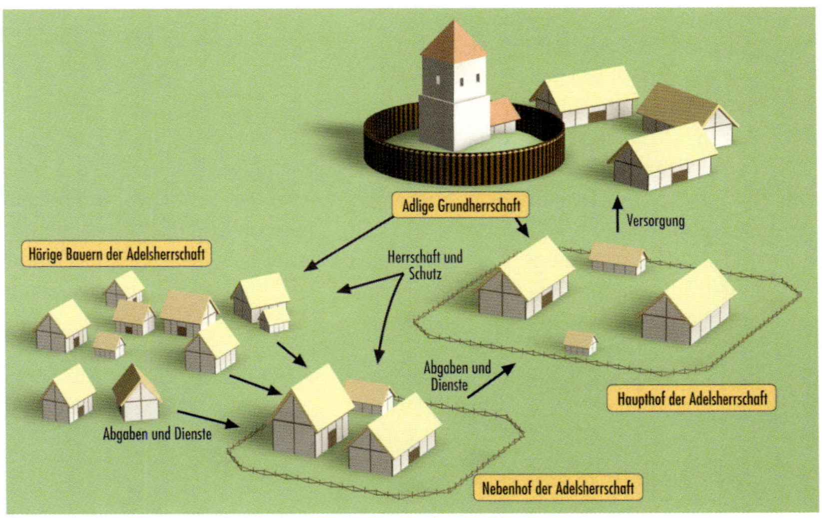

3 Grundherrschaft.
Die Grundherrschaft bestand meist aus einem Haupthof und mehreren Nebenhöfen. Der Haupthof diente der Versorgung des Grundherrn. In der Regel war er Sitz eines Dienstmannes. Mit Unterstützung weiterer Verwalter, sogenannter Meier (von lat. maior: Vorsteher), kümmerte sich der Dienstmann um die Hofstellen, die von hörigen (abhängigen) Bauern bewirtschaftet wurden. Im Auftrag des Grundherrn sorgten sich die „Meier“ der Haupthöfe um die Abgaben und Dienste sowie den Schutz der abhängigen Bauern auf den Nebenhöfen. Im Krieg stellen Haupt- und Nebenhöfe Reiterkrieger, Waffen und Proviant.
Prüfe, nachdem du den Lehrbuchtext gelesen hast, ob die Grundherrschaft mit der Grafik (Abb. 3) vollständig dargestellt wird. Lern-tipp

M 1 Befehl an die Vasallen

Im folgenden Brief, der nach 804 geschrieben wurde, fordert Karl der Große den Leiter des Klosters von Altaich (Bayern) auf, seinen Vasallenpflichten nachzukommen:

Im Namen des Vaters und des Sohnes und des Heiligen Geistes [...]. Wir teilen dir mit, dass wir in diesem Jahre den großen Reichstag nach Ostsachsen zusammengerufen haben [...]. Deshalb befehlen wir dir, am 17. Juni mit allen deinen wohlbewaffneten und -ausgerüsteten Leuten an dem genannten Platze dich einzustellen, also sieben Tage vor der Messe des heiligen Johannes des Täufers. Du wirst also wohlvorbereitet mit deinen Leuten an dem genannten Platze erscheinen, um von hier aus [...] eine militärische Expedition durchzuführen; das heißt mit Waffen und Gerät und aller anderen kriegerischen Ausrüstung, mit Proviant und Bekleidung. Jeder Berittene soll Schild, Lanze, Schwert und Hirschfänger haben, dazu Bogen, Köcher mit Pfeilen, und eure Packwagen sollen Vorräte aller Art mitführen, Spitzhacken und Äxte, Bohrer, Beile, Spaten, eiserne Grabscheite und alle anderen Werkzeuge, die man bei einem Feldzug braucht. Die Lebensmittel müssen vom Reichstag an gerechnet drei Monate reichen, Waffen und Bekleidung ein halbes Jahr [...].

Die Geschenke, die du uns auf unserem Reichstag abzuliefern hast, übersende Mitte Mai dahin, wo wir uns dann aufhalten werden [...]. Lasse dir dabei keinerlei Nachlässigkeit zuschulden kommen, wenn dir an unserer Gnade gelegen ist.

Wolfgang Lautemann (Bearb.), Mittelalter. Reich und Kirche. Geschichte in Quellen, München ²1978, S. 76 f.

M 2 Ein Markgraf reitet aus.
Buchmalerei (9,5 x 16,9 cm), um 1320.

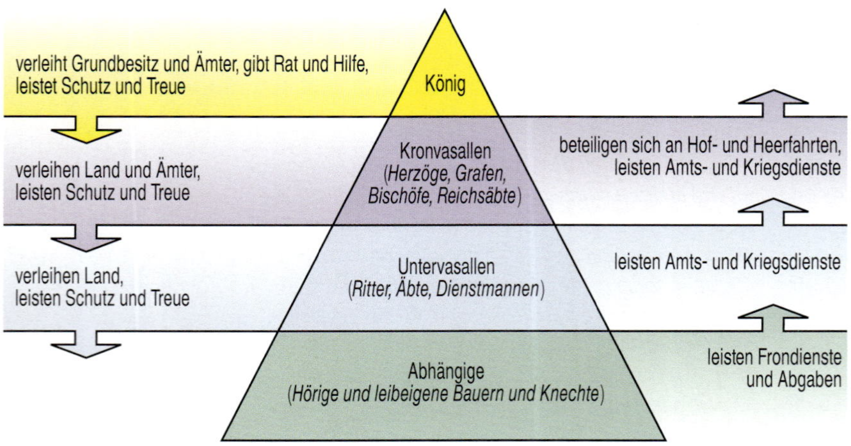

M 3 Lehnswesen und Aufbau der mittelalterlichen Gesellschaft.
Für den Gesellschaftsaufbau wurde das Bild von der Lehnspyramide benutzt. Es stellt die Verhältnisse vereinfacht dar. Lehen wurden nämlich nicht nur von oben nach unten vergeben, sondern beispielsweise auch von Kronvasallen zu Kronvasallen oder von Untervasallen an Kronvasallen.

1. *Lege eine Liste aller Gegenstände an, die König Karl von seinem Vasallen fordert, und erkläre, wozu sie verwendet werden (M 1).*
2. *Versetze dich in die Lage des Abts und beantworte den Brief (M 1).*
3. *Überlege, welche Probleme sich zwischen König und Kronvasallen durch die Weitervergabe von Lehen an Untervasallen entwickeln können (M 3).* Lerntipp

Herren und Knechte

1 „Von den Zeiten“ (lat. „De temporibus“).
Kopie einer Buchmalerei (18 x 26 cm) aus dem Kloster Montecassino (Italien), die 1023 entstand.
Die vier Figuren auf dem Bild stehen für die vier Jahreszeiten. Erläutere diese Aussage.

Geringe Lebenserwartung
Mitteleuropa war im frühen Mittelalter dünn besiedelt. Es gab riesige Laubwälder, ausgedehnte Sümpfe und Moore. In dieser Wildnis lagen einzelne Bauernhöfe, Gutshöfe, Klöster, Dörfer und wenige Städte. Holz, Lehm und Zweige dienten als Baumaterial für Hütten, Häuser und Brücken. Nur Kirchen, Klöster und Königshöfe waren zum Teil aus Stein.
Auf dem gestampften Boden der Bauernhütten lag Stroh als Unterlage zum Schlafen. Die Mehrheit der Bevölkerung starb durch Krankheit, Hunger und Krieg bereits nach rund dreißig Jahren. Die Lebenserwartung der kleinen Oberschicht lag bei fünfzig Jahren.

Mehr Äcker – mehr Menschen
Das Interesse der Grundherren an größeren Einnahmen förderte seit dem 10. Jh. den ständigen *Landesausbau*: Wälder wurden gerodet, Moore und Sümpfe trockengelegt, Deiche und Marschen an den Küsten angelegt sowie Dörfer planmäßig errichtet.
Um für diese Arbeit genügend Menschen zu finden, stellten die Grundherren ihren Hörigen dafür niedrigere Abgaben und weniger Frondienste in Aussicht, als sonst üblich. Zahlreiche abhängige Bauern erhielten mehr Freiheiten: Sie durften heiraten und mit ihren Familien in die noch unfruchtbaren Gebiete ziehen. Die Folgen des Landesausbaus: Es wurden mehr Familien gegründet und die Bevölkerung nahm zu.

2 Ein Bauer bestellt sein Feld.
Buchmalerei (4,5 x 12,5 cm) aus einem kostbaren Buch für den Gottesdienst, um 820/30. Hinter dem pflügenden Bauern steht die Saat in einem Korb bereit.

Neue Methoden und Techniken

Die landwirtschaftlichen Erträge konnten vom 8. bis zum 13. Jahrhundert durch neue Methoden und Techniken verdoppelt und zum Teil sogar verdreifacht werden.

Die Dreifelderwirtschaft aus römischer Zeit wurde weiterentwickelt: Auf einem Feld baute man nun in einem Jahr Wintergetreide (z. B. Roggen und Weizen) und im nächsten Jahr Sommergetreide (z. B. Hafer) an, anschließend lag das Feld ein Jahr zur Erholung brach. Zuvor hatten Anbau und Brache jährlich gewechselt. Außerdem wurde der Boden mit Mist, Laub oder Mergel (ein kalkhaltiges Gestein) gedüngt.

Dazu kamen technische Neuerungen:

- Der hölzerne Hakenpflug wich dem Räderpflug mit eiserner Pflugschar und Streichbrett. Der Boden wurde nicht mehr nur aufgerissen, sondern gewendet.
- Die Zugkraft der Tiere wurde durch das Kummet, das die Zuglast auf Brust und Schulter der Pferde verteilte, auf das Drei- bis Vierfache erhöht.
- Anstelle von Kühen und Ochsen wurden häufiger Pferde vor Pflug und Wagen gespannt.
- Hufeisen schützten die Pferde vor Verletzungen und machten sie trittsicherer.
- Eggen, Sensen und Dreschflegel kamen ab dem 12. Jh. zum Einsatz.
- Wo möglich, wurden Wind- und Wassermühlen gebaut.

Wandel mit Folgen

Der Alltag der Bauern blieb mühsam und arbeitsreich, dennoch hatte sich ihr Leben gewandelt:

- Bei günstiger Witterung konnten sie mehr erwirtschaften, als sie selbst verbrauchten und an den Grundherrn abliefern mussten. Die Überschüsse verkauften die Bauern auf Märkten.
- Mit den Einnahmen gewöhnte sich die ländliche Bevölkerung an Münzgeld. Von den Erträgen kauften die Bauern auch Produkte der Handwerker: Geräte, Kleidung, Haushaltswaren.
- In den größeren Dorfgemeinschaften ließen sich Handwerker nieder.

Die Grundherren begannen, Teile ihres Landes gegen eine jährliche Geldzahlung (*Rente*) an Bauern zu verpachten. Seit dem 12./13. Jh. gestanden sie den Dorfgemeinschaften immer häufiger eine Selbstverwaltung zu. Die Bauern eines Dorfes

- bestimmten den Zeitplan für die Bewirtschaftung der Felder,
- verwalteten die *Allmende**,
- sorgten für die Wege und Brücken,
- achteten auf die Einhaltung des Dorffriedens,
- nahmen Verbrecher fest und lieferten sie dem Gericht aus.

* **Allmende** *(mittelhochdeutsch: das Allgemeine): das gemeinsame Eigentum an Wald, Weide, Ackerland und Weiher. Dort durfte nach gemeinsam festgelegten Regeln das Vieh der Dorfbewohner weiden. Hier konnten sie Bau- und Brennholz schlagen, Eicheln und Bucheckern für die Schweinemast sammeln oder fischen.*

3 Bockwindmühle.
Buchmalerei aus der Werkstatt des flämischen Künstlers Jean de Grise, 1338-1345.
Die Anlage von Mühlen geht auf römische und arabische Vorbilder zurück. In Mitteleuropa begann man erst im 12. Jh. die Windkraft zu nutzen.
Zur Funktion: Der kastenförmige Aufbau saß auf einem dicken Eichenstamm (Bock) und konnte mit der Stange in den Wind gedreht werden.

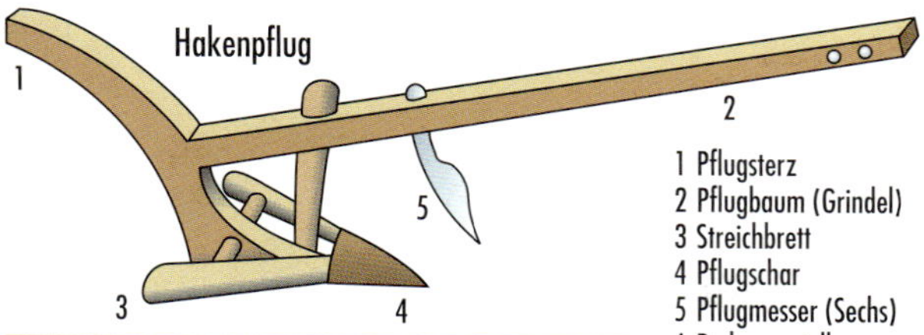

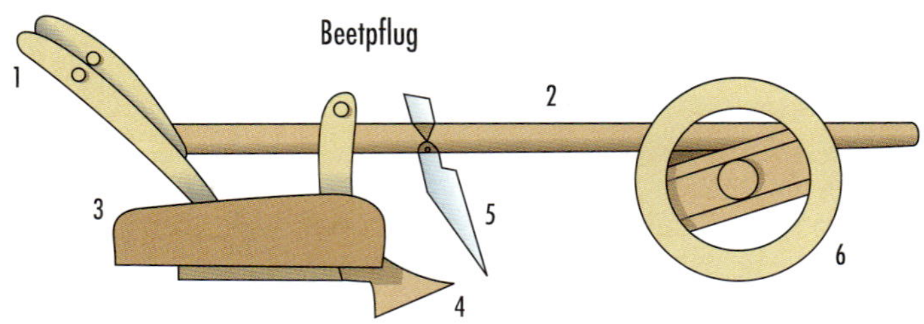

M 1 Fortschritte in der Pflugtechnik.
Anders als der frühmittelalterliche Hakenpflug mit Ochsengespann sorgt der schollenwendende Räderpflug (Beetpflug), der seit dem 11. Jahrhundert weiter verbreitet ist, für eine bessere Lockerung und Durchlüftung der schweren Böden.

M 2 Bevölkerungsentwicklung in Europa
Die Zahlen beruhen teilweise nur auf Vermutungen.

im Jahre 300:	*16,8 Mio.*
im Jahre 600:	*11,9 Mio.*
im Jahre 1000:	*23,7 Mio.*
im Jahre 1340:	*53,9 Mio.*

Josiah C. Russel, Artikel „Bevölkerung", in: Lexikon des Mittelalters, Bd. 2, München – Zürich 1983, Sp. 14

M 3 Die Gewannflur der Dreifelderwirtschaft.
In den Gewannen (mittelhochdeutsch: Grenzen) besaß jeder Bauer einen oder mehrere Streifen. Sie lagen im „Gemenge" und konnten nur in Zusammenarbeit mit den Nachbarn bebaut werden. Daraus ergab sich ein Flurzwang: Alle Bauern eines Gewannes mussten die gleiche Frucht anbauen.

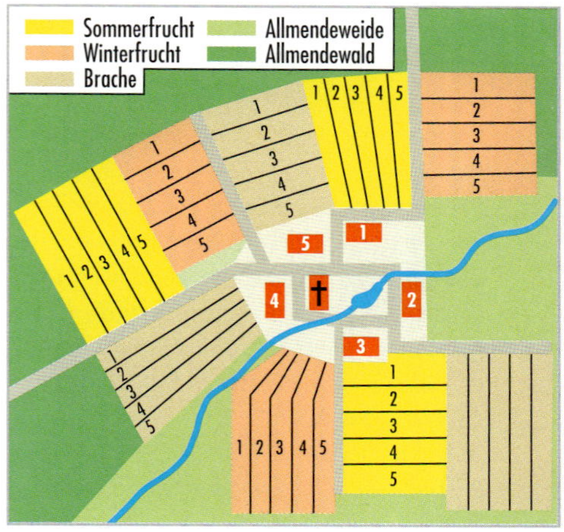

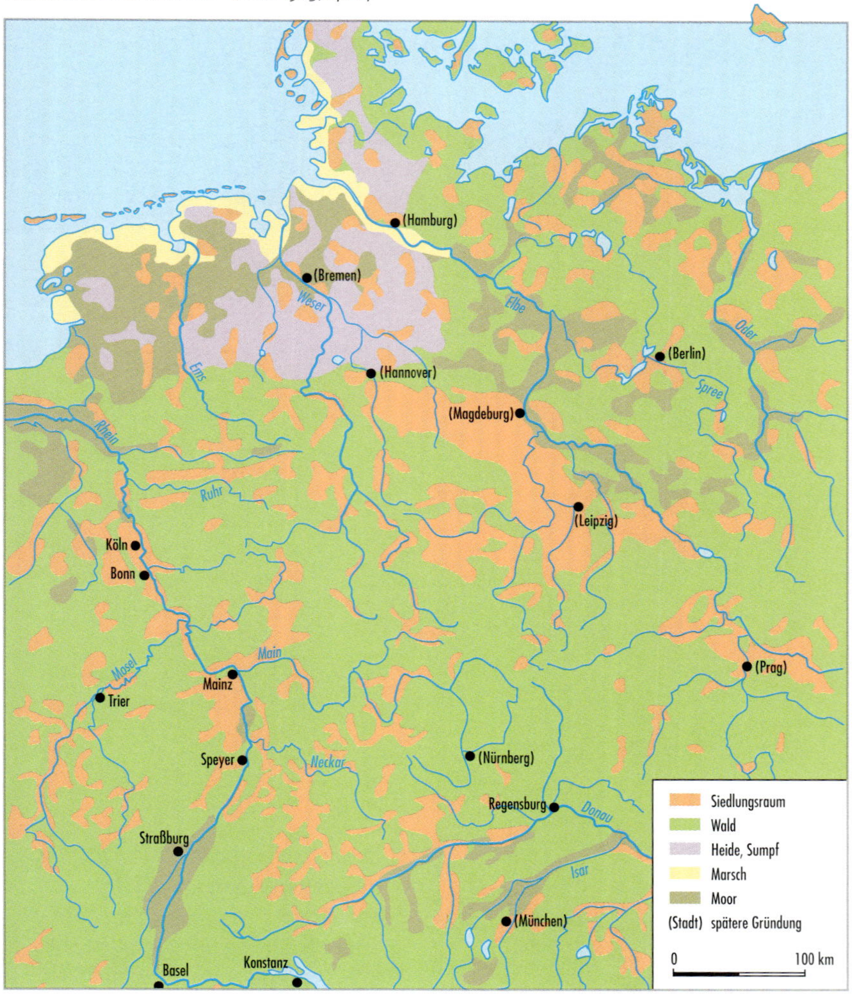

M 4 Frühmittelalterliche Siedlungsräume.

1. *Suche Gründe für das Bevölkerungswachstum (siehe Seite 173 und M 2).*
2. *Zeichne mit den Angaben aus M 2 ein Säulendiagramm.* Lerntipp
3. *Erkläre die Dreifelderwirtschaft (Seite 174 und M 3). Nenne Vor- und Nachteile.*
4. *Nenne eine Gemeinsamkeit aller in M 4 eingezeichneten Städte.*
5. *Der Landesausbau spiegelt sich in den Namen mancher Dörfer und Städte, die auf -berg und -beck oder -bek enden. Dazu kommen solche auf -au, -hagen, -feld, -wald und -holz. Ehemals feuchtes Land zeigt -moor an, auf Rodungen verweist -rode. Suche in deiner Heimat nach Ortsnamen, die auf mittelalterlichen Landesausbau hinweisen.*

Lerntipp

Ein Bild gibt Auskunft

Die älteste und häufigste Form von Steuern war im Mittelalter der *Zehnt*. In der Regel handelte es sich um ein Zehntel des landwirtschaftlichen Ertrages. Die Kirche forderte seit dem 6. Jh. von ihren Gläubigen den Zehnt, aber auch weltliche Grundherren verlangten ihn.

M1 Bäuerliche Abgaben.
Bilder aus der Heidelberger Handschrift des Sachsenspiegels, um 1330; das Format des Blattes misst 30 x 23 cm.
Der Sachsenspiegel wurde von Eike von Repgow um 1224/35 im Elbe-Saale-Raum verfasst und gehört zu den ältesten Rechtsbüchern in deutscher Sprache. Er beeinflusste die Rechtsprechung in Sachsen, Brandenburg, Thüringen und anderen deutschen Ländern zum Teil bis ins 19. Jh.
Zu den Bildern:
Die Darstellung beginnt mit dem Tag der Heiligen Walpurgis (1. Mai), an dem der Lämmerzehnt fällig ist; mit dem grünen Baum ist hier wohl ein Maibaum gemeint, der nach weitverbreiteter Sitte zu Walpurgis an Haus und Hof aufgepflanzt wurde.
Bis zu St. Urban (25. Mai) hatten die hörigen Bauern die Obst- und Weingärten ihrer Grundherren in Ordnung zu bringen; der rote Arbeitskittel symbolisiert das Ende dieser Arbeiten.
Es folgt der Termin für den Fleischzehnt, der am Johannistag (24. Juni) fällig ist und im Bild durch ein Rind, ein Kalb, eine Ziege und einen Hahn dargestellt wird.
Am St. Margaretentag (13. Juli) ist der Kornzehnt fällig; dazu zeigt das Bild, wie die Heilige Margarete den Teufel fesselt.
Die drei Gänse symbolisieren den Gänsezehnt, er ist am Himmelfahrtstag Mariens (15. August) zu leisten; am selben Tag ist zugleich Kräuterweihe, daher die Kräuter- und Wurzelbündel.
Am St. Bartholomäustag (24. August) waren verschiedene Geldabgaben und Dienste fällig; der Heilige Bartholomäus war durch Abziehen der Haut ums Leben gekommen; hier trägt er sie als Zeichen seines Martyriums an einem Stock über der Schulter.

1. *Entwirf einen Abgabenkalender für den dargestellten Zeitraum (M 1).*
2. *Die Abbildungen geben auch Auskunft über das Brauchtum der Zeit. Welche Bräuche erkennt ihr? Berichtet!*

1 Ein König zieht mit seinen Rittern in den Krieg.
Buchmalerei (etwa 9 x 19 cm) aus Bamberg, um 1170.

Wie lebt der Adel?

Mit Pferd und Rüstung

Ritter bedeutete im 11. Jh. „bewaffneter Reiter". Zu diesem Kreis gehörten alle, die für den König oder die Herzöge Kriegsdienst mit Pferd und Rüstung leisteten. Das waren Adlige und die mit Lehen versehenen Dienstleute. Letztere konnten im Laufe der Zeit so hohes Ansehen erwerben, dass sie in den niederen Adel aufstiegen.

Ein Ideal anstreben

Im 12. Jh. erhielt „Ritter" eine zusätzliche Bedeutung, die in den Wörtern „ritterlich" und „höflich" und „Kavalier" (franz. *chevalier*: Ritter) bis heute fortlebt. Ziel war es, sich wie ein „wahrer" Ritter bei Hofe zu verhalten. Darum sollte sich jeder Dienstmann und Adlige bemühen. Ritterlich war ein Mann, der ein christliches Leben führte, sich tadellos kleidete und gut benahm. Vernunft und Mäßigung sollten das Verhalten eines Ritters im Kampf, in der Liebe oder beim Essen und Trinken bestimmen. Ein Ritter zu sein hieß also auch, ein Ideal anzustreben. Durch ihre höfischen Lebens- und Umgangsformen grenzten sich die Ritter von Bauern und Geistlichen ab.

Vom Knappen zum Ritter

Mit zehn bis zwölf Jahren wurden die Söhne der Vasallen an den Hof des Herrn geschickt. Sie dienten als *Junker* (Jungherr), kümmerten sich um die Waffen und die Pferde ihres Herrn und halfen ihm beim Anlegen der Rüstung.
Mit 14 Jahren wurden sie einem Ritter als Knappen zugeteilt. Sie lernten Reiten und Jagen, darüber hinaus Regeln, die bei Tisch und beim Tanz sowie bei anderen Gelegenheiten zu beachten waren. Sie trainierten mit Schwert, Lanze, Speer und Schild sowie mit Pfeil und Bogen und lernten, wie eine Burg verteidigt oder belagert wurde. An den Höfen der großen Fürsten standen auch Lesen und Schreiben, Harfenspiel und Gesang auf dem Stundenplan.

Der Ritterschlag

Mit etwa 20 Jahren folgte die feierliche Ritterweihe. Am Tag davor hatte der künftige Ritter zu fasten. Den Festtag begann der in weiße Gewänder gekleidete Knappe mit einem Gottesdienst. Ein Geistlicher segnete ihn und sein Schwert. Danach wurde ihm die Rüstung angelegt. Höhepunkt des Festes waren *Ritterschlag* und *Schwertleite*: Der Lehnsherr berührte mit der flachen Klinge die linke Schulter des neuen Ritters und legte ihm feierlich das Schwert um. Dann begann das festliche Treiben mit vielen Gästen, teuren Geschenken und Turnieren.

2 Zwei Musikanten.
Spanische Buchmalerei, 13. Jh.
Das Bild deutet das Zusammenleben verschiedener Kulturen an. Erläutere!

Mann gegen Mann

Seit dem 12. Jh. veranstalteten die Fürsten große Turniere. Das waren Einzel- und Gruppenwettkämpfe zu Pferde mit scharfen Waffen. Beim *Buhurt* versuchten nur mit Schilden bewaffnete Reitermannschaften, die Gegner aus dem Sattel zu werfen. *Tjoste* waren Zweikämpfe mit stumpfen Lanzen.
Die Aussicht auf den Sieg und die Belohnung (Rüstung und Pferd des besiegten Gegners plus Preisgeld) war zumindest für die ärmeren Ritter Anreiz genug, Gesundheit und Leben zu riskieren. Obwohl die Kirche gegen diese blutigen Veranstaltungen mit zahlreichen Verboten vorging, blieben sie beliebt.

3 Ritterdienst – Minnedienst.
Malerei aus der Manessischen Handschrift, um 1314.
Das Bild gehört zu einer Sammlung illustrierter Liederbücher, die der Züricher Bürger Rüdiger Manesse anlegen ließ.

*→**Internettipp:** Weitere Informationen und Bilder aus der Sammlung findest du unter: http://digi.ub.uni-heidelberg.de/diglit/cpg848/*

Damen sind nicht dämlich

Für ein junges Mädchen aus dem niederen Adel kam der Dienst an einem fremden Hof kaum infrage. Sie musste sich mit Hauswirtschaft und Spinnrad beschäftigen. An den großen Höfen lernten die Mädchen lesen und erhielten Einblicke in die lateinische oder französische Literatur. Einige Töchter aus vornehmen Häusern wurden im Reiten sowie in der Falkenzucht und -jagd unterrichtet. Manche dieser jungen Frauen waren gebildeter als ihre männlichen Altersgenossen und erreichten als Dichterinnen und Hofdamen hohes Ansehen.

„Wes Brot ich ess', des Lied ich sing'"

Künstler und Dichter zog es an die großen Höfe der Könige, Herzöge, Grafen und Bischöfe. Die *Troubadoure* in Frankreich verherrlichten in ihren Liedern Heldentum und ritterliche Tugenden. Dabei musizierten sie und sangen in ihrer Volkssprache. Diese Dichter kamen meist aus dem Adel, manche waren zuvor Geistliche gewesen. Sie zogen von Hof zu Hof in der Hoffnung, einen Förderer zu finden. Dabei erwiesen sich die Dichter für manchen Herrscher als nützlich: In ihren Werken priesen sie dessen Fähigkeiten und Taten und förderten damit sein Ansehen.
In *Minneliedern* (*Minne*: mittelhochdeutsches Wort für Liebe) und den höfischen Romanen setzten die Minnesänger dem idealen Ritter und seinem Verhalten in der Liebe, im Kampf und im Dienst für Gott literarische Denkmäler. Sie schilderten auch, wie ihre „Helden" versagten, ihren Schwächen nachgaben, treulos oder unmenschlich handelten. Denn ihnen war bewusst, dass man das Ideal der Ritterlichkeit zwar anstreben, aber kaum erreichen konnte.

Als Kämpfer nicht mehr zeitgemäß

Im späten Mittelalter waren Ritter als Kämpfer nicht mehr zeitgemäß. Gegen die Geschosse der Armbrüste und Handfeuerwaffen bot selbst die stärkste Rüstung keinen Schutz. Nicht einmal die Mauern der Burgen hielten den Kugeln der kanonenähnlichen Geschütze stand. Im 14. und 15. Jh. verarmten zudem viele einfache Ritter durch den Aufschwung der Geldwirtschaft. Ihre Einnahmen aus dem Grundbesitz fielen, während gleichzeitig die Aufwendungen für eine standesgemäße Lebenshaltung stiegen. Manche Ritter versuchten mit Gewalt, diese Entwicklung aufzuhalten.

M 1 Segensgebet für ein Schwert

Text eines weitverbreiteten Segensgebetes für ein Schwert aus der 2. Hälfte des 10. Jh.:

Erhöre, so bitten wir dich, Herr, unsere Gebete und mache dieses Schwert deiner wert, womit dein Diener (es folgt der Name) sich zu umgürten wünscht, indem du es [...] segnest, damit es zur Verteidigung und zum Schutz von Kirchen, Witwen, Waisen und allen, die Gott dienen, gegen die Wildheit der Heiden gereichen kann, und damit es anderen Feinden Angst, Schrecken und Entsetzen einflößt.

Otto Borst, Alltagsleben im Mittelalter, Frankfurt a. M. 1983, S. 103 f.

M 2 Ritterliche Pflichten

In dem um 1200 entstandenen Versroman „Tristan“ von Gottfried von Straßburg wird der zum Ritter geschlagene Tristan von seinem königlichen Onkel über seine Pflichten belehrt.

„Sieh, Tristan, mein Neffe“, sagte er, „jetzt, da dein Schwert gesegnet ist und du Ritter geworden bist, denke nach über ritterliche Werte und über dich und wer du bist. Deine Abkunft und Würde halte dir vor Augen. Sei bescheiden und aufrichtig, wahrhaftig und wohlerzogen. Sei gütig zu den Elenden und stolz zu den Mächtigen. Pflege und verbessere deine äußere Erscheinung. Ehre und liebe alle Frauen. Sei freigebig und verlässlich, und arbeite immer daran.“

Gottfried von Straßburg, Tristan, nach dem Text von Friedrich Ranke neu herausgegeben und übersetzt von Rüdiger Krohn, Stuttgart ^{2}1981, S. 307 f.

M 3 „Die Ritter kennen keine Treue mehr“

Von einem unbekannten Dichter stammen folgende Zeilen über die Lebensweise mancher Ritter; sie sind etwa um 1330/40 in oder bei Bamberg geschrieben worden.

Die Ritter kennen keine Treue mehr, darauf kann man sich verlassen. Was sie heute fest versprechen, das brechen sie morgen sogleich. Sie sind Richter über arme Bauern, die sie schützen und schirmen sollten.
Vor langer Zeit gab es wirklich gute Ritter. Die konnten im Kampf und Spiel so handeln, wie es gut und angemessen war. Große Tapferkeit ließen sie erkennen [...].
Sie waren tugendhaft und freimütig; Gott schenkte ihnen Ehre und Besitz, weil sie ernsthaft nach ritterlicher Tugend strebten [...].
Um ritterliche Tugend kümmern sie sich heute wenig. Sie sitzen mit ihren Weibern zusammen und verschleudern wertvollen Besitz. Sie sollten sich wirklich schämen, dass sie Wucherzinsen für ihr Geld nehmen, auf zehn Mark eine. Das alles ist unter ihnen so weit verbreitet, dass sie es niemals für Sünde halten. Die jungen und die alten gleichermaßen so. Wenn man von Raub und Wucher absieht, könnten sie vielleicht noch gute Ritter sein.

Wolfgang Bührer, Der Kleine Renner ..., in: Historischer Verein Bamberg, 105. Bericht, Bamberg 1969, S. 171

M 4 Steigbügel aus Eisen, 9. Jh.

Im Kampf gegen die Araber hatten die Franken im 8. Jh. die Überlegenheit der Reiterheere kennengelernt. Sie ahmten die Teile an deren Ausrüstung nach. Mit Steigbügeln und Sätteln mit Halteknöpfen konnten die Reiter in schwerer Rüstung schneller und sicherer gegen die Feinde anstürmen.

M 5 „Hundeschnauze“.

Helm mit Visier, 14. Jh.

M 6 Ritterschwert, um 1300.

Die Schwerter des 13./14. Jh. hatten zum Teil Klingen von über einem Meter Länge. Nebenbei: Schwerter waren nicht nur Waffen, sondern auch Zeichen für die Personen, die herrschen und richten durften.

→ ***CD-ROM-Tipp:*** *Rittertum und Mittelalter. Streifzüge durch eine faszinierende Zeit, Stuttgart 2000*

→ ***Exkursionstipps:*** *Viele Ritterschwerter und -helme befinden sich zum Beispiel im Museum der Grafschaft Mark auf der Burg Altena (www.burg-altena.de) und auf Schloss Burg in Solingen (www.schlossburg.de).*

1. *Auf dieser Seite siehst du die Gegenstände, die Ritter benutzten: Schwert, Helm (Rüstung) und Steigbügel. Erkläre anhand dieser Dinge die Stellung eines Ritters gegenüber Bauern und Geistlichen.*
2. *Stelle aus M 1 und M 2 Pflichten und Tugenden der Ritter zusammen.*
3. *In M 3 erfährst du, dass sich nicht alle Ritter ritterlich verhielten. Überlege, welche Auswirkungen diese Missstände hatten.*

Auf der Burg

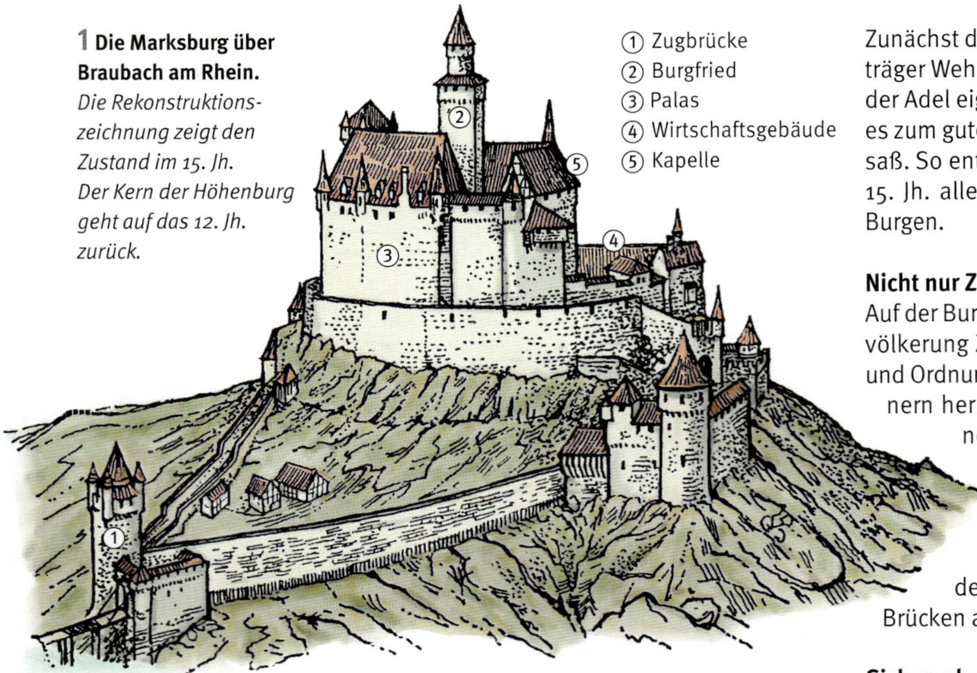

① Zugbrücke
② Burgfried
③ Palas
④ Wirtschaftsgebäude
⑤ Kapelle

1 Die Marksburg über Braubach am Rhein.
Die Rekonstruktionszeichnung zeigt den Zustand im 15. Jh. Der Kern der Höhenburg geht auf das 12. Jh. zurück.

→**Internettipp:** *Einen virtuellen Rundgang durch die Marksburg findest du unter www.marksburg.de/frame.htm.*

Fernab vom Volk

Im frühen Mittelalter lebten die Ritter häufig in einfachen Türmen aus Holz oder Stein. Als im 9. und 10. Jh. Normannen, Ungarn und Slawen plündernd durchs Land zogen, wurden Stützpunkte zur Verteidigung gebaut. Auf Hügeln oder Bergen, manchmal auch auf Inseln, in Flüssen oder Seen, die natürlichen Schutz boten, entstanden Burgen.

2 Burg Vischering im Münsterland.
Foto von Andreas Lechtape, um 1992. Die Anlage der Wasserburg wurde im 13. Jh. begonnen; die noch heute erhaltenen Gebäude entstanden im 16. Jh. Heute befindet sich in der Burganlage ein Museum und Kulturzentrum.

Zunächst durften nur der König oder seine Amtsträger Wehranlagen errichten. Später baute sich der Adel eigene Burgen. Seit dem 13. Jh. gehörte es zum guten Ton, dass jeder Ritter eine Burg besaß. So entstanden zwischen dem 12. und dem 15. Jh. allein im Deutschen Reich etwa 19 000 Burgen.

Nicht nur Zuflucht

Auf der Burg fanden Dienstleute und die Landbevölkerung Zuflucht. Von ihr aus wurde für Ruhe und Ordnung auf dem Lande gesorgt. In ihrem Innern herrschte der Burgfrieden, der Streit innerhalb der Mauern verbot. Die Burg war auch Mittelpunkt der Wirtschaft und Verwaltung: Hierher mussten die Bauern kommen, um ihre Abgaben zu entrichten, hier wurden die Zolleinnahmen von Straßen und Brücken abgeliefert.

Sicher, aber ungemütlich

Eine Burg war sicher, wenn sie von wenigen Menschen zu verteidigen war. Tiefe Gräben und dicke Mauern mit Schießscharten und Pechrinnen schützten die Gebäude. Mehrere Aufgaben hatte der *Burgfried*, dessen Eingang meist nur über eine Leiter zu erreichen war. Er diente als Beobachtungsturm, Schutzraum, Aufbewahrungsort für Wertgegenstände und manchmal auch als Gefängnis. Darüber hinaus zeigte er weit sichtbar die Macht des Besitzers.
Die Burgen der einfachen Ritter waren dunkel und feucht. Im Winter zog die Kälte durch Ritzen und Fensteröffnungen; Kachelöfen gab es erst seit der Mitte des 13. Jh., verglaste Fenster waren selten.
Im Zentrum der Burg lag das Wohnhaus, der *Palas*. Hier befanden sich Küche und *Kemenaten* (nach lat. *caminus*: Feuerstelle, Kamin), die wenigen beheizbaren Räume, sowie gelegentlich ein Festsaal. Für Gottesdienste gab es eine *Kapelle*. Im Burghof befanden sich ein Brunnen und häufig eine Zisterne, um Regenwasser zu sammeln. Die Wohnungen der Knechte, Scheunen und Stallungen lagen um den Burghof.

M 1 Alltag eines Burgherrn

Was der fränkische Reichsritter Ulrich von Hutten 1518 einem Freund in Nürnberg über sein Leben auf der Burg Steckelberg bei Fulda schreibt, dürfte – sieht man von Schwefel und Schießpulver ab – 300 Jahre früher nicht anders gewesen sein.

Man lebt auf dem Feld, im Wald und in den bekannten Burgen auf dem Berg. Die uns ernähren, sind bettelarme Bauern, denen wir unsere Äcker, Weinberge, Wiesen und Wälder verpachten. Der einkommende Ertrag ist, gemessen an der aufgewandten Mühe, geringfügig [...]. [...]
Sodann müssen wir uns in den Dienst eines Fürsten stellen, von dem wir Schutz erhoffen. Wenn ich das nicht tue, glaubt jeder, er könne sich alles gegen mich erlauben. Aber auch wenn ich es tue, ist diese Hoffnung täglich mit Gefahr und Furcht verbunden. Gehe ich nämlich von zu Hause fort, so muss ich fürchten, auf Leute zu stoßen, mit denen der Fürst [...] Krieg führt und die mich seinetwegen anfallen und wegschleppen. Wenn es dann mein Unglück will, geht leicht mein halbes Vermögen als Lösegeld darauf [...]. Deswegen halten wir uns Pferde und Waffen und umgeben uns mit zahlreichem Gefolge, alles unter großen und spürbaren Kosten. [...]
Die Burg selbst, ob sie auf dem Berg oder in der Ebene liegt, ist nicht als angenehmer Aufenthalt, sondern als Festung gebaut. Sie ist von Mauern und Gräben umgeben, innen ist sie eng und durch Stallungen für Vieh und Pferde zusammengedrängt. Daneben liegen dunkle Kammern, vollgepfropft mit Geschützen, Pech, Schwefel und sonstigem Zubehör für Waffen und Kriegsgerät. Überall stinkt es nach Schießpulver; und dann die Hunde und ihr Dreck, auch das – ich muss es schon sagen – ein lieblicher Duft!
Reiter kommen und gehen, darunter Räuber, Diebe und Wegelagerer. Denn fast für alle stehen unsere Häuser offen, weil wir nicht wissen, was das für Leute sind, oder uns nicht groß danach erkundigen.
Man hört das Blöken der Schafe, das Brüllen der Rinder, das Bellen der Hunde, das Rufen der auf dem Feld Arbeitenden, das Knarren und Rattern der Fuhrwerke und Karren; ja sogar das Heulen der Wölfe hört man in unserem Haus, weil es nahe am Wald liegt.

Arno Borst, Lebensformen im Mittelalter, Frankfurt a. M. 1979, S. 173 f.

M 2 Burg Eltz an der Mosel.

Foto von 1994.
Auf drei Seiten von der Eltz umflossen, ragt diese Wehranlage auf einem bis zu 70 m hohen Felsen hervor. Die Burg besitzt acht verschiedene, meist turmartige Gebäude; der älteste Turm stammt aus dem 13. Jh.

→ ***CD-ROM-Tipp:*** *Burgen. Spurensuche in Ruinen und alten Gemäuern, Stuttgart 2000*

→ ***Internettipps:*** *Einzelheiten zur Burg Eltz findest du unter www.burg-eltz.de/d_index.html, weitere Hinweise über Burgen in NRW siehe unter www.burgen-und-schloesser.net/deutschland/nordrhein-westfalen.htm*

1. *Liste auf, worüber sich Ulrich von Hutten beklagt (M 1).*
2. *Zeichne ein Schaubild und stelle dar, welche Aufgaben ein Ritter hatte und wovon er lebte. Als Vorlage kann dir das Schaubild auf Seite 171 dienen.* Lerntipp

Im Kloster

Leben für Gott
In Ägypten, Palästina und Syrien zogen schon im 3. Jh. einzelne Christen in die Wüste. Sie wollten allein leben, den Versuchungen des Teufels widerstehen, und so leben wie Christus. Solche Einsiedler *(Eremiten)* schlossen sich später zusammen, um Gottesdienste zu feiern und zu arbeiten. Daraus entstanden Klöster (lat. *claustrum*: Verschluss, abgeschlossener Bereich). Dem Leiter oder der Leiterin eines Klosters, dem Abt oder der Äbtissin, versprachen die Nonnen und Mönche in einem Gelübde, arm, ehelos und gehorsam zu leben sowie dem Kloster für immer treu zu bleiben. Sie weihten ihr Leben dem Dienst an Gott, dem Gebet und der Verehrung der Heiligen. Sie taten das nicht nur für sich, sondern auch für ihre Mitmenschen. Dazu standen die Klöster der Orden untereinander in regem Kontakt. So gab es schon vor Jahrhunderten eine „europäische Gemeinschaft“: die Gemeinschaft der Klöster.

Benedikt von Nursia
Zum Vater des abendländischen Mönchtums wurde *Benedikt von Nursia*, der um 529 auf dem Montecassino in Süditalien ein Kloster gründete. Die von ihm zusammengestellte Regel legte Leitsätze für jedes Mitglied der klösterlichen Gemeinschaft und die Ordnung des Zusammenlebens fest. Die Benediktinerregel wurde Anfang des 9. Jh. für alle Klöster des Abendlandes verbindlich. Neben dem Benediktinerorden entstanden im Laufe des Mittelalters zahlreiche Ordensgemeinschaften, die meist einen weiblichen und einen männlichen Zweig besaßen.

→***Internettipp:*** *Informationen über das Kloster Montecassino und den Ordensgründer siehe unter www.officine.it/montecassino/main_d.htm*

Klöster nützen
Grundlage vieler Klöster waren Schenkungen von Königen, Herzögen und Grafen. Sie überließen den Klöstern meist Ländereien, einschließlich der darauf lebenden unfreien Bevölkerung. Als Grundherren übernahmen die Äbte oder Äbtissinnen weltliche Verpflichtungen: Sie sprachen Recht über die hörigen Bauern und mussten im Kriegsfall Krieger und Ausrüstung stellen.
Die Klosterstifter selbst erwarben sich durch die Schenkungen einen Anspruch auf Gebete der Mönche oder Nonnen. Sie sorgten damit für das eigene Seelenheil und das ihrer lebenden und verstorbenen Familienmitglieder. Darüber hinaus nutzten sie die Klöster, um ihre nachgeborenen Söhne oder unverheiratet gebliebenen Töchter unterzubringen. Schließlich schufen sie sich mit dem Kloster einen Ort für ihren Lebensabend und das Familiengrab.

Fast eine Stadt für sich
Der Lebensraum der Mönche und Nonnen war die *Klausur* (von lat. *claudere*: ab-[ver-]schließen). Sie bestand aus der Kirche, dem Schlafsaal (*Dormitorium*), dem Speisesaal (*Refektorium*) und dem Versammlungsraum (*Kapitelsaal*) und war für Fremde nicht zugänglich.
Innerhalb der Klostermauern befanden sich in der Regel alle notwendigen Einrichtungen: eine Mühle, Gärten mit Heilkräutern, Gemüse und Obst, Werkstätten, Viehstallungen und vieles mehr. Oft gehörten eine Brauerei, eine Bäckerei und ein Badehaus zur Anlage. Fischteiche versorgten das Kloster in der Fastenzeit. Außerdem verfügten die meisten Klöster über eine Bibliothek.

1 Nonnen beten für ihre verstorbenen Mitschwestern im Fegefeuer.
Miniatur aus einem Erinnerungsbuch des Klosters St. Maria Magdalena in Köln, Ende 14. Jh.

Für das Kloster ackern

Bei den frühen Klostergründungen lag das geschenkte Land oft in unerschlossenen Gebieten und musste erst nutzbar gemacht werden. Neben den Mönchen und Nonnen arbeiteten auf den oft verstreut liegenden Ländereien der Klöster zahlreiche abhängige Bauern und Leibeigene. Sie bewirtschafteten den klösterlichen Grundbesitz gegen Abgaben und Dienste. Um die Erträge zu steigern, schufen sie Musterbetriebe und erprobten neue Anbaumethoden und -techniken. Da die Klöster von Abgaben befreit waren, konnten sie hohe Einkünfte erzielen und den Reichtum der Orden vergrößern.

2 Die Klosterkirche Maulbronn wird gebaut.
Gemälde (65 x 69 cm) an einem Altar, um 1450. Das Kloster Maulbronn (Baden-Württemberg) wurde Mitte des 12. Jh. gegründet.

*→**Internettipp:** Weitere Informationen über das Kloster findest du unter www.klickpunkt.de/index.html.*

Nonnen und Mönche helfen

Mönche und Nonnen halfen aus christlicher Nächstenliebe den Alten, Schwachen und Kranken. An bestimmten Tagen bekamen Arme Essen und Kleidung. Größere Klöster hatten Armen- und Siechenhäuser. Dazu nahmen sie anfangs regelmäßig Pilger und Reisende auf.

Ohne Klöster keine Kultur

Fast alle Klöster besaßen Schulen. In den Klosterschulen wurden die späteren Mönche und Nonnen ausgebildet. Auch viele Söhne und Töchter adliger Familien lernten hier Lesen, Schreiben, Rechnen und Latein.

Mönche und Nonnen schrieben die alten Werke der griechischen und römischen Schriftsteller ab oder verfassten neue religiöse, wissenschaftliche, literarische und historische Bücher. In den Schreibstuben (*Skriptorien*) fertigten sie einfache Schriftstücke und kostbare Handschriften an – für den eigenen Bedarf oder im Auftrag weltlicher Herren.

3 Die Arbeiten der Schreiber und Maler.
Initialen (Anfangsbuchstaben) aus einer Bibel, die vermutlich um 1255 in Hamburg entstanden ist.
Die Miniaturen zeigen: Oben überprüft ein Mönch die Pergamente (enthaarte, geglättete und zum Beschreiben zubereitete Tierhaut). Darunter markiert ein Mönch die Seitenaufteilung mit Lineal und Messer; das Messer diente auch als „Radiergummi“.*
Was geschieht auf der Miniatur in der Randspalte.

* **Miniaturen**: *Bilder, die z. B. den ersten Buchstaben eines neuen Abschnittes kennzeichnen. Weil für diese Illustrationen viel Mennige (lat. minium), eine rote Farbe, verwendet wurde, nennt man diese Bilder Miniaturen.*

*→**Internettipps:** Über mittelalterliche Schreibstuben informiert: www.ub.uni-heidelberg.de/helios/fachinfo/ und www/kunst/digi/scriptorium/*

M 1 Werkzeuge der guten Werke

Auszüge aus der von Benedikt von Nursia nach 529 verfassten Klosterregel:

Vor allem Gott den Herrn lieben aus ganzem Herzen, aus ganzer Seele und mit aller Kraft. Sodann den Nächsten wie sich selbst. Weiter: nicht töten, nicht ehebrechen, nicht stehlen, nicht sündhaften Begierden nachgeben, kein falsches Zeugnis geben, alle Menschen ehren. Auch keinem andern antun, was man nicht selbst erdulden möchte.
Sich selbst verleugnen, um Christus nachzufolgen. Den Leib züchtigen, der Sinneslust nicht nachgeben, das Fasten lieben.
Arme erquicken, Nackte bekleiden, Kranke besuchen, Tote begraben, in der Trübsal zu Hilfe eilen, Trauernde trösten. Mit dem Treiben der Welt brechen [...]. Böses nicht mit Bösem vergelten. Kein Unrecht tun, das zugefügte Unrecht aber mit Geduld ertragen. Die Feinde lieben [...].
Nicht stolz sein, nicht der Trunksucht ergeben sein, nicht ein Vielfresser sein, nicht schlafsüchtig sein, nicht träge sein [...].
Vor dem Tage des Gerichtes in Furcht sein. Vor der Hölle zittern. Nach dem ewigen Leben mit der ganzen Hingabe seines Herzens sich sehnen [...]. Seinen Mund vor böser und verderblicher Rede bewahren. Vieles Reden nicht lieben [...].
Den Eigenwillen hassen. Den Befehlen des Abtes in allem gehorchen [...]. Die Älteren ehren, die Jüngeren lieben [...]. Gehorsam ohne Zögern ist der vorzüglichste Grad der Demut.
Müßiggang ist ein Feind der Seele. Deshalb müssen sich die Brüder zu bestimmten Zeiten der Handarbeit und zu bestimmten Zeiten wiederum der Lesung göttlicher Dinge widmen. [...] Wenn immer möglich, soll das Kloster so angelegt sein, dass alles Notwendige, das heißt Wasser, Mühle, Garten und Werkstätten [...] innerhalb der Klostermauern sich befinden. So brauchen die Mönche nicht draußen umherzugehen, was für ihre Seelen durchaus nicht zuträglich ist.

Hans Urs von Balthasar, Die großen Ordensregeln, Einsiedeln [7]1994, S. 197 ff.

M 3 Kritik aus den eigenen Reihen

Der Mönch Lambert von Hersfeld schreibt im 11. Jh.:

Einige Mönche hatten keinen Eifer für göttliche Dinge und lebten nur für Geld und Erwerb. Um Abteien und Bistümer zu erhalten, lagen sie in unverschämtester Weise den Fürsten in den Ohren, und zu kirchlichen Ehrenstellen suchten sie nicht wie unsere Väter auf dem Wege der Tugenden, sondern auf dem abschüssigen Pfad der Schmeichelei [...] zu gelangen. Für ein armseliges Ämtlein versprachen sie täglich ganze Goldberge [...]. Die Welt wunderte sich über die Quellen solcher Geldströme und konnte es nicht fassen, wie sich die Schätze [...] bei einfachen Leuten anhäufen konnten, die [...] der Menschheit vorlogen, dass sie außer einer bescheidenen Verpflegung und Kleidung nichts besäßen.

Johannes Bühler, Klosterleben im Mittelalter, Frankfurt a. M. 1989, S. 179 f.

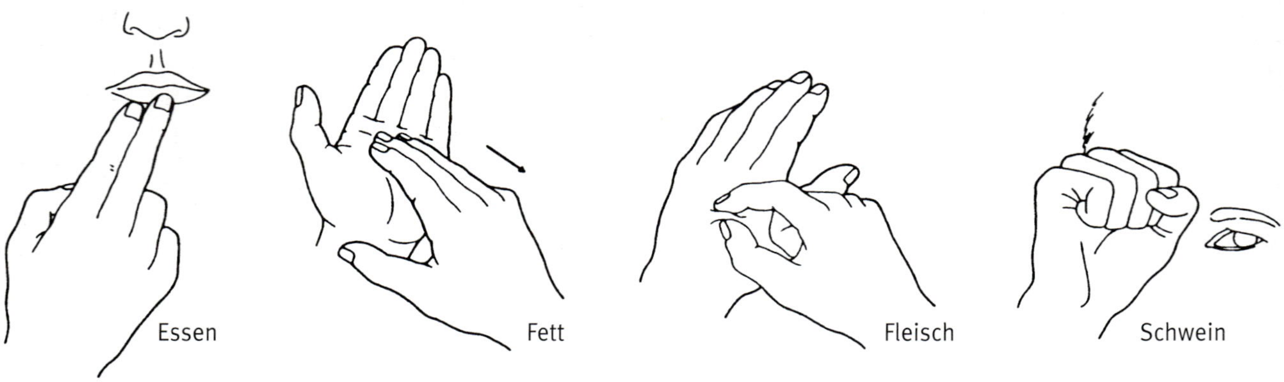

M 2 Aus der Zeichensprache der Mönche.

Die Benediktinerregel schrieb vor, dass in der Kirche, im Schlafraum und im Speisesaal geschwiegen wurde.
Wollte man sich dennoch verständigen, so geschah das mithilfe der Zeichensprache.
Bilde aus den Zeichen einen Satz. Er beginnt mit den Worten „Wir essen ...“.

→**Internettipp:** *Informationen zu Orden in Deutschland findest du unter www.orden.de*

1. *Die Regel des Benedikt wurde mit dem Leitspruch „Ora et labora!“ (deutsch: Bete und arbeite!) zusammengefasst. Erkläre dies anhand von M 1 und des Klosterplans (M 1, Seite 185).*
2. *Nenne Bereiche, in denen Nonnen und Mönche Beiträge zu unserer Kultur leisteten.*
3. *Überlege, welche Regeln Benedikts (M 1) nicht nur für Nonnen und Mönche gelten sollten. Begründe deine Auswahl.*
4. *Was kritisiert Lambert (M 3)? Führt über die Regeln (M 1) ein Streitgespräch zwischen ihm und einem Benediktinermönch.*

Ein rätselhafter Bauplan

Grundrisse sind einfache, maßstabsgerechte Strichzeichnungen mit knapper Beschriftung. Sie zeigen aus der Vogelperspektive, wie Räume eines Hauses oder verschiedene Gebäude angeordnet sind. Unser Beispiel ist ein besonderer Klosterplan. Aus ihm könnt ihr entnehmen, was alles zu einem Kloster gehören sollte, wo Nonnen und Mönche lebten und worum sie sich kümmern sollten.

M1 Plan eines Benediktinerklosters.
Die Zeichnung ist eine stark vereinfachte und unvollständige Wiedergabe eines berühmten Klosterplans, der um 820 angefertigt wurde. Das Original ist ein aus fünf Stücken zusammengesetztes Pergament und misst 112 x 77 cm. Auf dem alten Plan sind rund 50 Gebäude mit roter Tusche eingezeichnet und etwa 350 Einträge in lateinischer Sprache verweisen auf die Funktion der einzelnen dargestellten Teile.

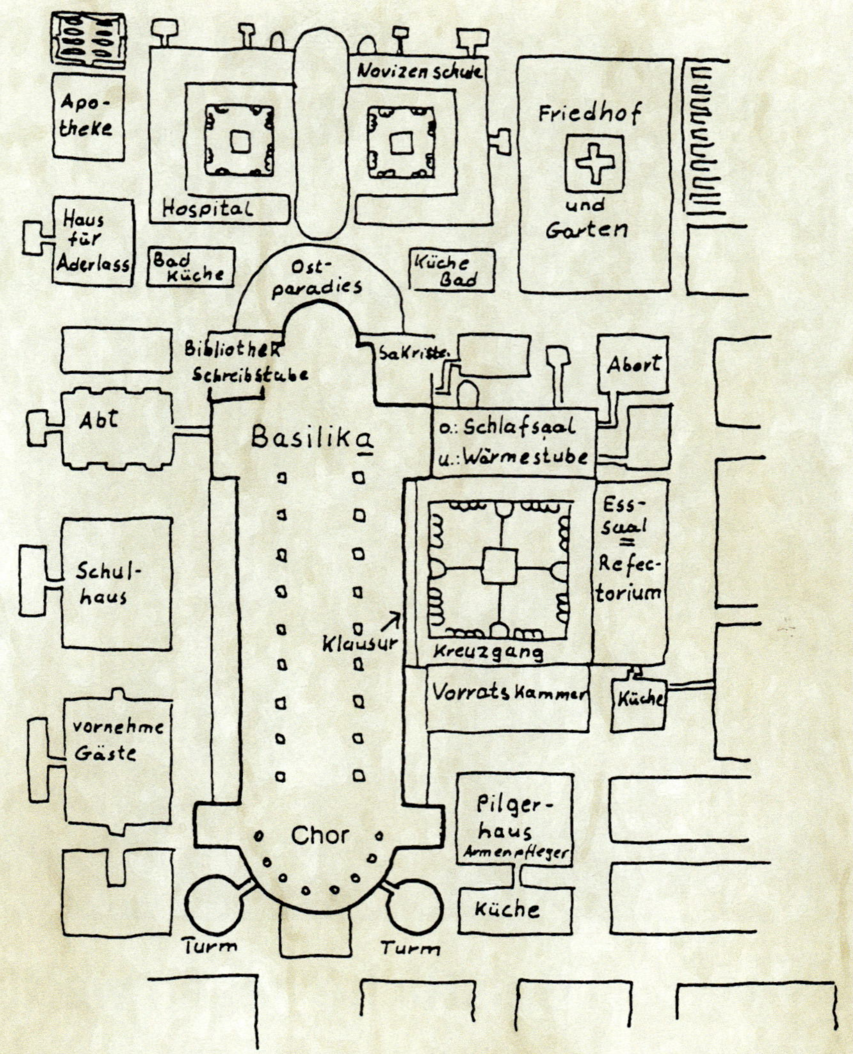

Sieh dir den Plan genau an und übertrage die gesuchten Wörter auf ein Blatt. Die Anfangsbuchstaben der ersten fünf und die Endbuchstaben der letzten sechs Wörter verraten dir den Ort, in dem das Original dieses Planes heute aufbewahrt wird.

1. *Kein Wunder, dass sie in der Nähe der Bibliothek lag.*
2. *Diese Heilmethode wendet man im Haus neben der Apotheke an.*
3. *So nennt man Männer, die sich um Aufnahme ins Kloster bewerben. Ihre Kirche und Schule lagen zwischen Hospital und Friedhof.*
4. *Zu diesem Bereich, der den Kreuzgang umschloss, hatten nur Mönche Zutritt.*
5. *Rechts und links vom Chor stand je einer.*
6. *In diesem überwölbten Gang um einen Innenhof herum konnten die Mönche in aller Stille nachdenken. Für die werdenden Mönche gab es einen zweiten.*
7. *So nennt man auch die Klosterkirche.*
8. *Unten war die Wärmestube und oben?*
9. *Was ist ein Refectorium?*
10. *Wenn sich der Arme an den Armenpfleger wandte, fand er vielleicht für die Nacht nebenan in ihr einen Platz.*
11. *Dazu diente der Friedhof auch.*

Aus: Freya Stephan-Kühn, Viel Spaß im Mittelalter! Spiel- und Lesebuch zur mittelalterlichen Geschichte, Würzburg: Arena [4]1997, S. 64

Stellt fest, ob es an eurem Schul- oder Wohnort ein Kloster gibt. Plant eine Besichtigung und informiert euch über das heutige Leben „hinter Klostermauern“.

1 Die Abtei Cluny.
Zeichnung nach einer Rekonstruktion von Kenneth J. Conant, um 1950.
Das Bild zeigt den Zustand um 1160. Die zu dieser Zeit fertiggestellte Klosterkirche war die größte Kirche des Abendlandes; ihre Ausmaße wurden erst von dem im 16. Jh. errichteten Petersdom in Rom übertroffen.

Geistliche gegen weltliche Macht

„Freiheit für die Kirche!"

Manche Gläubige warfen Bischöfen und Priestern, Äbten und Äbtissinnen, Mönchen und Nonnen vor, sie interessierten sich mehr für Vergnügungen als für christliche Gebote und Klosterregeln. Die Kritik erreichte in den vierziger Jahren des 11. Jh. einen Höhepunkt. Eine Spaltung (gr. *Schisma*: Trennung) der Kirche drohte, als nach Auseinandersetzungen mit dem römischen Stadtadel zeitweise drei Päpste gleichzeitig amtierten. Kaiser *Heinrich III.*, der seit 1039 regierte, setzte 1046 auf einer Kirchenversammlung alle ab und ließ einen neuen Papst ausrufen. Es gab erneut Streit. Die Päpste fürchteten, von den weltlichen Herrschern abhängig zu werden. Sie forderten ihre Freiheit und Unabhängigkeit. Zugleich stellten immer mehr Geistliche die Frage, ob weltliche Herrscher überhaupt über geistlichen Würdenträgern stehen dürften.

Reformen aus Cluny

Schon 910 hatte ein französischer Herzog seinen Besitz in Cluny (Burgund) einem Abt geschenkt. Er sollte damit ein Benediktinerkloster gründen. Das Besondere daran war, dass der Herzog in der Schenkungsurkunde auf alle Rechte gegenüber dem Kloster verzichtete. Die Mönche des Klosters hatten das Recht der freien Abtwahl. Um sie gegen weltliche Eingriffe zu sichern, wurde das Kloster dem direkten Schutz der Päpste unterstellt. Dieses Vorbild strebten auch andere Klöster an.

Von Cluny gingen noch weitere Reformen aus. Stärker als bisher sollte das gesamte Klosterleben ganz auf Gott ausgerichtet werden. Der Kauf geistlicher Ämter (*Simonie*), die Priesterehe und die Einsetzung von Geistlichen durch weltliche Herren (Laieninvestitur) sollten verboten werden. Im 11. Jh. setzten die Päpste diese Forderungen durch. Damit sollten die Bischöfe an den Papst gebunden und der Einfluss der weltlichen Herrscher auf sie geschwächt werden.

Das hat die Welt noch nicht gesehen

Während die Reformen die Macht der Päpste stärkten, geriet das deutsch-römische Kaisertum in eine Krise. Auf *Heinrich III.*, der die Kirchenreform unterstützt hatte, folgte 1056 sein 6-jähriger Sohn *Heinrich IV.* Die Situation nahmen einige Fürsten im Reich zum Anlass, ihre Unabhängigkeit vom höchsten Lehnsherrn zu vergrößern.
Der Papst nutzte die Krise dazu, die Kirche von den weltlichen Mächten unabhängiger zu machen. Eine Versammlung hoher geistlicher und weltlicher Amtsträger (Synode) beschloss 1059, dass beim Tode eines Papstes nicht mehr der römische Stadtadel, sondern die Kardinäle, die nach dem Papst ranghöchsten Kirchenvertreter, den Nachfolger wählen sollten. Kein Geistlicher sollte mehr durch einen Nichtgeistlichen in sein Amt eingesetzt werden. Für die weltlichen Herrscher war dieses Investiturverbot gefährlich, da die von ihnen ernannten und durch die Übergabe von Ring und Stab eingesetzten Bischöfe wichtige Stützen ihrer Macht waren.
Zum eigentlichen Investiturstreit kam es erst unter Papst *Gregor VII.* Er war 1073 ohne Beteiligung der Kardinäle Papst geworden. Als Kaiser Heinrich IV. zwei Jahre später einen Mann seiner Wahl in das Amt des Erzbischofs von Mailand einsetzte, machte ihm der Papst Vorwürfe. Der 26-jährige Kaiser reagierte machtbewusst: Unterstützt von vielen deutschen Bischöfen forderte er den Papst im Januar 1076 auf, „vom päpstlichen Stuhl herabzusteigen". Gregor antwortete drei Wochen später mit dem Bann. Er schloss damit den gekrönten und von Gott gesalbten Herrscher aus der Gemeinschaft der Gläubigen aus, sprach ihm die Herrschaft über das Reich ab und verbot allen Christen, ihm zu dienen. Das hatte es noch nie gegeben.

Heinrich IV. unter Druck

Zunächst konnte sich der Papst durchsetzen. Die meisten Bischöfe, darunter die Erzbischöfe von Mainz und Magdeburg, stellten den Papst höher als Heinrich IV. und verweigerten ihm die Gefolgschaft. Gleichzeitig nutzten einige mächtige deutsche Fürsten wie die Herzöge von Sachsen, Schwaben und Bayern die Gelegenheit, um ihre eigene Macht im Reich zu stärken. Sie stellten Heinrich im Oktober 1076 eine kaum zu erfüllende Forderung: Wenn er sich nicht bis Februar 1077 vom Bann lösen könne, müssten sie einen anderen König wählen.

Der „Gang nach Canossa"

Heinrich gab nicht auf. Unter Zeitdruck zog er mit seiner Frau, seinem 2-jährigen Sohn und einer kleinen Gefolgschaft Ende Januar 1077 über die schneebedeckten Alpen nach Italien, um dort den Papst zu treffen. Dieser war bereits auf dem Weg nach Norden. Er hatte vor, sich mit Heinrichs Gegnern zu verbünden. Als der Papst Heinrich und sein Gefolge kommen sah, suchte er Schutz auf der Burg Canossa. Doch Heinrich wollte nicht kämpfen, sondern sich vom Bann lösen.
Das Ergebnis des Treffens ging als „Gang nach Canossa" in die Geschichte ein: Heinrich IV. erschien an drei Tagen hintereinander im Büßergewand vor der Burg. Barfuß und mit einfacher Kleidung aus Wolle wartete er auf die Entscheidung des Papstes. Dem blieb nach dieser Buße keine Wahl: Er musste Heinrich vom Bann befreien.

2 Canossa.
Buchmalerei (etwa 16,5 x 14 cm) um 1115.
Der lateinische Text auf dem Bild lautet übertragen: „Der König bittet den Abt, Mathilde auch fleht er an."
In der Nikolaus-Kapelle am Fuß der Burg Canossa trafen sich 1077 Mathilde, die einflussreiche Markgräfin von Tuscien, der gebannte Heinrich IV. und dessen Taufpate, Abt Hugo von Cluny.
Beschreibe, wie die Markgräfin, der Abt und Heinrich IV. dargestellt sind. Beachte dabei ihre Haltung und Größe.

Der Streit geht weiter

Mit dem „Gang nach Canossa“ verhinderte Heinrich, dass sich seine deutschen Gegner mit dem Papst verbündeten. Jetzt fand er wieder den notwendigen Rückhalt im Reich und konnte politisch handeln. Damit war aber der Streit zwischen ihm und dem Papst nicht vorbei. Im weiteren Verlauf wurde Heinrich IV. 1080 erneut gebannt. Er ließ daraufhin einen Gegenpapst ausrufen. Seine Truppen bedrohten Rom und Papst Gregor floh 1084 aus der Stadt.

Der Streit verschärfte sich noch, als ein späterer Papst 1095 nicht nur das Investiturverbot wiederholte, sondern allen Kirchenmitgliedern den Lehnseid gegenüber weltlichen Herrschern verbot. Als Heinrich IV. 1106 starb, war der Streit noch nicht vorbei.

3 Wer krönt den König?
Buchmalerei (22 x 17 cm) aus dem Benediktinerkloster Allerheiligen in Schaffhausen, Mitte des 11. Jh.

Die Lösung in England und Frankreich

Schneller als im Reich konnte der Investiturstreit in England und Frankreich gelöst werden, weil dort nur wenige Bischöfe weltliche Macht besaßen.

Die Spannungen zwischen dem englischen Königshaus und der Kirche endeten vorläufig 1107: Der König verzichtete auf die Investitur mit Stab und Ring. Dafür erhielt er das Recht, von dem noch ungeweihten, erwählten Bischof die Lehnsverpflichtung entgegenzunehmen. Außerdem durfte er die Besetzung der Bischofsstühle durch seine Anwesenheit bei der Wahl beeinflussen.

Da die französische Krone nur auf etwa ein Drittel der Bischofssitze Zugriff hatte, kam es nach zunächst heftigen Auseinandersetzungen zu einer stillschweigenden Einigung: Die Bischöfe wurden ohne Ring und Stab vom König in ihr Amt eingeführt und erhielten von ihm die weltlichen Rechte.

Der Kompromiss im Reich

Im Reich konnten erst 1122 Papst *Calixtus II.* und *Heinrich V.*, der Sohn Heinrichs IV., das Investiturproblem mit einem Konkordat, einem Vertrag zwischen Kirche und Staat, regeln. Im „Wormser Konkordat“ verzichtete der Kaiser auf die Investitur der Bischöfe mit Ring und Stab und erlaubte ihre freie Wahl durch Geistliche. Der Kaiser durfte bei der Wahl von Bischöfen dabei sein und im Streitfall einen Vorschlag machen. In den deutschen Gebieten des Reichs konnte er den gewählten Bischöfen vor der Weihe die weltliche Gewalt mit dem Zepter verleihen. Geistliche und weltliche Aufgaben der hohen Geistlichen waren nun auch hier getrennt.

Den Konflikt zwischen Papsttum und Kaisertum um die Vorherrschaft entschied das „Wormser Konkordat“ noch nicht. Er dauerte noch mehr als zwei Jahrhunderte.

M 1 Was will der Papst?

In 27 päpstlichen Leitsätzen (lat.: Dictatus papae) legt Gregor VII. im Jahre 1075 die Stellung des Papstes fest; die wichtigsten lauten:

1. Dass die römische Kirche vom Herrn allein gegründet worden sei.
2. Dass allein der Papst zu Recht als universal, d. h. die gesamte christliche Welt umfassend, bezeichnet werde.
3. Dass ausschließlich der Papst Bischöfe absetzen oder in den Schoß der Kirche wieder aufnehmen könne [...].
9. Dass alle Fürsten allein des Papstes Füße küssen sollen. [...]
12. Dass es dem Papst erlaubt sei, Kaiser abzusetzen. [...]
18. Dass sein Urteil von niemandem widerrufen werden dürfe und er selbst die Urteile aller widerrufen könne.
19. Dass er selbst von niemandem gerichtet werden dürfe [...]. [...]
22. Dass die römische Kirche niemals geirrt hat und nach dem Zeugnis der Heiligen Schrift auch in Zukunft niemals irren wird [...]. [...]
27. Dass der Papst Untergebene vom Treueeid gegenüber Sündern lösen kann.

Johannes Laudage (Hrsg.), Der Investiturstreit. Quellen und Materialien, Köln 1990, S. 57 ff. (vereinfacht)

M 2 Die deutsche Lösung

Das Wormser Konkordat vom 23. September 1122 hielt folgende Regelungen fest.

Aus der Urkunde des Kaisers für den Papst:

Ich, von Gottes Gnaden erhabener Kaiser der Römer, überlasse Gott, Gottes heiligen Aposteln Petrus und Paulus und der heiligen christlichen Kirche – aus Liebe zu Gott, zur heiligen römischen Kirche und zum Papst sowie zum Heil meiner Seele – jede Investitur mit Ring und Stab, und ich gestehe zu, dass in allen Kirchen, die in meinem König- oder Kaiserreich liegen, eine der christlichen Lehre entsprechende und freie Wahl stattfindet.

Aus der Urkunde des Papstes für den Kaiser:

Ich, Knecht der Knechte Gottes, gestehe dem von Gottes Gnaden erhabenen Kaiser der Römer zu, dass die Wahlen der Bischöfe und Äbte des deutschen Reiches in deiner Gegenwart stattfinden [...], und zwar ohne Ämterkauf und irgendwelche Gewalt, damit du, wenn unter den Parteien irgendwelche Zwietracht entstehen sollte, gemäß dem Rat und Urteil der Erzbischöfe und Bischöfe der Provinzen, dem würdigeren Teil Hilfe und Beistand gewährst. Der Gewählte aber soll von dir durch das Zepter die weltlichen Güter entgegennehmen, und er soll das leisten, was er dir wegen dieser weltlichen Güter rechtmäßig schuldet.

Johannes Laudage (Hrsg.), a. a. O., S. 87 ff. (vereinfacht)

M 3 Die Investitur eines Bischofs.

Relief (ca. 31 x 46 cm) an der Bronzetür des Domes von Gnesen (Polen), um 1175.
Auf einem Faltthron sitzt der Kaiser mit Krone und Zepter in der linken Hand, vor ihm steht der gewählte Bischof und umfasst einen Stab, der ihm vom Kaiser übergeben wird.

1. *Überlege, welche Leitsätze von Papst Gregor (M 1) der König zurückweisen musste. Schreibe eine mögliche Antwort.*
2. *Ein Kompromiss ist eine Übereinkunft zwischen zwei streitenden Parteien, beide geben einen Teil ihrer Forderungen auf. Beweise, dass das Wormser Konkordat (M 2) ein Kompromiss ist.*
3. *Beschreibe die Haltung des Bischofs gegenüber dem Kaiser auf dem Relief (M 3).*

Ein König ohne Land

„Keine Träne werde ich ihm nachweinen!", rief Lord William beinahe übermütig in die Stille hinein, nachdem der Bote die Nachricht vom überraschenden Tod des Königs überbracht hatte und die anderen Barone sich wieder gefasst hatten. „Und ich kenne keinen Engländer, der das tun wird. König Johann war unser Unglück! Es kann jetzt nur besser werden." „Du hast Recht", fügte ein anderer hinzu, „Johann war der schlechteste König, den England je hatte. Manche Untertanen behaupten zwar, er sei auf seinen Besitzungen gar kein schlechter Richter gewesen. Andere werden sagen, dass er Schottland, Wales und Irland befriedet und die Flotte ausgebaut habe. Aber was ist dabei letztlich herausgekommen? Er hat gegen den französischen König eine Niederlage nach der anderen eingesteckt und fast seinen gesamten Besitz in Frankreich verloren." „Er war eben ein Streithahn, der seine Kräfte immer überschätzt hat. Das war das Problem", warf ein Baron ein. „Sogar mit dem Papst hat er sich angelegt." „Und am Ende musste er immer klein beigeben." „Am meisten gehasst hat er uns Barone", schaltete sich Lord William wieder in das Gespräch ein. Dann entstand eine lange Pause, denn jeder wusste, was er meinte. Wie hätten sie vergessen können, dass König Johann hartnäckig versucht hatte, ihre angestammten Rechte über Land und Leute einzuschränken? Doch auch das war ihm misslungen. Als er nach der Niederlage gegen König Philipp August von Frankreich wie ein begossener Pudel nach England zurückkam, konnten sie ihn zwingen, ihre Rechte öffentlich zu besiegeln. An diesen Triumph über den König erinnerten sie sich, als wäre es gestern gewesen. Was dann aber geschah, war wieder typisch für König Johann. Bei der ersten Gelegenheit wollte er die Urkunde wieder für null und nichtig erklären. Dazu verbündete er sich sogar wieder mit dem Papst. Diesmal hatte er allerdings den Bogen endgültig überspannt. Jetzt ließen es die Barone auf einen Bürgerkrieg ankommen. Sie fanden einen mächtigen Verbündeten im französischen König, dem sie für seinen Sohn die englische Krone anboten. „Vorbei und vorüber!" Lord William wischte all diese Gedanken mit einer raschen Handbewegung weg. „Er hat bekommen, was er verdient. Er hat regiert wie ein treuloser Hund, und er ist einsam und ohnmächtig wie ein kläffender Köter gestorben: König Johann Ohneland! Es ist doch zum Lachen, wenn man sich vorstellt, dass auf der Flucht sein über alles geliebter Schatz, den er uns geraubt hat, in der Flut versunken ist. Und beinahe wäre er auch selbst abgesoffen!" Das laute Gelächter steigerte sich zum Gebrüll, als Williams Tischnachbar mit sich überschlagender Stimme hinzufügte: „Das hat dem geldgierigen Halunken wohl das Herz gebrochen. Oder hatte er mal wieder zu viele Birnen und süßes Bier vertilgt?"

Dieter Brückner

König Johann I. von England unterzeichnet die Magna Charta.
Anonymer Kupferstich, um 1800.

Der König von England verliert

1 Die Überfahrt der Normannen nach England.
Szene vom Wandteppich von Bayeux, Ende des 11. Jh.
Bilder und Texte dieses Teppichs, der etwa 70 m lang und 50 cm hoch ist, zeigen die Eroberung Englands durch die Normannen. Vermutlich wurde das Kunstwerk in England angefertigt und in der normannischen Kathedrale von Bayeux (Frankreich) ausgestellt.

Ein Normanne wird König in England

Im Jahre 1066 strebten mehrere Fürsten die Nachfolge des kinderlosen Königs von England an. Dazu gehörte der normannische Herzog *Wilhelm*. Mit einem Heer von etwa 7000 Mann und dem päpstlichen Segen setzte er von der Normandie auf die Insel über. In der *Schlacht bei Hastings* (1066) besiegte Wilhelm seinen stärksten Konkurrenten. Anschließend ließ er sich zum König krönen. Wilhelm I., der nun den Beinamen „der Eroberer" trug, vergrößerte den Kronbesitz und vergab Lehen an eine neue Führungsschicht. Der bisherige angelsächsische Adel wurden weitgehend durch den normannischen ersetzt.
Wilhelm der Eroberer und seine Nachfolger regierten auch über die Normandie. Als das von Wilhelm begründete Herrscherhaus ausstarb, fiel die englische Krone 1154 an den Herzog der Normandie und Grafen von Anjou. Unter dem Namen *Heinrich II.* herrschte er von der schottischen bis zur spanischen Grenze.

Alle gegen einen

Seit 1199 regierte König *Johann I.* von England. Er stritt sich gleichzeitig mit dem Adel und der Geistlichkeit, dem französischen König und dem Papst. Auf dem Höhepunkt des Konflikts belegte der Papst ihn mit einem Bann. Außerdem erklärte der Papst ihn für abgesetzt und beauftragte den französischen König, die Absetzung zu vollstrecken. Johann gab nach: Er unterstellte England dem Papst und nahm sein Königreich als Lehen des Heiligen Petrus wieder entgegen (1213). Der Friede mit dem Papst brachte Johann keine Ruhe. Vergeblich kämpften im Jahre 1214 seine Ritter in der *Schlacht bei Bouvines* gegen französische und staufische Heere. Die englische Krone verlor fast ihren gesamten Besitz auf dem Kontinent, Frankreich wurde stärkste Macht und die Staufer stellten im Deutschen Reich ihre Herrschaft wieder her.

Die „Magna Charta"

Die vielen Kriege waren teuer. König Johann I., der den Beinamen „Ohneland" erhielt, erhöhte daher die Steuern ständig und ließ sie rücksichtslos eintreiben. Die „Großen des Landes" – die Adligen, die Vertreter der Städte sowie die Bischöfe und Äbte – wehrten sich. 1215 musste er eine Urkunde unterschreiben, die „die Herrschaft des Rechts" über seine Macht stellte. Die *Magna Charta libertatum* (dt. „Große Urkunde der Freiheiten") bestätigte den freien Bewohnern Englands alte Rechte und Freiheiten. Der König durfte ohne die „Großen des Landes" keine neuen Gesetze und Steuern mehr einführen.
Johann I. Ohneland und der Papst erklärten die Urkunde später für ungültig. Dennoch behielten die Stände, also der Adel, die Vertreter der Städte und der Kirche, ihren Einfluss. Der König brauchte sie spätestens dann, wenn er Kriege führen wollte.

M 1 „Es ist unser Wille ...“

König Johann I. von England unterschreibt im Juni 1215 die 63 Artikel der Magna Charta; sie enthält folgende Bestimmungen:

1. Es ist unser Wille und fester Vorsatz, dass die englische Kirche frei sein soll [...]. Wir haben weiterhin allen freien Männern unseres Königreiches für uns und unsere Erben für ewig alle nachstehend aufgezeichneten Freiheiten zugestanden, die sie von uns und unseren Nachfolgern auf ewig haben und behalten sollen. [...]

14. Steuern sollen vom Großen Rat des Königs beschlossen werden, zu dem wir die Erzbischöfe, Bischöfe, Äbte, Grafen und größeren Barone mit unseren gesiegelten Urkunden einladen lassen, außerdem werden wir insgesamt alle einladen lassen, die von uns Lehen haben [...]. [...]

38. Kein Amtmann soll in Zukunft jemanden allein auf seine eigene Anklage hin und ohne die Beibringung glaubwürdiger Zeugen vor Gericht stellen.

39. Kein freier Mann soll verhaftet, gefangengenommen, enteignet, verbannt oder in irgendeiner Weise zugrunde gerichtet werden, noch wollen wir gegen ihn vorgehen oder ihm nachstellen lassen, es sei denn aufgrund eines gesetzlichen Urteils seiner Standesgenossen und gemäß dem Gesetz des Landes.

40. Wir wollen niemandem Recht oder Gerechtigkeit verkaufen, verweigern oder verzögern. [...]

42. Es soll in Zukunft jedermann das Recht haben, unser Königreich zu Lande wie zu Wasser heil und sicher zu verlassen und es wieder zu betreten, außer während einer kurzen Zeitspanne in Kriegszeiten aus Gründen der öffentlichen Politik und in jedem Falle vorbehaltlich der uns schuldigen Treuepflicht. [...]

60. [...] Wenn wir gegen einen der Artikel verstoßen haben, so sollen die Barone es uns anzeigen und verlangen, dass wir den Verstoß unverzüglich gutmachen lassen. Und wenn wir den Verstoß nicht gutmachen binnen einer Frist von vierzig Tagen, dann sollen diese fünfundzwanzig Barone zusammen mit der Gesamtheit des ganzen Landes uns zwingen und auf alle ihnen mögliche Art schädigen, und zwar durch Wegnahme unserer Burgen, Länder, Besitzungen und andere ihnen mögliche Weise, bis er nach ihrer Ansicht gutgemacht ist, wobei jedoch unsere eigene Person und die der Königin und unsere Kinder ausgenommen sind. Und wenn es wieder gutgemacht ist, sollen sie sich uns gegenüber wie vorher verhalten.

Wolfgang Heidelmeyer (Hrsg.), Die Menschenrechte, Paderborn ^{4}1997 (Art. 1 u. 38-40), S. 48 ff. Ergänzungen nach: Joachim Leuschner u. Hartmut Boockmann, Europa im Hoch- und Spätmittelalter, Stuttgart 1982, S. 172 ff. (vereinfacht)

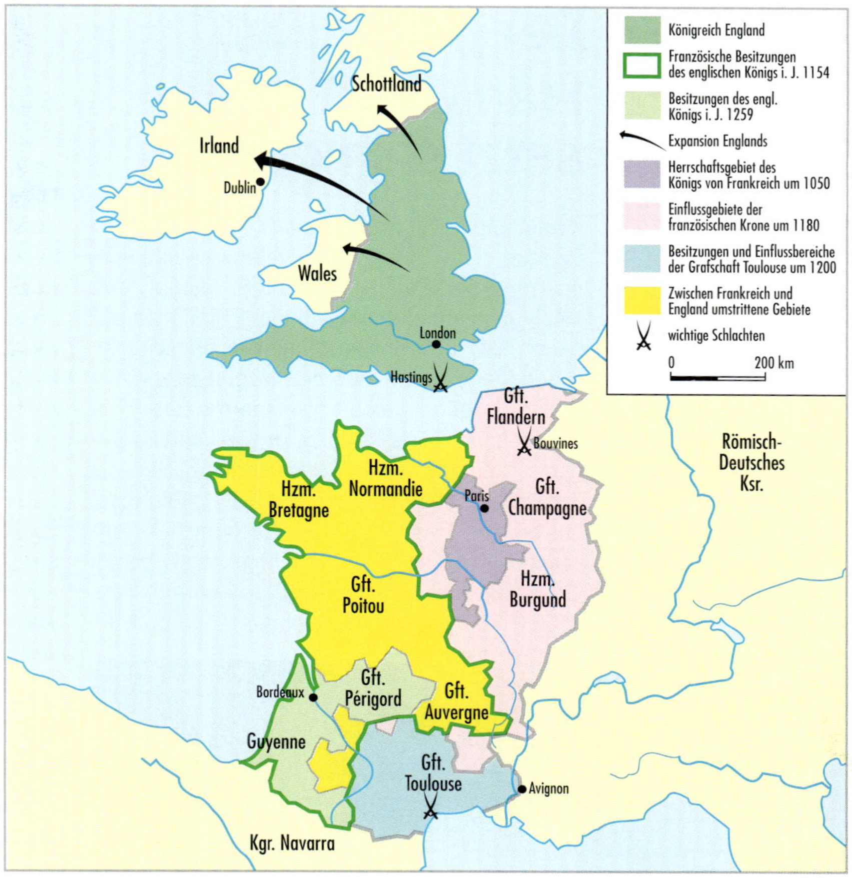

M 2 England und Frankreich vom 12. bis 14. Jh.

M 3 Der kleine Unterschied

Der Historiker Leopold von Ranke stellt in seinem 1859 begonnenen Werk über die „Englische Geschichte“ fest:

Auch in anderen Ländern haben sich Kaiser und Könige in dieser Epoche zu sehr umfassenden Bewilligungen an die verschiedenen Stände herbeigelassen: Das Unterscheidende in England ist, dass sie nicht jedem Stand für sich, sondern allen zugleich gemacht wurden. Während nun anderwärts jeder Stand für sich selbst sorgte, bildete sich hier ein gemeinschaftliches Interesse aller, welches sie auf immer zusammenband.

Leopold von Ranke, Englische Geschichte, hrsg. von Horst Michael, Hamburg o. J., Band 1.2, S. 62

1. *Du kannst aus der Magna Charta (M 1) erkennen, wie sich der König verhalten hat, bevor er sie unterschrieb. Finde heraus, worüber sich die Adligen und Bischöfe beklagten.*
2. *Benenne das Recht, das den Baronen in Artikel 60 zugestanden wird.*
3. *Erläutere Rankes Aussage (M 3).*

Der König von Frankreich setzt sich durch

1 Handauflegung.
Miniatur, um 1429.
Auch in Frankreich wurde das Königtum als gottgewollt und heilig verstanden. Den Königen schrieb man besondere Fähigkeiten zu. Nach einem in Frankreich seit dem 11. Jh. und in England seit dem 12. Jh. nachweisbaren Glauben heilten sie durch Handauflegung Skrofeln (eine Hautkrankheit). Diese Vorstellung hielt sich bis ins 19. Jh.

König, aber nicht Herr im Land

Den französischen Königen gelang es in einem mehrere Jahrhunderte dauernden Kampf, ihre Macht gegenüber den mächtigen Fürsten auszubauen. Als 987 die Karolinger im Westfränkischen Reich ausstarben und *Hugo Capet* König wurde, beherrschte er nur einen kleinen Teil Frankreichs um die Hauptstadt Paris und um Orléans. Den größten Teil des Landes hatten die Fürsten als Lehen erhalten und als Eigentum behalten. Die mächtigsten Rivalen um die Herrschaft wurden seit 1154 die Könige von England, die riesige Besitztümer auf dem Kontinent besaßen und ihre Macht ausdehnen wollten.

Setzt sich der König durch?

987 war der König noch von den Großen des Landes gewählt worden. In der Folgezeit erhoben die Kapetinger ihre ältesten Söhne bereits während ihrer Regierungszeit zu Mitkönigen. Sie führten so die *Erbmonarchie* ein. Durch den Einzug von Lehen, durch Heirat, Kauf und Eroberung sowie durch den Aufbau einer funktionierenden Verwaltung konnten die Kapetinger die Macht des Hochadels im 12. Jh. beschränken und den englischen Königen die Gebiete nördlich der Loire entreißen. Sie errichteten eine zentrale Reichsverwaltung mit bürgerlichen Beamten und einen zentralen Gerichtshof, darüber hinaus verliehen sie den Städten besondere Vorrechte. Damit schufen sie ein Gegengewicht zu den Fürsten und hatten die Macht, Lehen notfalls mit Gewalt zurückfordern zu können.
Kurz nach 1300 widersetzte sich der König sogar dem Papst. Er wollte ihm verbieten, die Geistlichen zu besteuern. Der Monarch ließ den Papst verhaften und zwang dessen Nachfolger, von Rom nach Avignon zu ziehen. Um die Macht der Krone in der Auseinandersetzung mit dem Papst zu stärken, rief der König erstmals 1302 die *Generalstände* (franz. *États généraux*) ein. In dieser Versammlung waren die Vertreter der Geistlichkeit (*Erster Stand*), des Adels (*Zweiter Stand*) und der königlichen Städte (*Dritter Stand*) vertreten.

Hundert Jahre Krieg

Als die Kapetinger 1328 ausstarben, beanspruchte das englische Königshaus den französischen Thron. Die Folge war ein mit kurzen Unterbrechungen rund hundert Jahre dauernder Krieg (1337-1453).
Er brachte schwere militärische Niederlagen, deren Folgen durch bürgerkriegsähnliche Unruhen, Aufstände und die große Pest verstärkt wurden. Um 1425 hatte der König sogar seine Hauptstadt Paris verloren. Das Auftreten einer jungen Frau wendete das Blatt: *Jeanne d'Arc*, die „Jungfrau von Orléans", verkündete, von Gott gesandt zu sein, um dem rechtmäßigen König auf den Thron zu verhelfen. Unter ihrer Führung gelang es den begeisterten französischen Soldaten, die englische Belagerung von Orléans zu beenden. Der König konnte eine neue Armee aufbauen und die Engländer zwischen 1429 und 1453 vertreiben. Die königliche Macht war dauerhaft gestärkt.

M 1 Von wem droht die Gefahr?

Über das Jahr 1415 heißt es in der Chronik von Saint Denis, einem mittelalterlichen Geschichtswerk:

Die Bewohner der Vorstädte und der ländlichen Gebiete zogen es vor, zusammen mit ihren Frauen, Kindern und ihrer ganzen Habe in geschlossene Städte oder wie wilde Tiere in die tiefen Wälder zu fliehen, als mit den Leuten des Königs (den Steuereintreibern) zusammenzutreffen, denen sie noch mehr misstrauten als dem Feind. Sie hatten nämlich bald und zu ihrem Schaden gemerkt, dass zwischen den Steuereintreibern und den Engländern keinerlei Unterschied war, ja dass die Steuereintreiber sie noch mehr ausräuberten und plünderten und noch unerträglichere Raubzüge unternahmen.
Mit Gewalt pressten sie ihnen Gold, Geld und andere Kostbarkeiten ab. Ihre Grausamkeit löste überall einen solchen Schrecken aus, dass die Geistlichen alle geweihten Kleinodien* aus den Kirchen entfernten und sie an sicheren Orten versteckten, denn die Plünderer griffen nach allem, was sie außerhalb der befestigten Städte finden konnten, und nahmen es bedenkenlos an sich.

Das europäische Geschichtsbuch. Von den Anfängen bis heute. Eine europäische Initiative von Fréderic Delouche, Stuttgart 1998, S. 174

__Kleinodien__: besonderer Schmuck

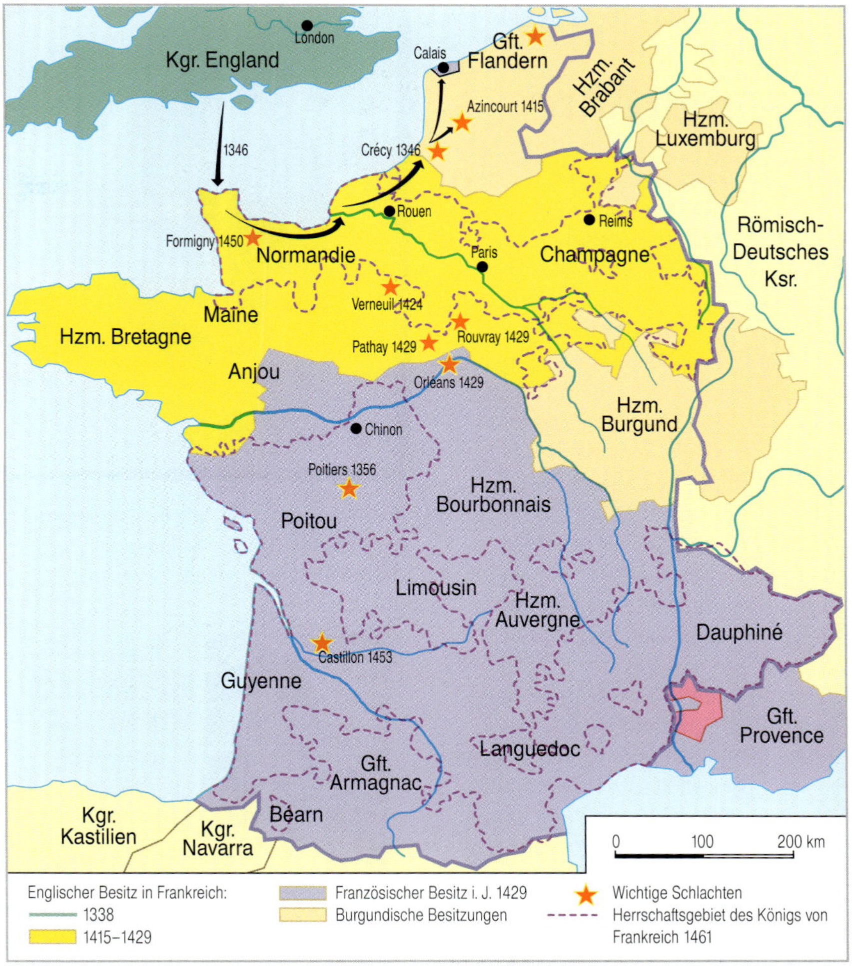

M 2 Schauplätze des Hundertjährigen Krieges und das Herrschaftsgebiet des französischen Königs.

M 3 „Johanna mit Schwert und Banner."

*Randzeichnung aus dem Register des Pariser Gerichtshofes vom 10. Mai 1429. Jeanne d'Arc wurde am 6. Januar 1412 als Tochter eines reichen Bauern in Domrémy (Lothringen) geboren. Mit 13 Jahren hörte sie „Stimmen", die ihr befahlen, die Engländer aus Frankreich zu vertreiben. Jeanne d'Arc überzeugte den Thronfolger von ihrer göttlichen Bestimmung. Die Befreiung Orléans' am 8. Mai 1429 war für das Volk ein Zeichen ihrer „göttlichen Bestimmung". Nach seiner Krönung verzichtete Karl VII. auf die Unterstützung der Jeanne d'Arc. Sie setzte ihren Kampf gegen die Engländer fort. Am 23. Mai 1430 wurde sie von den Burgundern, die mit den Engländern verbündet waren, gefangen und an diese übergeben. Die Engländer klagten Jeanne d'Arc am 9. Januar 1431 wegen Ketzerei an. Der König half ihr nicht, da er nicht mit einer „Hexe" in Verbindung gebracht werden wollte. Von allen verlassen wurde sie schuldig gesprochen und am 30. Mai 1431 auf dem Marktplatz in Rouen lebendig verbrannt.**

**Weitere Informationen über Jeanne d'Arc findest du auf Seite 196.*

Erläutere, warum das französische Königtum im Machtkampf mit den Fürsten siegte.

Projekt

Jeanne d'Arc

„Die Frau des Jahrtausends"
Hunderttausende besuchen jährlich die Geburtsstadt der französischen Freiheitskämpferin *Jeanne d'Arc* (*Jungfrau von Orléans*), die sich heute Domrémy-la-Pucelle (franz. *la Pucelle*: die Jungfrau) nennt. In Rouen, wo sie mit 19 Jahren am 30. Mai 1431 auf dem Scheiterhaufen als Ketzerin hingerichtet wurde, erinnern heute ein Denkmal, ein Museum und eine Kirche an sie. Schon 1456 hob die Kirche das Urteil gegen sie auf. 1909 sprach sie Jeanne d'Arc selig. 1920 erklärte der Papst sie zur Heiligen und das französische Parlament führte zu ihren Ehren einen Nationalfeiertag (30. Mai) ein.
Über Jahrhunderte hinweg begeisterte Jeanne d'Arc Schriftsteller, Bildhauer, Grafiker, Maler, Komponisten und Filmemacher. 1999 wählten zehn deutsche Frauen aus Kultur, Gesellschaft, Wirtschaft, Wissenschaft und Politik sie zur „Frau des Jahrtausends".

M 1 Jeanne d'Arc bei der Krönung Karls VII. in der Kathedrale von Reims 1429.
Ölgemälde (240 x 178 cm) von Jean Auguste Dominique Ingres, 1854.

M 2 Titelkupfer und -bild der Erstausgabe von Friedrich Schillers Schauspiel „Die Jungfrau von Orléans" von 1801.

M 3 Schallplattencover, um 1946.

M 4 Milla Jovovich als Jeanne d'Arc.
Szenenbild aus dem Film „Jeanne d'Arc" von Luc Besson, 1999.

M 5 Jugendbuch.
Umschlag der Taschenbuchausgabe von 2003, die 1. Auflage erschien 2001.

→**Internettipp:** *In englischer und französischer Sprache informiert die Homepage des Jeanne-d'Arc-Museums in Rouen über das Leben und Nachleben der Freiheitskämpferin: www.jeanne-darc.com*

1. *Informiere dich in einer Literaturgeschichte über Friedrich Schillers Schauspiel (M 2).*
2. *Stelle das Jugendbuch von Leo Linder (M 5) deinen Mitschülern vor.*
3. *Überlege, worauf das anhaltende Interesse am Leben der Jeanne d'Arc zurückzuführen ist.*

Friedrich II. – ein besonderer Herrscher

Das „Staunen der Welt"

Friedrich II. stammte aus dem schwäbischen Adelsgeschlecht der Staufer. 1194 wurde er in Jesi (Mark Ancona in Italien) geboren. Als er drei Jahre alt war, starb sein Vater, der römisch-deutsche Kaiser und König von Sizilien, *Heinrich VI.*, deshalb wurde er schon als Vierjähriger zum König Siziliens gekrönt. Kurz darauf starb seine Mutter, *Konstanze von Sizilien*. Sie hatte Papst *Innozenz III.* die Vormundschaft für ihren Sohn übertragen. Mit 14 Jahren wurde Friedrich mündig, mit 16 zum deutschen König gewählt und mit 20 Jahren in Aachen gekrönt. 1220 folgte die Kaiserkrönung in Rom.
Die christliche und muslimische Kultur seiner Heimat Sizilien prägte Friedrich II. Er interessierte sich für Wissenschaft, Kunst und Natur. Seine Zeitgenossen nannten ihn das „Staunen der Welt" (lat. *stupor mundi*).

Friedrich II. bleibt stur

Mittelpunkt seiner Herrschaft waren nicht die deutschen Reichsgebiete, sondern Sizilien und Unteritalien. Dort wehrte er die Ansprüche der Päpste ab, die in den Kaisern ihre Vasallen sahen. Friedrich II. entmachtete den Adel und erließ zahlreiche Gesetze. Die Verwaltung und Rechtsprechung überließ er nur treuen Dienstleuten. Als Herrscher übte er religiöse Toleranz: Christen, Juden und Muslime lebten zusammen.
Die lombardischen Städte in Norditalien und der Papst lehnten seine Herrschaftsweise ab. 1237 brach ein Krieg aus. Mit einer Streitmacht aus christlichen Rittern, muslimischen Bogenschützen und Söldnern aus ganz Europa siegte er über die norditalienischen Städte und verlangte ihre bedingungslose Unterwerfung.
Friedrichs Unnachgiebigkeit trieb die Verlierer zu weiteren Kämpfen an und rief Papst *Gregor IX.* auf den Plan. Dieser befürchtete vor allem die Umklammerung des Kirchenstaates durch den Kaiser. Daher stärkte der Papst den Städten den Rücken und verhängte 1239 den Bann über Friedrich II., um ihn von seinen Vasallen zu trennen. Doch Friedrich II. ließ sich davon nicht erschüttern.

1 Kaiser Friedrich II.
Miniatur (33 x 23 cm) aus der Kölner Königschronik, nach 1238.

2 Eine kaiserliche Münze.
Vorder- und Rückseite einer Goldmünze (Ø 2,1 cm). Solche Münzen, die „Augustalen" (die „Kaiserlichen"), wurden zwischen 1231 und 1266 in Messina und Brindisi geprägt.
Die Vorderseite zeigt Friedrich II., er trägt den mit einer Fibel über der Schulter zusammengehaltenen Kaisermantel sowie den mit Schleife und Bändern geschmückten Lorbeerkranz.
Die Umschrift lautet: IMP(erator) ROM(anorum) – CESAR AVG(ustus).
Auf der Rückseite der Münze erscheint ein Adler als kaiserliches Herrschaftssymbol –, persönliches Siegeszeichen und Sinnbild der Staufer. Die Umschrift nennt den Namen des Münzherrn in der lateinischen Form FRIDERICUS.
In welche Tradition stellt sich Friedrich II. mit dieser Münze?

3 Castel del Monte in Apulien, um 1240.
Foto, um 1970.
Dieses Kastell in Süditalien war Lustschloss und Jagdquartier. Friedrich II. soll es nur einmal genutzt haben. 1249 fand dort die Hochzeit seines Sohnes Manfred mit Beatrix von Savoyen statt.

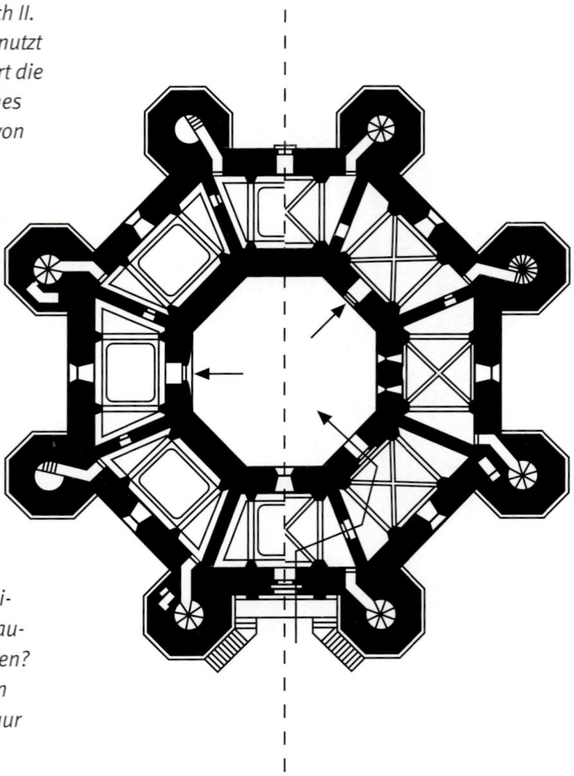

4 Castel del Monte.
Grundriss.
Aus welcher geometrischen Form ist das Bauwerk entwickelt worden? Lies zur symbolischen Bedeutung dieser Figur M 1, Seite 167.

Mit Waffen und Worten

Papst und Kaiser kämpften nicht nur mit scharfen Waffen, sie wechselten auch hasserfüllte Briefe. Als Friedrich militärisch überlegen wurde, flüchtete Gregors Nachfolger Innozenz IV. 1244 nach Lyon. Dort verkündete er, der Kaiser sei abgesetzt. Friedrich griff nun nicht mehr allein den Papst an, sondern die gesamte Kirche: Sie habe längst das Ideal der kirchlichen Armut aufgegeben.

Im Deutschen Reich fanden die Anhänger des Papstes nur mühsam Unterstützung. 1246 wählten die drei rheinischen Erzbischöfe und einige Bischöfe einen Gegenkönig, gegen den sich die Staufer erfolgreich wehrten. Der Kampf war noch nicht entschieden, als Friedrich II. 1250 unerwartet starb.

Das Ende der Staufer

Die Nachfolger Friedrichs II. konnten das Erbe nicht bewahren. Sein Sohn *Konrad IV.*, starb mit 26 Jahren in Italien. Nach dem Untergang des staufischen Herrscherhauses wählten die deutschen Fürsten bis 1273 keine Angehörigen des Reiches mehr zum König. Auch die Kaiserkrone wurde nicht vergeben. Es war die Zeit des *Interregnums* (Zwischenherrschaft).

Vom Fürsten zum Landesherrn

Während eine starke Reichsspitze fehlte, gelang es den deutschen Herzögen, Grafen und Bischöfen nach und nach, ihre Macht auszudehnen. Sie behandelten ihre Lehen wie Privatbesitz und bemühten sich, durch Kauf, Tausch oder Heirat ihr Herrschaftsgebiet zu vergrößern. Zur Verwaltung ihrer Länder und Städte nutzten sie keine Vasallen mehr, sondern setzten immer häufiger gutausgebildete Leute ein. Darüber hinaus erließen die Herzöge für ihre *Territorien* (lat. *terra*: Land) immer häufiger eigene Gesetze.

Die deutschen Könige förderten den Territorialstaat zum Teil aus machtpolitischen Gründen. So verzichtete beispielsweise Friedrich II. gegenüber einigen deutschen Fürsten auf königliche Zoll- und Münzrechte sowie das Recht, Festungen zu errichten, um 1220 die Wahl seines Sohnes zum deutschen König durchzusetzen, 1232 bestätigte er den deutschen Landesherren weitere Vorrechte. Spätere Könige versuchten vergeblich, diese Privilegien wieder an sich zu ziehen.

M 1 Das Reich zur Zeit der Staufer.

M 2 Rechte für die Fürsten

Aus dem „Statutum in favorem principum“ (dt. „Gesetz zugunsten der Fürsten“) Kaiser Friedrichs II. von 1232:

1. Keine neue Burg oder Stadt soll auf kirchlichem Grund und Boden [...] durch uns oder durch irgendeinen anderen sonst unter irgendwelchem Vorwand errichtet werden.
2. Neue Märkte sollen keinesfalls die alten beeinträchtigen [...].
3. Es soll niemand gezwungen werden, gegen seinen Willen einen Markt zu besuchen.
4. Es sollen die alten Straßen nicht umgeleitet werden [...].
6. Es soll jeder Fürst seine Freiheiten, Gerichtsbarkeiten, Grafschaften und freien oder ihm verliehenen Zehntgerichte unangefochten nutzen nach dem anerkannten Brauch seiner Lande [...].
13. Es sollen den Fürsten, Edlen, Dienstmannen und Kirchen Eigengüter und Lehen, die von unseren Städten in Besitz genommen wurden, zurückerstattet und diese künftig nicht mehr in Besitz genommen werden. [...]
17. Ferner werden wir in dem Land eines Fürsten keine neue Münze schlagen lassen, wodurch die Münze dieses Fürsten geschädigt würde.
18. Es sollen unsere Städte ihre Gerichtsbarkeit nicht über den Stadtbereich ausdehnen.

Quellen zur deutschen Verfassungs-, Wirtschafts- und Sozialgeschichte bis 1250, ausgew. u. übers. von Lorenz Weinrich, Darmstadt ²1999, S. 435 ff.

1. *Errechne die Ausdehnung des Reiches von Norden nach Süden (M 1). Überlege, welche Probleme die Größe des Reiches den Kaisern bereiten konnte.* Lerntipp

2. *Nenne die Vorteile für die Fürsten (M 2).*

3. *Ein Reich – aber keine Einheit! Was ist gemeint mit dieser Aussage? Suche nach Argumenten im Lehrbuchtext.*

Regeln für die deutsche Königswahl

Erben oder wählen?
Die Nachfolge der römisch-deutschen Könige war lange Zeit nicht eindeutig geregelt. Meist folgte der älteste Sohn seinem Vater auf den Thron. Oft wurde der Sohn schon als Kind zum Nachfolger bestimmt und schon zu Lebzeiten des Vaters gekrönt. Dieser vorläufigen Ernennung (*Designation*) konnten Herzöge, Grafen und Bischöfe widersprechen. Sie beanspruchten das Recht, den König zu wählen. Insofern bestand im Reich keine Erbmonarchie wie Frankreich oder England, sondern ein *Wahlkönigtum*.

Die „Goldene Bulle"
Pläne der Staufer, das Reich in eine Erbmonarchie zu verwandeln, scheiterten am Widerstand der mächtigen Landesherren. Im Laufe der Zeit wurde der Kreis der wahlberechtigten Fürsten kleiner. Im 13. Jh. waren es noch sieben Kurfürsten (*kür*: prüfende Wahl), die den König und künftigen Kaiser des Heiligen Römischen Reiches „küren" (wählen) durften. Seit 1257 trafen sie sich zur Königswahl in Frankfurt am Main.
Unter Karl IV. wurden die Bedingungen der Wahl neu geregelt und 1356 auf dem Nürnberger Reichstag verkündet. Dieses wichtige Reichsgesetz, das später „Goldene Bulle" bezeichnet wurde, schuf kein neues Recht, sondern bekräftigte das seit dem Ende des 12. Jh. gewachsene Wahlrecht. Es bestimmte, dass die Königswahl „binnen Jahr und Tag" nach dem Tod eines Königs stattfinden musste und derjenige König sein sollte, der bei der Wahl die meisten Stimmen erhielt. Damit sollten Gegenkönige unmöglich werden. Der gewählte König durfte ohne Krönung durch den Papst den Titel eines Kaisers führen. Der vornehmste und mächtigste unter den geistlichen Kurfürsten, der Erzbischof von Mainz, erhielt das besondere Recht, die offene Abstimmung zu leiten und seine Stimme als Letzter abgeben zu dürfen. Damit ihre Zahl gleich blieb, durften die Kurfürstentümer nicht geteilt werden. Die rheinischen Erzbischöfe gaben sie an ihre gewählten Nachfolger weiter. Die vier weltlichen Kurfürsten vererbten Besitz und Stimmrecht an ihre ältesten Söhne.
Das Königswahlrecht machte die Kurfürsten zu den höchsten Würdenträgern nach dem König. Sie verstanden sich als die Vertreter des Reiches und seiner Rechte gegenüber dem König. Seine Wahl spiegelte seine Rolle: Er war nicht der alleinige Gebieter über das Königreich, sondern dessen Verwalter. Stark war er nur, wenn er sich auf einen großen Familienbesitz stützen konnte oder die Mehrheit der Fürsten auf seiner Seite hatte. Um Mehrheiten zu erreichen, wurden den Kurfürsten nicht selten zusätzliche Einkünfte und Vorrechte versprochen.

1 Der Kaiser und die Kurfürsten.
Kolorierter Holzschnitt (14 x 29,6 cm), 2. Hälfte des 16. Jh.
Von links nach rechts: Die drei geistlichen Kurfürsten halten als Zeichen ihrer Ehrenämter Urkunden mit Siegeln in den Händen. Der Erzbischof von Trier als Erzkanzler für Burgund und Gallien, der Erzbischof von Köln als Erzkanzler für Italien und der Erzbischof von Mainz als Erzkanzler für das Reich. In der Mitte sitzt der Kaiser mit den Herrschaftszeichen. Rechts von ihm stehen die weltlichen Kurfürsten mit Symbolen der vier Hofämter: der König von Böhmen als Erzmundschenk mit einem Glas, der Pfalzgraf bei Rhein als oberster Erztruchsess mit Geschirr, der Herzog von Sachsen als Erzmarschall mit Schwert und der Markgraf von Brandenburg als Erzkämmerer mit Schlüssel.
Zu Füßen der Fürsten befinden sich ihre Wappen. Das Wappenbild des Kaisers zeigt einen Adler mit zwei voneinander abgewandten Köpfen. Es handelt sich um ein frühes Beispiel für die Verwendung des Doppeladlers als Wappenbild des Kaisers. Der Doppeladler blieb das Symbol des Reiches bis zu dessen Auflösung 1806.
Wie wird auf dem Bild die Bedeutung des Kaisers hervorgehoben?

M 1 Ein König kommt ins Amt

Die in der „Goldenen Bulle“ von 1356 festgelegte Form der Wahl blieb bis 1806 in Kraft.

Nachdem die Kurfürsten in die Stadt Frankfurt eingezogen sind, sollen sie sogleich bei Anbruch des folgenden Tages in vollzähliger Anwesenheit die Messe „de Sancto Spiritu“ (dt. „vom Heiligen Geist“) singen lassen, damit der Heilige Geist ihre Herzen erleuchte und ihren Verstand mit dem Licht seiner Kraft erfülle, auf dass es ihnen gelinge, mit seinem Beistand einen gerechten, redlichen und tüchtigen Mann zum römischen König und künftigen Kaiser zu wählen zum Heil der Christenheit.
Wenn nun diese Messe zu Ende ist, sollen alle Kurfürsten an den Altar herantreten, um folgenden Eid in der Landessprache zu leisten: „Ich schwöre auf diese hier gegenwärtig vor mir liegenden heiligen Evangelien Gottes, dass ich gemäß der Treue, zu der ich gegen Gott und das Heilige Römische Reich verpflichtet bin, nach all meinem Verstand und meiner Einsicht mit Gottes Beistand der Christenheit ein weltliches Oberhaupt wählen will, das heißt einen römischen König und künftigen Kaiser, der dazu geeignet ist, und dass ich meine Wahlentscheidung ablegen werde ohne alle Verabredung, Belohnung, Entgelt oder Versprechen – so wahr mir Gott helfe und alle Heiligen.“ Wenn nun die Kurfürsten oder ihre Gesandten diesen Eid geleistet haben, sollen sie zur Wahl schreiten und fortan die Stadt Frankfurt nicht verlassen, bevor die Mehrzahl von ihnen der Christenheit ein weltliches Oberhaupt gewählt hat […]. Falls sie dies jedoch binnen dreißig Tagen noch nicht getan hätten, sollen sie von da an nur Brot und Wasser genießen und keinesfalls aus der Stadt weggehen, bevor sie oder die Mehrzahl von ihnen ein weltliches Oberhaupt der Gläubigen gewählt haben […]. Nachdem aber sie gewählt haben, muss die Wahl so geachtet werden, als wenn sie von allen ohne Gegenstimme einhellig vollzogen wäre […].

Wer so zum römischen König gewählt worden ist, soll sogleich nach vollzogener Wahl, bevor er in irgendwelchen anderen Angelegenheiten oder Geschäften aus Vollmacht des Heiligen Reiches seine Tätigkeit beginnt, den geistlichen und weltlichen Kurfürsten alle ihre Privilegien, Rechte, Freiheiten und Vergünstigungen, alten Gewohnheiten und auch Würden und alles, was sie vom Reich bis zum Tag seiner Wahl empfangen und besessen haben, ohne Verzug und Widerspruch durch seine Siegel bestätigen und bekräftigen.

Die Goldene Bulle, nach König Wenzels Prachthandschrift, mit der dt. Übersetzung von Konrad Müller und einem Nachwort von Ferdinand Seibt, Dortmund ³1989, S. 108 ff. (vereinfacht)

M 2 Die „Goldene Bulle“ von 1356.

Im Spätmittelalter war es ein Vorrecht der Kaiser und Päpste, besonders wichtige Bekanntmachungen mit einer Siegelkapsel, genannt Bulle, aus Gold zu versehen. Die Bezeichnung für die Siegelkapsel wurde auch für das gesamte Schriftstück verwendet. Zur Befestigung der Bullen dienten Seidenfäden. Durch Verknotung der Fäden außerhalb und innerhalb der Kapsel sollte ein Abstreifen und damit eine Übertragung der Bulle von einer echten auf eine gefälschte Urkunde verhindert werden.

1. *Zähle die Verpflichtungen auf, die der Eid der Kurfürsten enthält (M 1, Zeile 17-31). Erläutere ihre Bedeutung.*
2. *Nach der Wahl mussten alle Kurfürsten das Wahlergebnis anerkennen. Der gewählte König sollte die Vorrechte der Kurfürsten bestätigen. Erkläre den Zweck der Verpflichtungen.*

Was war wichtig ?

Daten

89	*Das heutige Köln wird zur Hauptstadt der römischen Provinz Nieder-Germanien.*
um 300	*Die Völkerwanderung beginnt.*
391	*Das Christentum wird alleinige Staatsreligion im Römischen Reich.*
395	*Das Römische Reich wird in einen östlichen und westlichen Herrschaftsbereich geteilt.*
800	*Karl der Große wird vom Papst zum Kaiser gekrönt.*
962	*Otto I. erneuert das abendländische Kaisertum.*
1077	*Heinrich IV. leistet dem Papst Buße vor der Burg Canossa; Höhepunkt des Investiturstreits.*
1215	*Der König von England muss der „Magna Charta“ zustimmen.*
1302	*In Frankreich beruft der König erstmals die Generalstände ein.*
1356	*Die „Goldene Bulle“ regelt die Königswahl im Reich.*

Begriffe

Abt (von lat. *abbas*: Vater), **Äbtissin**: ursprünglich Ehrennamen angesehener Mönche und Nonnen. Seit dem → *Mittelalter* ein/e auf Lebenszeit gewählte/r Vorsteher/in eines → *Klosters*. Als Verwalter von Lehen (→ *Lehnswesen*) übernahmen Äbte und Äbtissinnen auch weltliche Aufgaben (→ *Reichskirche*).

Adel (althochdeutsch *adal*: Geschlecht): eine Gruppe von Familien, die aufgrund von Geburt, Besitz und Leistung eine herausgehobene Stellung einnahm. Von der Bevölkerungsmehrheit grenzte sich der Adel im → *Mittelalter* durch Vorrechte, Umgangsformen und Kleidung ab.

Bann: Kirchenstrafe, die den Gebannten aus der Gemeinschaft der Gläubigen ausschließt; der Bann konnte durch Buße aufgehoben werden.

Benediktinerregel: die von dem Ordensgründer Benedikt von Nursia (um 480–547) festgelegten Grundsätze für das Leben im → *Kloster*. Sie galt seit Anfang des 9. Jh. für alle Klöster des Abendlandes. Ihr Ziel ist es, Gebet und Arbeit zu verbinden (lat. *Ora et labora!*: Bete und arbeite!).

Bischof: Vorsteher einer christlichen Gemeinde. Anfangs überwachten die Bischöfe die Einhaltung der Glaubenslehre und galten als alleinige Mittler zwischen Gott und den Menschen. Seit Ende des 5. Jh. beanspruchte der Bischof von Rom als → *Papst* die Aufsicht über alle Bischöfe. Als Mitglieder der → *Reichskirche* übten Bischöfe auch weltliche Macht aus.

Christentum: Bezeichnung für die Anhänger der auf Jesus Christus zurückgehenden Religion. Unter → *Konstantin I.* und dank des Toleranzediktes von Mailand von 313 konnten die Christen ihren Glauben frei ausüben; 391 wurde das Christentum im Römischen Reich zur → *Staatsreligion*.

Christianisierung: Mönche wie Bonifatius verbreiteten im Reich der Franken den christlichen Glauben (→ *Missionierung*). Herrscher wie → *Karl der Große* und → *Otto I.* trieben die Christianisierung mit Gewalt voran.

Dreifelderwirtschaft: ertragreiche Methode des Getreideanbaus, die Ende des 8. Jh. eingeführt wurde. Das Ackerland wurde in drei Teile geteilt und im jährlichen Wechsel wie folgt bewirtschaftet: Ein Drittel des Bodens trug Winter-, ein Drittel Sommergetreide und ein Drittel lag brach.

Gelübde: ein Versprechen vor Gott; Mönche und Nonnen gelobten beim Eintritt ins → *Kloster*, die Ordensregeln einzuhalten.

Graf: Vertreter des Königs in einem Amtsbezirk (Grafschaft). Ein Graf sprach im Auftrag des Königs Recht und sorgte im Kriegsfall für die Aufstellung des Heeres. Das Amt war mit einem Lehen (→ *Lehnswesen*) verbunden, das mit der Zeit erblich wurde.

Grundherrschaft: Herrschaft über Land und Leute. Die Grundherren überließen Teile ihres Landes unfreien Bauern (→ *Leibeigene*) zur Bearbeitung. Diese mussten dafür einen Teil der Erträge abliefern und Dienste leisten. Die Grundherren boten ihren Leuten Schutz und Hilfe und durften über Straftaten richten.

Herzog (lat. *dux*: Führer): Bei den germanischen Völkern war der Herzog der gewählte oder durch Los bestimmte Heerführer (der, der vor dem „Heer zog“). Ab dem 7. Jh. übertrugen die Könige ihnen vor allem militärische Aufgaben. Dort, wo sie sich an die Spitze bestimmter „Stämme“ setzten, entstanden Stammensherzogtümer. Die bedeutendsten waren die der Franken, Bayern, Schwaben und Sachsen.

Investiturstreit: Kaiser und Päpste stritten sich im 11./12. Jh. darüber, wer die Bischöfe, Äbte und Äbtissinnen in ihre Besitzrechte und geistlichen Aufgaben einsetzen durfte (Investitur, von lat. *investire:* bekleiden). Der Investiturstreit war ein Machtkampf um die → *Reichskirche*. Er endete im Heiligen Römischen Reich mit dem „Wormser Konkordat“ (1122). Darin verzichtete der Kaiser auf die Investitur der Bischöfe, Äbte und Äbtissinnen in ihr geistliches Amt. Er behielt sich aber vor, ihnen die weltlichen Vasallenpflichten zu übertragen.

Kloster (lat. *claustrum*: Verschluss): abgeschlossener Bereich, in dem Mönche oder Nonnen nach bestimmten Regeln (→ *Benediktinerregel*) unter der Aufsicht eines → *Abts* bzw. einer *Äbtissin* leben und arbeiten.

Kurfürsten: die Fürsten, die den König und Kaiser des Heiligen Römischen Reiches „küren“ (wählen) durften. Die „Goldene Bulle“ von 1356 sah vier weltliche und drei geistliche Kurfürsten vor.

Landesherr: Fürst, der über einen → *Territorialstaat* und dessen Bevölkerung herrscht. Grundlage der Landesherrschaft waren die vom König verliehenen Zoll-, Münz-, Markt- und Befestigungsrechte sowie das Recht, Gesetze erlassen zu dürfen.

Lehnswesen: Als Gegenleistung für die Aufstellung von Reitern oder für die Übernahme bestimmter Dienste verliehen Könige und Fürsten Grundbesitz oder einträgliche Ämter und Vorrechte an Gefolgsleute. Lehnsherren vergaben die Lehen, Vasallen (keltisch *gwas*: Knecht) erhielten sie. Die Lehnsherren schützten die Vasallen, die dem Lehnsherrn dafür Dienste leisteten und Treue schworen.

Leibeigene: Personen, die von einem Grundherrn abhängig waren (→ *Grundherrschaft*). Er durfte über sie frei verfügen und über sie richten. Die Leibeigenschaft ging von den Eltern auf die Kinder über.

Limes: die befestigte römische Reichsgrenze.

Missionierung: Verbreitung einer Religion und die Gewinnung von Anhängern für sie (→ *Christianisierung*).

Mittelalter: die Zeit zwischen Antike und Neuzeit (ca. 500 bis 1500 v. Chr.).

Papst (lat. *papa*: Vater): Oberhaupt der römisch-katholischen Kirche; ursprünglich nur der Ehrentitel des → *Bischofs* von Rom. Die Päpste verstanden sich als Nachfolger des Petrus und leiteten daraus eine Vorrangstellung ab. Mit der Krönung → *Karls des Großen* zum Kaiser beanspruchten die Päpste, über das Kaisertum verfügen zu können.

Pfalz (lat. *palatium*: Palast): Gebäude für den reisenden Herrscher (→ *Reisekönigtum*); Stützpunkt der königlichen Verwaltung und Herrschaft.

Reichskirche: Durch die Vergabe von Gütern und Vorrechten (Privilegien) an die Bistümer und Klöster errichteten die herumziehenden Könige (→ *Reisekönigtum*) Stützpunkte ihrer Herrschaft. Mit dem Aufbau der Reichskirche stärkten → *Otto I.* und seine Nachfolger ihre Macht gegenüber den mächtigen → *Herzögen*.

Reichstag: eine vom König einberufene Versammlung der Großen des Reiches. Zu den Teilnehmern zählten → *Herzöge*, → *Grafen*, → *Bischöfe* und → *Äbte* und *Äbtissinnen* sowie die Vertreter der freien Reichsstädte. Vorläufer der Reichstage waren die Hoftage, zu denen die Könige ihre Vasallen (→ *Lehnswesen*) einluden. Sie sollten den Herrscher beraten und unterstützen.

Reisekönigtum: Während des → *Mittelalters* gab es im Deutschen Reich keinen festen Regierungssitz des Königs. Die Herrscher zogen von Ort zu Ort, um für Recht und Frieden zu sorgen. → *Pfalzen* und Reichsklöster (→ *Kloster*; → *Reichskirche*) dienten ihnen als Königssitze auf Zeit.

Ritter: Sie gehörten zum niederen → *Adel* und leisteten Waffendienst zu Pferde. Sie gelobten, christlich, tapfer, treu und gerecht zu sein. Dieses → *Gelübde* hielten viele Ritter nicht ein.

Romanisierung: Ausbreitung der Sprache und der Lebensweise der Römer im Imperium Romanum; dabei wurden Sprache und Brauchtum der einheimischen Bevölkerung verdrängt.

Staatsreligion: eine von den Herrschern für ihre Untertanen festgelegte Form des Glaubens. Ende des 4. Jh. wurde das → *Christentum* im Imperium Romanum zur alleinigen Religion erklärt.

Stammesherzog: → *Herzog*

Ständegesellschaft: Im → *Mittelalter* gab es die drei Stände: → *Adel*, Klerus (→ *Bischöfe*, → *Äbte* und *Äbtissinnen*) und freie Bauern oder Bürger. Die Stände unterschieden sich durch jeweils besondere Aufgaben, Pflichten und Vorrechte (Privilegien).

1 „Christen geworden…."
Plakat des Archäologischen Museums der Universität Münster, 2005.
Anlass: 1200 Jahrfeier des Bistums Münster.
Motiv: Eine Goldmünze aus der Zeit des Kaisers Theodosius II. (408-450). Sie zeigt eine Figur im Stile einer antiken Stadtgöttin, die in der rechten Hand eine Weltkugel hält.
Erläutere, mit welchen Mitteln das Münzbild den Übergang von der heidnischen Antike zum christlichen Mittelalter verdeutlicht.

Territorialstaat (lat. *territorium*: Gebiet): Bezeichnung für ein Staatsgebiet, über das ein → *Landesherr* ohne Einmischung eines anderen Herrn regierte.

Was war wichtig ?

Namen

Karl der Große (lat. *Carolus Magnus*, frz. *Charlemagne*; 748-814): König der Franken (seit 768) und Langobarden (seit 774). Er erneuerte das weströmische Kaisertum (Kaiser seit 800), dehnte seine Herrschaft über weite Teile des heutigen Europas aus, trieb die → *Christianisierung* mit Gewalt voran und förderte Bildung, Wissenschaft und Kunst.

Konstantin I., der Große (um 285-337): Feldherr und römischer Kaiser. Er erkannte mit dem Toleranzedikt von Mailand 313 das → *Christentum* als gleichberechtigte Religion an und ermöglichte damit dessen Aufstieg.

Otto I., der Große (912-973): deutscher König und Kaiser. Er sicherte das Reich gegen die Ungarn, gründete zahlreiche Bistümer, förderte die → *Christianisierung* und machte die → *Reichskirche* zur Stütze seiner Herrschaft. Nach dem Vorbild → *Karls des Großen* ließ er sich in Rom zum Kaiser krönen (962).

Friedrich II. (1194-1250): deutscher König und Kaiser aus dem schwäbischen Adelsgeschlecht der Staufer. Zentrum seiner Herrschaft war das christlich und muslimisch geprägte Sizilien. Er stritt mit den lombardischen Städten in Norditalien und den → *Päpsten* um die Macht und überließ den deutschen → *Landesherren* weitreichende Rechte. Friedrich II. gilt als der „erste moderne Herrscher“.

Zusammenfassung

Romanisierung, Christentum und Völkerwanderung

Die Römer machten die eroberten Gebiete zu Provinzen und führten dort ihre Lebens- und Wohnformen ein. Überreste des → *Limes*, von Kastellen, Wasserleitungen (Aquädukte), Thermen und Gutshöfen (villae rusticae) zeigen uns die → *Romanisierung*.
Die Christen wurden im Römischen Reich zunächst verfolgt, da sie die vielen Götter und den Herrscherkult ablehnten.
Kaiser → *Konstantin I.* gab ihnen nach seinem Sieg in der Schlacht an der Milvischen Brücke (312) besondere Rechte. Unter Kaiser Theodosius wurde das → *Christentum* 391 n. Chr. alleinige → *Staatsreligion*.
Während der um 300 beginnenden Völkerwanderung verließen immer mehr Menschen ihre Heimat in Nord- und Ostmitteleuropa. Sie suchten bessere Lebensverhältnisse oder waren von anderen Völkern vertrieben worden und drangen in das Römische Reich ein.
Das römische Weltreich zerfiel nach 395 n. Chr. in ein Oströmisches und ein Weströmisches Reich. Im Westen hatte der → *Bischof* von Rom die schwache Staatsgewalt genutzt und große Macht erworben. Als → *Papst* beanspruchte er die Führung aller Christen.

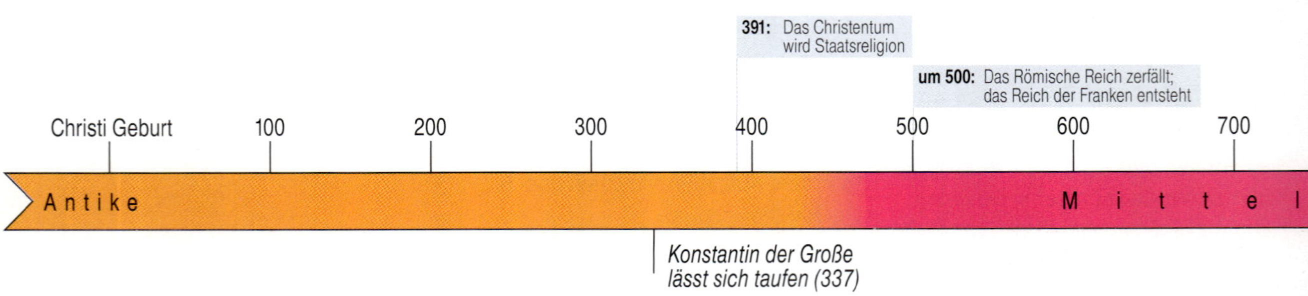

Herrschen und Leben im Mittelalter
Die mittelalterlichen Herrscher (→ *Mittelalter*) regierten ihre Reiche nicht von einer Hauptstadt aus, sondern sie zogen von Ort zu Ort, um für Recht und Frieden zu sorgen (→ *Reisekönigtum*) und die → *Christianisierung* voranzutreiben. An günstig gelegenen Orten ließen sie → *Pfalzen* errichten. Geistliche der Hofkapelle sowie → *Grafen*, Königsboten und andere Adlige (→ *Adel*) unterstützten sie bei der Verwaltung des Reiches.
Nach dem Tod → *Karls des Großen* (814) wurde das Reich der Franken mehrmals geteilt. Rund 150 Jahre später erneuerte → *Otto I.* das abendländische Kaisertum; 962 krönte der Papst ihn zum Kaiser. Durch den Ausbau der → *Reichskirche* schuf sich Otto I. eine Gegenmacht zu den starken Stammesherzögen (→ *Herzog*).
Die mittelalterliche Gesellschaft gliederte sich in drei Stände: die Geistlichkeit, den Adel und die Bauern/Bürger. Die → *Ständegesellschaft* galt als gottgewollt. Das → *Lehnswesen* und die → *Grundherrschaft* einschließlich → *Leibeigenschaft* waren die Grundlagen der Herrschaft über Land und Leute. Aus adligen und nichtadligen Kämpfern zu Pferd wurden → *Ritter*. Ihren Besitz verwalteten sie von Burgen aus. Das Rittertum entwickelte eigenständige Lebensformen. Dichter verherrlichten ritterliche Ideale: Heldentum, christlichen Lebenswandel und das Werben um die Zuneigung einer Dame (Minne). Mönche und Nonnen lebten unter der Aufsicht von → *Äbten* bzw. *Äbtissinnen* in → *Klöstern*. Beim Eintritt ins Kloster legten sie das → *Gelübde* ab, arm, ehelos und gehorsam zu leben. Nach der → *Benediktinerregel* widmeten sie sich vorrangig dem Gebet und der Arbeit. Sie unterhielten Schulen, Schreibstuben und Werkstätten und halfen Armen, Kranken und Reisenden.

Formen politischer Beteiligung
Im → *Investiturstreit* bestritten die Päpste den weltlichen Herrschern das Recht, Bischöfe und → *Äbte* einzusetzen. Die Könige wehrten sich dagegen, um nicht den Einfluss auf ihre Stützpunkte zu verlieren. Im „Wormser Konkordat" musste der deutsche Könige auf die Einsetzung der Bischöfe und Äbte in ihr geistliches Amt verzichten, er behielt sich aber die Übergabe der weltlichen Rechte vor.
Die Normannen eroberten 1066 England und errichteten eine starke Erbmonarchie. Als 1154 die englische Krone an Heinrich II. vererbt wurde, regierte er auf der Insel und dem Kontinent. Streit mit dem französischen König, dem Papst und dem Adel schwächten die englische Krone. 1215 musste Johann I. Ohneland den Großen seines Landes (Adel und Geistlichkeit) in der Magna Charta alte Rechte bestätigen und allen königlichen Vasallen ein Mitspracherecht bei Steuererhebungen zugestehen.
In Frankreich setzten die Kapetinger, die seit 987 die Könige stellten, die Erbmonarchie durch. Durch Heirat, Kauf und Eroberung konnten sie ihren Kronbesitz vergrößern. Die Auseinandersetzungen mit dem Papst führten dazu, dass der französische König zur Sicherung seiner Macht 1302 erstmals eine Ständeversammlung einberief. Als 1328 die Kapetinger ausstarben, entstand ein über hundert Jahre dauernder Konflikt zwischen England und Frankreich. Er endete mit dem Sieg des französischen Königs.
Der Staufer → *Friedrich II.* gilt als einer der außergewöhnlichsten Herrscher des späten Mittelalters. Er war in Aachen zum römisch-deutschen König und in Rom zum Kaiser gekrönt worden. Sein Herrschaftszentrum aber war Sizilien. Seine politischen Forderungen und Ansprüche vertrat er gegenüber den norditalienischen Städten ebenso unnachgiebig wie gegenüber dem Papst, der ihn dafür sogar mit dem → *Bann* belegte. Sein „Gesetz zugunsten der Fürsten" von 1232 stärkte im Reich die Fürsten. Sie konnten allmählich ihre Herrschaftsgebiete zu → *Territorialstaaten* ausbauen und als → *Landesherren* unabhängig regieren.
Während sich in England und Frankreich Erbmonarchien durchgesetzt hatten, blieb das Heilige Römische Reich eine Wahlmonarchie. 1356 wurden die Regel für die Wahl im → *Reichstag* neu festgelegt und in der „Goldenen Bulle" festgehalten. Sie bestimmte, dass derjenige König sein sollte, der bei der Wahl die meisten Stimmen der → *Kurfürsten* erhielt.

→ ***Lesetipps:*** *Buchempfehlungen zu den Kapiteln findest du auf Seite 215.*

Übertrage die Zeitleiste auf ein Blatt (DIN A4 quer: 100 Jahre = 1,5 cm) und füge ein: wann die Schlachten an der Milvischen Brücke und bei Bouvines stattfanden, Xanten römische Stadtrechte erhielt, Kaiser Friedrich II. das „Gesetz zugunsten der Fürsten" erließ, Jeanne d'Arc lebte, Bonifatius starb und Benedikt von Nursia ein Kloster gründete.

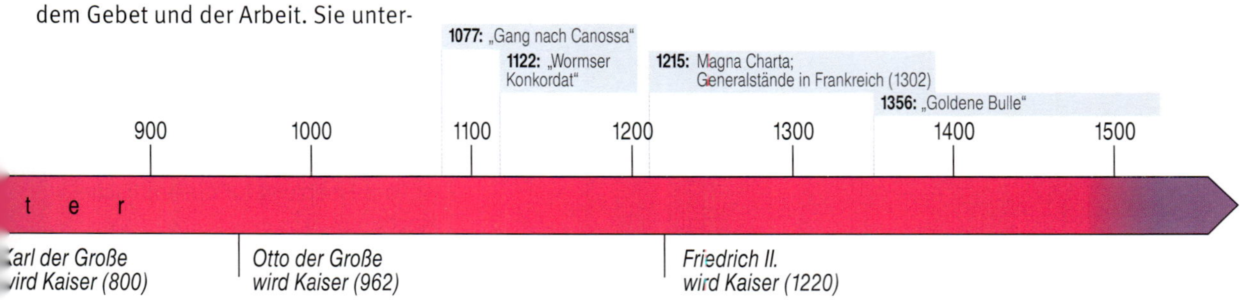

Wichtige Daten

vor 7 Mio. Jahren	*In Afrika tauchen Vormenschen auf.*
vor 2,5 Mio. Jahren	*Frühmenschen leben in Afrika; die Altsteinzeit beginnt.*
vor 10 000 Jahren	*Die Menschen werden sesshaft und gründen Siedlungen.*
um 3 000 v. Chr.	*In Ägypten und Mesopotamien entstehen Hochkulturen.*
um 1 800 v. Chr.	*In Mitteleuropa beginnt die Bronzezeit.*
um 1 000 v. Chr.	*In Mitteleuropa fängt die Eisenzeit an.*
um 800 v. Chr.	*In Griechenland entstehen Stadtstaaten (Poleis).*
753 v. Chr.	*Rom wird der Sage nach gegründet.*
um 500 v. Chr.	*Rom wird Republik.*
Mitte des 5. Jh. v. Chr.	*Der Stadtstaat Athen ist auf dem Höhepunkt seiner politischen und wirtschaftlichen Macht: Die Glanzzeit der griechischen Kunst, Literatur und Philosophie beginnt.*
44 v. Chr.	*Anhänger der Republik ermorden Caesar.*
31. v. Chr.-14 n. Chr.	*Augustus herrscht im Römischen Reich als „erster Bürger“ (lat. princeps) und begründet die Kaiserzeit.*
89	*Das heutige Köln wird zur Hauptstadt der römischen Provinz Nieder-Germanien.*
um 300	*Die Völkerwanderung beginnt.*
391	*Das Christentum wird alleinige Staatsreligion im Römischen Reich.*
395	*Das Römische Reich wird in einen östlichen und westlichen Herrschaftsbereich geteilt.*
800	*Karl der Große wird vom Papst zum Kaiser gekrönt.*
962	*Otto I. erneuert das abendländische Kaisertum.*
1077	*Heinrich IV. leistet dem Papst Buße vor der Burg Canossa; Höhepunkt des Investiturstreits.*
1215	*Der König von England muss der „Magna Charta“ zustimmen.*
1302	*In Frankreich beruft der König erstmals die Generalstände ein.*
1356	*Die „Goldene Bulle“ regelt die Königswahl im Reich.*

Wichtige Begriffe und Namen

Abt (von lat. *abbas*: Vater), **Äbtissin**: ursprünglich Ehrennamen angesehener Mönche und Nonnen. Seit dem → *Mittelalter* ein/e auf Lebenszeit gewählte/r Vorsteher/in eines → *Klosters*. Als Verwalter von Lehen (→ *Lehnswesen*) übernahmen Äbte und Äbtissinnen auch weltliche Aufgaben (→ *Reichskirche*).

Adel (althochdeutsch *adal*: Geschlecht): eine Gruppe von Familien, die aufgrund von Geburt, Besitz und Leistung eine herausgehobene Stellung einnahm. In der → *Antike* und im → *Mittelalter* die herrschende Schicht (→ *Aristokratie*). Von der Bevölkerungsmehrheit grenzte sich der Adel durch Vorrechte, Umgangsformen und Kleidung ab.

Alexander der Große (356-323 v. Chr.): König von Makedonien (ab 336); er eroberte ein Weltreich und verbreitete die griechische Lebensweise und Kultur (→ *Hellenismus*).

Altsteinzeit: erster Abschnitt der → *Geschichte*, der vor etwa 2,5 Mio. Jahren beginnt. In dieser Zeit lebten die Menschen als → *Nomaden* vom Jagen und Sammeln. Sie lernten, das Feuer zu gebrauchen. Werkzeuge und Waffen fertigten sie aus Stein, Knochen und Holz.

Antike (lat. *antiquus*: alt): die Zeit von etwa 1000 v. Chr. bis ins 5. Jh. n. Chr., in der die Griechen und Römer den Mittelmeerraum beherrschten.

Archäologie: Altertumsforscher (*Archäologen*) graben Funde aus oder untersuchen andere → *Quellen* wie Denkmäler, um unser Wissen über die Vergangenheit zu bereichern.

Aristokratie: „Regierung der Besten“; die Mitglieder der adligen Grundbesitzerschicht herrschen; die Abstammung ist Voraussetzung für die politische Macht.

Augustus (63 v.-14 n. Chr.): Großneffe → *Caesars*, der ihn zum Erben eingesetzt hatte. Er begründete nach 31 v. Chr. in Rom den → *Prinzipat*. 27 v. Chr. verlieh ihm der Senat wegen seiner Verdienste (Friedenssicherung) den Ehrentitel „Augustus" (der „Erhabene"). Der Monat August wurde nach ihm benannt. Die meisten späteren Kaiser übernahmen die Bezeichnung „Augustus" in ihren Kaisertitel.

Bann: Kirchenstrafe, die den Gebannten aus der Gemeinschaft der Gläubigen ausschließt; der Bann konnte durch Buße aufgehoben werden.

Benediktinerregel: die von dem Ordensgründer Benedikt von Nursia (um 480-547) festgelegten Grundsätze für das Leben im → *Kloster*. Sie galt seit Anfang des 9. Jh. für alle Klöster des Abendlandes. Ihr Ziel ist es, Gebet und Arbeit zu verbinden (lat. *Ora et labora!*: Bete und arbeite!).

Bischof: Vorsteher einer christlichen Gemeinde. Anfangs überwachten die Bischöfe die Einhaltung der Glaubenslehre und galten als alleinige Mittler zwischen Gott und den Menschen. Seit Ende des 5. Jh. beanspruchte der Bischof von Rom als → *Papst* die Aufsicht über alle Bischöfe. Als Mitglieder der → *Reichskirche* übten Bischöfe auch weltliche Macht aus.

Bronzezeit: Abschnitt der → *Geschichte*, der um 1800 v. Chr. in Mitteleuropa die → *Jungsteinzeit* ablöste. In dieser Zeit stellten die Menschen Waffen, Geräte und Schmuck aus Bronze her.

Caesar (*Gaius Iulius*, 100-44 v. Chr.): Feldherr, Staatsmann und Schriftsteller. Er begann 49 einen Bürgerkrieg, um seine Machtansprüche durchzusetzten. Seine Diktatur (ab Anfang 44 auf Lebenszeit) änderte die republikanische Staatsordnung (→ *Republik*). An den Iden (15.) des März 44 v. Chr. wurde er von Angehörigen des → *Senats* ermordet. Der Monat Juli wurde nach ihm benannt. Caesar wurde zum Teil des Titels der römischen Herrscher; der Name lebt in den Herrschertiteln „Kaiser" und „Zar" fort.

Christentum: Bezeichnung für die Anhänger der auf Jesus Christus zurückgehenden Religion. Unter → *Konstantin I.* und dank des Toleranzediktes von Mailand von 313 konnten die Christen ihren Glauben frei ausüben; 391 wurde das Christentum im Römischen Reich zur → *Staatsreligion*.

Christianisierung: Mönche wie Bonifatius verbreiteten im Reich der Franken den christlichen Glauben (→ *Missionierung*). Herrscher wie → *Karl der Große* und → *Otto I.* trieben die Christianisierung mit Gewalt voran.

Demokratie: Herrschaft des Volkes über sich selbst. In Athen entschied seit Mitte des 5. Jh. v. Chr. bei Wahlen und Abstimmungen die Mehrheit der Stimmen. Alle einheimischen und wehrfähigen Männer konnten sich an der Regierung und Rechtsprechung direkt beteiligen.

Dreifelderwirtschaft: ertragreiche Methode des Getreideanbaus, die Ende des 8. Jh. eingeführt wurde. Das Ackerland wurde in drei Teile geteilt und im jährlichen Wechsel wie folgt bewirtschaftet: Ein Drittel des Bodens trug Winter-, ein Drittel Sommergetreide und ein Drittel lag brach.

Eisenzeit: Abschnitt der → *Geschichte*, der in Mitteleuropa um 1000 v. Chr. beginnt. Er löste die → *Bronzezeit* ab. Die Menschen hatten gelernt, Waffen, Geräte und Schmuck aus hartem Eisen herzustellen.

Familia: in der römischen Gesellschaft die dem „pater familias" unterstehende Hausgemeinschaft einschließlich der → *Sklaven* (→ *Patriarchat*).

Friedrich II. (1194-1250): deutscher König und Kaiser aus dem schwäbischen Adelsgeschlecht der Staufer. Zentrum seiner Herrschaft war das christlich und muslimisch geprägte Sizilien. Er stritt mit den lombardischen Städten in Norditalien und den → *Päpsten* um die Macht und überließ den deutschen → *Landesherren* weitreichende Rechte. Friedrich II. gilt als der „erste moderne Herrscher".

Gelübde: ein Versprechen vor Gott; Mönche und Nonnen gelobten beim Eintritt ins → *Kloster*, die Ordensregeln einzuhalten.

Geschichte (lat. *historia*): alles, was Menschen in der Vergangenheit gemacht haben und durch → *Quellen* überliefert wurde.

Graf: Vertreter des Königs in einem Amtsbezirk (Grafschaft). Ein Graf sprach im Auftrag des Königs Recht und sorgte im Kriegsfall für die Aufstellung des Heeres. Das Amt war mit einem Lehen (→ *Lehnswesen*) verbunden, das mit der Zeit erblich wurde.

Grundherrschaft: Herrschaft über Land und Leute. Die Grundherren überließen Teile ihres Landes unfreien Bauern (→ *Leibeigene*) zur Bearbeitung. Diese mussten dafür einen Teil der Erträge abliefern und Dienste leisten. Die Grundherren boten ihren Leuten Schutz und Hilfe und durften über Straftaten richten.

Hellenismus: Zeit zwischen dem 3. und 1. Jh. v. Chr., in der die Griechen ihre Politik, Architektur, Kunst und Sprache über den ganzen Mittelmeerraum und Vorderasien verbreiteten.

Herzog (lat. *dux*: Führer): Bei den germanischen Völkern war der Herzog der gewählte oder durch Los bestimmte Heerführer (der, der vor dem „Heer zog"). Ab dem 7. Jh. übertrugen die Könige ihnen vor allem militärische Aufgaben. Dort, wo sie sich an die Spitze bestimmter „Stämme" setzten, entstanden Stammensherzogtümer. Die bedeutendsten waren die der Franken, Bayern, Schwaben und Sachsen.

Hieroglyphen (gr. *hieros*: heilig; *glyphe*: Eingeritztes): Schriftzeichen der alten Ägypter, die Laute, Buchstaben und Zeichen wiedergeben.

Hochkultur: eine gegenüber dem einfachen bäuerlichen Leben weiterentwickelte Lebensform. Ihre Kennzeichen sind Städte, große Bauwerke (→ *Pyramiden*), Schrift (→ *Hieroglyphen*), Verwaltung, Religion, Rechtspflege, Handwerk und Handel. Die ersten Hochkulturen entstanden an den Flüssen Euphrat und Tigris in Mesopotamien (heute Anatolien, Irak und Syrien), am Nil (Ägypten) sowie am Indus in Indien und Hwangho im Norden Chinas.

Imperium Romanum (lat. *imperare*: befehlen): das Weltreich der Römer; Gebiete unter römischer Herrschaft. Die größte Ausdehnung erreichte das Imperium Romanum Anfang des 2. Jh.

Investiturstreit: Kaiser und Päpste stritten sich im 11./12. Jh. darüber, wer die Bischöfe, Äbte und Äbtissinnen in ihre Besitzrechte und geistlichen Aufgaben einsetzen durfte (Investitur, von lat. *investire:* bekleiden). Der Investiturstreit war ein Machtkampf um die → *Reichskirche*. Er endete im Heiligen Römischen Reich mit dem „Wormser Konkordat" (1122). Darin verzichtete der Kaiser auf die Investitur der Bischöfe, Äbte und Äbtissinnen in ihr geistliches Amt. Er behielt sich aber vor, ihnen die weltlichen Vasallenpflichten zu übertragen.

Jungsteinzeit: Abschnitt der → *Geschichte*, der in Mitteleuropa nach der letzten Eiszeit etwa 10 000 v. Chr. beginnt und in dem sich Menschen von wandernden Sammlern und Jägern (→ *Nomaden*) zu sesshaften Ackerbauern und Viehzüchtern entwickelten.

Karl der Große (lat. *Carolus Magnus*, frz. *Charlemagne*; 748-814): König der Franken (seit 768) und Langobarden (seit 774). Er erneuerte das weströmische Kaisertum (Kaiser seit 800), dehnte seine Herrschaft über weite Teile des heutigen Europas aus, trieb die → *Christianisierung* mit Gewalt voran und förderte Bildung, Wissenschaft und Kunst.

Klienten: abhängige Personen in der römischen Gesellschaft, die von angesehenen und reichen Bürgern (z. B. → *Patrizier*) Hilfe erhielten. Sie unterstützten ihre Schutzherren (Patrone) bei der Bewerbung um ein politisches Amt oder bei ihren Geschäften.

Kloster (lat. *claustrum*: Verschluss): abgeschlossener Bereich, in dem Mönche oder Nonnen nach bestimmten Regeln (→ *Benediktinerregel*) unter der Aufsicht eines → *Abts* bzw. einer *Äbtissin* leben und arbeiten.

Kolonisation (von lat. *colere*: Land bebauen): Seit dem 8. Jh. v. Chr. wanderten Griechen aus ihrer Heimat aus. Sie gründeten rund ums Mittelmeer und an den Küsten des Schwarzen Meeres Tochterstädte (Kolonien).

Konstantin I., der Große (um 285-337): Feldherr und römischer Kaiser. Er erkannte mit dem Toleranzedikt von Mailand 313 das → *Christentum* als gleichberechtigte Religion an und ermöglichte damit dessen Aufstieg.

Konsul (lat. *consul*): einer von zwei Inhabern des höchsten Staatsamtes in der römischen → *Republik*; die Konsuln besaßen im Kriegsfall den Oberbefehl über die Truppen.

Kurfürsten: die Fürsten, die den König und Kaiser des Heiligen Römischen Reiches „küren" (wählen) durften. Die „Goldene Bulle" von 1356 sah vier weltliche und drei geistliche Kurfürsten vor.

Landesherr: Fürst, der über einen → *Territorialstaat* und dessen Bevölkerung herrscht. Grundlage der Landesherrschaft waren die vom König verliehenen Zoll-, Münz-, Markt- und Befestigungsrechte sowie das Recht, Gesetze erlassen zu dürfen.

Lehnswesen: Als Gegenleistung für die Aufstellung von Reitern oder für die Übernahme bestimmter Dienste verliehen Könige und Fürsten im → *Mittelalter* Grundbesitz oder einträgliche Ämter und Vorrechte an Gefolgsleute. Lehnsherren vergaben die Lehen, Vasallen (keltisch *gwas*: Knecht) erhielten sie. Die Lehnsherren schützten die Vasallen, die dem Lehnsherrn dafür Dienste leisteten und Treue schworen.

Leibeigene: Personen, die von einem Grundherrn abhängig waren (→ *Grundherrschaft*). Er durfte über sie frei verfügen und über sie richten. Die Leibeigenschaft ging von den Eltern auf die Kinder über.

Limes: die befestigte römische Reichsgrenze.

Megalithkultur (gr. *megas*: groß; *lithos*: Stein): Kultur der → *Jungsteinzeit*, in der die Menschen Gräber, Heiligtümer und Opferstätten aus großen Steinen errichteten.

Missionierung: Verbreitung einer Religion und die Gewinnung von Anhängern für sie (→ *Christianisierung*).

Mittelalter: die Zeit zwischen Antike und Neuzeit (ca. 500 bis 1500 v. Chr.).

Monarchie: Alleinherrschaft; Regierung eines meist erblichen Königs bzw. Kaisers (Monarchen).

Neolithische Revolution: Übergang von der jagenden und sammelnden zur produzierenden Wirtschaftsweise in der → *Jungsteinzeit* (Neolithikum).

Nomaden: Menschen, die ihrer Nahrung folgen, die an verschiedenen Orten leben, um zu jagen und zu sammeln. Diese Lebens- und Wirtschaftsform änderte sich mit der → *Neolithischen Revolution*.

Olympische Spiele: Feste zu Ehren der Götter in Olympia, zu denen auch Sportwettkämpfe gehörten. Die Teilnehmer waren wehrfähige Männer. Ab 776 v. Chr. sind die Namen von Olympiasiegern bekannt. Die Spiele fanden alle vier Jahre statt. Die Zählung nach Olympiaden wurde als Zeitmaß verwendet. 394 n. Chr. verbot der christliche Kaiser Theodosius die Olympischen Spiele als heidnischen Brauch. 1896 fanden die ersten Olympischen Spiele der Neuzeit in Athen statt.

Otto I., der Große (912-973): deutscher König und Kaiser. Er sicherte das Reich gegen die Ungarn, gründete zahlreiche Bistümer, förderte die → *Christianisierung* und machte die → *Reichskirche* zur Stütze seiner Herrschaft. Nach dem Vorbild → *Karls des Großen* ließ er sich in Rom zum Kaiser krönen (962).

Papst (lat. *papa*: Vater): Oberhaupt der römisch-katholischen Kirche; ursprünglich nur der Ehrentitel des → *Bischofs* von Rom. Die Päpste verstanden sich als Nachfolger des Petrus und leiteten daraus eine Vorrangstellung ab. Mit der Krönung → *Karls des Großen* zum Kaiser beanspruchten die Päpste, über das Kaisertum verfügen zu können.

Patriarchat (lat. *patres*: „Väter"): Vaterrecht. In der antiken Gesellschaft durfte das männliche Familienoberhaupt alle privaten Lebensbereiche seiner → *familia* regeln; er hatte sie dafür zu schützen und vor Gericht zu vertreten.

Patrizier (lat. *patres*: „Väter"): die Nachkommen der ältesten adligen Familien (→ *Adel*), die zu Beginn der römischen → *Republik* ohne die → *Plebejer* regierten.

Perikles (um 500-429 v. Chr.): athenischer Staatsmann. Er war von vornehmer Herkunft und leitete seit 443 als jährlich wiedergewählter Politiker die Geschicke der → *Demokratie*. Seine Zeit gilt als Glanzzeit Athens, sowohl politisch als auch künstlerisch.

Pfalz (lat. *palatium*: Palast): Gebäude für den reisenden Herrscher (→ *Reisekönigtum*); Stützpunkt der königlichen Verwaltung und Herrschaft.

Pharao: zunächst der Name des Königspalastes; seit dem 2. Jt. v. Chr. einer der Titel des ägyptischen Herrschers. Pharaonen galten als göttlich und waren die weltlichen und geistlichen Oberhäupter der alten Ägypter.

Plebejer (lat. *plebs*: Volk): Bezeichnung für alle römischen Bürger, die keine → *Patrizier* waren.

Polis: zunächst die griechische Bezeichnung für eine Burg und die dazugehörige Siedlung, ab etwa 800 v. Chr. für einen Ort, der aus einem geschützten Zentrum und dem Umland bestand. Das Zentrum war Sitz der Regierung, Mittelpunkt des Handels und der religiösen Feiern (Tempel).

Polytheismus (gr. *poly*: viel; *theos*: Gott): Glaube an viele Götter. Die alten Ägypter, Griechen und Römer verehrten mehrere Götter. Das Gegenteil zum Polytheismus ist der Glaube an einen Gott (*Monotheismus*). Juden, Christen und Muslime glauben nur an einen Gott.

Prinzipat: Bezeichnung für die von → *Augustus* begründete Herrschaftsform, in der der Herrscher den Titel „princeps" (dt. „der erste Mann im Staat") trug. Mit → *Augustus* und dem Prinzipat begann Ende des 1. Jh. v. Chr. die Kaiserzeit.

Proletariat (lat. *proles*: Nachkommen): nach Rom und in andere Städte abgewanderte besitzlose Bauern, die nichts anderes besaßen als ihre Nachkommen.

Provinz: ursprünglich der Amtsbereich eines römischen Magistrats (Staatsbeamten). Im 3. Jh. v. Chr. wurde jedes von den Römern gewonnene außeritalische Gebiet, das von einem Statthalter verwaltet wurde, als Provinz bezeichnet.

Quellen: Texte oder überlieferte Gegenstände, die uns über die Vergangenheit informieren; sie bilden die Grundlagen für die Geschichtsschreibung (→ *Geschichte*).

Reichskirche: Durch die Vergabe von Gütern und Vorrechten (Privilegien) an die Bistümer und Klöster errichteten die herumziehenden Könige (→ *Reisekönigtum*) Stützpunkte ihrer Herrschaft. Mit dem Aufbau der Reichskirche stärkten → *Otto I.* und seine Nachfolger ihre Macht gegenüber den mächtigen → *Herzögen*.

Reichstag: eine vom König einberufene Versammlung der Großen des Reiches. Zu den Teilnehmern zählten → *Herzöge*, → *Grafen*, → *Bischöfe* und → *Äbte* und *Äbtissinnen* sowie die Vertreter der freien Reichsstädte. Vorläufer der Reichstage waren die Hoftage, zu denen die Könige ihre Vasallen (→ *Lehnswesen*) einluden. Sie sollten den Herrscher beraten und unterstützen.

Reisekönigtum: Während des → *Mittelalters* gab es im Deutschen Reich keinen festen Regierungssitz des Königs. Die Herrscher zogen von Ort zu Ort, um für Recht und Frieden zu sorgen. → *Pfalzen* und Reichsklöster (→ *Kloster*; → *Reichskirche*) dienten ihnen als Königssitze auf Zeit.

Republik (lat. *res publicae*: öffentliche Angelegenheiten): Staatsform mit jährlich wechselnder Regierung, die nach der Vertreibung der Könige in Rom um 500 v. Chr. entstand.

Ritter: Sie gehörten zum niederen → *Adel* und leisteten Waffendienst zu Pferde. Sie gelobten, christlich, tapfer, treu und gerecht zu sein. Dieses → *Gelübde* hielten viele Ritter nicht ein.

Romanisierung: Ausbreitung der Sprache und der Lebensweise der Römer im → *Imperium Romanum*; dabei wurden Sprache und Brauchtum der einheimischen Bevölkerung verdrängt.

Senat: Rat erfahrener Politiker; seine Mitglieder waren vor allem (→ *Patrizier*); sie gestalteten die Politik im republikanischen Rom (→ *Republik*).

Sklaven: unfreie und rechtlose Menschen. Die Eigentümer konnten über sie nach Belieben wie über Sachen verfügen. Kriegsgefangene wurden oft zu Sklaven gemacht. Auch bei Zahlungsunfähigkeit konnten Menschen versklavt werden (Schuldknechtschaft). Sklaven konnten unter bestimmten Bedingungen von ihren Eigentümern freigelassen werden.

Sokrates (470-399 v. Chr.): Philosoph aus Athen. Er philosophierte im Gespräch (Dialog) und hinterließ keine Schriften. Informationen über seine Lehre verdanken wir vor allem seinem Schüler Platon (428/27-348/47). Sokrates wurde wegen angeblich verderblichen Einflusses auf die Jugend von einem Volksgericht zum Tode verurteilt. Er gilt als der wirksamste Anreger der europäischen Philosophie.

Staatsreligion: eine von den Herrschern für ihre Untertanen festgelegte Form des Glaubens. Ende des 4. Jh. wurde das → *Christentum* im → *Imperium Romanum* zur alleinigen Religion erklärt.

Ständekämpfe: Auseinandersetzungen zwischen den → *Plebejern* und den → *Patriziern* um politische, rechtliche und militärische Gleichberechtigung. Sie endeten nach 200 Jahren um 287 v. Chr. damit, dass die Beschlüsse der Plebsversammlungen auch von den Patriziern befolgt werden mussten.

Wo steht was?

*Auf den mit einem * gekennzeichneten Seiten findest du Erklärungen der Begriffe.*

Wer steht wo?

*Auf den mit einem * gekennzeichneten Seiten findest du eine kurze Lebensbeschreibung der Person.*

Lesetipps

Für den gesamten Geschichtsunterricht der Jahrgangsstufen 5/6

Jean Claude Golvin, Metropolen der Antike. Stuttgart: Theiss 2005
Informatives Sachbuch mit anschaulichen Zeichnungen.

Martin Kronenberg (Hrsg.), Geschichte und Abenteuer, Heft 1: Von der Frühgeschichte bis zur Völkerwanderungszeit; Heft 2: Vom Reich der Franken bis zum Bauernkrieg. Bamberg: C.C. Buchner 1993
Sammlung von Jugendbuchauszügen.

Jacques Le Goff, Die Geschichte Europas. Frankfurt a. M.: Campus ^{6}2007
Der berühmte französische Historiker erzählt jungen Lesern die Geschichte Europas.

Manfred Mai, Weltgeschichte. München: Hanser 2005
Der Verfasser erzählt die Weltgeschichte von den frühen Menschen bis zur Gegenwart.

Manfred Mai, Lesebuch zur Weltgeschichte. München: Hanser 2005
Lesebuch mit Zeitdokumenten.

Manfred Mai, Europäische Geschichte. München: Hanser 2007
Der Verfasser erzählt die europäische Geschichte von der Antike bis zur Gegenwart.

Norah Moloney, Young Oxford – Archäologie. Weinheim und Basel: Beltz 2001
Illustriertes Sachbuch.

Zur Vorgeschichte

Erich Ballinger, Der Gletschermann. Wien: Ueberreuter 2005
Roman, der über die Welt des „Ötzis" informiert.

Gabriele Beyerlein / Herbert Lorenz, Die Sonne bleibt nicht stehen. Würzburg: Arena ^{8}2000
Eine Erzählung aus der Jungsteinzeit.

Franz Hohler, Tschipo in der Steinzeit. Ravensburg: Ravensburger ^{6}2006
Im Traum erlebt Tschipo Abenteuer in der Steinzeit.

Rainer Köthe, Der Urmensch. Nürnberg: Tessloff 2003
Informatives Sachbuch.

Volker Krappen, Lapislazulie – Im Auge des Bären. München: Schneider 2006
Roman zum Film „Lapislazulie".

Wolfgang Kuhn, Mit Jeans in die Steinzeit. München: dtv ^{24}2005
Die 13-jährige Isabelle findet zusammen mit ihren Vettern und ihrer Cousine den Eingang zu einer eiszeitlichen Höhle.

Dirk Lornsen, Tirkan. Stuttgart: Thienemann ^{2}1999
Abenteuerroman aus der Jungsteinzeit.

Michelle Paver, Wolfsbruder. München: cbj 2006
Abenteuerroman aus der Steinzeit.

Claudia Schnieper / Udo Kruse-Schulz, Auf den Spuren des Menschen. Luzern: kbv 2001
Illustriertes Jugendsachbuch über die Rätsel der Entwicklungsgeschichte des Menschen.

Arnulf Zitelmann, Kleiner Weg. Weinheim und Basel: Beltz 2004
Ein Höhlenjunge der Vorzeit verliert seinen Clan.

Zu den Hochkulturen

Harvey Gill / Struan Reid, Das Leben im Alten Ägypten. Würzburg: Arena 2003
Illustriertes und informatives Sachbuch.

Rainer Hannig (Übers.), Das alte Ägypten. Hildesheim: Gerstenberg ^{8}2004
Illustriertes und informatives Sachbuch.

Christian Jacq, Die Pharaonen. München: Hanser 1998
Ein französischer Ägyptologe erzählt von der Zeit der Pharaonen.

Dieter Kurth, Das Alte Ägypten. Nürnberg: Tessloff 2000
Informatives Sachbuch.

Paul Kustermans, Timus lange Flucht. Weinheim und Basel: Beltz 2005
Abenteuerroman aus der Zeit von Tutanchamun (um 1330 v. Chr.).

Thomas H. Naef, Der Schreiber des Pharao. München: Artemis 1989
Geschichte eines Fischerjungen, der zum Schreiber aufsteigt, dann Sklave in einem Bergwerk wird und auf der Flucht von dort viele Abenteuer erlebt.

Maja Nielsen, Tutanchamun – Das vergessene Königsgrab. Hildesheim: Gerstenberg 2006
Illustriertes Sachbuch über die Entdeckung des Grabes durch Howard Carter 1922.

Kathrine Roberts, Der große Pyramidenraub. München: dtv/Hanser 2006
Abenteuergeschichte aus dem alten Ägypten.

Berndt Schulz, Das Geheimnis des Falkengottes. Würzburg: Arena 2007
Ein Kriminalroman aus dem alten Ägypten.

Zur griechischen Geschichte

Katherine Allfrey, Die Troianerin.
München: Bertelsmann 2000
Die jungverheiratete Troianerin Theano erlebt den Untergang Troias als Gefangene im Heer der Griechen.

Marie-Therese Davidson / Christian Heinrich, Alexander der Große.
Bindlach: Loewe 2003
Der Feldzug Alexanders wird nach den historischen Quellen erzählt.

Christoph Haußner / Matthias Raidt, Rüya und der Traum von Troia.
Hamm: Roseni 2000
Illustrierter Jugendroman über Troia und die Ausgrabungen.

Margaret Hodges, Im Zeichen von Olympia. Würzburg: Arena 1986
Abenteuer eines jungen Fürstensohnes, der ein Unrecht an seinem Vater rächen will.

Christa Holtei / Udo Kruse-Schulz, Reise in das Alte Griechenland.
Düsseldorf: Patmos 2003
Illustriertes und informatives Jugendsachbuch.

Maria Regina Kaiser, Alexander der Große und die Grenzen der Welt.
Würzburg: Arena 2007
Erzählungen und Sachtexte informieren über den makedonischen Herrscher.

Kathrine Robert, Gefahr für Olympia.
München: dtv / Hanser 2007
Roman über die Olympischen Spiele.

Cath Senker, Altes Griechenland.
Nürnberg: Tessloff 2002
Illustriertes und informatives Jugendsachbuch.

Zur römischen Geschichte

Hans Baumann, Ich zog mit Hannibal.
München: dtv Neuaufl. 2006
Der Roman schildert die Erlebnisse eines jungen Elefantentreibers auf dem Weg über die Alpen.

Neil Grant, Altes Rom.
Nürnberg: Tessloff 2002
Illustriertes und informatives Jugendsachbuch.

Alix Hänsel, Ranulf und die Varusschlacht. Hamm: Roseni 2006
Illustrierter Jugendroman, der den Kampf zwischen Römern und Germanen darstellt.

David Macaulay, Eine Stadt wie Rom.
München: dtv 1986
Sachbuch über die Bauwerke Roms aus der Sicht eines Architekten.

Harald Parigger, Caesar und die Fäden der Macht. Würzburg: Arena 2006
Erzählungen und Sachtexte informieren über den römischen Politiker.

Richard Platt, Julius Caesar. Römischer Staatsmann und Feldherr.
Hildesheim: Gerstenberg 2001
Illustriertes Sachbuch.

Tilman Röhrig, Mit Hannibal über die Alpen. Würzburg: Arena 1981
Der Schreiber Silenos berichtet über den Zug Hannibals vom Rhonetal bis nach Oberitalien.

Hans Dieter Stöver, Quintus geht nach Rom. München: dtv 1987
Die Geschichte des 14-jährigen Quintus, der zur Zeit Caesars lebt.

Werner Völker, Hermann, der Cherusker. Die Schlacht im Teutoburger Wald.
München: dtv / Hanser 2006
Historischer Roman.

Zur Spätantike und zum Mittelalter

Annette Adelmeyer, Das Leben im Kloster. Fulda: Michael Imhof Verlag 2007
Fiktiver Bericht über einen Benediktinermönch aus dem 11. Jh.

Georges Duby, Die Ritter.
München: dtv / Hanser 2001
Geschichte eines Ritters, die den Alltag, den Minnedienst, die Turniere und den Krieg beschreibt.

Josef C. Grund, Feuer am Limes.
Würzburg: Arena 2003
Die Konflikte zwischen den Alamannen und den Römern bilden den Hintergrund der Erzählung.

Andrew Langley, Sturm auf die Burg.
Hildesheim: Gerstenberg 1999
Illustriertes Sachbuch über die Belagerung einer Burg.

Jacques Le Goff, Das Mittelalter für Kinder. München: Beck 2007
Kompetente Einführung in die Welt des Mittelalters.

Michael Schmauder, Die Völkerwanderungszeit. Nürnberg: Tessloff 2003
Illustriertes Sachbuch über die Völkerwanderungszeit.

Hans Dieter Stöver / Michael Gechter, Report aus der Römerzeit. Vom Leben im römischen Germanien.
Würzburg: Arena 1999
Sachbuch über den Alltag im römischen Germanien.

Herwig Wolfram, Plötzlich standen wir vor Attila. Wien: Ueberreuter 1994
Abenteuergeschichte, die einen Einblick in das Alltagsleben der Hunnen liefert.

Arnulf Zitelmann, Unterwegs nach Bigorra. Abenteuerroman aus dem frühen Mittelalter.
Weinheim und Basel: Beltz ^{2}1995
Die 16-jährige Itta wird Zeugin der Schlacht von Tours und Poitiers im Jahre 732 und lernt Juden und Araber kennen.

Zu den Plakaten

Seite 10: Neanderthal Museum, Mettmann 2007.
Motiv: Ein rekonstruierter Neandertaler steht einem Mädchen von heute gegenüber. Die Rekonstruktion des Neandertalers aus der Feldhofer Grotte wurde im Auftrag des Neanderthal Museums von Adrie und Alfons Kennis 2006 angefertigt.

Seite 11: Ägyptisches Museum, Bonn 2007.
Motiv: Mumienmaske eines Mannes aus Kartonage, teilweise vergoldet und bemalt, ca. 380-250 v. Chr.

Seite 54: Kunst- und Ausstellungshalle der Bundesrepublik Deutschland, Bonn 2002.
Motiv: Büste des Perikles; siehe dazu Seite 71, Abb. 2.

Seite 55: Römisch-Germanisches Museum, Köln 1996.
Motiv: Anhänger mit dem Bildnis des Kaisers Augustus (etwa 8 cm hoch); er stammt aus dem 2./3. Jh. n. Chr.; die Fassung wurde im 17. Jh. hinzugefügt. Deutlich zu erkennen ist hier die „Corona Civica", die Augustus 27 v. Chr. vom Senat „für die Rettung aller Bürger" erhalten hat. Der Titel der Ausstellung lautet frei übersetzt: „Du glückliches Köln".

Seite 128: Museum für Vor- und Frühgeschichte, Berlin 2007.
Motiv: Goldener Halskragen (Durchmesser 30,6 cm) mit szenischen Darstellungen aus dem Grabhügel Tolstaja Mogila (Ukraine), Mitte des 4. Jh. v. Chr. Das zentrale Motiv sind zwei kniende Skythen mit nacktem Oberkörper, die ihre (Goryte) Pfeilköcher beiseite gelegt haben und Kleidung aus Fell herstellen.

Seite 129: Städelsches Kunstinstitut und Städtische Galerie, Frankfurt am Main 2006.
Motiv: Kopf einer Antinoos-Statue aus dem 2. Jh. n. Chr.
Der Kopf ist 34 cm hoch und ist in der Staatlichen Kunstsammlung in Dresden zu sehen. Die Figur wurde wohl in Ägypten hergestellt, aber bereits im Altertum nach Rom gebracht.
*Antinoos war ein schöner Jüngling aus Bithynien (*110 n. Chr.); Liebling des römischen Kaisers Hadrian, der 130 n. Chr. im Nil ertrank. Hadrian ließ ihn als göttlich verehren und durch Festspiele feiern. Vergleiche die Büste mit der um 1500 v. Chr. angefertigten Standfigur der Königin Hatschepsut, siehe Seite 45.*

Seite 140: Konstantin-Ausstellungsgesellschaft, Trier 2007.
Motiv: Kopie des Kolossalkopfes von Konstantin dem Großen.
Mit einer Größe von fast drei Metern gehört der Kopf zu den größten noch erhaltenen Marmorporträts der Antike. Gemeinsam mit weiteren Überresten der einst zwölf Meter hohen Statue steht er im Innenhof des Kapitolinischen Museums in Rom. Die Statue entstand nach der Schlacht an der Milvischen Brücke (nach 312). Sie erhob sich in einer Apsis der Basilika, die Maxentius an der Via Sacra hatte errichten lassen und deren Bau Konstantin vollendete. Der Koloss zeigte Konstantin in der Haltung des thronenden Jupiter. In der Pose des obersten Gottes wachte Konstantin über das Geschehen in der Marktbasilika, deren Hallen damit auch zu einem Ort der Verehrung des Kaisers wurde.

Seite 141: Westfälisches Landesmuseum, Münster 2004.
Motiv: „Der zwölfjährige Jesus im Tempel" (Ausschnitt), Meister von Iserlohn, Westfalen, um 1450-1460.

1. *Gefallen euch die Plakate? Begründet eure Meinung.*
2. *Überlege, warum die Museen die jeweiligen Motive für ihre Ausstellungen gewählt haben könnten.*
3. *Augen auf! Wo finden in deiner Umgebung zurzeit Ausstellungen zu historischen Themen statt? Wie gefallen euch die Plakate? Begründet und diskutiert eure Vorstellungen.*
4. *Entwerft selbst „Ausstellungsplakate" für ein Kapitel eurer Wahl. Was wollt ihr zeigen? Begründet die Auswahl der Motive.*

Bildnachweis

Ägyptisches Museum der Universität, Bonn – S. 11; Ägyptisches Museum, Kairo – S. 35, 37, 38, 39, 40, 42 (2), 43 (2), 44, 45, 47, 48; Andromeda, Oxfordshire – S. 81; Archäologische Staats-sammlung, München – S. 117; Archäologischer Park/Regionalmuseum Xanten, Xanten – S. 145; Archäologisches Institut, Istanbul – S. 134; Archäologisches Museum der Universität Münster – S. 199; Archiv für Kunst und Geschichte, Berlin – S. 23, 33, 51, 56/57, 59 (2), 80, 84, 98, 99, 114, 122, 124, 126, 163; Archives Nationales, Paris – S. 195; Artothek, Weilheim – Einband; Bayerische Staatsbibliothek, München – S. 6; Bertelsmann Verlag, Frankfurt – S. 192; Bibliótheca Apostolica Vaticana – S. 187; Bibliótheca dell' Accademia Nazionale dei Lincei, Rom – S. 134; Bibliothéque Nationale de France, Paris – S. 103, 195; Bibliothéque Royal Albert Ier, Bruxelles – S. 197; Bodleian Library, Oxford – S. 178; British Museum, London – S. 36, 41, 48, 49, 60, 68, 71, 126, 132; Cinetext, Frankfurt – S. 112, 196; B. Coleman, Ltd. Uxbridge/Ch. Bonigstore – S. 29; T. Corr-Colorific, London – S. 29; Deutsches Brotmuseum, Ulm – S. 27 (2); Deutsches Historisches Museum, Berlin – S. 183 (2); Dogli Orti, Paris – S. 6; Domkapitel, Aachen – S. 160, 164; Dt. Grammophon-Gesellschaft, Hamburg – S. 196; dtv Verlag, München – Vorsatz (hinten); Dietrich Evers, Wiesbaden-Neurod – S. 20; C. Focke, Bassum – S. 6; Forschungs- und Landesbibliothek, Gotha – S. 164; K. Gast, Barsighausen – S. 97; Giraudon, Paris – S. 69; John Gurche, Trumansburg, NY – Seite 12; F. Hartmann, Mainz – S. 168/169; Hessische Landes- und Hochschulbibliothek, Darmstadt – S. 201; Ch. Hillaire, Pierlatte – S. 22; Hirmer, München – S. 51; Historisches Archiv der Stadt Köln – S. 182; W. Höpfner/E.L. Schwandtner: Haus und Stadt im klassischen Griechenland. München, München 1994 – S. 74; F. Hohmann, Bad Kissingen – S. 89; G. Hoube, Paris – S. 46; Institut für Urgeschichte, Tübingen – S. 22; L. Jakob-Rost (Hrsg.), Das vorderasiatische Museum, Staatl. Museen, Berlin 1992 – S. 32; M. L. Katzer, Arlington Vermont – S. 78 (3); Königliche Bibliothek, Kopenhagen – S. 183 (3); Konstantin-Ausstellungsgesellschaft, Trier – S. 140; M. Kramp (Hrsg.), Krönungen. Könige in Aachen – Geschichte und Mythos, Mainz: von Zabern 2000, S. 269 – S. 164; Kulturgeschichtliches Archiv Hausmann, München – S. 178; Kunst- und Ausstellungshalle der Bundesrepublik Deutschland, Bonn – S. 54; Kunsthistorisches Museum, Wien – S. 115, 167; H. Lade, Frankfurt – S. 24; Landesamt für Denkmalpflege Hessen, Wiesbaden – S. 17; Landesmuseum, Mainz – S. 137; Les éditions Albert René, Paris – S. 113, 136; LWL Archäologie für Westfalen/M. Lagers, Herne – S. 9; LWL Landesmuseum für Kunst und Kulturgeschichte/S. Ahlbrand-Dornseif und R. Wakonigg, Münster – S. 141; A. Lechtape, Münster – S. 180; K. Maddison, London – S. 73; Mauritius, Mittenwald – S. 123; Mazenod, Paris – S. 104; Metropolitan Museum of Art, New York – S. 166, 204; Musée de la Picardie, Amiens – S. 157; Musée de la Tapisserie de la Reine Mathilde, Bayeux – S. 192; Musée National du Louvre, Paris – S. 196; Musée Nationaux, Paris – S. 63; Musée Nationaux, Tarent – S. 77; Musei Vaticani Monumenti, Rom – S. 102; Museo Archaeologico, Florenz – S. 93; Museo Capitolini, Rom –S. 90/91; Museo Histórico de Mallorca, Palma de Mallorca – S. 79; Museum der Grafschaft Mark, Burg Altona – S. 179; Museum für Geologie und Paläntologie der Uni Heidelberg – S. 15; Museum für Vor- und Frühgeschichte. Staatliche Museen zu Berlin – S. 128; Museum für Vor- und Frühgeschichte, Frankfurt – S. 150; Museum, Ulm – S. 23; National Archaeological Museum, Athen – S. 66; Nationalmuseum, Beirut – S. 83; Naturhistorisches Museum, Wien – S. 22; Neanderthal Museum/M. Aquila, Mettmann – S. 9, 10, 15, 18; Niedersächsisches Landesamt für Denk-malpflege, Hannover – S. 17; Österreichische Nationalbibliothek, Wien – S. 172; Patmos Verlag GmbH, Düsseldorf – S. 130, 131; P. Périn – S. 156; J. Perntner, Bozen – S. 28; Prähistorische Staatssammlung, München – S. 136; Preußischer Kulturbesitz, Berlin – S. 63, 170, 190/191; Preußischer Kulturbesitz/Antikensammlung, Berlin – S. 68, 75; Preußischer Kulturbesitz/Pergamon-Museum, Berlin – S. 87; Reiss-Museum, Mannheim – S. 154; Römer-Museum, Heidelberg – S. 47; Römisch-Germanisches Museum, Köln – S. 55, 148; Rosgartenmuseum, Konstanz – S. 19 (2); E.R. Ross, San Francisco – S. 29; Saalburg-Museum, Archäologischer Park, Bad Homburg – S. 143/143; Scala, Antella – S. 96; H. Schareika, Gau-Algesheim – S. 124; Schiller Nationalmuseum/Dt. Literaturarchiv, Marbach – S. 196; H. Schmidt, Archäologische Denkmäler in Deutschland. Rekonstruiert und wieder aufgebaut, Stuttgart: Theiss Verlag 2000, S. 121, 124 – S. 145 (1); U. Seidler, Schelldorf – Vorsatz (hinten); Spuren der Jahrtausende. Archäologie und Geschichte in Deutschland, hrsg. von U. von Freeden und Siegmar von Schnurbein, Stuttgart: Theiss Verlag 2002, S. 250 – S. 24; St. Bonifatius Kirche, Hünfeld/Fulda - S. 159; Staatliche Antiken-sammlung und Glyptothek, München – S. 76, 109, 126, 132; Staatliche Münzsammlung, München – S. 35; Staatliches Historisches Museum (Foto: E. Borisov), Moskau – S. 133; Staatsbibliothek, Bamberg – S. 173, 177; Städelsches Kunstinstitut und Städelsche Galerie, Frankfurt – S. 129; Stadtbibliothek Schaffenhausen – S. 188; Städt. Museum (Foto: P. Pfeifer, Stuttgart), Göppingen – S. 197 (2), 200; F. Stephan-Kühn, Viel Spaß im Mittelalter! Würzburg: Arena Verlag 1997, S. 64 – S. 185; The Metropolitan Museum of Art, New York – S. 76; U. Thönissen, Nettetal – S. 138; A. Thünker, Bad Müstereifel – S. 25; Ullstein-Bild, Berlin – S. 181; Uni-Bibliothek, Heidelberg – S. 171, 176, 178; Varusschlacht im Osnabrücker Land. Museum und Park Kalkriese, Bramsche-Kalkriese – S. 118/119 (4); M. Vollmer für die „Stiftung Zollverein", Essen – S. 9; F. Wendler, Weyarn – S. 25; Westfälisches Römermuseum, Haltern – S. 116; WMG Lippe, Detmold – S. 118; H. Wolf von Goddenthow, Wiesbaden – 146; Württembergisches Landesmuseum, Stuttgart – S. 173, 183; ZDF/Foto J. Prillwitz, Mainz – S. 21; Zentrale Farbbild Agentur ZEFA, Düsseldorf – S. 30/31

Es ist uns nicht in allen Fällen gelungen, die Inhaber der Bildrechte ausfindig zu machen. Der Verlag zahlt gegen Nachweis der Rechte die gesetzlich geschuldete Vergütung.

Meinungen vergleichen

Nur über wenige Ereignisse, Entwicklungen und Persönlichkeiten der Geschichte gibt es einheitliche Urteile. Zeitzeugen und Historiker haben häufig unterschiedliche Meinungen über ein Geschehen oder den Charakter eines Menschen. Das liegt einmal daran, dass alle historischen Entwicklungen vielfältig und vielschichtig sind, ebenso die handelnden Personen.
Zum anderen hängt jedes Urteil von der Einstellung ab, mit der jemand an eine Sache herangeht: Wir alle urteilen nämlich von unserem jeweiligen Standpunkt aus. Er gründet sich auf unsere bisherigen Erfahrungen und wird von unseren Interessen beeinflusst. Wir legen also unterschiedliche Maßstäbe an. Einigen von uns sind bestimmte Werte und Ziele wichtig, anderen nicht. Manchmal wandeln sich die Auffassungen im Laufe der Zeit. All das beeinflusst eine Meinung über ein Geschehen oder eine Person.
Achte bei einem Vergleich mehrerer Texte zuerst auf die inhaltlichen Gemeinsamkeiten, dann auf die Unterschiede. Suche nach Gründen für unterschiedliche Urteile.

Ein Beispiel für die unterschiedliche Beurteilung eines Herrschers findest du auf Seite 86. Wie verschieden die Ausdehnung der römischen Macht von Zeitgenossen gesehen wurde, kannst du auf Seite 101 lesen.

Comics und Jugendbücher beurteilen

Comics und Jugendromane können Geschichten erzählen, historische Quellen sind sie nicht. Meist haben sie eine Hauptfigur, deren Gedanken und Gefühle die damalige Zeit veranschaulichen sollen. Aus ihrer Sicht werden dir vergangene Ereignisse vorgestellt und erklärt.
Wichtig für historische Jugendbücher und Comics ist, dass die Verfasser die Personen und Handlungen glaubwürdig darstellen. Die erfundenen Geschichten sollten so dargestellt sein, dass sie unser gesichertes Wissen über die Vergangenheit berücksichtigen.

Einen Lerntipp zu diesem Thema findest du auf der Seite 113.

Bücher finden

Wenn du ein Thema gründlich erarbeiten willst, benötigst du Fachliteratur. In der Schul- oder Stadtbücherei sind Bücher alphabetisch in einem Verfasser- und in einem Sachkatalog aufgelistet. Auf einer Karteikarte oder auf einem Bildschirm erhältst du Angaben über Verfasser, Erscheinungsort und -jahr sowie die Signatur: eine Folge von Zahlen und Buchstaben, mit denen das Werk in der Bibliothek eingetragen ist. Findest du zu deinem Thema mehr Bücher, als du auswerten kannst, musst du einige auswählen. Prüfe dann anhand des Inhaltsverzeichnisses, ob das Buch für dich ergiebig sein könnte. Und das *Internet*?* Seine Bedeutung für die Beschaffung auch wissenschaftlicher Informationen, zumal aus dem Ausland, wächst. Es kann die Arbeit in der Bibliothek nicht ersetzen, aber ergänzen.

**Zum Internet siehe den Lerntipp vorne im Buch.*

*→**Lesetipps** zu einem bestimmten Thema findest du z. B. auf Seite 65, allgemeine Lektürehinweise siehe Seite 214-215.*